21世纪经济学系列教材

微观经济学习题集

（第三版）

MICROECONOMICS

主　编　张　顺
副主编　黄亚军　张国红
主　审　张树安

中国人民大学出版社
· 北京 ·

图书在版编目（CIP）数据

微观经济学习题集/张顺主编. --3 版. --北京：中国人民大学出版社，2021.10
21 世纪经济学系列教材
ISBN 978-7-300-29792-7

Ⅰ. ①微… Ⅱ. ①张… Ⅲ. ①微观经济学-高等学校-习题集 Ⅳ. ①F016-44

中国版本图书馆 CIP 数据核字（2021）第 168444 号

21 世纪经济学系列教材
微观经济学习题集（第三版）
主　编　张　顺
副主编　黄亚军　张国红
主　审　张树安
Weiguan Jingjixue Xitiji

出版发行	中国人民大学出版社		
社　　址	北京中关村大街 31 号	**邮政编码**	100080
电　　话	010－62511242（总编室）		010－62511770（质管部）
	010－82501766（邮购部）		010－62514148（门市部）
	010－62511173（发行公司）		010－62515275（盗版举报）
网　　址	http://www.crup.com.cn		
经　　销	新华书店		
印　　刷	北京七色印务有限公司	**版　　次**	2015 年 1 月第 1 版
开　　本	787 mm×1092 mm　1/16		2021 年 10 月第 3 版
印　　张	19.25 插页 1	**印　　次**	2025 年 10 月第 14 次印刷
字　　数	464 000	**定　　价**	48.00 元

作者简介

张顺，经济学博士，资深经济学副教授，有二十多年讲授经济学的经验，曾任经济学专业教研室主任，多次担任西方经济学考研辅导主讲教师，热爱学生，喜欢与学生探讨、研究经济社会问题。一直工作在教学第一线，潜心研究教学内容，完善教学方法，提升教学效果。曾经讲授宏观经济学、微观经济学、政治经济学、区域经济学、发展经济学、制度经济学、管理经济学等课程。主持多项省部级经济社会发展课题，出版教材和著作多部，公开发表经济学论文三十多篇。

同时，本书其他参编人员都是讲授西方经济学十年以上的专职教师，熟悉教材重点、难点、知识体系和考研出题思路，自编和选编的各类习题都具有很强的代表性、权威性和启发性。

内容简介

本书是高鸿业主编的经典教材《西方经济学》（第七版和第八版的微观部分）的配套习题集。本书以高鸿业主编的《西方经济学》（微观部分·第八版）教材为基础，并参考其他普通高等院校通用教材。本习题集按章编写，每章都包括三部分内容：第一部分是课后习题详解，对教材中的全部课后习题都给出了详细的答案；第二部分是精编习题；第三部分是精编习题参考答案。内容紧扣教材，提炼了教材的几乎每一个知识点。内容包括涉及微观经济学的基本概念、基本理论、基本分析方法的各种试题，重点难点的解答，以及典型考研试题。

本书的特点及适用范围如下：(1) 本书以试题的形式提炼知识点，以答案的形式归纳、提升、扩展基本理论和技能，学生通过阅读本书可以轻松掌握微观经济学基本概念和基本理论，提高运用经济理论和经济学方法分析、解决经济问题的能力。(2) 本书内容力求做到紧扣教材、深入浅出、题型全面、重点突出。本书针对每个小知识点都编写了大量的名词解释、单项选择题、多项选择题和判断题，尽量覆盖全部知识点，这些客观性试题一共有 1 200 多道，对于学生全面掌握知识点和参加各种考试帮助极大。对于复杂的理论问题，本书以简答题、计算题和论述题的形式进行阐述。(3) 本书可以作为高校本科生、考研学生和自考生等学生学习微观经济学的配套教材。每类题型都配有参考答案，是自学、自测、巩固提高、加深理解基本理论和基本知识的良师益友、必备读物。

总　序

改革开放以来，经济社会的发展对中国经济学教育、教学产生了重要的影响，提出了新的要求。为了使经济学教育、教学根植于我国改革开放和现代化建设的肥沃土壤，服务于时代和实践的需求，中国人民大学出版社从本世纪初就开始组织国内知名经济学者编写适应新时期经济学教学的“21世纪经济学系列教材”。

十多年来，21世纪经济学系列教材已经逐步推出了许多具有中国特色的经济学教科书，影响了一批又一批的青年学子。这其中，我国经济学界杰出教育家、西方经济学学科主要奠基人之一高鸿业先生主编的《西方经济学》，已成为我国高校经济学专业的权威性教材，读者早已超过千万！中国马克思主义政治经济学的奠基人宋涛先生的《政治经济学教程》，对马克思主义政治经济学在中国的传播、普及和发展发挥了重要作用。该系列已经出版的其他教材，如孙久文教授的《区域经济学教程》、彭刚教授的《发展经济学教程》、王则柯教授的《博弈论教程》、黄卫平教授的《国际经济学教程》等等，都产生了广泛的影响，为中国的经济学教育作出了贡献。

近几年来，中国的经济学教育、教学面临新的形势，取得了长足的进步：一是我国经济学界教育思想、教育观念已经发生了重大转变，更加重视素质教育；二是教学内容有了重大改革，在学科专业调整建设、课程体系、教学内容改革方面取得了进展；三是教育、教学方法有了重大进步，更加重视理论联系实际，实验、实践、案例教学逐步加强，现代化教学手段被广泛应用。

有鉴于此，为了应对新的形势与变化，中国人民大学出版社在认真调查研究高等学校经济学专业本科培养方案和课程教学大纲的基础上，组织专家学者，经过反复研究论证、合理定位、精心写作、吐故纳新，进一步整合优化了“21世纪经济学系列教材”。这套教材将涵盖经济学专业所有的基础课、主干课、核心课，使学生通过《政治经济学》《微观经济学》《宏观经济学》等基础理论教材的学习，掌握经济学的基础理论，培养厚实的经济学理论功底；通过《产业经济学》《区域经济学》《国际经济学》等应用类主干课程教材的学习，掌握现实经济部门的运行和发展；通过《经济学说史》《经济思想史》《世界经济史》等经济史学类教材的学习，理解经济学的发展和演变规律；通过《计量经济学》《统计学》等经济学方法类教材的学习，掌握经济学的思考方法和具体的研究方法；通过《博弈论》《行为经济学》

等专业教材的学习，了解经济学理论的前沿进展；通过《西方经济学典型题题解》《政治经济学学习与教学手册》等基础课程的配套教辅书的学习，牢固掌握所学经济学理论。

这套教材的编写特色主要体现在以下几个方面：

第一，作者阵容强大，教学经验丰富。作者大都是来自中国人民大学、北京大学、清华大学、南开大学、复旦大学、浙江大学、武汉大学等国内重点大学的学科带头人，有很高的科研水平和丰富的教学经验。

第二，在教材编写和内容安排上，强调基础知识、基本理论、基本技能。同时充分吸收国内外优秀教材的优点，定位明确，体系科学，概念准确，深入浅出。

第三，融合本学科现有的研究成果，反映本学科研究的最新进展，反映中国改革开放和现代化建设实践中的新成果，反映当今世界发生的深刻变革对经济学理论和实践产生的影响。

第四，教材重视加入现实经济生活中的案例、新闻素材等内容，使教材的可读性更强，更能够与当前中国经济现实结合起来，使学生能够学以致用。

中国人民大学出版社希望通过这套教材的出版，与广大教师、学生一起研究和探讨，进一步提高中国经济学教材的编写水平，提高经济学教学质量，为经济学的发展，为培养具有创新能力与实践能力、具有国际视野又了解中国国情的高层次经济学人才作出新的贡献。

前言

随着我国市场经济的发展，西方经济理论的教学和研究越来越受到重视。在高等院校，微观经济学是经济及管理类学科的基础课和必修课，也是其他各类人士提高综合素质和适应市场经济工作应该了解并掌握的基本理论。要学好微观经济学，除了看教材、查阅文献和听课之外，还必须有针对性地分析一些经典案例、做一些练习题。为了满足广大读者对微观经济学的学习及高等学校教学的需要，实现教学大纲、教材、案例集、课件及习题集的配套，中国人民大学、北京大学、东北财经大学、大连财经学院、大连民族大学和哈尔滨商业大学等学校常年讲授西方经济学的骨干教师联合起来，精心编写了这本习题集。

本书的编写分工如下：由张顺负责总设计和修改校对工作，由张树安负责审稿。田金莹编写第二章，张国红编写第三章，黄亚军编写第七、八、九章，其他章由张顺编写。另外，本书得以顺利出版要感谢中国人民大学、北京大学、东北财经大学、大连财经学院、大连民族大学、哈尔滨商业大学、上海海关学院、哈尔滨师范大学的老师和领导的支持与帮助，感谢在编写过程中提供宝贵建议或资料的刘文忻教授、冯金华教授、尹伯成教授、吴汉洪教授、程恩富教授、李怀教授、马书琴教授、刘大志教授、张巨勇教授、王玉霞教授、林权教授、韩平教授、刘吉昌教授、王福友教授、张英教授、王力南老师、曹阳老师、路继业老师、陈太明老师、薛建强老师、刘伟老师、王森老师、师颖新老师、吴英慧老师、解柠羽老师、孙青芬老师、许辉老师、刘丹老师、关溪媛老师、邱百昌、张万鑫、邱百艳、张奎等，感谢中国人民大学出版社编辑团队的策划、指导和审阅。对于本书的错误和不足，希望得到读者和专家的指正，你们的指导对我们完善此作品将有巨大的帮助。主编的邮箱是“西方经济学习题集”拼音的首字母组合，具体为：xfjjxxtj@126.com。

编写组

2021年6月15日于大连

目　录

第一章　引论 …… 001
第一部分　课后习题详解 …… 001
第二部分　精编习题 …… 001
第三部分　精编习题参考答案 …… 004
第二章　需求、供给和均衡价格 …… 010
第一部分　课后习题详解 …… 010
第二部分　精编习题 …… 024
第三部分　精编习题参考答案 …… 036
第三章　消费者选择 …… 047
第一部分　课后习题详解 …… 047
第二部分　精编习题 …… 062
第三部分　精编习题参考答案 …… 075
第四章　生产技术 …… 091
第一部分　课后习题详解 …… 091
第二部分　精编习题 …… 099
第三部分　精编习题参考答案 …… 107
第五章　成本 …… 114
第一部分　课后习题详解 …… 114
第二部分　精编习题 …… 129
第三部分　精编习题参考答案 …… 139
第六章　完全竞争市场 …… 149
第一部分　课后习题详解 …… 149
第二部分　精编习题 …… 163
第三部分　精编习题参考答案 …… 172
第七章　不完全竞争市场 …… 180
第一部分　课后习题详解 …… 180

第二部分　精编习题 …… 192
第三部分　精编习题参考答案 …… 203
第八章　生产要素价格的决定 …… 217
第一部分　课后习题详解 …… 217
第二部分　精编习题 …… 227
第三部分　精编习题参考答案 …… 232
第九章　一般均衡论和福利经济学 …… 238
第一部分　课后习题详解 …… 238
第二部分　精编习题 …… 249
第三部分　精编习题参考答案 …… 255
第十章　博弈论初步 …… 261
第一部分　课后习题详解 …… 261
第二部分　精编习题 …… 271
第三部分　精编习题参考答案 …… 275
第十一章　市场失灵和微观经济政策 …… 280
第一部分　课后习题详解 …… 280
第二部分　精编习题 …… 289
第三部分　精编习题参考答案 …… 294

第一章

引　论

第一部分　课后习题详解

无。

第二部分　精编习题

一、名词解释

1. 亚当·斯密“看不见的手”原理
2. 稀缺性
3. 边际分析
4. 经济模型
5. 静态分析
6. 比较静态分析
7. 动态分析
8. 实体经济
9. 虚拟经济
10. 新自由主义经济学

二、单项选择题

1. 经济学的研究对象是（　　）。

A. 如何在股市上赚钱　　B. 证明市场可以配置资源

C. 选择最公平的收入分配方式　　D. 稀缺资源的配置与利用问题

2. 人们在经济资源的配置和利用中要进行选择的根本原因在于（　　）。

A. 产品的效用不同　　B. 人们的主观偏好不同

C. 经济资源的稀缺性　　D. 经济资源的用途不同

3. 经济物品可以概括为（　　）。

A. 有用的物品　　B. 稀缺的物品

C. 要用钱购买的物品　　D. 有用且稀缺的物品

4. 以下属于自由物品的是（ ）。

A. 阳光　B. 电视机　C. 汽车　D. 自来水

5. 稀缺性是指（ ）。

A. 生产家具的木材太少

B. 生产粮食的土地太少

C. 可用的经济资源与人类的欲望相比总是不足

D. 生产力不发达造成了物品供给不足

6. 西方经济学可以定义为（ ）。

A. 研究政府如何对市场机制进行干预的科学

B. 研究消费者如何获取收入并进行消费的学说

C. 研究如何最合理地配置和利用稀缺资源的学科

D. 研究企业如何取得利润的理论

7. 在均衡价格决定模型中，外生变量是（ ）。

A. 价格　B. 收入　C. 需求量　D. 供给量

8. 微观经济学的研究对象是（ ）。

A. 国际贸易　B. 国家经济政策

C. 个体经济单位　D. 股票交易

9. 微观经济学的一个基本假设条件是（ ）。

A. 善良的人的假设　B. 合乎理性的人的假设

C. 人性本恶的假设　D. 宇宙人的假设

10. 根据既定的外生变量值来求得内生变量值的分析方法，被称为（ ）。

A. 静态分析　B. 比较静态分析

C. 动态分析　D. 边际分析

11. 研究外生变量变化对内生变量的影响，并分析比较不同数值的外生变量条件下内生变量的不同数值，被称为（ ）。

A. 静态分析　B. 比较静态分析

C. 动态分析　D. 边际分析

12. 需要区分变量在时间上的先后差别，研究不同时点上的变量之间的相互关系和转换过程，是（ ）。

A. 静态分析　B. 比较静态分析

C. 动态分析　D. 边际分析

三、多项选择题

1. 西方经济学教材的特点是（ ）。

A. 偏重理论分析　B. 纯技术分析

C. 概括全部经济学流派的观点　D. 介绍居于主流地位的经济学学派的观点

2. 一般认为经济学研究的基本问题是（ ）。

A. 生产什么，生产多少　B. 怎样生产

C. 为谁生产 D. 技术创新

3. 新古典综合派主要由（ ）综合而成。

A. 1890 年马歇尔的《经济学原理》

B. 1933 年张伯伦和罗宾逊的不完全竞争理论

C. 1939 年希克斯的价值论和一般均衡论

D. 1936 年凯恩斯的《就业、利息和货币通论》

4. 资产阶级经济学发展经历的主要阶段有（ ）。

A. 重商主义经济学 B. 古典经济学

C. 庸俗经济学 D. 庸俗经济学后

5. 19 世纪 70 年代边际学派的主要代表人物有（ ）。

A. 英国学派的杰文斯 B. 奥地利学派的门格尔

C. 洛桑学派的瓦尔拉斯 D. 剑桥学派的马歇尔

6. 20 世纪 30 年代西方经济学三次比较重大的修改和补充是（ ）。

A. 1933 年张伯伦和罗宾逊对不完全竞争理论的补充

B. 1932 年萨缪尔森对古典理论的补充

C. 1936 年凯恩斯出版《就业、利息和货币通论》，创立了自成体系的宏观经济学

D. 1939 年希克斯对价值论和一般均衡论的补充

7. 新古典综合派的观点有（ ）。

A. 倡导进行宏观调控的市场机制

B. 倡导以私有制为主体的混合所有制

C. 微观经济理论和宏观经济理论互相补充

D. 失业和通货膨胀并存

8. 西方经济学理论有一定的指导意义，但是存在以下问题（ ）。

A. 一些理论体系不完全符合科学的要求

B. 各个理论间缺乏内部一致性

C. 假设条件太苛刻

D. 貌似科学的数学工具滥用

四、判断题

1. 资源的稀缺性是指世界上的资源终将由于不断用于生产产品和服务而消耗完。（ ）

2. 汽车是可以自由买卖的，所以是自由物品。（ ）

3. 1936 年凯恩斯出版《就业、利息和货币通论》，标志着正式创建了宏观经济理论体系。（ ）

4. 萨缪尔森是新古典综合派的杰出代表人物。（ ）

5. “交钥匙工程”（即把西方的工厂、管理方法、企业文化丝毫不变地移植到发展中国家）可以带来发展中国家经济的快速发展。（ ）

6. 资源的有限性和用途的多样性是配置资源的前提条件。（ ）

7. “看不见的手”原理是马歇尔在《经济学原理》中首先提出来的。（ ）

五、简答题

1. 西方经济学的研究对象是什么？
2. 人类历史上的资源配置方式有哪几类？哪一类的经济效率较高？
3. 为什么西方微观经济学又被称为价格理论，西方宏观经济学又被称为国民收入决定理论？
4. 略述西方经济学的双重性质。你认为应当怎样正确对待西方经济学？
5. 你能举出一些正确借鉴西方经济学取得成果的例子和误解或误用它造成损害的例子吗？
6. 简述西方经济学的发展历程。
7. 为什么入门教科书的内容可以对初学者产生较大的影响？
8. 为什么马克思把 1830 年以后的经济学界定为庸俗经济学？
9. 学习西方经济学的意义是什么？

第三部分　精编习题参考答案

一、名词解释

1. 亚当·斯密“看不见的手”原理：在《国富论》中，亚当·斯密说：“每个人都试图应用他的资本，来使其生产品得到最大的价值。一般来说，他并不企图增进公共福利，也不知道他所增进的公共福利有多少，他所追求的仅仅是他个人的安乐、个人的利益。但当他这样做的时候，就会有一双看不见的手引导他去达到另一个目标，而这个目标绝不是他所追求的东西。由于他追逐自己的利益，他经常促进了社会利益，其效果比他真正想促进社会利益时所得到的效果更大。”个人在追求自身利益时，在这种“看不见的手”的支配下实现了社会利益，即通过“人人为自我”达到了“人人为他人”的目标。

2. 稀缺性：指相对于人类的无穷欲望而言，生产要素和生活资料总是有限和稀缺的，不能充分满足人类各种各样的需求。这是经济问题产生的客观根源，也是经济学研究的出发点。一切经济问题都来源于稀缺性。具有稀缺性的资源具有多种用途，人类无限的欲望具有轻重缓急，怎样使有限的物品和劳务在有限的时间内满足人们最急需、最迫切的欲望是经济学的首要问题。要解决这个问题，人们只有去“选择”。所以经济学又被称为选择的学科。

3. 边际分析：指分析自变量每变动一单位量值会如何影响因变量的方法。

4. 经济模型：指描述与研究有关经济变量之间依存关系的理论结构。可以用文字叙述，也可以用图形、列表、函数关系表示变量之间的关系。

5. 静态分析：根据既定外生变量求得内生变量的分析方法。

6. 比较静态分析：研究外生变量的变化对内生变量的影响，分析比较不同数值的外生变量的变化对内生变量的影响的方法。

7. 动态分析：指对经济中发生变动的有关变量在一定时间内的变动进行分析，包括对这些经济变量在变动过程中的相互影响和彼此制约关系，以及它们在每一时点上的变动速率等进行分析，这种分析考察时间因素的影响，把经济变化当作一个连续过程来研究。而静态分析和比较静态分析则把变量所属的时间全抽象掉了，变量的调整时间被假设为零。

8. 实体经济：指物质产品和精神产品的生产、销售以及提供相关服务的经济活动，既包括工农、交通运输、邮电、建筑等生产活动，也包括商业、教育、文化、艺术等产品和服务的生产。

9. 虚拟经济：指资本以脱离实体经济的价值形态，按特定规律运动以获取价值增值所形成的经济活动。虚拟经济产生于实体经济发展的内在需要，为实体经济服务，可以提高实体经济运行的效率，为企业分散风险，降低实体经济波动导致的不确定性。但虚拟经济的发展不能脱离实体经济发展的实际需要。

10. 新自由主义经济学：新自由主义形成于20世纪30年代，发展于20世纪50年代末60年代初，主要以哈耶克、弗里德曼等人为代表。新自由主义主张“大市场，小政府”等。进入20世纪70年代，随着对凯恩斯主义的责难和反对声的加大，新自由主义在西方广为流行。新自由主义思想弊端很多，在西方也没有完全实行，不适合我国，要警惕其不良影响。

二、单项选择题

1. D 2. C 3. D 4. A 5. C 6. C 7. B 8. C 9. B 10. A
11. B 12. C

三、多项选择题

1. AD 2. ABC 3. ABCD 4. ABCD 5. ABC 6. ACD 7. ABC
8. ABCD

四、判断题

1. (×)，资源的稀缺性是指人类所拥有的资源相对于人类的欲望（对资源的需求）总是不足的。

2. (×)，自由物品是指数量丰富，人们不付代价就可以得到的物品，价格为零。

3. (√)，在此书出版之前，西方国家信奉自由市场经济，认为管理最少的政府是最好的政府，不存在系统的政府对经济进行管理的宏观经济理论。

4. (√)，1948年萨缪尔森出版《经济学》著作，把自由放任与国家干预纳入同一体系之中，其认为两者相互补充、相辅相成。该理论在第二次世界大战后到20世纪70年代前一直处于正统地位。

5. (×)，“交钥匙工程”基本都是失败的，产业发展需要的物力、人力和制度环境不同，照抄照搬会造成水土不服。

6.（√），若资源是无限的，无须进行配置；若资源只有一种用途，则没有选择，只能用于某一领域。

7.（×），“看不见的手”原理是亚当·斯密在《国富论》中首先提出来的。

五、简答题

1. **解答：**经济学产生的客观原因是资源的有限性和人类需要的无限性之间的矛盾。资源的有限性即稀缺性包括绝对性与相对性的统一。所谓资源稀缺的绝对性是指资源的稀缺性在人类社会的任何时空都存在，所谓资源稀缺的相对性是指即使再多的有限资源相对于人类无限的需要（欲望）来说都是不足的。但稀缺资源具有多种用途，人类无限的欲望具有轻重缓急，怎样使稀缺资源在一定时空下满足人们最急需、最迫切的欲望是经济学要解决的首要问题。

要解决这个矛盾，人们只有去“选择”。所以经济学又被称为选择的学科。这种选择就决定了经济学的研究对象，一般认为，西方经济学的研究对象是稀缺资源的配置与利用问题。稀缺资源的配置与利用问题一般涉及①生产什么、生产多少，②如何生产，③为谁生产，④何时生产，⑤在哪里生产等几个基本问题。

作为研究对象的理论成果，西方经济学著作主要包括三种类型：第一类，企事业的经营管理方法和经验。如行情研究、存货管理、产品质量控制、车间生产流程布局等内容。第二类，对一个经济部门或经济领域或经济问题的集中研究成果。如资源经济学、商业经济学、农业经济学、石油经济学，对税收、财政和通货膨胀等问题的论述。第三类，经济理论的研究和考察。如微观经济学、数理经济学、福利经济学、经济思想史等。

借鉴马克思主义经济理论，也可以把西方经济学的研究对象概括为社会生产和再生产的四个环节：生产、分配、交换和消费。西方经济学既研究经济运行也涉及经济制度，既研究如何提高社会生产力也涉及生产关系。

2. **解答：**资源配置和利用的方式也称为经济体制。经济体制大体上分为下列四种类型：自然经济、计划经济、市场经济和混合经济。

自然经济的特征是每个家庭生产其消费的大部分物品，自给自足，只有极少数消费品与外界相交换。在这种经济体制下，资源配置和利用由居民直接决定。对应生产力发展水平低，经济剩余比较少。

计划经济的特征是生产资料归政府所有，由政府来解决资源配置和利用问题，产供销、人财物由国家统一分配。实践证明，这种举国体制，在国家目标单一、资源严重匮乏时，可以集中全国的人、财、物完成个体无法完成的大事，即具有集中力量办大事的优势。但是在经济体量巨大时，计划经济进行资源配置和利用，在某些领域效率较低，会出现政府失灵现象。

市场经济的特征是资源配置和利用由市场机制来实现。家庭和企业等经济主体分散决策。西方经济学认为，通过“看不见的手”的指引，个体追求自身利益最大化，通过人人为自我实现人人为他人，保障社会利益的最大化，但也存在市场失灵问题。

混合经济的基本特征是生产资料的私人所有和公有相结合，市场调节和国家干预相结合。在这种体制下，凭借市场制度来解决资源配置问题，依靠国家干预来解决资源利用问题，效率和公平可以得到较好的协调。纯计划经济和纯市场经济都存在问题，具有优势互补的混合经济，即国家宏观调控下的市场经济效率较高。

3. **解答：**微观经济学是经济学的一个重要分支，它以单个经济单位（居民户、企业及单个产品市场等）为研究对象，研究单个经济单位的经济行为，以及相应的经济变量的单项数值（价格、消费品供求量、生产要素供求量）如何决定。

微观经济学对个体经济单位的考察，是在三个逐步深入的层次上进行的。第一个层次是分析单个消费者和单个生产者的经济行为。具体而言，该层次分析在消费品价格既定的条件下，单个消费者如何进行最优的消费决策以获得最大的效用；在生产要素价格既定的条件下，单个生产者如何进行最优的生产决策以取得最大的利润。它涉及供求理论、效用论、生产论和成本理论。第二个层次是分析单个市场的价格决定。这种单个市场价格是单个市场中所有消费者和所有生产者的最优经济行为共同作用的结果。它涉及完全竞争市场、不完全竞争市场和生产要素市场的分配理论，回答了第一个层次的消费品和生产要素的价格决定问题。第三个层次是分析所有单个市场价格的同时决定，这种决定是作为所有单个市场相互作用的结果而出现的。它涉及一般均衡、福利经济学和微观经济政策。显然，微观经济分析所涉及的核心变量是价格，所以微观经济学又被称为价格理论。

宏观经济学是经济学的另一个重要分支，它以整个国民经济活动为考察对象，研究社会总体经济问题以及相应的经济变量的总量是如何决定的及其相互关系。

宏观经济学对总体经济单位的考察，需要解决三个问题：一是已经配置到各个生产部门和企业的经济资源如何决定一国的总产量（国民收入）或就业量，涉及国民收入核算理论、简单国民收入决定、产品市场和货币市场同时均衡的 *IS—LM* 理论、总需求—总供给理论。二是产品市场和货币市场的总供求如何决定一国的国民收入水平和一般物价水平，涉及 *IS—LM* 理论、总需求—总供给理论、失业与通货膨胀理论。三是国民收入水平和一般物价水平的变动与经济周期及经济增长的关系，涉及经济周期与经济增长理论、开放经济理论以及宏观经济政策等内容。因此，宏观经济学主要研究国民收入核算、决定和波动，所以也被称为国民收入决定理论。

4. **解答：**西方经济学作为资本主义制度的上层建筑，企图为其经济基础解决两个问题：第一，在意识形态上，宣传资本主义制度的合理性和优越性，从而加强对该制度永恒存在的信念。第二，总结资本主义的市场经济运行的经验，为改善其运行提供政策建议。从上述两个问题中可以看到，西方经济学具有双重性质，它既是资本主义的意识形态，又是资本主义市场经济的经验总结。

这就决定了我国学员学习西方经济学应持有的态度：西方经济学宣传资本主义制度的合理性和优越性对我国不但没有用处，反而会产生负面的影响。因为西方实行资本主义制度，而我国实行社会主义制度，二者是对立的。资本主义制度维护的是资产阶级的利益，社会主义制度维护的是广大民众的利益，否定资本对劳动的剥夺。把资本主义的意识形态施加于社会主义制度只能造成社会主义思想混乱、财富两极分化、社会动荡。因此在整个理念上，对它应持否定的态度。

西方经济学是西方市场运行的经验总结，在具体的内容上应该看到它的有用之处。应结合我国的国情加以借鉴吸收，做到“弃其糟粕、取其精华、洋为中用”。在借鉴时，绝不能生搬硬套，必须注意到国情的差别，在西方社会中行之有效的办法未必能在我国奏效，因为经济发展阶段不同、经济理论发挥作用的国内和国外条件也不同。

总结上述观点，我国学员学习西方经济学应该做到“批判吸收”“洋为中用”。我们要看到其阶级性，同时我国也进行社会化大生产，也发展市场经济，也要借鉴西方经济学中的一些经验教训和一些比较科学的研究成果。

5. **解答：**（1）正确借鉴西方经济学取得成果的例子：农产品的价格维持制度对于稳定农产品价格和产量、保护农民收益起到了很好的作用。凯恩斯的财政思想对于减缓经济波动、促进经济持续健康发展有一定的指导意义。

（2）误用西方经济学造成损害的例子：1990 年美国国际经济研究所所长约翰·威廉森概括指出华盛顿共识包括十个方面：①加强财政纪律，压缩财政赤字，降低通货膨胀率，稳定宏观经济形势；②把政府开支的重点转向经济效益高的领域和有利于改善收入分配的领域（如文教卫生和基础设施）；③开展税制改革，降低边际税率，扩大税基；④实施利率市场化；⑤采用一种具有竞争力的汇率制度；⑥实施贸易自由化，开放市场；⑦放松对外资的限制；⑧对国有企业实施私有化；⑨放松政府的管制；⑩保护私人财产权。华盛顿共识的指导思想是西方经济学的新自由主义思想，核心是私有化、市场化和自由化。其成为拉丁美洲、东欧和俄罗斯改革的指导思想。但是这些思想并没有使这些国家的经济得到快速发展，反而造成发展迟缓，甚至倒退。

6. **解答：**社会实践和经济问题的出现推动了西方经济学的演化和发展，西方经济学从产生至今大致经历了重商主义、古典经济学、庸俗经济学、庸俗经济学后四个阶段。

（1）重商主义。

重商主义盛行的时间段为 15 世纪至 17 世纪中期，该学派的主要观点是：黄金白银是财富的代表，财富主要产生于流通领域，财富的积累必须借助于商业贸易的发展，国家应该鼓励出口、限制进口。

（2）古典经济学。

古典经济学主导的时间段大致为 17 世纪中期到 19 世纪 30 年代。代表人物为英国的亚当·斯密、大卫·李嘉图、马尔萨斯、约翰·穆勒以及法国的萨伊等。代表作为 1776 年亚当·斯密出版的《国富论》，该学派专注于国民财富的增长和积累，突破了重商主义局限于流通领域的狭小研究视野，认为财富产生于生产领域，劳动创造价值，将经济学研究从流通领域扩展到生产领域。古典经济学是对重商主义的革命。

（3）庸俗经济学。

庸俗经济学产生于 18 世纪末，当时古典学派居于主要地位。1830 年以后，资产阶级经济学从古典学派的阶段走上庸俗的道路。庸俗经济学抛弃了古典经济学的合理内核劳动价值论，为资产阶级服务。庸俗经济学阶段结束于 19 世纪 70 年代以英国的杰文斯、奥地利的门格尔、瑞士的瓦尔拉斯为代表的边际效用学派。

（4）庸俗经济学后。

庸俗经济学后出现了以马歇尔为代表的新古典经济学、1933 年张伯伦和罗宾逊对不完全竞争理论的补充、1936 年凯恩斯对宏观调控理论的补充、1939 年希克斯对基数效用论等理论的补充、以萨缪尔森为首创立的新古典综合派以及 20 世纪 70 年代后抨击和责难新古典综合派的货币主义、供给学派、新剑桥学派、新奥地利学派、新制度学派、理性预期学派等。

7. **解答：**西方经济学教科书所讲授的内容，不论其正确与否，往往很容易被学生一概接受，因为初学者一般没有辨别经济理论是非的能力。在这种情况下，教科书中所含的内容，甚至是错误的东西也可能成为学生头脑中先入为主的不朽思想，即先入为主产生的效应。

8. **解答：**马克思认为，“真正的现代经济科学，只是当理论研究从流通过程转向生产过程的时候才开始”①，而古典经济学提出了劳动创造价值的观点，对剩余价值理论或收入分配理论做了初步探索。

19 世纪 30 年代以后，（1）萨伊、马尔萨斯、西尼尔等资产阶级经济学家放弃了古典经济学的劳动价值论，提出了三要素（资本、劳动和土地）价值论或生产费用价值论、让渡利润论、节欲论等理论，从而拒绝以劳动价值论为基础揭示资本主义生产方式的内在联系，未能揭示资本主义生产方式的本质，力图为资本主义剥削制度辩护；（2）西方经济学体系出现了混合主义或折中调和的趋势，以对交换领域现象的描绘来代替早期古典经济学对生产领域的研究。大多数经济学家把资本主义看做是自然的和永恒的社会制度，因而不能正确揭示社会经济关系发展的规律。所以马克思认为他们抛弃了古典经济学的科学成分，变为庸俗经济学。

9. **解答：**学习西方经济学的意义：（1）为学习其他经济理论做准备。（2）了解西方经济理论及经济实践、经济历史与现实。（3）借鉴西方的理论来指导我国的经济建设。（4）培养个人的经济分析能力。

① 马克思，恩格斯．马克思恩格斯文集：第 7 卷．北京：人民出版社，2009：376.

第二章

需求、供给和均衡价格

第一部分　课后习题详解

一、简答题

1. 下列各事件对 x 商品的需求有何影响?

(1) x 商品的生产厂商投入大量资金做广告宣传。

(2) 生产 x 商品的工人的工资增加了。

(3) y 商品是 x 商品的替代品，y 商品的价格下降了。

(4) 消费者的收入增加了。

解答：(1) x 商品的生产厂商投入大量资金做广告宣传，会提高商品的知名度和消费者对商品的偏好，导致在每一价格下，消费者对商品的需求量增加，使需求曲线向右移动。

(2) 生产 x 商品的工人的工资增加了，对 x 商品的需求没有直接影响，需求曲线不变，但是工人的工资增加，增加了生产成本，使供给曲线向左移动，需求不变而供给减少，导致均衡价格上升，均衡数量减少。

(3) y 商品是 x 商品的替代品，y 商品的价格下降了，x 商品相对贵了，消费者会用 y 商品替代 x 商品，导致在每一价格下，消费者对 x 商品的需求量都减少，使需求曲线向左移动。

(4) 若 x 商品是正常品，消费者的收入增加了，在每一价格下，消费者对 x 商品的需求量增加，使需求曲线向右移动；若 x 商品是劣等品（低档品），则在每一价格下，消费者对 x 商品的需求量都减少，使需求曲线向左移动。

2. 下列事件对棉花供给有何影响?

(1) 气候恶劣导致棉花歉收。

(2) 种植棉花所需的化肥的价格上升。

(3) 政府对种植棉花的农户实施优惠政策。

(4) 棉花价格上升。

解答：(1) 棉花的供给曲线会左移。因为恶劣气候导致棉花歉收，在棉花价格不变的情况下，棉花的供给量会减少，从而棉花的供给曲线左移。

（2）棉花的供给曲线会左移。因为化肥价格上升使得棉花的生产成本上升、利润下降，在任一价格水平下，农户都会缩小棉花种植面积，导致棉花供给量下降，从而棉花的供给曲线左移。

（3）棉花的供给曲线会右移。因为政府对种植棉花农户实施的优惠政策将激励农户的生产积极性，在任何价格水平下，农户都会扩大棉花种植面积，导致棉花供给量增加，从而棉花的供给曲线右移。

（4）棉花的供给曲线不变。棉花的价格与供给量组合点沿着给定的供给曲线移动。当棉花价格上升时，在特定价格下，农户对棉花的供给量增加了，棉花的价格与供给量组合点沿着给定的供给曲线向右上方移动，棉花的供给曲线不变。

3. 已知某一时期内商品的需求函数为 $Q^d=50-5P$，供给函数为 $Q^s=-10+5P$。

（1）求均衡价格 P_e 和均衡数量 Q_e，并作出几何图形。

（2）假定供给函数不变，由于消费者的收入水平提高，需求函数变为 $Q^d=60-5P$。求出相应的均衡价格 P_e 和均衡数量 Q_e，并作出几何图形。

（3）假定需求函数不变，由于生产技术水平提高，供给函数变为 $Q^s=-5+5P$。求出相应的均衡价格 P_e 和均衡数量 Q_e，并作出几何图形。

（4）利用（1）、（2）和（3），说明静态分析和比较静态分析的联系与区别。

（5）利用（1）、（2）和（3），说明需求变动和供给变动对均衡价格与均衡数量的影响。

解答：（1）根据均衡价格决定模型，可得

$$\begin{cases} Q^d=50-5P \\ Q^s=-10+5P \\ Q^d=Q^s \end{cases}$$

解之得：$P_e=6$，$Q_e=20$，如图 2－1 中的 E_1 点所示。

（2）$$\begin{cases} Q^d=60-5P \\ Q^s=-10+5P \\ Q^d=Q^s \end{cases}$$

解之得：$P_e=7$，$Q_e=25$，如图 2－1 中的 E_2 点所示。

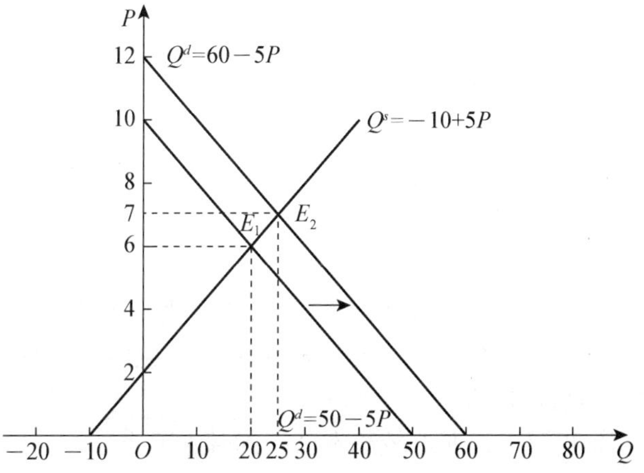

图 2－1

（3）$\begin{cases} Q^d=50-5P \\ Q^s=-5+5P \\ Q^d=Q^s \end{cases}$

解之得：$P_e=5.5$，$Q_e=22.5$，如图 2-2 中的 E_2 点所示。

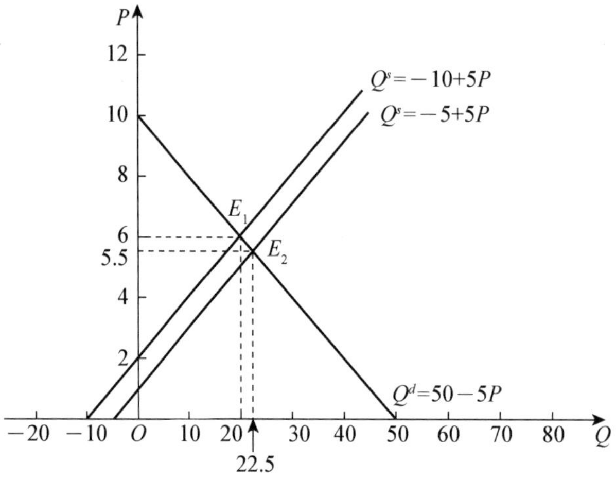

图 2-2

（4）所谓静态分析是考察在既定条件下某一经济事物在经济变量的相互作用下所实现的均衡状态及其特征。也可以说，静态分析是在一个经济模型中根据给定的外生变量求解内生变量的一种分析方法。以（1）为例，均衡点 E_1 就是一个体现了静态分析特征的点，它是在给定的供求力量的相互作用下所达到的一个均衡点。在此，供求力量分别用给定的供给函数 $Q^s=-10+5P$ 和需求函数 $Q^d=50-5P$ 表示，均衡点 E_1 所具有的特征是：均衡价格为 $P_e=6$ 时，有 $Q^s=Q^d=Q_e=20$；当均衡数量 $Q_e=20$ 时，有 $P^s=P^d=P_e=6$。也可以这样来理解静态分析：在外生变量，即需求函数中的参数（50 和 -5）以及供给函数中的参数（-10 和 5）给定的条件下求出的内生变量分别为 $P_e=6$ 和 $Q_e=20$。

类似地，静态分析的基本要点在（2）和（3）中的每一个单独的均衡点都得到了体现。

比较静态分析是考察当原有的条件发生变化时，原有的均衡状态会发生什么变化，并分析新旧均衡状态。也可以说，比较静态分析是考察在一个经济模型中外生变量发生变化时对内生变量的影响，并分析比较由不同数值的外生变量所决定的内生变量的不同数值。以（2）为例，在图 2-1 中从均衡点 E_1 到 E_2 就是一种比较静态分析。它表示当需求增加即需求函数发生变化时对均衡点的影响。比较新旧两个均衡点 E_1 和 E_2 可以清楚地看到：由于需求增加导致需求曲线右移，最后使均衡价格由 6 上升到 7，均衡数量由 20 增加到 25。也可以这样理解比较静态分析：在供给函数保持不变的前提下，由于需求函数的外生变量，即其中一个参数由 50 上升为 60，从而内生变量的数值发生变化，均衡价格由 6 上升到 7，均衡数量由 20 增加到 25。

类似地，利用（3）也可以说明比较静态分析的基本要点。

（5）由（1）和（2）可见，当消费者收入水平提高导致需求增加，即表现为需求曲线右移时，均衡价格提高了，均衡数量增加了。由（1）和（3）可见，当技术水平提高导致供给增加，即表现为供给曲线右移时，均衡价格下降了，均衡数量增加了。总之，一般而言：需求的变动引起均衡价格与均衡数量同方向变动；供给的变动引起均衡价格反方向变动，引起均衡数量同方向变动，此为供求定理。

4. 假定某社区的音乐会门票价格是由市场力量决定的，其需求与供给情况如表 2-1 所示。

表 2-1　需求与供给表

价格（元）	需求量（张）	供给量（张）
20	1 400	800
40	1 100	800
60	800	800
80	500	800
100	200	800

（1）画出相应的需求曲线和供给曲线。你发现供给曲线有什么特点？为什么？

（2）音乐会门票的均衡价格和均衡数量各是多少？

（3）该社区明年将增加一批新居民，这批新居民对社区音乐会门票的需求情况如表 2-2 所示。

表 2-2　新增居民的需求表

价格（元）	需求量（张）
20	840
40	660
60	480
80	300
100	120

绘制将新老居民合在一起计算出的社区音乐会门票需求表。新的均衡价格和均衡数量各是多少？

（4）为了更好地满足新老居民对文化生活的需求，社区决定扩建音乐厅，由此将音乐会门票的供给增加到 1 280 张。届时，音乐会门票的均衡价格和均衡数量又将各是多少？

解答：（1）根据初中知识，可以求得表中需求量在需求曲线 $Q=1\ 700-15P$ 上，供给量在供给曲线 $Q=800$ 上。由表 2-1 绘制的需求曲线和供给曲线如图 2-3 所示。

从图 2-3 中可以看到，需求曲线斜率为负，反映了需求曲线的一般特征，表示随着音乐会门票价格的提高，居民欣赏音乐会的需求下降。而供给曲线却是一条垂线，其呈现出供给曲线的一种特殊形状。其原因主要是音乐厅的座位是固定的 800 个，也就是说，无论票价是多少，音乐厅可以提供的座位总是 800 个。

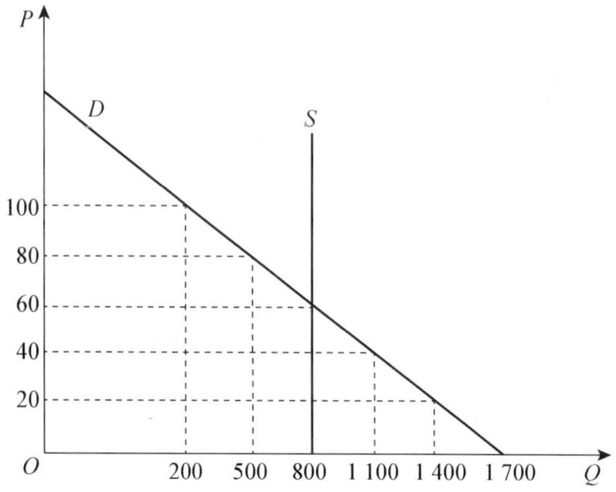

图 2-3　音乐会门票的需求曲线和供给曲线

（2）无论是从以上的需求与供给表（即表 2-1）中还是从需求曲线和供给曲线图（即图 2-3）中都可以清楚地看到，音乐会门票的均衡价格为每张 60 元，均衡数量为 800 张。

（3）新老居民合计的需求与供给表由表 2-3 给出。

表 2-3　新老居民合计的需求与供给表

价格（元）	需求量（张）	供给量（张）
20	2 240	800
40	1 760	800
60	1 280	800
80	800	800
100	320	800

根据新老居民合计的需求与供给表中的数据可以发现，由于新居民加入使得音乐会门票的需求增加了，但音乐厅的座位供给并没有发生任何变化，所以，在需求增加而供给不变的情况下，最终音乐会门票的均衡价格上升为每张 80 元，而均衡数量仍然保持原来的 800 张。

（4）为了更好地满足新老居民对文化生活的需求，社区决定扩建音乐厅，将音乐厅的座位增加到 1 280 个，由此可以得到音乐厅扩建后新老居民合计的需求与供给表（见表 2-4）。音乐厅扩建后，随着音乐会门票供给的增加，届时音乐会门票的均衡价格会下降，恢复到原来的价格每张 60 元，而均衡数量上升到 1 280 张。

表 2-4　音乐厅扩建后新老居民合计的需求与供给表

价格（元）	需求量（张）	供给量（张）
20	2 240	1 280
40	1 760	1 280
60	1 280	1 280

续表

价格（元）	需求量（张）	供给量（张）
80	800	1 280
100	320	1 280

5. 每逢春节来临，一些新鲜蔬菜的价格就会有所上升，譬如蒜苗、西红柿、黄瓜、豆角等。试利用供求曲线图说明其原因。

解答：蔬菜价格上涨的供求分析如图 2－4 所示。

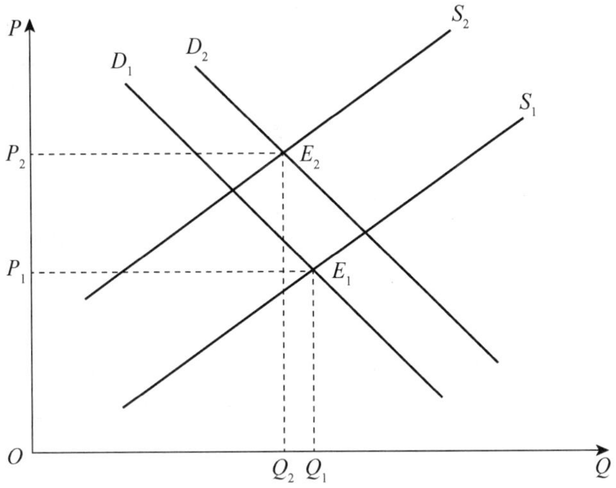

图 2－4

在图 2－4 中，新鲜蔬菜原有的需求曲线 D_1 和供给曲线 S_1 相交形成的均衡价格和均衡数量分别为 P_1 和 Q_1。每逢春节来临，从需求的角度讲，人们对新鲜蔬菜的需求量都会有所增加，尤其是一些比较高档的新鲜蔬菜，这种需求量的增加发生在新鲜蔬菜的任何价格水平。在图中，这种新鲜蔬菜需求的增加表现为需求曲线由原来的 D_1 右移到 D_2。

从供给的角度讲，春节时处于冬季，冬季的新鲜蔬菜基本产自种植大棚。相对于蔬菜的大田种植，蔬菜的大棚生产有两个基本特征：一是生产成本高；二是产量非常有限。这两个因素均导致新鲜蔬菜的供给量大幅度减少。类似地，这种供给量的减少也发生在新鲜蔬菜的任何价格水平。在图中，这种新鲜蔬菜供给的减少表现为新鲜蔬菜的供给曲线以较大的幅度由原来的 S_1 左移到 S_2。综合以上供求两方面的分析，很显然，在春节期间，在新鲜蔬菜的需求有所增加和供给大幅减少的双重作用下，新鲜蔬菜的市场价格上升了，在图中表现为新鲜蔬菜的均衡价格由原来的 P_1 上升为春节期间的 P_2，而均衡数量由原来的 Q_1 减少为春节期间的 Q_2。

6. 图 2－5 中有三条线性的需求曲线 AB、AC、AD。

（1）比较 a、b、c 三点的需求的价格点弹性的大小。

（2）比较 a、e、f 三点的需求的价格点弹性的大小。

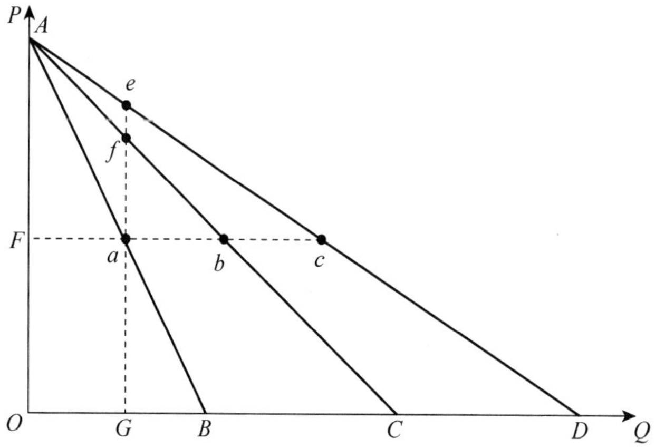

图 2-5

解答：（1）根据求需求的价格点弹性的几何方法，可以很方便地推知：分别处于三条不同的线性需求曲线上的 a、b、c 三点的需求的价格点弹性是相等的。其理由在于，这三点的弹性系数都是 $e_d=\dfrac{FO}{AF}$。

（2）根据求需求的价格点弹性的几何方法，同样可以很方便地推知：分别处于三条不同的线性需求曲线上的 a、f、e 三点的需求的价格点弹性是不相等的，且有 $e_d^a<e_d^f<e_d^e$。其理由在于

在 a 点有：$e_d^a=-\dfrac{\mathrm{d}Q}{\mathrm{d}P}\cdot\dfrac{P}{Q}=\dfrac{GB}{OF}\cdot\dfrac{OF}{OG}=\dfrac{GB}{OG}$；

在 f 点有：$e_d^f=-\dfrac{\mathrm{d}Q}{\mathrm{d}P}\cdot\dfrac{P}{Q}=\dfrac{GC}{fG}\cdot\dfrac{fG}{OG}=\dfrac{GC}{OG}$；

在 e 点有：$e_d^e=-\dfrac{\mathrm{d}Q}{\mathrm{d}P}\cdot\dfrac{P}{Q}=\dfrac{GD}{eG}\cdot\dfrac{eG}{OG}=\dfrac{GD}{OG}$。

在以上三式中，由于 $GB<GC<GD$，所以，$e_d^a<e_d^f<e_d^e$。

7. 利用图 2-6 比较需求的价格点弹性的大小。

（1）在图 2-6（a）中，两条线性需求曲线 D_1 和 D_2 相交于 a 点。试问：在交点 a，这两条直线型需求曲线的需求的价格点弹性相等吗？

（2）在图 2-6（b）中，两条曲线型需求曲线 D_1 和 D_2 相交于 a 点。试问：在交点 a，这两条曲线型需求曲线的需求的价格点弹性相等吗？

解答：（1）因为需求的价格点弹性的定义公式为 $e_d=-\dfrac{\mathrm{d}Q}{\mathrm{d}P}\cdot\dfrac{P}{Q}$，此公式的 $-\dfrac{\mathrm{d}Q}{\mathrm{d}P}$ 项等于需求曲线某一点斜率的绝对值的倒数，又因为在图 2-6（a）中，线性需求曲线 D_1 的斜率的绝对值小于线性需求曲线 D_2 的斜率的绝对值，即需求曲线 D_1 的 $-\dfrac{\mathrm{d}Q}{\mathrm{d}P}$ 值大于需求曲线 D_2 的 $-\dfrac{\mathrm{d}Q}{\mathrm{d}P}$ 值，所以，在两条线性需求曲线 D_1 和 D_2 的交点 a，在 P 和 Q 给定的前提下，需求曲线 D_1 的点弹性大于需求曲线 D_2 的点弹性。

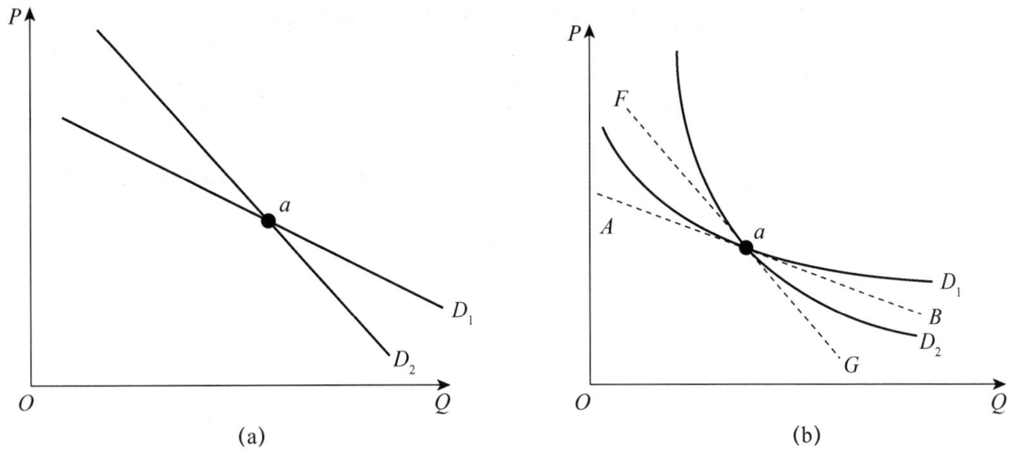

图 2-6

（2）需求的价格点弹性的定义公式为 $e_d=-\frac{\mathrm{d}Q}{\mathrm{d}P}\cdot\frac{P}{Q}$，此公式中的 $-\frac{\mathrm{d}Q}{\mathrm{d}P}$ 项等于需求曲线某一点的斜率的绝对值的倒数，而曲线型需求曲线上某一点的斜率可以用过该点的切线的斜率来表示。在图 2-6（b）中，需求曲线 D_1 过 a 点的切线 AB 的斜率的绝对值小于需求曲线 D_2 过 a 点的切线 FG 的斜率的绝对值，所以，根据在解答（1）中的道理可推知，在交点 a，在 P 和 Q 给定的前提下，需求曲线 D_1 的点弹性大于需求曲线 D_2 的点弹性。

二、计算题

1. 假定表 2-5 是需求函数 $Q^d=500-100P$ 在一定价格范围内的需求表。

表 2-5　某商品的需求表

价格（元）	1	2	3	4	5
需求量	400	300	200	100	0

（1）求出价格 2 元和 4 元之间的需求的价格弧弹性。

（2）根据给出的需求函数，求 $P=2$ 元时的需求的价格点弹性。

（3）根据该需求函数或需求表作出几何图形，利用几何方法求出 $P=2$ 元时的需求的价格点弹性。它与（2）的结果相同吗？

解答：（1）根据需求的价格弧弹性的定义，可得：

$$e_d=-\frac{\Delta Q}{\Delta P}\cdot\frac{\frac{P_1+P_2}{2}}{\frac{Q_1+Q_2}{2}}=-\frac{100-300}{4-2}\times\frac{\frac{2+4}{2}}{\frac{300+100}{2}}=\frac{200}{2}\times\frac{3}{200}=\frac{3}{2}$$

（2）由需求的价格点弹性的定义，可得：

$$e_d=-\frac{\mathrm{d}Q}{\mathrm{d}P}\cdot\frac{P}{Q}=-(-100)\times\frac{2}{300}=\frac{2}{3}$$

（3）根据图 2-7，在 a 点即 $P=2$ 时，需求的价格点弹性为：

$$e_d=\frac{GB}{OG}=\frac{200}{300}=\frac{2}{3} \quad \text{或者} \quad e_d=\frac{FO}{AF}=\frac{2}{3}$$

显然，用几何方法求出的 $P=2$ 时的需求的价格点弹性和（2）中根据定义公式计算出的结果是一样的。

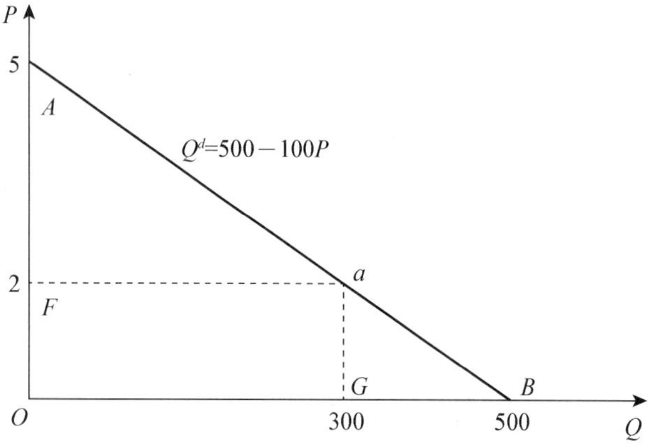

图 2-7

2. 假定表 2-6 是供给函数 $Q^s=-2+2P$ 在一定价格范围内的供给表。

表 2-6　某商品的供给表

价格（元）	2	3	4	5	6
供给量	2	4	6	8	10

（1）求出价格 3 元和 5 元之间的供给的价格弧弹性。

（2）根据给出的供给函数，求 $P=3$ 元时的供给的价格点弹性。

（3）根据该供给函数或供给表作出几何图形，利用几何方法求出 $P=3$ 元时的供给的价格点弹性。它与（2）的结果相同吗？

解答：（1）由供给的价格弧弹性的定义，得：

$$e_s=\frac{\Delta Q}{\Delta P}\cdot\frac{\frac{P_1+P_2}{2}}{\frac{Q_1+Q_2}{2}}=\frac{4}{2}\times\frac{8}{12}=\frac{4}{3}$$

（2）由供给的价格点弹性的定义，得：

$$e_s=\frac{\mathrm{d}Q}{\mathrm{d}P}\cdot\frac{P}{Q}=2\times\frac{3}{4}=\frac{3}{2}$$

（3）根据图 2-8，在 a 点即 $P=3$ 时，供给的价格点弹性为：$e_s=\frac{AB}{OB}=\frac{6}{4}=\frac{3}{2}$。

显然，用几何方法求出的 $P=3$ 时供给的价格点弹性和（2）中根据定义公式计算出的结果是一样的。

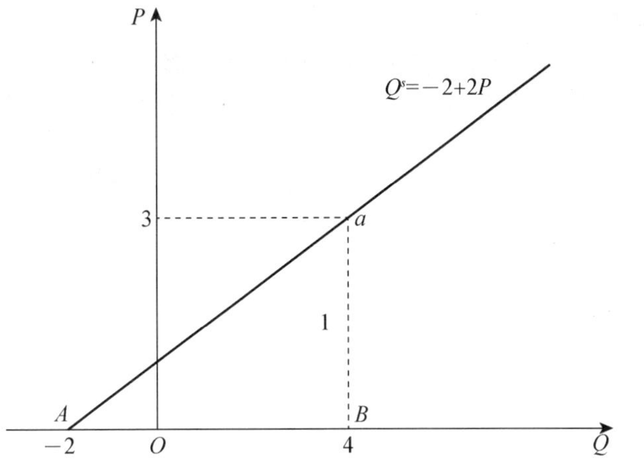

图 2-8

3. 假定某消费者关于某种商品的消费数量 Q 与收入 M 之间的函数关系为 $M=100Q^2$。

求：当收入 $M=6\,400$ 时的需求的收入点弹性。

解答：由 $M=100Q^2$ 得 $Q=\sqrt{\frac{M}{100}}=\frac{1}{10}M^{\frac{1}{2}}$，因此，$\frac{dQ}{dM}=\frac{1}{10}\times\frac{1}{2}M^{-\frac{1}{2}}$。

$$e_M=\frac{dQ}{dM}\times\frac{M}{Q}=\frac{1}{10}\times\frac{1}{2}M^{-\frac{1}{2}}\times\frac{M}{\frac{1}{10}M^{\frac{1}{2}}}=\frac{1}{2}$$

即：实际上不论收入是多少，该消费者关于该种商品的需求的收入点弹性恒为$\frac{1}{2}$。

4. 假定需求函数为 $Q=MP^{-N}$，其中 M 表示收入，P 表示商品价格，$N(N>0)$ 为常数。

求：需求的价格点弹性和需求的收入点弹性。

解答：由已知条件 $Q=MP^{-N}$，可得

$$e_d=-\frac{dQ}{dP}\cdot\frac{P}{Q}=-M\cdot(-N)\cdot P^{-N-1}\cdot\frac{P}{MP^{-N}}=N$$

$$e_M=\frac{dQ}{dM}\cdot\frac{M}{Q}=P^{-N}\cdot\frac{M}{MP^{-N}}=1$$

由此可见，一般地，对于幂指数需求函数 $Q(P)=MP^{-N}$ 而言，其需求的价格点弹性总等于幂指数的绝对值 N。而对于线性需求函数 $Q(M)=MP^{-N}$ 而言，其需求的收入点弹性总是等于 1。

5. 假定某商品市场上有 100 个消费者，其中，60 个消费者购买该市场$\frac{1}{3}$的商品，且每个消费者的需求的价格弹性均为 3；另外 40 个消费者购买该市场$\frac{2}{3}$的商品，且每个消费

者的需求的价格弹性均为 6。

问：按 100 个消费者合计的需求的价格弹性系数是多少？

解答：假设整个市场的价格为 P，100 个消费者购买的商品总量为 Q。

根据已知：$e_{di}=-\frac{\mathrm{d}Q_i}{\mathrm{d}P}\times\frac{P}{Q_i}=3$，$-\frac{\mathrm{d}Q_i}{\mathrm{d}P}=3\times\frac{Q_i}{P}$，其中，$i=1$，2，3，…，60，$\sum_{i=1}^{60}Q_i=\frac{1}{3}Q$；$e_{dj}=-\frac{\mathrm{d}Q_j}{\mathrm{d}P}\times\frac{P}{Q_j}=6$，$-\frac{\mathrm{d}Q_j}{\mathrm{d}P}=6\times\frac{Q_j}{P}$，其中，$j=1$，2，3，…，40，$\sum_{j=1}^{40}Q_j=\frac{2}{3}Q$。

假设 100 人总的需求价格弹性系数为：

$$
\begin{aligned}
e_d&=-\frac{\mathrm{d}Q}{\mathrm{d}P}\times\frac{P}{Q}=-\frac{\mathrm{d}\left(\sum_{i=1}^{60}Q_i+\sum_{j=1}^{40}Q_j\right)}{\mathrm{d}P}\times\frac{P}{Q}=-\left(\sum_{i=1}^{60}\frac{\mathrm{d}Q_i}{\mathrm{d}P}+\sum_{j=1}^{40}\frac{\mathrm{d}Q_j}{\mathrm{d}P}\right)\times\frac{P}{Q}\\
&=\left(\sum_{i=1}^{60}\frac{3Q_i}{P}+\sum_{j=1}^{40}\frac{6Q_j}{P}\right)\times\frac{P}{Q}=\left(\frac{3}{P}\sum_{i=1}^{60}Q_i+\frac{6}{P}\sum_{j=1}^{40}Q_j\right)\times\frac{P}{Q}\\
&=\left(\frac{3}{P}\times\frac{Q}{3}+\frac{6}{P}\times\frac{2}{3}Q\right)\times\frac{P}{Q}=1+4=5
\end{aligned}
$$

6. 假定某消费者的需求的价格弹性 $e_d=1.3$，需求的收入弹性 $e_M=2.2$。求：

（1）在其他条件不变的情况下，商品价格下降 2%对需求数量的影响。

（2）在其他条件不变的情况下，消费者收入提高 5%对需求数量的影响。

解答：（1）$e_d=-\frac{\Delta Q/Q}{\Delta P/P}=1.3$，故$\frac{\Delta Q}{Q}=-e_d\times\frac{\Delta P}{P}=1.3\times 2\%=2.6\%$，商品的需求数量增加 2.6%。

（2）$e_M=\frac{\Delta Q/Q}{\Delta M/M}$，故$\frac{\Delta Q}{Q}=e_M\times\frac{\Delta M}{M}=2.2\times 5\%=11\%$，商品的需求数量增加 11%。

7. 假定在某市场上 A、B 两厂商是生产同种有差异的产品的竞争者；该市场对 A 厂商的需求曲线为 $P_A=200-Q_A$，对 B 厂商的需求曲线为 $P_B=300-0.5Q_B$；两厂商目前的销售量分别为 $Q_A=50$，$Q_B=100$。

（1）目前 A、B 两厂商的需求的价格弹性 e_{dA} 和 e_{dB} 各是多少？

（2）如果 B 厂商降价使得 B 厂商的需求量增加为 $Q'_B=160$，同时使竞争对手 A 厂商的需求量减少为 $Q'_A=40$，那么，A 厂商的需求的交叉价格弹性 e_{AB} 是多少？

（3）如果 B 厂商追求销售收入最大化，那么，你认为 B 厂商的降价是一个正确的行为选择吗？

解答：（1）$P_A=200-Q_A$，所以当 $Q_A=50$ 时，$P_A=150$。

$P_B=300-0.5Q_B$，所以当 $Q_B=100$ 时，$P_B=250$。

根据需求的价格弹性的定义，得

$$e_{dA}=-\frac{\mathrm{d}Q_A}{\mathrm{d}P_A}\cdot\frac{P_A}{Q_A}=-(-1)\times\frac{150}{50}=3$$

$$e_{dB}=-\frac{\mathrm{d}Q_B}{\mathrm{d}P_B}\cdot\frac{P_B}{Q_B}=-(-2)\times\frac{250}{100}=5$$

(2) 当 $Q'_B=160$ 时，$P'_B=220$，则，A 厂商的需求的交叉价格弹性为：

$$e_{AB}=\frac{\Delta Q_A}{\Delta P_B}\times\frac{P_B}{Q_A}=\frac{40-50}{220-250}\times\frac{250}{50}=\frac{-10}{-30}\times\frac{50}{1}=\frac{5}{3}$$

(3) 因为 B 厂商的需求的价格弹性为 5，大于 1，属于需求富有弹性的商品，所以，为追求销售收入最大化，降价是一个正确的选择。

8. 假定某商品的需求的价格弹性为 1.6，现售价格为 $P=4$。

问：该商品的价格下降多少，才能使得销售量增加 10%？

解答：根据已知条件和需求的价格弹性公式，有

$$e_d=-\frac{\frac{\Delta Q}{Q}}{\frac{\Delta P}{P}}=-\frac{10\%}{\frac{\Delta P}{4}}=1.6$$

由上式解得 $\Delta P=-0.25$。也就是说，当该商品的价格下降 0.25，售价为 $P=3.75$ 时，销售量将会增加 10%。

9. 假定小李的两个消费场景如下：

(1) 当话剧门票价格为 120 元时，小李打算买两张话剧门票。但事实上话剧门票价格上涨为 180 元，于是小李决定放弃看话剧。求小李关于话剧门票需求的价格弹性。

(2) 小李在某公司上班，公司附近只有一家可供用餐的快餐店。当每份套餐的价格为 8 元时，小李每天中午都在该快餐店用餐；当每份套餐的价格上涨为 12 元时，他仍然每天中午都在该快餐店用餐。求小李关于快餐需求的价格弹性。

(3) 对小李的两个消费场景而言，为什么 (1) 和 (2) 结果相差甚远？

解答：(1) 由需求的价格弧弹性的定义，得

$$e_d=-\frac{\Delta Q}{\Delta P}\cdot\frac{\frac{P_1+P_2}{2}}{\frac{Q_1+Q_2}{2}}=-\frac{0-2}{180-120}\times\frac{120+180}{2+0}=5$$

(2) 小李在该快餐店的用餐量基本不受每份套餐的价格影响，由此可得 $\Delta Q=0$，由需求的价格弧弹性的定义，得

$$e_d=-\frac{\Delta Q}{\Delta P}\cdot\frac{\frac{P_1+P_2}{2}}{\frac{Q_1+Q_2}{2}}=0$$

(3) 看话剧对于小李而言对生活影响不大，非生活必需品，故价格对需求的影响比较大，需求的价格弹性为 5。而快餐需求的价格弹性接近于零的原因是每天吃一顿午餐为生活需要，且附近只有一家可供用餐的快餐店，没有替代品可供选择。故对小李的两个消费场景而言，需求的价格弹性相差甚远。

三、论述题

1. 利用图阐述需求的价格弹性的大小与厂商的销售收入之间的关系，并举例说明。

解答：厂商的销售收入等于商品的价格乘以销售量，即 $TR=P\cdot Q$。厂商的销售量等于需求量，因此厂商的销售收入又可以改写为 $TR=P\cdot Q^d$。由此出发，我们便可分析在不同的需求价格弹性的条件下价格变化对需求量的影响，进而谈论相应的销售收入的变化。下面利用图 2-9 给予简要说明。

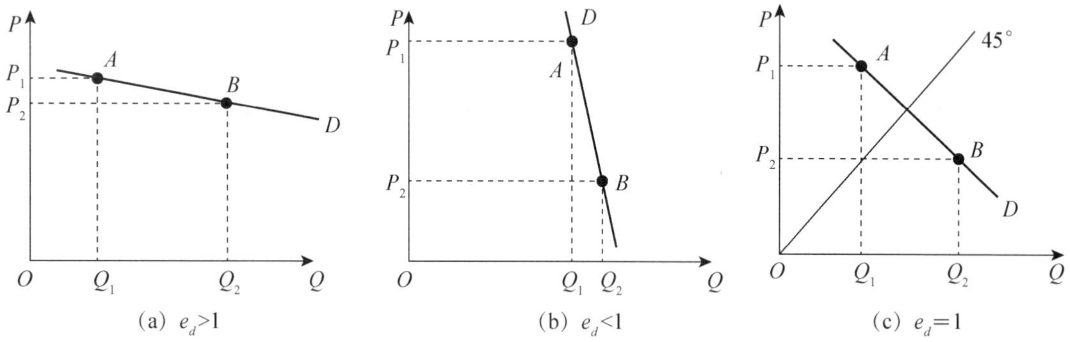

图 2-9 需求弹性与销售收入

在图 2-9（a）中有一条平坦的需求曲线，它表示该商品的需求是富有弹性的，即 $e_d>1$。观察该需求曲线上的 A、B 两点，显然，较小的价格下降比例导致了较大的需求量增加比例。于是有：降价前的销售收入 $TR_1=P_1\cdot Q_1$，相当于矩形 OP_1AQ_1 的面积，而降价后的销售收入 $TR_2=P_2\cdot Q_2$，相当于矩形 OP_2BQ_2 的面积，且 $TR_1<TR_2$。也就是说，对于富有弹性的商品而言，价格与销售收入呈反方向变动关系。

类似地，在图 2-9（b）中有一条陡峭的需求曲线，它表示该商品的需求是缺乏弹性的，即 $e_d<1$。观察该需求曲线上的 A、B 两点，显然，较大的价格下降比例却导致了一个较小的需求量增加比例。于是，降价前的销售收入 $TR_1=P_1\cdot Q_1$（相当于矩形 OP_1AQ_1 的面积）大于降价后的销售收入即 $TR_2=P_2\cdot Q_2$（相当于矩形 OP_2BQ_2 的面积），即 $TR_1>TR_2$。也就是说，对于缺乏弹性的商品而言，价格与销售收入呈同方向变动关系。

在图 2-9（c）中需求曲线上 A、B 两点之间的需求的价格弹性 $e_d=1$（按中点公式计算）。由图可见，降价前、后的销售收入没有发生变化，即 $TR_1=TR_2$，它们分别相当于两块面积相等的矩形的面积（即矩形 OP_1AQ_1 和矩形 OP_2BQ_2 的面积相等）。这就是说，对于具有单位弹性的商品而言，价格变化对厂商的销售收入无影响。

2. 利用图 2-10 简要说明微观经济学的理论体系框架。

解答：（1）关于微观经济学的理论体系框架。

微观经济学通过对个体经济单位的经济行为的研究，说明现代西方经济学中市场机制的运行和作用，以及改善这种运行的途径。也可以简单地说，微观经济学是通过对个体经济单位的研究来说明市场机制的资源配置作用的。市场机制也可以称为价格机制，其基本的要素是需求、供给和均衡价格。

以需求、供给和均衡价格为出发点，微观经济学通过效用论研究消费者追求效用最大化的行为，并由此推导出消费者的需求曲线，进而得到市场的需求曲线。生产论、成本论和市场论主要研究生产者追求利润最大化的行为，并由此推导出生产者的供给曲线，进而得到市场的供给曲线。运用市场的需求曲线和供给曲线，就可以决定市场的均衡价格，并进一步理解在所有的个体经济单位追求各自经济利益的过程中，一个经济社会如何在市场价格机制的作用下，实现经济资源的优化配置。其中，从经济资源配置的效果角度讲，完全竞争市场最优，垄断市场最差，而垄断竞争市场比较接近完全竞争市场，寡头市场比较接近垄断市场。至此，微观经济学便完成了对图 2-10 上半部分所涉及的关于产品市场的内容的研究。为了更完整地研究价格机制对资源配置的作用，市场论又将考察的范围从产品市场扩展至生产要素市场。生产要素的需求方面的理论，从生产者追求利润最大化的行为出发，推导出生产要素的需求曲线；生产要素的供给方面的理论，从消费者追求效用最大化的角度出发，推导出生产要素的供给曲线。据此，进一步说明生产要素市场均衡价格的决定及其资源配置的效率问题。这样，微观经济学便完成了对图 2-10 下半部分所涉及的关于生产要素市场的内容的研究。

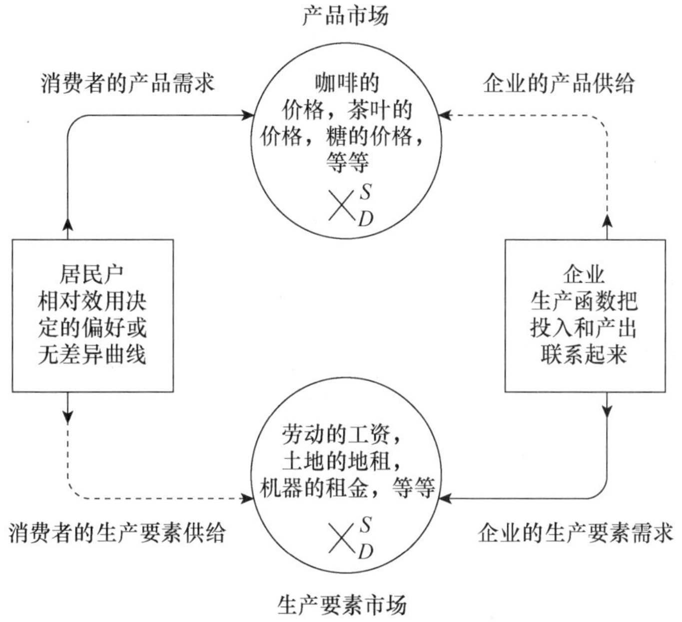

图 2-10 产品市场和生产要素市场的循环流动图

在以上讨论了单个产品市场和单个生产要素市场的均衡价格决定及其作用之后，一般均衡论讨论了一个经济社会中所有的单个市场的均衡价格决定问题，其结论是：在完全竞争经济中，存在着一组价格（P_1，P_2，…，P_n），使得经济中所有的 n 个市场同时实现供求相等的均衡状态。这样，微观经济学便完成了对其核心思想即“看不见的手”原理的证明。

在上面实证研究的基础上，微观经济学又进入了规范研究部分，即福利经济学。福利经济学的一个主要命题是：完全竞争的一般均衡就是帕累托最优状态。也就是说，在帕累托最优的经济效率的意义上，微观经济学进一步肯定了完全竞争市场经济的配置资源的作用。

在讨论了市场机制的作用以后，微观经济学又讨论了市场失灵问题。市场失灵产生的主要原因包括不完全竞争、外部影响、公共物品和不完全信息。为了克服市场失灵导致的资源配置的无效率，微观经济学又讨论和提出了相应的微观经济政策。

（2）关于微观经济学的核心思想。

微观经济学的核心思想主要是论证资本主义的市场经济能够实现有效率的资源配置。通常用英国古典经济学家亚当·斯密在其1776年出版的《国富论》一书中提出的、以后又被称为“看不见的手”原理的那一段话来表述微观经济学的核心思想，其原文为：“每个人都试图应用他的资本，来使其生产品得到最大的价值。一般来说，他并不企图增进公共福利，也不知道他所增进的公共福利有多少，他所追求的仅仅是他个人的安乐、个人的利益。但当他这样做的时候，就会有一双看不见的手引导他去达到另一个目标，而这个目标绝不是他所追求的东西。由于他追逐自己的利益，他经常促进了社会利益，其效果比他真正想促进社会利益时所得到的效果更大。”

第二部分　精编习题

一、名词解释

1. 经济人
2. 需求定理
3. 需求曲线
4. 供给定理
5. 供给曲线
6. 均衡价格
7. 需求量的变动
8. 需求的价格弹性
9. 供给的价格弹性
10. 需求的交叉价格弹性
11. 需求的收入弹性
12. 恩格尔定律
13. 需求的变动
14. 吉芬品
15. 支持价格

二、单项选择题

1. 在得出某棉花种植农户的供给曲线时，下列除哪一个因素以外其余均保持为常数？（　　）。

A. 土壤的肥沃程度　　B. 技术水平

C. 棉花的种植面积　　D. 棉花的价格

2. 在某一时期内彩色电视机的需求曲线向左平移的原因可以是（　　）。

A. 彩色电视机的价格上升

B. 消费者对彩色电视机的预期价格上升

C. 消费者对彩色电视机的预期价格下降

D. 消费者的收入水平提高

E. 黑白电视机的价格上升

3. 某月内，X 商品的替代品的价格上升和互补品的价格上升，分别引起 X 商品的需求变动量为50单位和80单位，则在它们的共同作用下该月 X 商品的需求数量（　　）。

A. 增加 30 单位　　B. 减少 30 单位
C. 增加 130 单位　　D. 减少 130 单位

4. 如果一条线性需求曲线与一条曲线型需求曲线相切，则在切点处两条需求曲线的需求价格弹性系数（　　）。

A. 不相同　　B. 相同
C. 可能相同，也可能不相同　　D. 根据切点的位置而定

5. 假定玉米市场的需求是缺乏弹性的，玉米的产量等于销售量且等于需求量，恶劣的气候条件使玉米产量下降 20%，在这种情况下（　　）。

A. 玉米生产者的收入减少，因为玉米产量下降 20%
B. 玉米生产者的收入增加，因为玉米价格上升低于 20%
C. 玉米生产者的收入增加，因为玉米价格上升超过 20%
D. 玉米生产者的收入减少，因为玉米价格上升低于 20%

6. 当两种商品中一种商品的价格发生变化时，这两种商品的需求量都同时增加或减少，则这两种商品的需求的交叉价格弹性系数为（　　）。

A. 正　　B. 负　　C. 0　　D. 1

7. 当羽毛球拍的价格下降时，对羽毛球的需求量将（　　）。

A. 减少　　B. 不变
C. 增加　　D. 视具体情况而定

8. 在出租车租金上涨后，对公共汽车服务的（　　）。

A. 需求下降　　B. 需求增加　　C. 需求量下降　　D. 需求量增加

9. 均衡价格一定会随着（　　）。

A. 需求与供给的增加而上升　　B. 需求的增加和供给的减少而上升
C. 需求的减少和供给的增加而上升　　D. 需求和供给的减少而上升

10. 已知某种商品的需求是富有弹性的，在其他条件不变的情况下，生产者要想获得更多的收益，应该（　　）。

A. 适当降低价格　　B. 适当提高价格
C. 保持价格不变　　D. 不断地降低价格

11. 已知一条线性需求曲线，a 点为 AB 线段的中点，如图 2-11 所示，则（　　）。

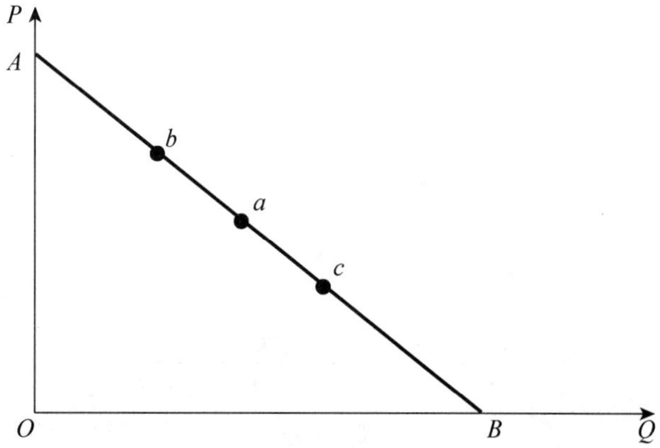

图 2-11

A. b 点的需求价格弹性等于 c 点的需求价格弹性
B. b 点的需求价格弹性大于 1
C. b 点的需求价格弹性小于 1
D. b 点的需求价格弹性等于 1

12. 在其他条件不变的情况下，某种商品的需求量（　　）。
A. 随着替代商品价格的提高而减少　　B. 随着替代商品价格的提高而增加
C. 随着偏好的改善而减少　　D. 随着互补品价格的下降而减少

13. 对西红柿的需求的变化可能是由于（　　）。
A. 消费者认为西红柿价格太高了　　B. 西红柿的收成增加
C. 消费者预期西红柿将降价　　D. 种植西红柿的技术有了改进

14. 某种商品沿着供给曲线运动是由于（　　）。
A. 此商品价格的变化　　B. 互补品价格的变化
C. 生产技术条件的变化　　D. 生产这种商品的成本的变化
E. 产量的变化

15. 某消费者的收入下降，而他对某商品的需求却增加，该商品为（　　）。
A. 奢侈品　　B. 劣等品
C. 替代品　　D. 互补品
E. 以上均不正确

16. 需求完全无弹性可以用（　　）。
A. 一条与横轴平行的线表示　　B. 一条与纵轴平行的线表示
C. 一条向右下方倾斜的线表示　　D. 一条向右上方倾斜的线表示
E. 一条向左上方倾斜的线表示

17. 若某产品的供给弹性无穷大，当该产品的需求增加时，则（　　）。
A. 均衡价格和均衡产量同时增加　　B. 均衡价格和均衡产量同时减少
C. 均衡产量增加但价格不变　　D. 均衡价格上升但产量不变
E. 均衡产量增加，但价格下降

18. 图 2－12 中 A 点的需求价格弹性的绝对值为（　　）。

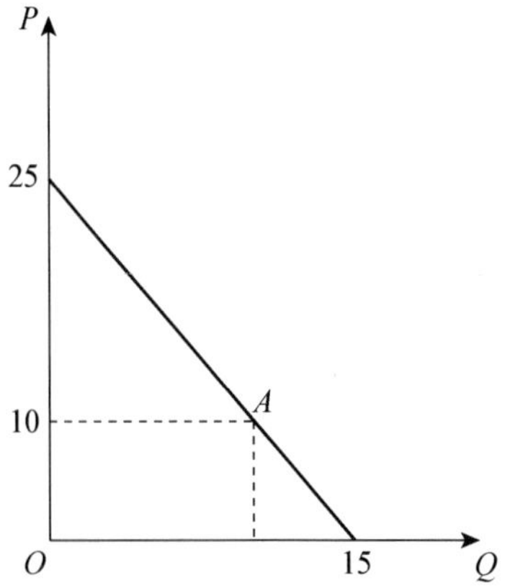

图 2－12

A. 1/3　　B. 2/5
C. 2/3　　D. 3/2
E. 无法确定

19. 如果某商品的市场供给曲线为一条通过原点的直线，那么该商品供给的价格点弹性（　　）。

A. 不确定　　B. 随价格变化而变化
C. 等于斜率值　　D. 总是为 1
E. 总是为−1

20. 下列五种商品中需求的价格弹性最小的是（　　）。

A. 食盐　　B. 衣服
C. 化妆品　　D. 小汽车
E. 项链

21. 图 2-13 中曲线 c 表示的是（　　）的消费者需求曲线。

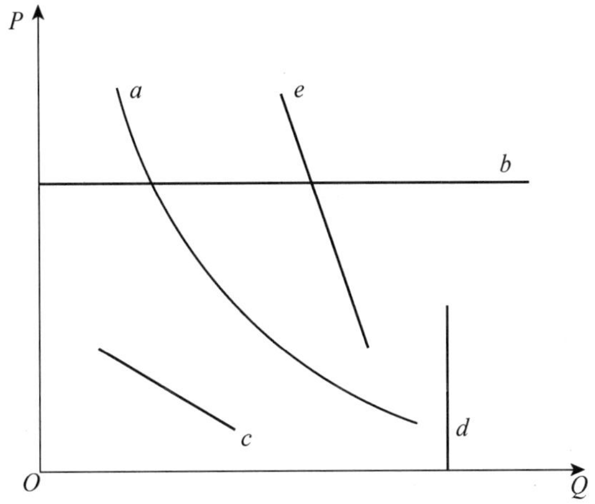

图 2-13

A. 完全无弹性　　B. 缺乏弹性
C. 富有弹性　　D. 完全弹性
E. 单位弹性

22. 在得出某种商品的个人需求曲线时，下列因素除（　　）外均保持为常数。

A. 个人收入　　B. 其余商品的价格
C. 个人偏好　　D. 所考虑商品的价格

23. 以下（　　）可能使消费者的需求价格弹性较大。

A. 商品用途狭窄　　B. 商品对消费者十分重要
C. 商品消费支出占总支出的份额大　　D. 消费者调节消费量时间短

24. 如果商品 A 和商品 B 是可相互替代的，则 A 的价格下降将造成（　　）。

A. A 的需求曲线向右移动　　B. A 的需求曲线向左移动
C. B 的需求曲线向右移动　　D. B 的需求曲线向左移动

25. 一个商品价格下降对其互补品最直接的影响是（　　）。

A. 互补品的需求曲线向右移动　　B. 互补品的需求曲线向左移动
C. 互补品的供给曲线向右移动　　D. 互补品的价格上升

26. 下列（　　）度量沿着需求曲线的移动而不是需求曲线本身的移动。
A. 需求的价格弹性　　B. 需求的收入弹性
C. 需求的交叉弹性　　D. 需求的预期价格弹性

27. 若 X 和 Y 两产品需求的交叉弹性是 -2.3，则（　　）。
A. X 和 Y 是替代品　　B. X 和 Y 是正常品
C. X 和 Y 是劣等品　　D. X 和 Y 是互补品

28. 如果某商品的需求富有弹性，则该商品价格上升（　　）。
A. 会使该商品销售收益增加　　B. 该商品销售收益不变
C. 会使该商品销售收益下降　　D. 销售收益可能增加也可能下降

29. 若需求曲线为向下倾斜的直线，则当价格从高到低不断下降时，卖者的总收益（　　）。
A. 不断增加
B. 在开始时趋于增加，达到最大值后趋于减少
C. 在开始时趋于减少，达到最小值后趋于增加
D. 不断减少

30. 政府为了扶持农业，对农产品规定了高于其均衡价格的支持价格。政府为了维持支持价格，应该采取的相应措施是（　　）。
A. 增加对农产品的税收　　B. 实行农产品配给制
C. 收购过剩的农产品　　D. 对农产品生产者予以补贴

31. 直线型供给曲线斜率为正且延长线与横轴的交点位于坐标原点的左边，其供给价格弹性（　　）。
A. 等于 0　　B. 等于 1　　C. 大于 1　　D. 小于 1

32. 政府把价格限制在均衡水平以下可能导致（　　）。
A. 供给短缺
B. 大量积压
C. 买者按低价买到了希望购买的商品数量
D. 无法确定

33. 在需求和供给同时减少的情况下（　　）。
A. 均衡价格和均衡交易量都将下降
B. 均衡价格将下降，均衡交易量的变化无法确定
C. 均衡价格的变化无法确定，均衡交易量将减少
D. 均衡价格将上升，均衡交易量将下降

34. 已知当某种商品的均衡价格是 1 元的时候，均衡交易量为 1 000 单位。现假定买者收入的增加使这种商品的需求增加了 400 单位，那么，在新的价格水平上，买者的购买量最可能的是（　　）。
A. 1 000 单位　　B. 多于 1 000 单位但小于 1 400 单位
C. 1 400 单位　　D. 以上均不对

35. 当汽油的价格上升时，对小汽车的需求量将（　　）。
A. 减少　B. 保持不变
C. 增加　D. 以上无一正确
36. 当牛肉的价格急剧上升时，对羊肉的需求量将（　　）。
A. 减少　B. 保持不变　C. 增加　D. 不确定
37. 正常品的需求曲线是一条（　　）。
A. 向右下方倾斜的曲线　B. 向左下方倾斜的曲线
C. 垂线　D. 水平线
38. 需求不变时供给的变动引起（　　）。
A. 均衡价格和均衡数量同方向变动
B. 均衡价格反方向变动，均衡数量同方向变动
C. 均衡价格与均衡数量反方向变动
D. 均衡价格有可能保持不变
39. 民航机票经常打折促销，这说明飞机旅行需求（　　）。
A. 富有价格弹性　B. 单位弹性
C. 价格弹性不足　D. 缺乏收入弹性
40. 下面（　　）会导致粮食制品的均衡价格上升。
A. 居民收入的下降　B. 替代品牛奶价格的下降
C. 良好的气候条件　D. 替代品鸡蛋价格的上升
41. 若需求曲线为正双曲线（如：需求曲线为 $Q=\frac{K}{P}$，$K>0$），则商品价格的上升将引起买者在商品上的总花费（　　）。
A. 减少　B. 不变　C. 增加　D. 上述均可能
42. 假定某商品的价格从 3 元降到 2 元，需求量将从 9 单位增加到 11 单位，则该商品卖者的收益将（　　）。
A. 保持不变　B. 增加　C. 减少　D. 增减不确定
43. 微观经济学是经济学的一个分支，主要研究（　　）。
A. 市场经济　B. 个体行为
C. 总体经济活动　D. 失业和通货膨胀等
44. （　　）是引导资源配置的主要信号。
A. 生产　B. 消费　C. 价格　D. 分配
45. 若市场需求减少大于市场供给减少，则市场价格（　　）。
A. 上升　B. 下降　C. 不变　D. 不确定
46. 若某商品价格上升 10%，能使消费者的消费支出减少 1%，则该商品的需求价格弹性属于（　　）。
A. 单一弹性　B. 缺乏弹性
C. 富有弹性　D. 不确定
47. 如果一种商品需求量变动的比率大于价格变动的比率，那么该商品的需求价格弹性属于（　　）。

A. 缺乏弹性　　B. 富有弹性

C. 单位弹性　　D. 完全弹性

48. 如果一种商品需求量变动的比率小于价格变动的比率，那么该商品的需求价格弹性属于（　　）。

A. 缺乏弹性　　B. 富有弹性

C. 单位弹性　　D. 完全弹性

49. 如果一种商品需求量变动的比率等于价格变动的比率，那么该商品的需求价格弹性属于（　　）。

A. 缺乏弹性　　B. 富有弹性

C. 单位弹性　　D. 完全弹性

50. 对于需求富有弹性的商品，下列说法正确的是（　　）。

A. 降低价格会增加厂商的销售收入　　B. 降低价格会减少厂商的销售收入

C. 提高价格会增加厂商的销售收入　　D. 提高价格不会改变厂商的销售收入

51. 对于需求缺乏弹性的商品，下列说法正确的是（　　）。

A. 降低价格会增加厂商的销售收入　　B. 降低价格会减少厂商的销售收入

C. 提高价格会减少厂商的销售收入　　D. 提高价格不会改变厂商的销售收入

52. 对于需求价格弹性是单位弹性的商品，下列说法正确的是（　　）。

A. 降低价格会增加厂商的销售收入　　B. 降低价格会减少厂商的销售收入

C. 提高价格会增加厂商的销售收入　　D. 提高价格不会改变厂商的销售收入

53. 政府为了扶持农业，对农产品采取了支持价格，下列说法正确的是（　　）。

A. 农产品支持价格高于其均衡价格　　B. 农产品支持价格低于其均衡价格

C. 农产品支持价格等于其均衡价格　　D. 以上都不对

54. 均衡价格随着（　　）。

A. 需求和供给的增加而上升　　B. 需求和供给的减少而上升

C. 需求的减少和供给的增加而上升　　D. 需求的增加和供给的减少而上升

55. 供给不变时需求的变动会引起（　　）。

A. 均衡价格和均衡数量同方向变动

B. 均衡价格反方向变动，均衡数量同方向变动

C. 均衡价格同方向变动，均衡数量反方向变动

D. 均衡价格有可能保持不变

56. 已知当某种商品的均衡价格是 10 元的时候，均衡交易量为 1 000 单位。现假定供给增加，那么买者的购买量最可能是（　　）。

A. 1 000 单位　　B. 多于 1 000 单位

C. 少于 1 000 单位　　D. 以上均不对

57. 下面哪一项会导致石油的均衡价格上升？（　　）。

A. 太阳能、风能等新能源生产成本大幅下降

B. 石油主产区爆发局部战争

C. 在非洲发现了一片特大储量的油田

D. 以上均不对

58. 若商品 X 和商品 Y 需求的交叉弹性是 2，则（　　）。

A. 商品 X 和商品 Y 互为替代品　　B. 商品 X 和商品 Y 是正常品

C. 商品 X 和商品 Y 是劣等品　　D. 商品 X 和商品 Y 互为互补品

59. 若某商品需求的收入弹性大于 1，则该商品可能为（　　）。

A. 正常品　　B. 劣等品

C. 奢侈品　　D. 必需品

60. 若某商品需求的收入弹性小于 0，则该商品可能为（　　）。

A. 正常品　　B. 劣等品

C. 奢侈品　　D. 必需品

61. 若商品 X 和商品 Y 需求的交叉弹性是 0，则（　　）。

A. 商品 X 和商品 Y 互为替代品　　B. 商品 X 和商品 Y 是正常品

C. 商品 X 和商品 Y 互为互补品　　D. 商品 X 和商品 Y 不存在相关关系

62. 假定供给函数 $Q^s=-2+2P$，则 $P=3$ 元时供给的价格点弹性为（　　）。

A. 1　　B. 1.5　　C. 2　　D. 3

63. 假定需求函数 $Q^d=500-100P$，则 $P=4$ 元时需求的价格点弹性为（　　）。

A. 2　　B. 4　　C. 6　　D. 8

三、多项选择题

1. 下列因素中会使需求曲线移动的是（　　）。

A. 购买者（消费者）的收入发生变化　　B. 商品本身价格下降

C. 其他有关商品的价格下降　　D. 消费者的偏好发生变化

2. 在某一时期可口可乐的需求曲线向右平移的原因是（　　）。

A. 百事可乐的价格上升

B. 消费者的收入水平上升

C. 消费者对可口可乐的预期价格上升

D. 消费者认为可口可乐可以延缓人的衰老

3. 如果一种物品的价格高于均衡价格，下列说法错误的有（　　）。

A. 存在过剩，而且价格将上升　　B. 存在过剩，而且价格将下降

C. 存在短缺，而且价格将上升　　D. 存在短缺，而且价格将下降

4. 影响某种商品的需求价格弹性的因素有（　　）。

A. 该商品的可替代程度

B. 商品对消费者的重要程度

C. 商品的消费支出在总支出中所占的比重

D. 调整消费时间的长短

5. 若某商品需求的收入弹性为正，则该商品可能为（　　）。

A. 正常品　　B. 奢侈品

C. 劣等品　　D. 必需品

6. 下列关于“需求价格弹性与企业总收益的关系”的说法中，正确的是（　　）。

A. 当 $e_d>1$，即需求富有弹性时，销售收入与价格反向变动
B. 当 $e_d<1$，即需求缺乏弹性时，销售收入与价格同向变动
C. 当 $e_d=1$ 时，销售收入和价格没有关系
D. 当 $e_d=0$ 时，降价使销售收入同比例于价格的下降而减少
7. 下列事件中，使产品 X 的供给增加的有（　　）。
A. 生产 X 的技术有重大革新
B. 生产 X 的人工和原材料价格下降了
C. 预计产品 X 的价格会上升
D. 在产品 X 的行业内，企业数目减少了
8. 影响需求的因素包括（　　）。
A. 收入　　B. 偏好
C. 相关商品的价格　　D. 消费者的预期
9. 影响供给的因素包括（　　）。
A. 生产要素的价格　　B. 生产技术
C. 相关商品的价格　　D. 厂商对未来的预期
10. 下列哪种情况发生时，消费者对蘑菇的需求曲线会向左侧移动？（　　）。
A. 世界卫生组织发布一份报告称，食用这种蘑菇会致癌
B. 另一种蘑菇价格下降了
C. 消费者的收入增加了（此种蘑菇是生活必需品）
D. 消费者预期该种蘑菇的价格会上涨
11. 下列关于“供求定理”的论述中，正确的是（　　）。
A. 供给不变，需求的变动引起均衡价格同方向变动
B. 供给不变，需求的变动引起均衡数量同方向变动
C. 需求不变，供给的变动引起均衡价格反方向变动
D. 需求不变，供给的变动引起均衡数量同方向变动
12. 适用于“薄利多销”或“降价促销”定价策略的商品有（　　）。
A. 食盐　　B. 手机
C. 小汽车　　D. 胰岛素
13. 关于需求的交叉价格弹性的下列说法中，正确的包括（　　）。
A. 若两种商品需求的交叉价格弹性小于 0，则这两种商品互为替代品
B. 若两种商品需求的交叉价格弹性小于 0，则这两种商品互为互补品
C. 若两种商品需求的交叉价格弹性大于 0，则这两种商品互为替代品
D. 若两种商品需求的交叉价格弹性等于 0，则这两种商品互不相关
14. 关于需求的收入弹性的下列说法中，正确的包括（　　）。
A. 若某种商品需求的收入弹性小于 0，则这种商品是劣等品
B. 若某种商品需求的收入弹性大于 1，则这种商品是奢侈品
C. 若某种商品需求的收入弹性大于 0 小于 1，则这种商品是正常品
D. 若某种商品需求的收入弹性大于 0，则这种商品是劣等品
15. 关于恩格尔定律的下列说法中，正确的包括（　　）。

A. 其他条件不变，随着收入水平的提高，食品支出占消费总支出的比重有下降趋势
B. 收入水平越低的家庭，其食品支出的比重越低
C. 一个家庭或国家，富裕程度越高，食品支出的收入弹性越小
D. 收入水平较高的家庭，其食品支出的比重较高
16. 政府把价格限制在均衡水平以下可能导致（　　）。
A. 大量积压
B. 商品短缺，供不应求
C. 买者按低价能够买到希望购买的商品数量
D. 黑市交易
17. 在需求和供给同时减少的情况下，（　　）。
A. 均衡价格的变化无法确定
B. 均衡价格将下降，均衡交易量的变化无法确定
C. 均衡价格将上升，均衡交易量将减少
D. 均衡交易量将减少
18. 政府限价，则（　　）。
A. 政府把价格限制在均衡水平以下可能导致商品短缺，供不应求
B. 政府把价格限制在均衡水平以上可能导致商品过剩，供大于求
C. 政府把价格限制在均衡水平以上可能导致商品短缺，供不应求
D. 政府把价格限制在均衡水平以下可能导致商品过剩，供大于求
19. 下列事件中，使我国大豆供给曲线左移的有（　　）。
A. 大豆种植技术有重大革新　　B. 大豆种植成本大幅度提高
C. 农民预期大豆价格会大幅下降　　D. 东北地区发生严重干旱
20.（有效）需求的条件包括（　　）。
A. 供给能力　　B. 供给愿望
C. 需求能力　　D. 需求愿望

四、判断题

1. 商品价格的下降导致需求曲线的位置发生移动，使该商品的需求量上升。（　　）
2. 照相机与胶卷互为互补品，如果照相机降价，胶卷的需求就会增加。（　　）
3. 猪排与牛排互为替代品，如果猪排降价，对牛排的需求就会增加。（　　）
4. 消费者偏好的改变，引起需求在某条需求曲线上向上或向下移动。（　　）
5. 如果观察到面粉价格上升了，那么就可以预期到面包的供给曲线将向左移动。（　　）
6. 需求的变动会引起均衡价格和均衡数量反方向变动。（　　）
7. 一般说来，生活必需品的需求价格弹性比奢侈品的需求价格弹性要小。（　　）
8. 当商品的需求价格弹性小于 1 时，降低销售价格会使总收益增加。（　　）
9. 需求的价格弹性可以由需求曲线的斜率单独表示。（　　）
10. 需求具有完全弹性是指价格的变化对总收益没有影响。（　　）
11. 某种商品越是容易被替代，其需求也就越缺乏弹性。（　　）

12. 如果价格和总收益同方向变化，那么需求是富有弹性的。（ ）
13. 长期供给一般比短期供给更缺乏弹性。（ ）
14. 如果供给富有弹性，那么即使需求只有很少增加，对交易量的影响也会较大。（ ）
15. 垂直的供给曲线表明供给弹性为零。（ ）
16. 商品的需求弹性越大，政府从这些商品中征收的税就越多。（ ）
17. 如果一种商品的需求的收入弹性为负，那么这种商品需求曲线的斜率一定为负。（ ）
18. 需求曲线为直线时，在单位弹性点上总收益最大。（ ）
19. 互补品的需求交叉弹性系数为负值。（ ）
20. 商品的需求交叉弹性等于 0，说明两种商品为不相关商品。（ ）
21. 微观经济学是研究整体经济现象的学科。（ ）
22. 如果价格高于均衡价格，会出现供小于求。（ ）
23. 在均衡价格处需求数量与供给数量相等。（ ）
24. 在产品和劳务有很多相近的替代品时需求的价格弹性比较大。（ ）
25. 如果某种商品的需求价格弹性大于 3，那么厂商提价会使厂商的总收益增加。（ ）
26. 政府对某种商品限定的最高价格低于均衡价格，会导致该商品的供给出现过剩。（ ）
27. 如果铅笔和钢笔互为替代品，铅笔价格上升将引起钢笔的需求减少。（ ）
28. 若一种物品缺乏需求价格弹性，那么其价格的上升将增加厂商的总收益。（ ）
29. 政府对环保行业的税收优惠会导致环保行业产品供给的增加。（ ）
30. 粮食的需求价格弹性比较大，而化妆品的需求价格弹性比较小。（ ）
31. 气候不好会导致农产品减产，因此一定会使农民的农业收入下降。（ ）
32. 微观经济学通过对个体经济单位的研究来说明市场机制的资源配置作用。（ ）
33. 微观经济学的一个基本假设条件是合乎理性的人的假设。（ ）
34. 一个经济社会不可能提供所有居民希望享用的全部产品和劳务。（ ）
35. 如果一种商品需求量变动的比率等于价格变动的比率，那么该商品缺乏需求价格弹性。（ ）
36. 英国古典经济学家亚当·斯密在 1776 年出版了《国富论》。（ ）
37. 在其他条件不变时，商品的价格变动会引起该商品需求数量的变动，在图形上表现为点沿着同一条需求曲线运动。（ ）
38. 恩格尔定律是指，在一个家庭或国家中，食品支出在收入中所占的比重随着收入的增加而减小。（ ）
39. 市场需求是在每一价格水平下全部个人需求数量的加总。（ ）
40. 需求不变，供给的变动引起均衡价格的反方向变动和均衡数量的同方向变动。（ ）
41. 需求的收入弹性大于 1 的产业，会随着社会总收入的增加而发展，如汽车业 $e_M=3$，房地产业 $e_M=1.5$，餐饮业 $e_M=1.4$。（ ）

42. 需求的收入弹性小于 1 或为负的产业，例如，传统农业 $e_M=0.32$，会增长缓慢，甚至衰落。（　　）

五、简答题

1. 影响需求数量的因素有什么？
2. 影响供给数量的因素有什么？
3. 什么是均衡价格？它是如何形成的？
4. 如果考虑提高生产者的收入，那么对农产品以及电视机、录像机这类高档消费品应采取提价还是降价的方法？为什么？
5. 某城市大量运输的需求的价格弹性估计为 1.6。城市管理者问你，为了增加大量运输的收入，运输价格应该提高还是应该降低，你应当怎样回答？
6. 有人说，气候不好对农民不利，因为农业会歉收。但有人说，气候不好对农民有利，因为农业歉收以后谷物要涨价，收入会增加。对这两种议论你有何评价？
7. “谷贱伤农”的道理何在？为什么 20 世纪 70 年代石油输出国组织要限制石油产量？
8. 列表比较微观经济学与宏观经济学。
9. 图示需求曲线点弹性的几种情况。
10. 影响需求价格弹性的因素有哪些？
11. 简述需求价格弹性与总收益之间的关系。
12. 简述需求弹性和供给弹性与税收负担的关系。
13. 根据需求交叉弹性对商品关系进行分类。
14. 结合你了解的知识说明国家为什么始终重视第一产业——农业的发展，以及如何保持农业的稳定发展。
15. 分析以下句子的准确性：“需求曲线越陡峭，需求价格弹性就越小；需求曲线越平坦，需求价格弹性就越大。”
16. 简述需求量的变动与需求的变动的关系。
17. 简述供给量的变动与供给的变动的关系。
18. 影响供给价格弹性的因素有哪些？
19. 根据需求收入弹性如何对商品进行分类？
20. 简述最高限价政策可能产生的经济影响及解决弊端的思路。
21. 用图表表示需求和供给变动对均衡价格和均衡数量的影响。
22. 分析政府向生产者（销售商）征收销售税 T 的税收负担问题。
23. 分析政府向消费者征收消费税 T 的税收负担问题。向消费者和销售者征收定额税的后果是否相同？

六、计算题

1. 某商品价格为 9 美元时，需求量为 11；价格为 11 美元时，需求量为 9。请计算：

（1）$P=9$，$Q^d=11$ 作为基数时的需求弹性。

（2）$P=11$，$Q^d=9$ 作为基数时的需求弹性。

2. 某人对消费品 X 的需求函数为$P=100-\sqrt{Q}$，计算价格 $P=60$ 时的需求价格弹性系数。

3. 在英国，对新汽车的需求价格弹性 $e_d=1.2$，需求的收入弹性 $e_M=3$，计算：

（1）其他条件不变，价格提高 3%对需求的影响。

（2）其他条件不变，收入增加 2%对需求的影响。

（3）假设价格提高 8%，收入增加 10%，1980 年新汽车的销售量为 800 万辆，利用有关弹性系数的数据估计 1981 年新汽车的销售量。

4. 设汽油的需求价格弹性为 0.15，其价格现为每加仑 1.2 美元，试问汽油价格上涨多少才能使其消费量减少 10%？

5. 设供给函数为 $S=2+3P$，需求函数为 $D=10-P$。

（1）求解市场均衡价格与均衡数量。

（2）求在此均衡点的供给弹性与需求弹性。

（3）若向生产者征收销售税 $t=1$，求此时新的均衡价格与均衡数量。

（4）求消费者和厂商各承担了多少税收份额。

（5）用图来表示上述结论。

第三部分　精编习题参考答案

一、 名词解释

1. 经济人：以利己为动机去从事经济活动的主体，是微观经济学的最基本假定。“经济人”在一切经济活动中的行为都是合乎理性的，即以相对最小的代价去获取最大的经济利益。

2. 需求定理：一般在其他因素既定的条件下，某种商品的价格与其需求量呈反方向变动关系。

3. 需求曲线：一般表示商品的价格和需求量之间反方向变动关系的曲线。

4. 供给定理：一般在其他因素不变的条件下，某种商品的价格越低，其供给量越小；相反，某种商品的价格越高，其供给量越大。

5. 供给曲线：一般表示商品的价格和供给量之间同方向变动关系的曲线。

6. 均衡价格：商品的市场需求量和市场供给量相等时的价格。

7. 需求量的变动：指在其他条件不变时，由商品的价格变动引起的该商品需求数量的变动，在图形上表现为点沿着同一条需求曲线运动。

8. 需求的价格弹性：一定时期内一种商品需求量的变动对于该商品价格变动的反应程度。

9. 供给的价格弹性：一定时期内一种商品供给量的变动对于该商品价格变动的反应程度。

10. 需求的交叉价格弹性：一定时期内一种商品需求量的变动对于相关商品价格变动的反应程度。

11. 需求的收入弹性：一定时期内消费者对某种商品需求量的变动对于消费者收入量变动的反应程度。

12. 恩格尔定律：在一个家庭或国家中，食品支出在收入中所占的比重随着收入的增加而减小。用弹性概念表述为：对一个家庭或国家而言，富裕程度越高，食品支出的收入弹性越小，反之，越大。

13. 需求的变动：指在商品价格不变的条件下，由其他因素变动所引起的该商品需求数量的变动，在图形上表现为需求曲线位置的移动。

14. 吉芬品：价格与需求量呈同方向变动关系的商品。

15. 支持价格：又称最低限价，是指政府为了支持某一产品的生产而对该产品的价格规定的一个高于均衡价格的最低价格。如：农产品价格维持制度规定的收购粮农余粮的粮食价格、最低工资。

二、单项选择题

1. D 2. C 3. B 4. B 5. C 6. B 7. C 8. B 9. B 10. A 11. B 12. B 13. C 14. A 15. B 16. B 17. C 18. C 19. D 20. A 21. C 22. D 23. C 24. D 25. A 26. A 27. D 28. C 29. B 30. C 31. C 32. A 33. C 34. B 35. A 36. C 37. A 38. B 39. A 40. D 41. B 42. C 43. B 44. C 45. B 46. C 47. B 48. A 49. C 50. A 51. B 52. D 53. A 54. D 55. A 56. B 57. B 58. A 59. C 60. B 61. D 62. B 63. B

三、多项选择题

1. ACD 2. ABCD 3. ACD 4. ABCD 5. ABD 6. ABCD 7. ABC 8. ABCD 9. ABCD 10. AB 11. ABCD 12. BC 13. BCD 14. ABC 15. AC 16. BD 17. AD 18. AB 19. BCD 20. CD

四、判断题

1. (×)，商品价格的下降只会导致需求量沿着既定的需求曲线向下移动，而不会引起需求曲线位置的移动。

2. (√)，对于互补品来说，一种商品的价格下降，另一种商品的需求就会增加。

3. (×)，对于替代品来说，一种商品的价格下降，由于替代效应的作用，对另一种商品的需求量就会减少。

4. (×)，消费者偏好的改变，属于价格以外的其他因素的变动，只会引起需求曲线向左或向右移动。

5. （√），面粉是生产面包的原料，面粉价格上升使生产面包的成本上升，在面包价格不变的情况下，将导致面包的供给曲线向左移动。

6. （×），需求的变动会引起均衡价格和均衡数量同方向变动。

7. （√），一般而言，消费者对生活必需品的需求强度大且比较稳定，受价格变化影响较小，因而需求弹性较小；对奢侈品的需求强度小且不稳定，受价格影响较大，因而需求弹性较大。

8. （×），当商品的需求价格弹性小于1时，需求量变动的百分比小于价格变动的百分比，这意味着价格下降所引起的销售收益减少量必定大于需求量增加所引起的销售收益增加量。即当商品的需求价格弹性小于1时，降低销售价格会使总收益减少。

9. （×），需求的价格弹性既与需求曲线的斜率有关，又与价格、需求量有关。

10. （×），需求具有完全弹性表示在既定的价格水平上，需求量是无限的，价格一旦高于既定的价格，需求量即变为0，其总收益也就降低为0。

11. （×），一般说来，一种商品的替代品越多，可替代程度越高，价格变动对其需求量的影响就越大，其需求弹性也就越大；反之，则需求弹性越小。

12. （×），如果价格和总收益同方向变化，则需求是缺乏弹性的。因为当商品的需求价格弹性小于1时，需求量变动的百分比小于价格变动的百分比，这意味着价格上升引起的销售收益增加量必定大于需求量下降所引起的销售收益的减少量。即价格上升，则总收益增加。

13. （×），一般而言，在短期内厂商来不及调整生产规模以适应价格的变化，因此弹性较小；而在长期内厂商能够比较从容地调整生产规模以适应价格的变化，因此弹性较大。

14. （√），如果供给富有弹性，那么供给曲线将比较平坦，此时需求的较小增加，即需求曲线向右移动较小的距离，会使交易量有较大增加。

15. （√），如果供给曲线是垂直的，则表明无论价格如何变动，供给量都为一个常量，即供给弹性为零。

16. （×），商品的需求弹性越大，价格变动对其需求量的影响越大。如果政府提高税收，则这必将引起需求量的较大下降，使政府从这些商品中征收的税反而减少。

17. （×），劣等品的需求的收入弹性为负，而劣等品中的吉芬品的需求曲线的斜率则为正值。

18. （√），在单位弹性点的上方，需求弹性大于1，此时价格降低收益增加；在单位弹性点的下方，需求弹性小于1，此时价格提高收益增加。只有在单位弹性点上总收益最大。

19. （√），商品的需求交叉弹性是指一种商品的需求量变动对另一种商品价格变动的反应程度，其弹性系数是一种商品需求量变动的百分比与另一种商品价格变动的百分比之比。对于互补品来说，一种商品的需求量与另一种商品的价格呈反方向变动关系，所以互补品的需求交叉弹性系数为负值。

20. （√）。

21. （×），微观经济学是研究个体经济单位，如单个消费者、生产者和某个商品的市场的学科。

22. (×)，如果价格高于均衡价格，会出现供大于求。
23. (√)。
24. (√)，替代品多，价格变动时替代与被替代的可能性较大，需求价格弹性也大。
25. (×)，富有弹性的商品的价格与总收益呈反向变动关系。
26. (×)，政府对某种商品限定的最高价格低于均衡价格，会导致该商品的供给不足。
27. (×)，铅笔价格上升将引起钢笔的需求增加。
28. (√)。
29. (√)。
30. (×)，粮食的需求价格弹性比较小，而化妆品的需求价格弹性比较大。
31. (×)，气候不好会导致农产品减产，但是一般而言价格上升幅度大于产量下降幅度，因此农民的农业收入不一定下降。
32. (√)。
33. (√)。
34. (√)。
35. (×)，如果一种商品需求量变动的比率等于价格变动的比率，那么该商品的需求价格弹性是单位弹性。
36. (√)。
37. (√)。
38. (√)。
39. (√)。
40. (√)。
41. (√)，收入决定需求，需求决定产业发展，所以需求的收入弹性大于 1 的产业，会随着社会总收入的增加而发展。
42. (√)。

五、简答题

1. **解答：**影响需求数量的因素有商品自身的价格、消费者的收入、相关商品或劳务的价格、预期价格、消费者的偏好、人口的数量与结构、国家的信贷和税收政策等。

2. **解答：**影响供给数量的因素有商品自身的价格，相关商品的价格，生产成本，生产技术，国家的财政、货币、产业政策，厂商预期，国内外市场需求等。

3. **解答：**均衡价格指某种商品或劳务的需求量和供给量、需求价格和供给价格分别相等时的市场价格。设某市场是完全竞争市场，根据需求定理和供给定理，若均衡状态遭到破坏，某商品市场的价格高于均衡价格，供给将增加，需求则减少，供给超过需求，出现过剩的供给，这样必然会引起供给者之间的激烈竞争，产生一个把价格压低的力量。价格的下降导致需求量增加、供给量减少，供给和需求的差额逐渐缩小，直到达到均衡。相反，当市场价格低于均衡价格时，需求将增加，供给则减少，需求超过供给，出现需求过度，这必然会引起需求者之间的竞争，产生一个把价格提高的力量。价格的上升导致供给量增加、需求量减少，供求差额逐渐缩小，直至达到均衡。

4. **解答：**对农产品，应采取提价的办法；对电视机、录像机这类高档消费品则应采取降价的办法。根据需求的价格弹性与销售总收入之间的关系，我们知道，对需求富有弹性的商品来说，其销售总收入与价格反方向变动，即销售总收入随着价格的提高而减少，随着价格的降低而增加；而对需求缺乏弹性的商品来说，其销售总收入与价格同方向变动，即销售总收入随着价格的提高而增加，随着价格的降低而减少。所以，为了提高生产者的收入，对农产品这类需求缺乏弹性的必需品应该采取提价的办法，而对电视机、录像机这类需求富有弹性的高档消费品应该采取降价的办法。

5. **解答：**运输价格应该降低。因为大量运输的需求的价格弹性约为 1.6，即其需求富有弹性。而根据需求的价格弹性与销售者的收入之间的关系，我们知道，若某种商品或劳务的需求是富有弹性的，则降低价格将为销售者带来较多的收入，而提高价格会使销售者的收入较之前减少。因此，这里为了增加富有弹性的大量运输的收入，应当降低运输价格。

6. **解答：**气候不好对农民是否有利要看农民的总收入在气候不好的情况下如何变动。显然，气候不好的直接影响是农业歉收，即农产品的供给减少，这表现为农产品供给曲线向左上方移动。假如此时市场对农产品的需求状况不发生变化，即需求曲线固定不动，那么农产品供给的减少将导致均衡价格的上升。由于一般对农产品的需求缺乏弹性，根据需求的价格弹性与销售总收入之间的关系可知，此时农民的总收入将随着均衡价格的上升而增加。故在需求状况不因气候不好而发生变化，并且对农产品的需求缺乏弹性的情况下，气候不好引致的农业歉收对农民增加收入是有利的。当然，若需求状况同时也发生变化，或者需求不是缺乏弹性的，那么农民将不会因为气候不好而获得更多的收入。若本地区产量减少十分多，其他产区产量不减少，市场又是开放的，减产确实会减少本地区农民的收入。故对这个问题的回答依赖于对需求价格弹性系数、需求状况和行业状况的分析，不能笼统作出判断。

7. **解答：**(1)“谷贱伤农”是指农产品获得丰收不仅不能使农民从中获益，反而还会因农产品价格下降而导致农民收入降低。这是由农产品缺乏需求弹性所致，缺乏需求弹性的商品的总收益与价格同方向变动。

(2) 同样的道理，由于各国对石油的需求在短期内缺乏弹性，因而石油输出国组织限制石油产量可使得石油价格提高，从而销售收入相应地会增加。

8. **解答：**微观经济学与宏观经济学的比较如表 2-7 所示。

表 2-7

	微观经济学	宏观经济学
研究对象	单个经济个体	国民经济整体
理论依据	主要是新古典经济学	凯恩斯经济学
中心理论	价格理论	国民收入决定理论
解决问题	资源配置	资源利用
前提假设	完全信息，完全理性	市场失灵，政府有能力调控经济
分析方法	个量分析方法	总量分析方法
主要目标	个体利益最大	社会福利最大

9. **解答：** 需求曲线点弹性的几种情况如图 2－14 所示。

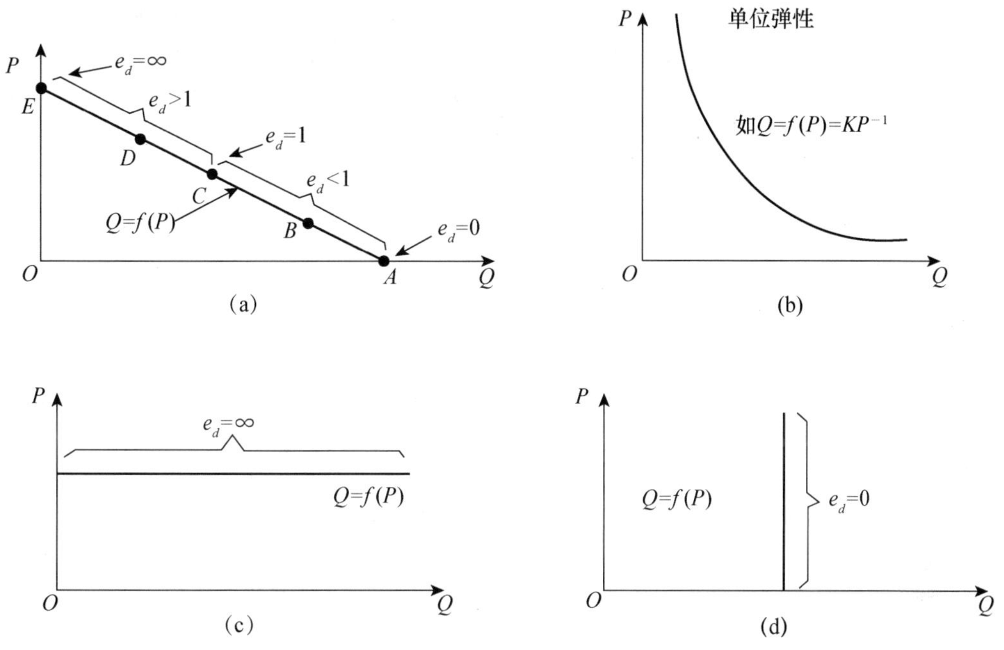

图 2－14

10. **解答：**（1）商品的可替代性。可替代程度大，则 e_d 大；可替代程度小，则 e_d 小。

（2）商品用途的广泛性。用途广泛，则 e_d 大；用途少，则 e_d 小。

（3）需求重要程度。需求重要程度大，则 e_d 小；需求重要程度小，则 e_d 大。

（4）商品支出在总支出中所占的比例。所占的比例大，则 e_d 大；所占的比例小，则 e_d 小。

（5）消费者调节需求量的时间长短。调节时间长，则 e_d 大；调节时间短，则 e_d 小。

11. **解答：**（1）$e_d<1$，总收益与价格同向变化：价格上升使总收益增加，价格下降使总收益减少。

（2）$e_d>1$，总收益与价格反向变化：价格上升使总收益减少，价格下降使总收益增加。

（3）$e_d=1$，价格变动与总收益无关。

12. **解答：**（1）在供给弹性固定时，增加征税，需求缺乏弹性的消费者比需求富有弹性的消费者负担的税收多。

（2）需求弹性小于供给弹性，消费者负担的税收多。

（3）需求弹性大于供给弹性，生产者负担的税收多。

13. **解答：**（1）$e_{XY}>0$，商品关系为互为替代品。Y 商品 P 上升引起 X 商品 Q 上升，说明商品 X 和 Y 之间的关系为替代关系。

（2）$e_{XY}<0$，商品关系为互为互补品。Y 商品 P 上升引起 X 商品 Q 下降，说明商品 X 和 Y 之间的关系为互补关系。

（3）$e_{XY}=0$，商品关系为不相关的商品，即一种产品价格的变化不影响另一种产品的需求。如茶叶与食盐之间的关系，既不相互替代，也不相互补充。

14. **解答：** 国家始终重视农业发展的原因：（1）农业是国民经济的基础。农业对社会经济发展有以下贡献：食品贡献、原料贡献、资本贡献、劳动贡献和外汇贡献。（2）农业又是一个薄弱的产业。需求价格弹性小，存在谷贱伤农的现象。需求收入弹性小。符合发散型蛛网模型，会出现产量与价格的大幅度波动。

保持农业稳定发展的对策如下：以保护价收购农民余粮，实行农产品价格支持制度；对种粮农民进行补贴；发展期货市场，稳定农产品价格；实行土地轮作制度，调控产量；进行农产品深加工，生产需求收入弹性大的商品。

15. **解答：** 这句话不准确。（1）需求价格弹性系数 $e_d=-\dfrac{\Delta Q}{\Delta P}\cdot\dfrac{P}{Q}$，其为斜率绝对值的倒数乘以$\dfrac{P}{Q}$，需求曲线越陡峭，斜率的绝对值越大，斜率绝对值的倒数越小，造成需求价格弹性系数越小。对于过同一点的不同需求曲线而言，“需求曲线越陡峭，需求价格弹性就越小；需求曲线越平坦，需求价格弹性就越大”。这句话正确。

（2）需求价格弹性涉及弧弹性和点弹性。对于弧弹性而言，需求曲线越陡峭，需求价格弹性就越小；需求曲线越平坦，需求价格弹性就越大。这句话基本正确。

（3）对于点弹性，相同需求曲线上每点的点弹性都不同。点在需求曲线上的位置越偏上，点弹性越大，正常线性需求曲线上的点的点弹性值为 0 到无穷大，所以对于点弹性而言，“需求曲线越陡峭，需求价格弹性就越小；需求曲线越平坦，需求价格弹性就越大。”这一表述不正确。

16. **解答：**（1）区别：

a. 含义不同：需求量指消费者在一定时期在特定价格水平下愿意而且能够购买的商品数量，表现为需求曲线上的一个点。需求指消费者在一定时期在每一价格水平下愿意而且能够购买的商品数量，表现为一条需求曲线。

需求量的变动指在其他条件不变时，由商品自身的价格变动引起的该商品需求数量的变动。需求的变动指在商品价格不变的条件下，由其他因素变动引起的该商品需求数量的变动。

b. 变动原因不同：需求量的变动原因为商品本身的价格变动；需求的变动原因为商品自身价格以外的其他因素的变动。

c. 图示不同：需求量的变动在图形上表现为点沿着同一条需求曲线运动；需求的变动在图形上表现为需求曲线位置的移动。

（2）联系：需求量的变动与需求的变动都导致需求数量的变动。

17. **解答：**（1）区别：

a. 含义不同：供给量指生产者在一定时期在特定价格水平下愿意而且能够提供的商品数量，表现为供给曲线上的一个点。供给指生产者在一定时期在每一价格水平下愿意而且能够提供的商品数量，表现为一条供给曲线。

供给量的变动指在其他条件不变时，由商品本身的价格变动引起的该商品供给数量的变动。供给的变动指在商品价格不变的条件下，由其他因素变动引起的该商品供给数量的变动。

b. 变动原因不同：供给量的变动原因为商品自身的价格变动；供给的变动原因为商品自身价格以外的其他因素的变动。

c. 图示不同：供给量的变动在图形上表现为点沿着同一条供给曲线运动；供给的变动在图形上表现为供给曲线位置的移动。

（2）联系：供给量的变动与供给的变动都导致供给数量的变动。

18. **解答：**（1）时间。价格变化后厂商调整产量需要一定的时间。调整时间短，调节供给量困难，供给价格弹性就小。调整时间长，供给价格弹性就大。

（2）成本变化。若产量增加只引起边际成本轻微提高，意味着供给曲线平坦，供给价格弹性较大。若产量增加引起边际成本较大提高，意味着供给曲线比较陡峭，供给价格弹性较小。

（3）生产周期。生产周期较短的产品，可以根据价格变化及时调整产量，供给价格弹性较大。相反，则供给价格弹性较小。

（4）生产要素的供给价格弹性。生产要素的供给价格弹性大，则产品价格变化引起生产要素价格变化的，可以较容易地调节生产要素的数量，从而有利于调节产品数量，因此供给价格弹性较大。相反，供给价格弹性较小。

19. **解答：**根据需求收入弹性 e_m 对商品分类如下：

$$\begin{cases} e_m \geqslant 0 \Leftrightarrow \text{正常品} \begin{cases} 0 \leqslant e_m \leqslant 1 \Leftrightarrow \text{必需品} \\ e_m > 1 \Leftrightarrow \text{奢侈品} \end{cases} \\ e_m < 0 \Leftrightarrow \text{劣等品(低档品)} \end{cases}$$

20. **解答：**最高限价又称限制价格，是指政府为了限制某些物品的价格而对其规定一个低于市场均衡价格的最高价格。限制价格低于均衡价格。

最高限价的积极影响：最高限价造成成交价格低，可使人们以低价买到一定数量的产品，可保障低收入者的基本需求，有利于社会的安定。

最高限价的消极影响：价格低不利于刺激生产，造成产品短缺；不利于抑制需求，可能带来资源浪费；可能引起黑市交易；产品容易销售，不能对生产者产生竞争压力，不利于产品质量提升。

解决弊端的思路：（1）凭票供应；（2）排队购买；（3）政府组织生产，或者给生产企业一定的补贴和一些优惠政策；（4）放松管制。

21. **解答：**需求和供给变动对均衡价格和均衡数量的影响如表 2-8 所示。表中 $D>S$ 表示需求变动幅度大于供给变动幅度，$D<S$ 表示需求变动幅度小于供给变动幅度。

表 2-8

需求 D	供给 S	均衡价格 P	均衡数量 Q
↑增加	不变	↑上升	↑增加
↓减少	不变	↓下降	↓减少
不变	↑增加	↓下降	↑增加
不变	↓减少	↑上升	↓减少

续表

<table>
<tr><th>需求 D</th><th>供给 S</th><th colspan="2">均衡价格 P</th><th colspan="2">均衡数量 Q</th></tr>
<tr><td rowspan="2">↑增加</td><td rowspan="2">↑增加</td><td colspan="2">不确定</td><td colspan="2" rowspan="2">↑增加</td></tr>
<tr><td>$D>S$，↑上升</td><td>$D<S$，↓下降</td></tr>
<tr><td rowspan="2">↑增加</td><td rowspan="2">↓减少</td><td colspan="2" rowspan="2">↑上升</td><td colspan="2">不确定</td></tr>
<tr><td>$D>S$，↑增加</td><td>$D<S$，↓减少</td></tr>
<tr><td rowspan="2">↓减少</td><td rowspan="2">↑增加</td><td colspan="2" rowspan="2">↓下降</td><td colspan="2">不确定</td></tr>
<tr><td>$D>S$，↓减少</td><td>$D<S$，↑增加</td></tr>
<tr><td rowspan="2">↓减少</td><td rowspan="2">↓减少</td><td colspan="2">不确定</td><td colspan="2" rowspan="2">↓减少</td></tr>
<tr><td>$D>S$，↓下降</td><td>$D<S$，↑上升</td></tr>
</table>

22. **解答：**政府向销售商征税的结果参见图 2-15。政府对销售商按每单位商品征收定额的销售税。设征税前市场的需求曲线和供给曲线分别为 D 和 S，政府征收的定额销售税为 T 元。那么，政府征税将导致供给曲线向上平行移动 T 元，到 S'，于是，征税前后市场均衡点分别为 E 和 E'，而均衡价格则由 P_E 提高到了 P'_E，均衡数量由 Q_E 减少至 Q'_E。对征税前后市场均衡状况进行比较可发现，征税前市场价格为 P_E，征税后市场价格为 P'_E，因此对每单位商品，消费者多支付了（P'_E-P_E），而销售商获得的价格则由 P_E 下降到 P''_E，减少了（$P_E-P''_E$）。因此，对每单位商品征收税收 T 后，原有的均衡价格 P_E 成为消费者和生产者分摊税收的分界点。基于此，从税收总量来看，政府获得税收总额为 $T\cdot Q'_E$，在图中为矩形 $P''_EP'_EE'A$ 的面积，其中销售商负担的部分为矩形 P''_EP_EBA 的面积，总额为（$P_E-P''_E$）Q'_E，而消费者负担的部分为矩形 $P_EP'_EE'B$ 的面积，总额为（P'_E-P_E）Q'_E。

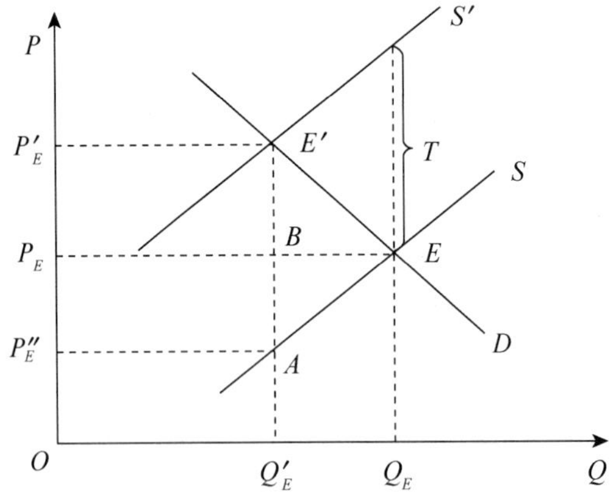

图 2-15　销售税的税收分摊

23. **解答：**设对应于任意的现行价格 P_E，政府就每单位商品向消费者征收消费税 T 元，则消费者实际支付的价格为（P_E+T），此时消费者的需求量为 Q_1（见图 2-16）。也就是说，对于征税前的任意市场价格 P 而言，在征税后该价格对应的需求量恰好是（$P+T$）对应的需求量，即征收消费税 T 导致需求曲线 D 向左下方移动 T 单位到 D'。市场需求 D' 与市场供给 S 在 E' 点处形成新的均衡。比较 E' 点与 E 点后可以发现，对每单位商品征收消费税 T，导致市场均衡数量由 Q_E 减少到 Q'_E，均衡价格由 P_E 下降到 P'_E。由于价格下降到

了 P'_E，故消费者承担的税负为剩余的（$P''_E - P_E$），而销售商承担的税负为（$P_E - P'_E$）。

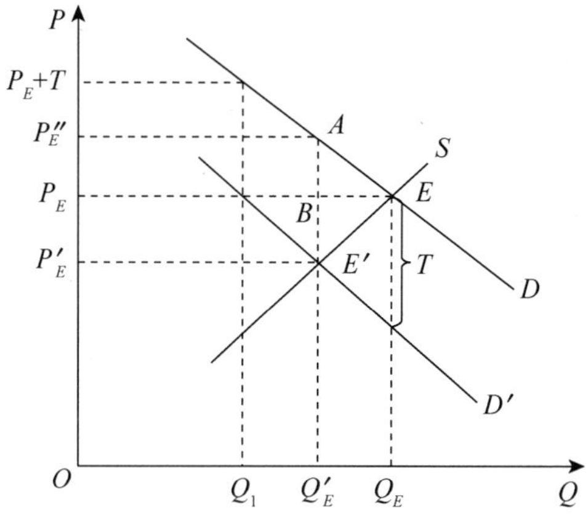

图 2-16　消费税的税收分摊

由此可见，无论是向销售商征收销售税还是向消费者征收消费税，税收都由买者和卖者共同分担，在需求曲线和供给曲线确定的情况下，在两种征税方式下，税收分摊比例相同。具体分摊比例由需求价格弹性和供给价格弹性的相对值决定。

六、计算题

1. **解答：**（1）$e_d = -\frac{\Delta Q}{\Delta P} \cdot \frac{P}{Q} = \frac{2}{2} \times \frac{9}{11} = \frac{9}{11}$。

（2）$e_d = -\frac{\Delta Q}{\Delta P} \cdot \frac{P}{Q} = \frac{2}{2} \times \frac{11}{9} = \frac{11}{9}$。

2. **解答：**由 $P = 100 - \sqrt{Q}$，得 $Q = (100-P)^2$。

这样，$e_d = -\frac{dQ}{dP} \cdot \frac{P}{Q} = -2(100-P) \cdot (-1) \cdot \frac{P}{(100-P)^2} = \frac{2P}{100-P}$。

于是，$e_{d|P=60} = -\frac{dQ}{dP} \cdot \frac{P}{Q} = -2(100-P) \cdot (-1) \cdot \frac{P}{(100-P)^2} = \frac{2P}{100-P} = \frac{2 \times 60}{100-60} = 3$。

3. **解答：**由题设，$e_d = 1.2$，$e_M = 3$。

（1）由于 $e_d = -\frac{\Delta Q/Q}{\Delta P/P}$，故 $\frac{\Delta Q}{Q} = -e_d \cdot \frac{\Delta P}{P} = -1.2 \times 3\% = -3.6\%$，即价格提高 3%将导致需求减少 3.6%。

（2）由于 $e_M = \frac{\Delta Q/Q}{\Delta M/M}$，故 $\frac{\Delta Q}{Q} = e_M \cdot \frac{\Delta M}{M} = 3 \times 2\% = 6\%$，即收入增加 2%将导致需求增加 6%。

（3）由 $\frac{\Delta P}{P} = 8\%$，$\frac{\Delta M}{M} = 10\%$ 及 $Q = 800$，得

$$Q' = (-e_d \cdot \frac{\Delta P}{P} + e_M \cdot \frac{\Delta M}{M} + 1) \cdot Q$$
$$= (-1.2 \times 8\% + 3.0 \times 10\% + 1) \times 800$$

$=963.2$(万辆)

4. **解答**：由题设，$e_d=0.15$，$P=1.2$，假设汽油价格上涨 ΔP 才能使其消费量减少10%，则由点弹性公式可得：

$$e_d=0.15=-\frac{\Delta Q/Q}{\Delta P/P}=-(-10\%)\div\frac{\Delta P}{1.2}=\frac{0.12}{\Delta P}$$

解得 $\Delta P=\frac{0.12}{0.15}=0.8$（美元）。

5. **解答**：(1) 由市场均衡条件 $D=S$，得：$10-P=2+3P$，解得均衡价格 $P_0=2$，均衡数量 $Q_0=2+3P=8$。

(2) 在此均衡点的供给弹性 $e_s=\frac{dQ}{dP}\cdot\frac{P}{Q}=3\times\frac{2}{8}=0.75$。

在此均衡点的需求弹性 $e_d=-\frac{dQ}{dP}\cdot\frac{P}{Q}=1\times\frac{2}{8}=0.25$。

(3) 向生产者征收销售税 $t=1$，造成供给曲线向左上方平移，竖直移动距离为 1，即供给曲线变为：

$$S'=2+3(P-1)=3P-1$$

由市场均衡条件 $S'=D$，即 $3P-1=10-P$，解得新的均衡价格和均衡数量分别是：$P^*=2.75$，$Q^*=7.25$。

(4) 由于向生产者征收销售税导致了均衡价格的上升，从而就每一单位商品的消费税而言，消费者承担的值为价格上升值，即 $P^*-P_0=0.75$，生产者承担的值为 $1-0.75=0.25$，所以消费者承担了 3/4 的税收份额，生产者承担了 1/4 的税收份额。由于消费者的需求价格弹性小于生产者的供给价格弹性，所以消费者承担了较多的税收份额。

(5) 上述结论如图 2-17 所示。

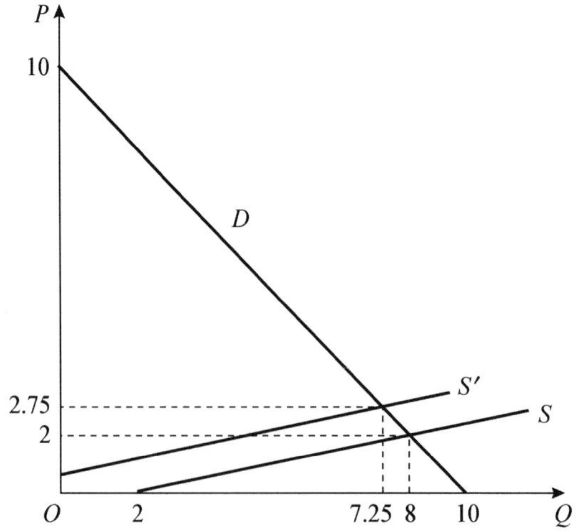

图 2-17

第三章

消费者选择

第一部分　课后习题详解

一、简答题

1. 已知一件衬衫的价格为 80 元，一份肯德基快餐的价格为 20 元，在某消费者关于这两种商品的效用最大化的均衡点上，用一份肯德基快餐去替代衬衫的边际替代率 MRS 是多少？

解答：用 X 表示肯德基快餐的份数，用 Y 表示衬衫的件数，用 MRS_{XY} 表示在维持效用水平不变的前提下，消费者增加一份肯德基快餐消费时所需要放弃的衬衫的消费数量。在该消费者实现关于这两种商品的效用最大化时，在均衡点上有边际替代率等于价格比，即有：

$$MRS_{XY}=-\frac{\Delta Y}{\Delta X}=\frac{P_X}{P_Y}=\frac{20}{80}=\frac{1}{4}$$

它表明，在效用最大化的均衡点上，该消费者关于一份肯德基快餐对衬衫的边际替代率 MRS 为 0.25。

2. 假设某消费者的均衡如图 3－1 所示。其中，横轴 OX_1 和纵轴 OX_2 分别表示商品 1 和商品 2 的数量，线段 AB 为消费者的预算线，曲线 U 为消费者的无差异曲线，E 点为效用最大化的均衡点。已知商品 1 的价格 $P_1=2$ 元。

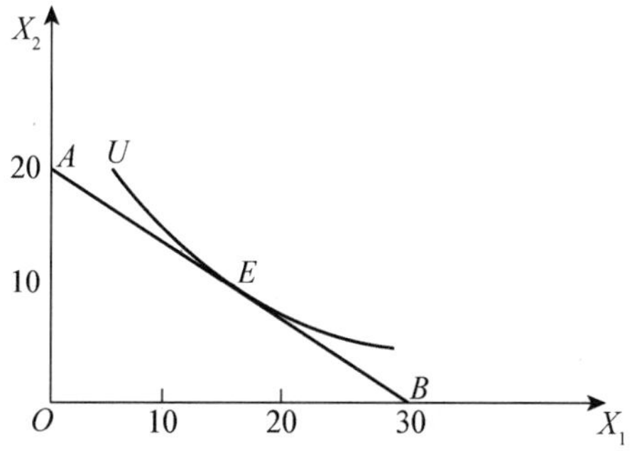

图 3－1　某消费者的均衡

（1）求消费者的收入。

（2）求商品 2 的价格 P_2。

（3）写出预算线方程。

（4）求预算线的斜率。

（5）求 E 点的 MRS_{12} 的值。

解答：（1）横轴截距表示消费者的收入全部用于购买商品 1 所能购买的数量为 30 单位，且已知 $P_1=2$ 元，所以，消费者的收入 $M=2\times30=60$（元）。

（2）图 3－1 中纵轴截距表示消费者的收入全部用于购买商品 2 所能购买的数量为 20 单位，且由（1）知收入 $M=60$ 元，所以，商品 2 的价格 $P_2=\frac{M}{20}=\frac{60}{20}=3$（元）。

（3）由于预算线方程的一般形式为 $P_1X_1+P_2X_2=M$，所以本题预算线方程具体写为：$2X_1+3X_2=60$。

（4）将（3）中的预算线方程进一步整理为 $X_2=-\frac{2}{3}X_1+20$。所以，预算线的斜率为 $-\frac{2}{3}$。

（5）在消费者效用最大化的均衡点 E 上，有 $MRS_{12}=-\frac{\Delta X_2}{\Delta X_1}=\frac{P_1}{P_2}$，在该点无差异曲线斜率的绝对值即 MRS 等于预算线斜率的绝对值 $\frac{P_1}{P_2}$。因此，$MRS_{12}=\frac{P_1}{P_2}=\frac{2}{3}$。

3. 对消费者实行补助有两种方法：一种是发给消费者一定数量的实物补助，另一种是发给消费者一笔现金补助，这笔现金额等于按实物补助折算的货币量。试用无差异曲线分析法，说明哪一种补助方法能给消费者带来更大的效用。

解答：一般说来，发给消费者现金补助会使消费者获得更大的效用。其原因在于：在现金补助的情况下，消费者可以按照自己的偏好来购买商品，以获得尽可能大的效用，如图 3－2 所示。

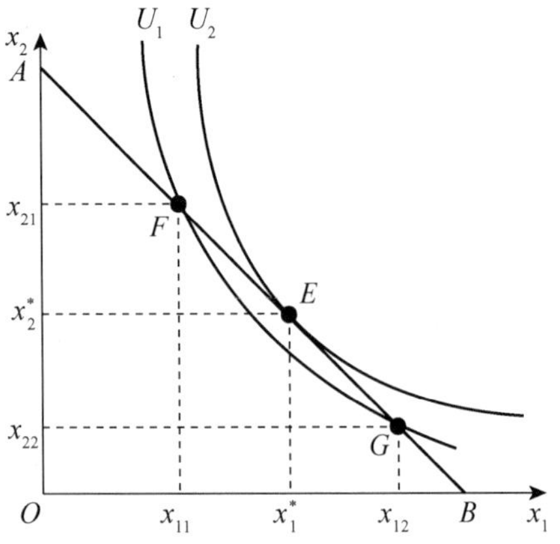

图 3－2 实物补助和现金补助

在图中，AB 是按实物补助折算的货币量等于现金补助情况下的预算线。在现金补助的预算线 AB 上，消费者根据自己的偏好选择的商品 1 和商品 2 的购买量分别为 x_1^* 和 x_2^*，从而实现了最大的效用水平 U_2，即在图 3－2 中表现为预算线 AB 和无差异曲线 U_2 相切的均衡点 E。

在实物补助的情况下，则通常不会达到最大的效用水平 U_2。这是因为，譬如，当实物补助使得两商品的数量分别为 F 点的 x_{11}、x_{21}，或者使得两商品的数量分别为 G 点的 x_{12} 和 x_{22} 时，消费者获得无差异曲线 U_1 所表示的效用水平，显然，$U_1<U_2$。

4．假设某商品市场上只有 A、B 两个消费者，他们的需求函数各自为 $Q_A^d=20-4P$ 和 $Q_B^d=30-5P$。

（1）列出这两个消费者的需求表和市场需求表。

（2）根据（1），画出这两个消费者的需求曲线和市场需求曲线。

解答：（1）由消费者 A 和 B 的需求函数可编制他们的需求表。至于市场需求表的编制可以使用两种方法：一种方法是利用已得到的消费者 A、B 的需求表，将每一价格水平上两个消费者的需求数量加总来编制市场需求表；另一种方法是先将消费者 A 和 B 的需求函数加总来求得市场需求函数，即市场需求函数 $Q^d=Q_A^d+Q_B^d=(20-4P)+(30-5P)=50-9P$，然后运用所得到的市场需求函数 $Q^d=50-9P$ 来编制市场需求表。按以上方法编制的需求表如表 3－1 所示。

表 3－1

P	A 的需求量 Q_A^d	B 的需求量 Q_B^d	市场需求量 $Q_A^d+Q_B^d$
0	20	30	50
1	16	25	41
2	12	20	32
3	8	15	23
4	4	10	14
5	0	5	5
6	—	0	0

（2）由（1）中的需求表，所画出的消费者 A 和 B 各自的需求曲线以及市场需求曲线如图 3－3 所示。

在此，需要特别指出的是，市场需求曲线有一个折点，该点位于价格 $P=5$ 和需求量 $Q^d=5$ 的坐标点位置。关于市场需求曲线的这一特征，可以从两个角度来解释：一个角度是从图形来理解，市场需求曲线是市场上单个消费者需求曲线的水平加总，即在 $P\leqslant5$ 的范围，市场需求曲线由两个消费者需求曲线水平加总得到；而在 $P>5$ 时，只有消费者 B 的需求曲线发生作用，所以，在 $P>5$ 时，B 的需求曲线就是市场需求曲线。另一个角度是从需求函数看，在 $P\leqslant5$ 的范围，市场需求函数 $Q^d=Q_A^d+Q_B^d=(20-4P)+(30-5P)=50-9P$ 成立；而在 $P>5$ 时，只有消费者 B 的需求函数才构成市场需求函数，即 $Q^d=30-5P$。

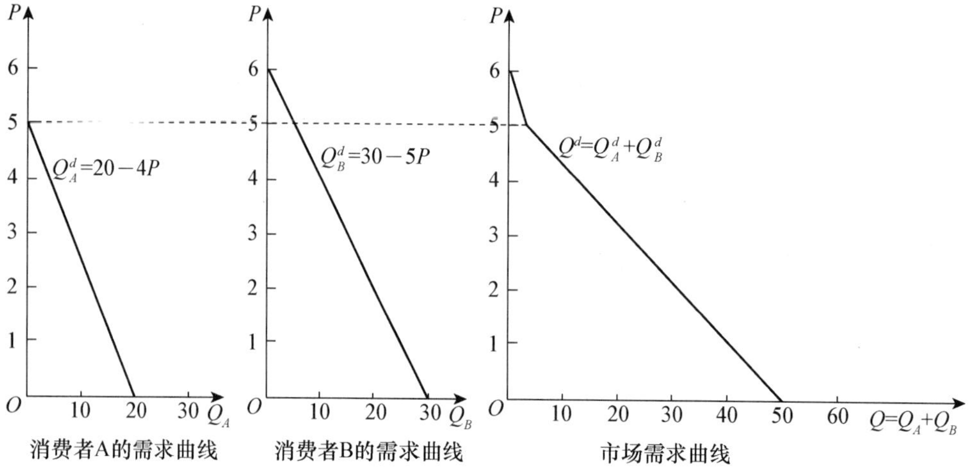

图 3-3　两个消费者及市场的需求曲线

市场需求函数是：

$$Q=\begin{cases}0, & P>6\\ 30-5P, & 5<P\leqslant 6\\ 50-9P, & 0\leqslant P\leqslant 5\end{cases}$$

市场需求曲线是弯折的，在折点左边，只有消费者 B 的需求量；在折点右边，是 A 和 B 两个消费者的需求量的和。

5. 某消费者是一个风险回避者，他面临是否参与一场赌博的选择：如果他参与这场赌博，他将以 5%的概率获得 10 000 元，以 95%的概率获得 10 元；如果他不参与这场赌博，他将拥有 509.5 元。那么，他会参与这场赌博吗？为什么？

解答：该风险回避的消费者不会参与这场赌博。因为如果该消费者不参与这场赌博，那么，在无风险条件下，他可拥有一笔确定的货币财富 509.5 元，其数额刚好等于风险条件下的财富量的期望值 10 000×5%＋10×95%＝509.5(元)。由于他是一个风险回避者，所以在他看来，无风险条件下的一笔确定收入 509.5 元的效用水平，一定大于风险条件下这场赌博所带来的期望效用。

二、计算题

1. 已知某消费者关于 X、Y 两商品的效用函数为 $U=\sqrt{xy}$，其中 x、y 分别为对商品 X、Y 的消费量。

（1）求该效用函数关于 X、Y 两商品的边际替代率表达式。

（2）在总效用水平为 6 的无差异曲线上，若 $x=3$，求相应的边际替代率 MRS_{XY}。

（3）在总效用水平为 6 的无差异曲线上，若 $x=4$，求相应的边际替代率 MRS_{XY}。

（4）该无差异曲线的边际替代率是递减的吗？

解答：（1）$MU_X=U'(x)=\frac{1}{2}x^{-\frac{1}{2}}y^{\frac{1}{2}}$，$MU_Y=U'(y)=\frac{1}{2}x^{\frac{1}{2}}y^{-\frac{1}{2}}$，则：

$$MRS_{XY}=-\frac{\Delta y}{\Delta x}=\frac{MU_X}{MU_Y}=\frac{\frac{1}{2}x^{-\frac{1}{2}}y^{\frac{1}{2}}}{\frac{1}{2}x^{\frac{1}{2}}y^{-\frac{1}{2}}}=\frac{y}{x}$$

（2）$6=\sqrt{xy}$，$xy=36$；若 $x=3$，$y=12$，则：

$$MRS_{XY}=\frac{y}{x}=\frac{12}{3}=4$$

（3）$6=\sqrt{xy}$，$xy=36$；若 $x=4$，$y=9$，则：

$$MRS_{XY}=\frac{y}{x}=\frac{9}{4}=2.25$$

（4）当 $x=3$ 时，$MRS_{XY}=4$，当 $x=4$ 时，$MRS_{XY}=2.25$，所以该无差异曲线的边际替代率是递减的。

2. 已知某消费者每年用于商品 1 和商品 2 的收入为 540 元，两商品的价格分别为 $P_1=20$ 元和 $P_2=30$ 元，该消费者的效用函数为 $U=3X_1X_2^2$，该消费者每年购买这两种商品的数量应各是多少？每年从中获得的总效用是多少？

解答： $MU_1=\frac{\partial U}{\partial X_1}=3X_2^2$

$$MU_2=\frac{\partial U}{\partial X_2}=6X_1X_2$$

把已知条件和 MU_1、MU_2 的值代入下面的均衡条件：

$$\begin{cases}\frac{MU_1}{P_1}=\frac{MU_2}{P_2}\\ P_1X_1+P_2X_2=M\end{cases}$$

得方程组：

$$\begin{cases}\frac{3X_2^2}{20}=\frac{6X_1X_2}{30}\\ 20X_1+30X_2=540\end{cases}$$

解方程组得：$X_1=9$，$X_2=12$，$U=3X_1X_2^2=3\,888$。

3. 假定某消费者的效用函数为 $U=x_1^{\frac{3}{8}}x_2^{\frac{5}{8}}$，两商品的价格分别为 P_1、P_2，消费者的收入为 M。求该消费者关于商品 1 和商品 2 的需求函数。

解答： 消费者效用最大化的均衡条件为：$\frac{MU_1}{MU_2}=\frac{P_1}{P_2}$，其中，由已知的效用函数 $U=x_1^{\frac{3}{8}}x_2^{\frac{5}{8}}$ 可得：$MU_1=\frac{\partial U}{\partial x_1}=\frac{3}{8}x_1^{\frac{-5}{8}}x_2^{\frac{5}{8}}$，$MU_2=\frac{\partial U}{\partial x_2}=\frac{5}{8}x_1^{\frac{3}{8}}x_2^{\frac{-3}{8}}$。

于是，整理得：$\frac{3x_2}{5x_1}=\frac{P_1}{P_2}$，即有 $x_2=\frac{5P_1x_1}{3P_2}$。

将上式代入约束条件 $P_1x_1+P_2x_2=M$，解得：$x_1=\frac{3M}{8P_1}$，$x_2=\frac{5M}{8P_2}$。

所以，该消费者关于两商品的需求函数为 $x_1=\frac{3M}{8P_1}$，$x_2=\frac{5M}{8P_2}$。

4. 假定某消费者的效用函数为 $U=q^{0.5}+3M$，其中，q 为某商品的消费量，M 为收入。求：

（1）该消费者关于该商品的需求函数。

（2）该消费者关于该商品的反需求函数。

（3）当 $p=\frac{1}{12}$，$q=4$ 时的消费者剩余。

解答：（1）商品的边际效用为 $MU=\frac{\partial U}{\partial q}=0.5q^{-0.5}$，货币的边际效用为 $\lambda=\frac{\partial U}{\partial M}=3$。由消费者效用最大化均衡条件 $\frac{MU}{p}=\lambda$ 可得：$\frac{0.5q^{-0.5}}{p}=3$，整理得消费者的需求函数为 $q=\frac{1}{36p^2}$。

（2）根据需求函数 $q=\frac{1}{36p^2}$，可得反需求函数 $p=\frac{1}{6}q^{-0.5}$。

（3）消费者剩余 $CS=\int_0^4 \frac{1}{6}q^{-0.5}\mathrm{d}q-pq=\frac{1}{3}q^{\frac{1}{2}}\Big|_0^4-\frac{1}{3}=\frac{2}{3}-\frac{1}{3}=\frac{1}{3}$。

5. 设某消费者的效用函数为柯布-道格拉斯类型的，即 $U=x^{\alpha}y^{\beta}$，商品 x 和商品 y 的价格分别为 P_x 和 P_y，消费者的收入为 M，α 和 β 为常数，且 $\alpha+\beta=1$。

（1）求该消费者关于商品 x 和商品 y 的需求函数。

（2）证明当商品 x 和商品 y 的价格以及消费者的收入均以相同的比例变化时，消费者对两商品的需求量维持不变。

（3）证明消费者效用函数中的参数 α 和 β 分别为商品 x 和商品 y 的消费支出占消费者收入的份额。

解答：（1）由消费者的效用函数 $U=x^{\alpha}y^{\beta}$，解得：

$$\begin{cases}MU_x=\frac{\partial U}{\partial x}=\alpha x^{\alpha-1}y^{\beta}\\ MU_y=\frac{\partial U}{\partial y}=\beta x^{\alpha}y^{\beta-1}\end{cases}$$

消费者的预算约束方程为 $P_xx+P_yy=M$。

将消费者效用最大化的均衡条件 $\begin{cases}\frac{MU_x}{MU_y}=\frac{P_x}{P_y}\\ P_xx+P_yy=M\end{cases}$ 代入已知条件，解方程组得消费者关于商品 x 和商品 y 的需求函数分别为：

$$x=\frac{\alpha M}{P_x},\ y=\frac{\beta M}{P_y}$$

（2）商品 x 和商品 y 的价格以及消费者的收入均以相同的比例变化时，相当于消费者的预算线变为 $\lambda P_x x+\lambda P_y y=\lambda M$，其中 λ 为一个非零常数。

此时消费者效用最大化的均衡条件为 $\begin{cases}\dfrac{MU_x}{MU_y}=\dfrac{P_x}{P_y}\\ \lambda P_x x+\lambda P_y y=\lambda M\end{cases}$，由于 $\lambda\neq 0$，故该方程组变为 $\begin{cases}\dfrac{MU_x}{MU_y}=\dfrac{P_x}{P_y}\\ P_x x+P_y y=M\end{cases}$，显然，当商品 x 和商品 y 的价格以及消费者的收入均以相同的比例变化时，消费者对两商品的需求量维持不变。

（3）由消费者的需求函数可得：$\alpha=P_x x/M$，$\beta=P_y y/M$，式中，参数 α 为商品 x 的消费支出占消费者收入的份额，参数 β 为商品 y 的消费支出占消费者收入的份额。

6. 假定肉肠和面包卷是完全互补品。人们通常以一根肉肠和一个面包卷为比率做一个热狗，并且已知一根肉肠的价格等于一个面包卷的价格。

（1）求肉肠的需求的价格弹性。

（2）求面包卷对肉肠价格的需求的交叉弹性。

（3）如果肉肠的价格是面包卷的价格的两倍，那么，肉肠的需求的价格弹性和面包卷对肉肠价格的需求的交叉弹性各是多少？

解答：（1）令肉肠的需求量为 X，面包卷的需求量为 Y，相应的价格分别为 P_X、P_Y，且有 $P_X=P_Y$。

该题目的效用最大化问题可以写为：

$$\max U(X,Y)=\min\{X,Y\}$$
$$\text{s. t. } P_X X+P_Y Y=M$$

解上述方程有：$X=Y=\dfrac{M}{P_X+P_Y}$。

由此可得肉肠的需求价格弹性为：$e_{dX}=-\dfrac{\partial X}{\partial P_X}\cdot\dfrac{P_X}{X}=-\left[-\dfrac{M}{(P_X+P_Y)^2}\cdot\dfrac{P_X}{\dfrac{M}{P_X+P_Y}}\right]=\dfrac{P_X}{P_X+P_Y}=\dfrac{1}{2}$。

（2）面包卷对肉肠价格的需求交叉弹性为：$e_{YX}=\dfrac{\partial Y}{\partial P_X}\cdot\dfrac{P_X}{Y}=-\dfrac{P_X}{P_X+P_Y}=-\dfrac{1}{2}$。

（3）$\max U(X,Y)=\min\{X,Y\}$
$\text{s. t. } P_X X+P_Y Y=M$

如果 $P_X=2P_Y$，$X=Y$，则肉肠的需求价格弹性为：$e_{dX}=\dfrac{P_X}{P_X+P_Y}=\dfrac{P_X}{\dfrac{3}{2}P_X}=\dfrac{2}{3}$。

面包卷对肉肠价格的需求交叉弹性为：$e_{YX}=\dfrac{\partial Y}{\partial P_X}\cdot\dfrac{P_X}{Y}=-\dfrac{P_X}{P_X+P_Y}=-\dfrac{2}{3}$。

7. 已知某消费者的效用函数为 $U=X_1X_2$，两商品的价格分别为 $P_1=4$，$P_2=2$，消

费者的收入为 $M=80$。现在假定商品 1 的价格下降为 $P_1=2$。

（1）由商品 1 的价格 P_1 下降导致的总效应，使得该消费者对商品 1 的购买量发生多少变化？

（2）由商品 1 的价格 P_1 下降导致的替代效应，使得该消费者对商品 1 的购买量发生多少变化？

（3）由商品 1 的价格 P_1 下降导致的收入效应，使得该消费者对商品 1 的购买量发生多少变化？

解答：利用图解答此题。在图 3－4 中，当 $P_1=4$，$P_2=2$ 时，消费者的预算线为 AB，效用最大化的均衡点为 a 点。当 $P_1=2$，$P_2=2$ 时，消费者的预算线为 AB'，效用最大化的均衡点为 b 点。

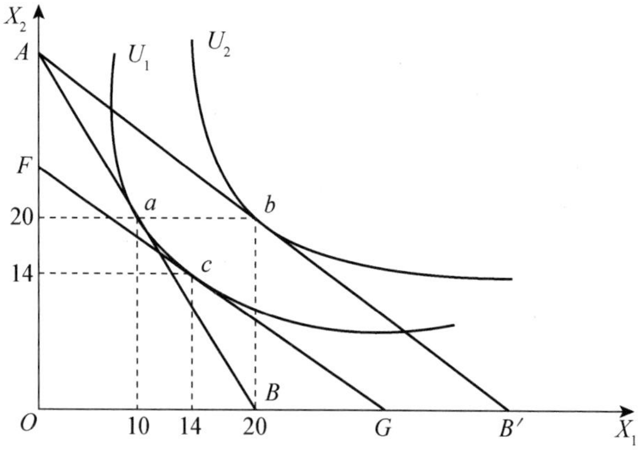

图 3－4　商品价格变化与消费者效用

（1）先考虑均衡点 a。根据效用最大化的均衡条件

$$\begin{cases}\dfrac{MU_1}{P_1}=\dfrac{MU_2}{P_2}\\ P_1X_1+P_2X_2=M\end{cases}\qquad 得：\begin{cases}\dfrac{X_2}{4}=\dfrac{X_1}{2}\\ 4X_1+2X_2=80\end{cases}$$

解得：$X_2=20$，$X_1=10$。

最大的效用水平为 $U_1=X_1X_2=10\times20=200$。

再考虑均衡点 b。当商品 1 的价格下降为 $P_1=2$ 时，与上面同理，根据效用最大化的均衡条件得：$\begin{cases}\dfrac{X_2}{2}=\dfrac{X_1}{2}\\ 2X_1+2X_2=80\end{cases}$，解得：$X_2=X_1=20$。

从 a 点到 b 点商品 1 的数量变化为 $\Delta X_1=20-10=10$，这就是 P_1 变化引起的商品 1 消费量变化的总效应。

（2）为了分析替代效应，作一条平行于预算线 AB' 且相切于无差异曲线 U_1 的补偿预算线 FG，切点为 c 点。

在均衡点 c，总效用保持不变，同时满足边际效用均等法则，X_1，X_2 满足

$$\begin{cases}\frac{MU_1}{P_1}=\frac{MU_2}{P_2}\\TU=X_1X_2=200\end{cases}\quad 即\quad\begin{cases}\frac{X_1}{2}=\frac{X_2}{2}\\TU=X_1X_2=200\end{cases}$$

解得 $X_1=X_2$。将 $X_1=X_2$ 代入效用约束等式 $U_1=X_1X_2=200$，可以解得 $X_1=X_2=10\sqrt{2}\approx14$。

从 a 点到 c 点的商品 1 的数量变化为 $\Delta X_1=10\sqrt{2}-10=4$（保留整数），这就是 P_1 变化引起的商品 1 消费量变化的替代效应。

（3）至此可得，从 c 点到 b 点的商品 1 的数量变化为 $\Delta X_1=20-14=6$，这就是 P_1 变化引起的商品 1 消费量变化的收入效应。

8. 某消费者消费两种商品 X 和 Y，假定无差异曲线在各点的斜率的绝对值均为 $\frac{y}{x}$，x、y 为两商品的数量。

（1）说明每一种商品的需求数量均不取决于另一种商品的价格。

（2）证明每一种商品的需求的价格弹性均等于 1。

（3）证明每一种商品的需求的收入弹性均等于 1。

（4）每一种商品的恩格尔曲线的形状如何？

解答：（1）根据题意可得，该消费者在效用最大化均衡点满足无差异曲线的斜率等于预算线的斜率，预算线斜率的绝对值等于 $\frac{P_X}{P_Y}$，所以可得：$\frac{y}{x}=\frac{P_X}{P_Y}$，整理得：$y=\frac{P_X}{P_Y}x$。

把 $y=\frac{P_X}{P_Y}x$ 代入预算约束等式 $xP_X+yP_Y=M$，解得 $x=\frac{M}{2P_X}$。

把 $x=\frac{M}{2P_X}$ 代入预算约束等式 $xP_X+yP_Y=M$，解得 $y=\frac{M}{2P_Y}$。

由此可见，X 商品的需求数量与 Y 商品的价格 P_Y 无关，Y 商品的需求数量与 X 商品的价格 P_X 无关

（2）X 商品和 Y 商品的需求的价格弹性分别为：

$$e_{dX}=-\frac{\mathrm{d}x}{\mathrm{d}P_X}\cdot\frac{P_X}{x}=-\left(-\frac{M}{2P_X^2}\right)\cdot\frac{P_X}{\frac{M}{2P_X}}=1$$

$$e_{dY}=\frac{\mathrm{d}y}{\mathrm{d}P_Y}\cdot\frac{P_Y}{y}=-\left(-\frac{M}{2P_Y^2}\right)\cdot\frac{P_Y}{\frac{M}{2P_Y}}=1$$

所以，每一种商品的需求的价格弹性均等于 1。

（3）X 商品和 Y 商品的需求的收入弹性分别为：

$$e_{MX}=-\frac{\mathrm{d}x}{\mathrm{d}M}\cdot\frac{M}{x}=\frac{1}{2P_X}\cdot\frac{M}{\frac{M}{2P_X}}=1$$

$$e_{MY}=\frac{\mathrm{d}y}{\mathrm{d}P_Y}\cdot\frac{P_Y}{y}=\frac{1}{2P_Y}\cdot\frac{M}{\frac{M}{2P_Y}}=1$$

所以，每一种商品的需求的收入弹性均等于 1。

（4）由 X 商品的需求函数 $x=\frac{M}{2P_X}$ 可得 $M=2P_X \cdot x$，因此 X 商品的恩格尔曲线的斜率为 $2P_X$。

由 Y 商品的需求函数 $y=\frac{M}{2P_Y}$ 可得 $M=2P_Y \cdot y$，因此 Y 商品的恩格尔曲线的斜率为 $2P_Y$。

所以，两商品的恩格尔曲线的斜率均为正的常数。而且，当收入为零时，两商品的需求数量均为零，由此可见，X 和 Y 商品的恩格尔曲线均为一条从原点出发且斜率为正的直线。

三、论述题

1. 根据基数效用论者关于消费者均衡的条件：

（1）如果 $\frac{MU_1}{P_1} \neq \frac{MU_2}{P_2}$，消费者应该如何调整两种商品的消费数量？为什么？

（2）如果 $\frac{MU_i}{P_i} \neq \lambda$，其中常数 λ 表示不变的货币的边际效用，消费者应该如何对该种商品 i 的消费数量进行调整？为什么？

解答：（1）若 $\frac{MU_1}{P_1} \neq \frac{MU_2}{P_2}$，消费者没有实现均衡，须重新调整其购买组合，原则是增加单位货币获得的边际效用较大的商品的购买量，同时减少单位货币获得的边际效用较小的商品的购买量。例如 $\frac{MU_1}{P_1} > \frac{MU_2}{P_2}$，则理性消费者应增加商品 1 的购买量，同时减少商品 2 的购买量，原因是：一方面，增加一元钱商品 1 的购买所带来的总效用增加量大于减少一元钱商品 2 的购买所带来的总效用减少量，保证消费者在总支出不变的条件下总效用是增加的；另一方面，在边际效用递减规律的作用下，商品 1 的边际效用会随其购买量增加而递减，商品 2 的边际效用会随其购买量减少而递增，这样 $\frac{MU_1}{P_1}$ 和 $\frac{MU_2}{P_2}$ 最终会相等，即当用最后一单位货币购买两种商品的边际效用相等时，总效用最大，消费者实现均衡。当 $\frac{MU_1}{P_1} < \frac{MU_2}{P_2}$ 时，则理性消费者应增加商品 2 的购买量，同时减少商品 1 的购买量。

（2）基数效用论者认为，在一种商品的价格、消费者的效用函数和收入给定的前提下，如果 $\frac{MU_i}{P_i} > \lambda$，这说明消费者用一单位货币购买该种商品 i 所获得的边际效用大于他所付出的这单位货币的边际效用，于是，消费者就会增加对商品 i 的购买，使得总效用不断增加。在这一过程中，在边际效用递减规律的作用下，商品 i 的边际效用 MU_i 会下降。假定货币的边际效用一般为常数，于是，消费者最后会达到 $\frac{MU_i}{P_i}=\lambda$，实现效用最大化均衡。

类似地，如果$\frac{MU_i}{P_i}<\lambda$，说明消费者用一单位货币购买该种商品 i 所获得的边际效用小于他所付出的这一单位货币的边际效用，消费者会减少对商品 i 的购买，留存货币，使得总效用不断增加。随着消费者减少对商品 i 的购买，消费每单位商品 i 的边际效用增加，消费者用一单位货币购买商品 i 所获得的边际效用也增加，最后，消费者达到$\frac{MU_i}{P_i}=\lambda$，表示消费者用最后一单位货币购买商品 i 所获得的边际效用等于他所付出的这一单位货币的边际效用，实现效用最大化均衡。这说明只要$\frac{MU_i}{P_i}\neq\lambda$，消费者就会调整消费数量，以实现效用最大化。消费者通过对商品购买数量的调整，实现$\frac{MU_i}{P_i}=\lambda$ 时，就实现了效用最大化，达到消费者均衡。

2. 基数效用论者是如何推导需求曲线的？

解答：基数效用论者利用边际效用递减规律、根据消费者效用最大化的均衡条件得来的边际效用决定商品价格的结论来推导需求曲线。

基数效用论者认为，消费者对某种商品愿意支付的需求价格取决于其边际效用。商品的边际效用越大，消费者为购买一单位该商品所愿意支付的价格就越高，反之就越低。由于边际效用递减规律的作用，随着消费者对同一种商品消费量的连续增加，该商品的边际效用是递减的。相应地，消费者消费的商品数量越多，所消费的商品的边际效用越低，愿意支付的价格也随之降低。即 $Q\uparrow$，$MU\downarrow$，$P\downarrow$，或者 $Q\downarrow$，$MU\uparrow$，$P\uparrow$，因此，商品价格和其需求量之间呈反方向变动关系，即需求曲线是向右下方倾斜的。

消费者均衡条件为：$\frac{MU_i}{P_i}=\lambda$。它表示消费者的最优购买选择应使最后一单位货币购买商品所带来的边际效用和一单位货币的边际效用相等。该等式表明，随着同一种商品购买量的增加，由于其边际效用 MU 是递减的，在货币的边际效用 λ 不变的前提下，商品需求价格 P 同比例于 MU 的递减而下降，MU 递减对应 Q 增加。

3. 用图说明序数效用论者对消费者均衡条件的分析，以及在此基础上对需求曲线的推导。

解答：要点如下：

(1) 序数效用论者用无差异曲线和预算线分析消费者均衡。无差异曲线是用来表示消费者偏好相同的两种商品的全部组合点的轨迹，其斜率的绝对值可以用商品的边际替代率 MRS 来表示。如图 3－5 所示，若用横轴表示商品 1 的数量 x_1，用纵轴表示商品 2 的数量 x_2，$MRS=-\frac{\Delta x_2}{\Delta x_1}$，预算线表示在消费者的收入和商品价格给定的条件下，消费者的全部收入所能购买到的两种商品的全部组合，其斜率为$-\frac{P_1}{P_2}$。

消费者效用最大化的均衡在一条给定的预算线与无数条无差异曲线中的一条相切的切点上实现，于是，消费者效用最大化的均衡条件为：均衡点在预算线上，商品数量组合满足预算线方程，且无差异曲线和预算线斜率相等，即序数效用论的消费者均衡条件是：

$$\begin{cases} MRS = -\dfrac{\Delta x_2}{\Delta x_1} = \dfrac{P_1}{P_2} \\ P_1 x_1 + P_2 x_2 = M \end{cases}$$

（2）序数效用论者使用价格—消费曲线推导需求曲线，价格—消费曲线是在其他条件不变的前提下，与某种商品的不同价格水平相联系的消费者效用最大化的均衡点的轨迹。令一种商品的价格发生变化，则预算线发生变化，形成一系列新的消费者均衡点，把这些均衡点连接成线，便可以得到该商品的价格—消费曲线，如图 3－5（a）所示。

在得到价格—消费曲线的基础上，将一种商品的不同价格水平和相应的最优需求量之间的一一对应关系描绘在同一坐标平面上，就可以得到需求曲线，如图 3－5（b）所示。显然，需求曲线一般斜率为负，向右下方倾斜，表示商品的价格和需求量呈反方向变化关系；而且在需求曲线上与每一价格水平相对应的需求量都是在该价格水平上给消费者带来最大效用的最优消费数量。

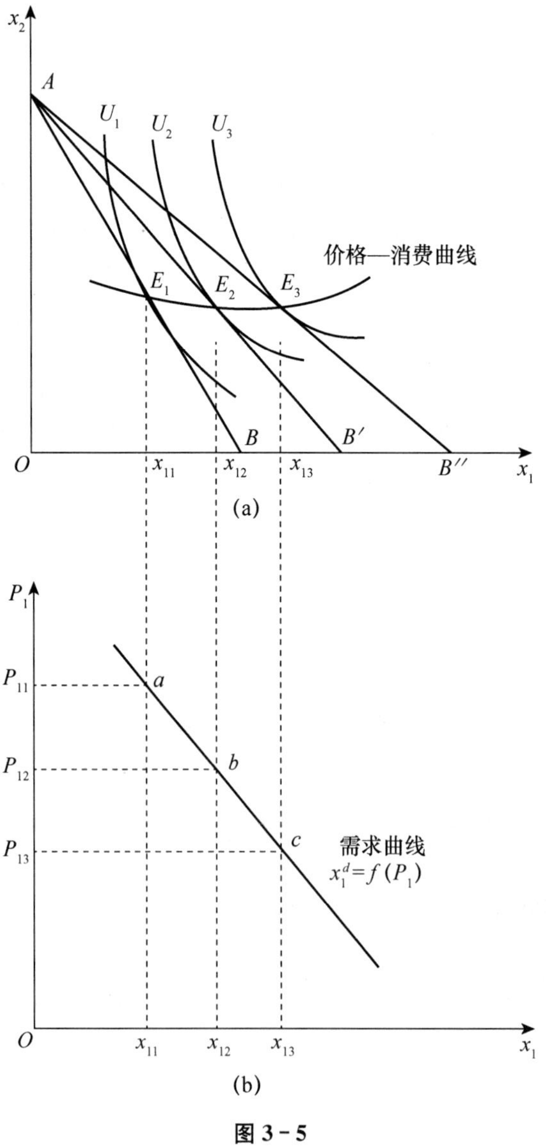

图 3－5

4. 分别用图分析正常品、劣等品和吉芬品的替代效应与收入效应，并进一步说明这三类商品的需求曲线的特征。

解答：(1) 当一种商品的价格发生变化时，所引起的该商品需求量的变化可以分解为两个部分，它们分别是替代效应和收入效应。替代效应是指仅考虑商品相对价格变化所导致的该商品需求量的变化，而不考虑实际收入水平变化对需求量的影响。收入效应则相反，它仅考虑实际收入水平变化所导致的该商品需求量的变化，而不考虑相对价格变化对需求量的影响。无论是分析正常品还是劣等品，甚至吉芬品的替代效应和收入效应，都需要运用的一个重要分析工具是补偿预算线。

(2) 正常品的替代效应和收入效应。在图 3－6 中，初始的消费者效用最大化的均衡点为 a 点，相应的正常品的需求为 x_{11}。价格下降以后的效用最大化的均衡点为 b 点，相应的需求量为 x_{12}。即价格下降的总效应为 $x_{11}x_{12}$，且为增加量，故有总效应与价格反方向变化。

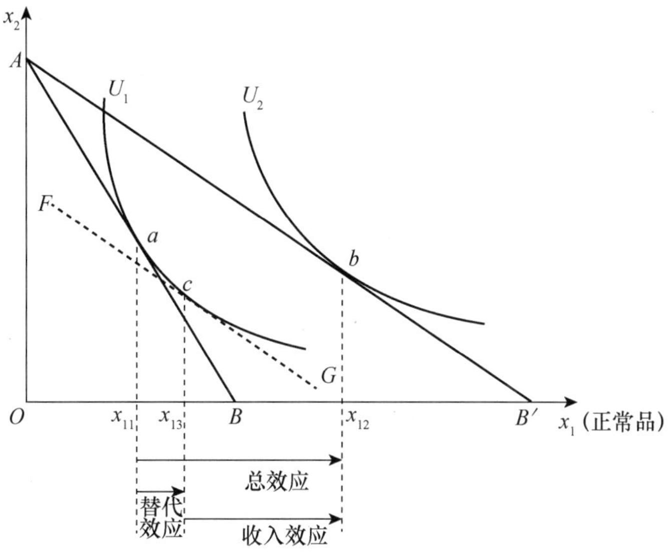

图 3－6　正常品的替代效应与收入效应

然后，作一条平行于预算线 AB'且与原有的无差异曲线 U_1 相切的补偿预算线 FG（以虚线表示），相应的效用最大化的均衡点为 c 点，注意，此时 b 点的位置一定处于 c 点的右边，c 点位于 a 点和 b 点之间。于是可以得到：给定的代表原有效用水平的无差异曲线 U_1 与代表价格变化前后的不同相对价格的（即斜率不同的）预算线 AB、FG 分别相切于 a、c 两点，这时替代效应为 $x_{11}x_{13}$，且为增加量，故有替代效应与价格反方向变化；代表不同效用水平的无差异曲线 U_1 和 U_2 分别与两条代表相同相对价格的（即斜率相同的）预算线 FG、AB'相切于 c、b 两点，这表示的是收入效应，即收入效应为 $x_{13}x_{12}$，且为增加量，故有收入效应与价格反方向变化。

最后，由于正常品的替代效应和收入效应都分别与价格反方向变化，所以，正常品的总效应与价格一定反方向变化，由此可知，正常品的需求曲线是向右下方倾斜的。

(3) 关于劣等品和吉芬品。这两类商品的具体图示分析分别见图 3－7 和图 3－8。需要指出的要点是，这两类商品的替代效应都与价格反方向变化，而收入效应都与价格同方向变化，其中，大多数劣等品的替代效应大于收入效应，而劣等品中的特殊商品——吉芬品的收入效应大于替代效应。于是，大多数劣等品的总效应与价格反方向变化，相应的需求曲线向右下方倾斜，劣等品中少数的特殊商品即吉芬品的总效应与价格同方向变化，相应的需求曲线向右上方倾斜。

在利用图形来分析劣等品和吉芬品的替代效应和收入效应时，在一般的劣等品的情况下，一定要使 b 点落在 a、c 两点之间，而在吉芬品的情况下，则一定要使 b 点落在 a 点的左边。唯有如此作图，才符合理论分析的要求。

（4）价格变化所引起的替代效应和收入效应及需求曲线相应的变动趋势，如表 3－2 所示。

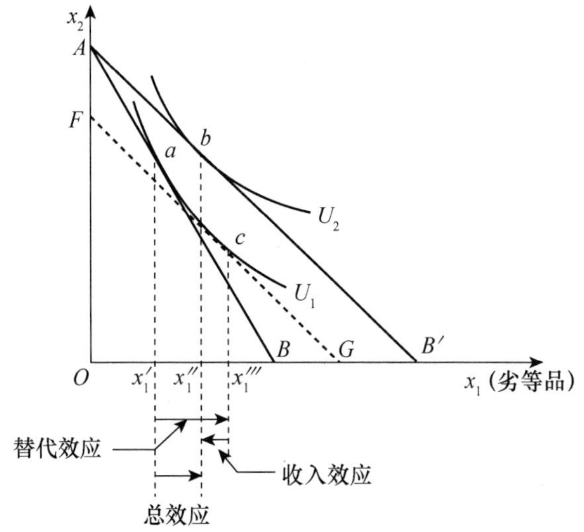

图 3－7　劣等品的替代效应与收入效应

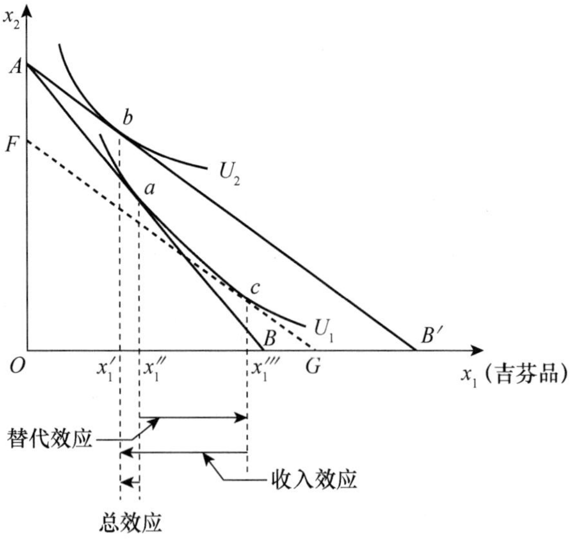

图 3－8　吉芬品的替代效应与收入效应

表 3-2

商品类别	替代效应与价格的关系	收入效应与价格的关系	总效应与价格的关系	需求曲线的形状
正常品	反方向变化	反方向变化	反方向变化	向右下方倾斜
劣等品	反方向变化	同方向变化	反方向变化	向右下方倾斜
吉芬品	反方向变化	同方向变化	同方向变化	向右上方倾斜

5. 我国一些城市生活和生产的用电激增，导致用电紧张，电力供给不足。请设计一种方案供政府来缓解或消除这一现象，并回答以下问题：

（1）这种措施对消费者剩余有什么影响？

（2）这种措施对生产资源的配置会产生哪些影响？

（3）这种措施对消费者的收入会产生什么影响？政府又可以做些什么？

解答：（1）政府可以通过提高电价来缓解或消除用电紧张的状态。因为通过提高电价，一方面可以减少用电的需求，另一方面又可以刺激电力的供给，从而缓解甚至消除这个问题。这一措施会减少消费者剩余。如图 3-9 所示，电的需求曲线为 D。当电的市场价格为 P_1 时，消费者的用电需求量为 Q_1，消费者剩余相当于三角形 P_1CB 的面积。当政府将电的市场价格提高到 P_2 时，消费者的用电需求量减少为 Q_2，消费者剩余相当于三角形 P_2CA 的面积。显然，政府提高电价减少了消费者剩余，图中梯形 P_1P_2AB 的面积相当于消费者剩余的减少量。

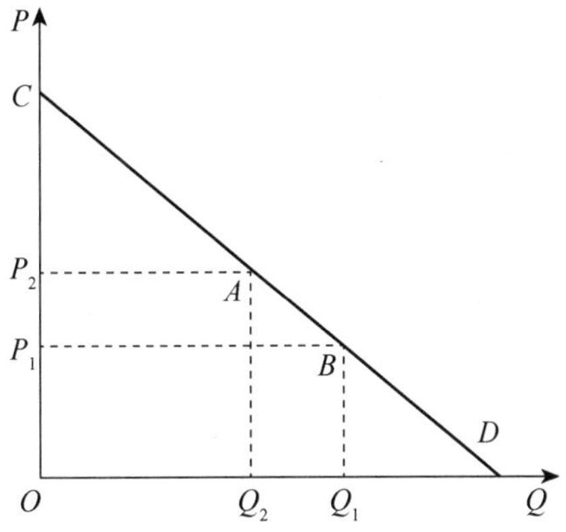

图 3-9

（2）政府采取这种措施可以促进电的合理配置与使用。这种措施会促使人们节约生活和生产用电，将有限的电力供给量使用在最重要或真正需要的生活和生产用途上，避免用电浪费，提高用电效率。从长期看，提高电价还会促使更多的生产资源转移到电力生产行业，增加电力供给量。在这一过程中，政府可以扶植和鼓励企业增加研发投入，开发新工艺，促进火力、水力、核能和风力发电，从根本上解决电力供给的短缺问题。除此之外，由于电是各种产品的基本生产资源，而且电的替代品缺乏，所以，提高电价会普遍增加各种产品的生产成本，可能造成一般物价水平上涨，因此，这也是政府在提高电价时，需要考虑和协调的相关问题。

（3）在居民名义收入不变的条件下，提高电价会降低居民的实际收入水平。为了保持居民的实际收入水平不变，政府可以对居民施行用电补贴。

第二部分　精编习题

一、名词解释

1. 效用　2. 总效用　3. 边际效用
4. 消费者均衡　5. 消费者剩余　6. 无差异曲线
7. 商品的边际替代率　8. 消费预算线　9. 替代效应
10. 收入效应　11. 正常品　12. 劣等品
13. 收入—消费曲线　14. 边际效用递减规律　15. 价格—消费曲线

二、单项选择题

1. 恩格尔曲线从（　　）导出。
A. 价格—消费曲线　B. 收入—消费曲线
C. 需求曲线　D. 无差异曲线
2. 当某消费者对商品 X 的消费达到饱和点时，则边际效用 MU_X 为（　　）。
A. 正值　B. 负值
C. 零　D. 不确定，需视具体情况而定
3. 商品价格变化引起的替代效应，表现为相应的消费者的均衡点（　　）。
A. 沿着原有的无差异曲线运动　B. 运动到另一条无差异曲线上
C. 沿着原有的消费预算线运动　D. 运动到另一条价格—消费曲线上
4. 商品价格变化引起的收入效应，表现为相应的消费者的均衡点（　　）。
A. 沿着原有的无差异曲线运动　B. 运动到另一条无差异曲线上
C. 沿着原有的消费预算线运动　D. 运动到另一条收入—消费曲线上
5. 正常品价格上升导致需求量减少的原因在于（　　）。
A. 替代效应使需求量增加，收入效应使需求量减少
B. 替代效应使需求量增加，收入效应使需求量增加
C. 替代效应使需求量减少，收入效应使需求量减少
D. 替代效应使需求量减少，收入效应使需求量增加
6. 当吉芬品的价格上升时，应该有（　　）。
A. 替代效应为正值，收入效应为负值，且前者的作用小于后者
B. 替代效应为负值，收入效应为正值，且前者的作用小于后者
C. 替代效应为负值，收入效应为正值，且前者的作用大于后者
D. 替代效应为正值，收入效应为负值，且前者的作用大于后者
7. 消费者均衡的条件是（　　）。
A. $MU_X/P_X<MU_Y/P_Y$　B. $MU_X/P_X>MU_Y/P_Y$

C. $MU_X/P_X=MU_Y/P_Y$　　　　D. 以上都不对

8. 以下说明了边际效用的情况是（　　）。

A. 张某吃了第二个面包，满足程度从 10 个效用单位增加到了 15 个效用单位，增加了 5 个效用单位

B. 张某吃了两个面包，共获得满足 15 个效用单位

C. 张某吃了两个面包，平均每个面包带给张某的满足程度为 7.5 个效用单位

D. 以上都不对

9. 假设消费者张某只准备买两种商品 X 和 Y，X 的价格为 10，Y 的价格为 2。若张某买了 7 单位 X 和 3 单位 Y，所获得的边际效用值分别为 30 和 20 单位，则（　　）。

A. 张某获得了最大效用

B. 张某应该增加对 X 的购买，减少对 Y 的购买

C. 张某应该增加对 Y 的购买，减少对 X 的购买

D. 张某要想获得最大效用，需要借钱

10. 已知商品 X 的价格为 2 元，商品 Y 的价格为 1 元。如果消费者在获得最大满足时，商品 Y 的边际效用是 30 元，那么商品 X 的边际效用是（　　）。

A. 20　　B. 30　　C. 45　　D. 60

11. 根据序数效用论，消费者均衡是（　　）。

A. 无差异曲线与预算约束线的相切之点

B. 无差异曲线与预算约束线的相交之点

C. 离原点最远的无差异曲线上的任何一点

D. 离原点最近的预算约束线上的任何一点

12. 若张某消费牛奶和面包时的边际替代率为 1/4，即一单位牛奶相当于 1/4 单位的面包，则（　　）。

A. 牛奶价格为 4、面包价格为 1 时，张某获得最大效用

B. 牛奶价格为 1、面包价格为 4 时，张某获得最大效用

C. 牛奶价格为 10、面包价格为 2 时，张某应增加牛奶的消费

D. 以上都不对

13. 某消费者逐渐增加某种商品的消费量，直至达到了效用最大化，在这个过程中，该商品的（　　）。

A. 总效用和边际效用不断增加

B. 总效用不断下降，边际效用不断增加

C. 总效用不断增加，边际效用不断下降

D. 总效用和边际效用同时下降

E. 总效用增加，边际效用不变

14. 某劣等品的价格下降而其他情况不变时（　　）。

A. 替代效应和收入效应相互加强导致该商品的需求量增加

B. 替代效应和收入效应相互加强导致该商品的需求量减少

C. 替代效应倾向于增加该商品的需求量，而收入效应倾向于减少其需求量

D. 替代效应倾向于减少该商品的需求量，而收入效应倾向于增加其需求量

E. 以上说法均不正确

15. 一个消费者想要一单位 X 商品的心情甚于想要一单位 Y 商品，原因是（　　）。

A. 商品 X 物美价廉　　B. 商品 X 的价格较低

C. 商品 X 紧缺　　D. 商品 X 是满足精神需要的

16. 无差异曲线的形状取决于（　　）。

A. 消费者的偏好　　B. 消费者的收入

C. 所购商品的价格　　D. 商品效用水平的大小

17. 无差异曲线为斜率不变的直线时，表示相结合的两种商品（　　）。

A. 是可以相互替代的　　B. 互为完全替代品

C. 是互补的　　D. 是互不相关的

18. 同一条无差异曲线上的不同点表示（　　）。

A. 效用水平不同，但所消费的两种商品组合比例相同

B. 效用水平相同，但所消费的两种商品组合比例不同

C. 效用水平不同，两种商品的组合比例也不同

D. 效用水平相同，两种商品的组合比例也相同

19. 无差异曲线上任一点的商品 X 和 Y 的边际替代率都等于它们的（　　）。

A. 价格之比　　B. 数量之比

C. 边际效用之比　　D. 边际成本之比

20. 预算线的位置取决于（　　）。

A. 消费者的收入

B. 消费者的收入和商品的价格

C. 消费者的偏好、收入和商品的价格

21. 预算线反映了（　　）。

A. 消费者的收入约束　　B. 消费者的偏好

C. 消费者的人数　　D. 货币的购买力

22. 在消费者均衡点上，无差异曲线的斜率（　　）。

A. 大于预算线的斜率　　B. 小于预算线的斜率

C. 等于预算线的斜率　　D. 可能大于、小于或等于预算线的斜率

23. 假定 X、Y 的价格 P_X、P_Y 已定，当 $MRS > P_X/P_Y$ 时，消费者为达到最大满足，他将（　　）。

A. 增购 X，减少 Y　　B. 减少 X，增购 Y

C. 同时增购 X、Y　　D. 同时减少 X、Y

24. 若无差异曲线上任何一点的斜率为 $dY/dX = -1/2$，这意味着当消费者有更多的 X 时，他愿意放弃（　　）单位 X 而获得 1 单位 Y。

A. 1/2　　B. 2　　C. 1　　D. 1.5

25. 下列哪种情况不属于消费者均衡的条件？（　　）。

A. $MU_x/P_x = MU_y/P_y = MU_z/P_z = \cdots = \lambda$

B. 货币在每种用途上的边际效用相等

C. $MU_n = \lambda P_n$

D. 各种商品的边际效用均相等

26. 消费者剩余是（ ）。

A. 消费过剩的商品

B. 消费者得到的总效用

C. 消费者购买商品所得到的总效用减去支出的货币的效用的余额

D. 支出的货币的总效用

27. 消费者剩余是消费者的（ ）。

A. 实际所得 B. 主观感受

C. 没有购买的部分 D. 消费剩余部分

28. 消费者的预算线发生平移时，连结消费者诸均衡点的曲线被称为（ ）。

A. 需求曲线 B. 价格—消费曲线

C. 收入—消费曲线 D. 恩格尔曲线

29. 消费品价格变化时，连结消费者诸均衡点的曲线被称为（ ）。

A. 收入—消费曲线 B. 需求曲线

C. 价格—消费曲线 D. 恩格尔曲线

30. 需求曲线从（ ）导出。

A. 价格—消费曲线 B. 收入—消费曲线

C. 无差异曲线 D. 预算线

31. 需求曲线斜率为正的充要条件是（ ）。

A. 劣等品 B. 替代效应超过收入效应

C. 收入效应超过替代效应 D. 劣等品且收入效应超过替代效应

32. 假设某消费者关于商品 X、Y 的效用函数是 $U(X, Y)=5X+5Y$，X 的价格为 10，Y 的价格为 5，则下列说法正确的是（ ）。

A. X、Y 是完全互补品

B. 应增加对商品 Y 的消费，减少对商品 X 的消费

C. 消费者只消费商品 X

D. 消费者只消费商品 Y

33. 当总效用持续增加时，边际效用应该（ ）。

A. 为正值，且不断增加 B. 为负值，且不断减少

C. 为正值，但不断减少 D. 为零

34. 假如某消费者所消费的几种商品的价格都相同，为了使其在消费的过程中获得最大的满足，该消费者应该购买（ ）。

A. 相同数量的这几种商品

B. 这几种商品并使其总效用相等

C. 这几种商品并使其边际效用相等

D. 以上答案都不对

35. 假设货币的边际效用为 1，消费者购买每一单位物品所支付的价格一定等于（ ）。

A. 消费者从消费第一单位的这种物品中获取的边际效用

B. 消费者从消费这种物品中获取的总效用

C. 消费者从平均每单位物品的消费中获取的效用

D. 消费者从消费最后一单位物品中获取的边际效用

36. 就一个消费者对某种商品的需求曲线来看，该曲线上与每一个价格水平相对应的需求量（　　）。

A. 均是能给这个消费者带来最大效用的均衡数量

B. 并不是能给这个消费者带来最大效用的均衡数量

C. 有可能是能给这个消费者带来最大效用的均衡数量

D. 是这个消费者边际效用达到最大的需求数量

37. 某消费者偏好 A 商品甚于 B 商品，究其原因是因为（　　）。

A. 商品 A 的价格最低

B. 商品 A 紧俏

C. 商品 A 有多种用途

D. 对该消费者而言，商品 A 带给他的效用水平相对较高

38. 下面除了（　　）外，其他选项都是对物品的边际效用的正确理解。

A. 增加（减少）一单位物品的消费所引起的总效用的增（减）量

B. 最后增加的那一单位物品的消费所提供的效用

C. 消费一定数量的某种物品所获得的总效用

D. 数学表达式为 $MU=\Delta TU/\Delta Q$（TU 为总效用，Q 为物品数量）

39. 对于一种商品的消费，如果消费者得到了最大满足，不考虑消费商品的货币支付的负效用，那么，从基数效用论的角度来看，这实际上意味着此时（　　）。

A. 边际效用为最大值　　B. 边际效用为正数

C. 边际效用为零　　D. 边际效用为负数

40. 从数学角度讲，除（　　）外，其他选项都是关于边际效用与总效用关系的正确表达式。

A. $MU=TU/\Delta Q$（TU 为总效用，Q 为物品数量）

B. $MU=\Delta TU/\Delta Q$（TU 为总效用，Q 为物品数量）

C. 边际效用为总效用函数的导数

D. 边际效用为总效用曲线的斜率

41. 在一条无差异曲线上，（　　）。

A. 消费 X 获得的总效用等于消费 Y 获得的总效用

B. 消费 X 获得的边际效用等于消费 Y 获得的边际效用

C. 曲线上任两点对应的消费品组合所带来的边际效用相等

D. 曲线上任两点对应的消费品组合所带来的总效用相等

42. 预算线上的点所对应的商品组合表明（　　）。

A. 该消费者没有用完预算支出

B. 既定预算支出条件下可能带来最大效用的数量组合

C. 该消费者处于均衡状态

D. 该消费者超出了预算支出

43. 在两种商品的价格保持不变，而消费者的收入增加时，预算线将（　　）。
A. 斜率不变，位置不变　　B. 斜率变化，位置不变
C. 斜率不变，位置向右上方平移　　D. 斜率不变，位置向左下方平移
44. 在序数效用论中，消费者实现效用最大化的点必定落在（　　）。
A. 预算线右侧的区域　　B. 预算线左侧的区域
C. 预算线上　　D. 预算线上和左侧区域
45. 关于消费者实现均衡的条件，不正确的是（　　）。
A. 在基数效用论中，商品的边际效用之比等于其价格之比，如 $MU_X/P_X=MU_Y/P_Y$
B. 在序数效用论中，两种商品的边际替代率等于其价格之比，如 $MRS_{XY}=P_X/P_Y$
C. 在基数效用论与序数效用论中，消费者实现均衡的条件实质上是相同的
D. 在均衡状态，消费者增加一种商品的消费数量所带来的总效用增加量必定大于其相应减少另一种商品的消费数量所带来的总效用减少量
46. 若无差异曲线的形状发生了变化，这意味着（　　）发生了变化。
A. 消费者的收入　　B. 消费者的偏好
C. 商品的价格　　D. 购买的商品数量
47. 某些女性在收入比较低时会购买平价护肤品，但在其收入提高以后，她们却会减少对该种护肤品的购买，转而购买高档护肤品。根据这种现象，我们可以判断平价护肤品对这些人来说是（　　）。
A. 吉芬品　　B. 劣等品
C. 正常品　　D. 生活必需品
48. 关于一般的劣等品而言，下列说法正确的是（　　）。
A. 替代效应与价格同方向变化　　B. 收入效应与价格反方向变化
C. 总效应与价格反方向变化　　D. 需求曲线向右上方倾斜
49. 当消费者的真实收入上升时，（　　）。
A. 他将购买更少的劣等品
B. 他将增加正常品的消费
C. 他所消费的商品组合将会移到更高的无差异曲线上
D. 以上都是
50. 边际效用递减规律在任何情况下都发生作用。（　　）
A. 正确　　B. 不正确
C. 可能正确也可能错误　　D. 无法判断
51. 总效用曲线达到顶点时，（　　）。
A. 边际效用曲线达到最大值点　　B. 边际效用为零
C. 边际效用为正　　D. 边际效用为负
52. 对于一种商品，消费者已经拥有想要拥有的数量，货币的边际效用大于0，这时（　　）。
A. 边际效用最大　　B. 边际效用为零
C. 总效用为零　　D. 以上都不对
53. 序数效用论对偏好的假设不包括（　　）。
A. 偏好的不确定性　　B. 偏好的传递性

C. 偏好的非饱和性　　D. 偏好的完备性

54. 同一坐标平面内有无数条无差异曲线是因为（　　）。

A. 人们的欲望无限

B. 消费者的收入不断增加

C. 商品的数量是无限的

D. 不同的商品组合会给消费者带来不同的效用

55. 一般无差异曲线不具有（　　）的特点。

A. 具有正斜率

B. 离原点越远的无差异曲线具有越高的效用水平

C. 边际替代率递减

D. 在同一平面内任意两条无差异曲线不能相交

56. 商品的边际替代率递减规律决定了无差异曲线（　　）。

A. 凸向原点　　B. 凹向原点

C. 垂直于横轴　　D. 平行于横轴

57. $I=X\cdot P_X+Y\cdot P_Y$ 是消费者的（　　）。

A. 需求函数　　B. 效用函数

C. 预算线方程　　D. 不确定

58. 无差异曲线斜率的绝对值被称为（　　）。

A. 边际替代率　　B. 边际技术替代率

C. 边际转换率　　D. 边际效用

59. 若消费者的消费低于他的预算线上的消费，则消费者（　　）。

A. 没有用完全部预算支出　　B. 用完了全部预算支出

C. 或许用完了全部预算支出　　D. 处于均衡状态

60. 消费者为获得一单位的一种商品所需要放弃的另一种商品的消费数量叫（　　）。

A. 价格比　　B. 需求收入弹性

C. 边际效用　　D. 边际替代率

61. 无差异曲线如果是直角形的，说明（　　）。

A. 两种商品对消费者而言是替代品

B. 两种商品对消费者而言是互补品

C. 两种商品对消费者而言是完全替代品

D. 两种商品对消费者而言是完全互补品

62. 边际替代率 MRS_{XY} 递减，意味着当 X 商品的消费量不断增加时，能代替的 Y 商品的数量（　　）。

A. 越来越多　　B. 越来越少

C. 保持不变　　D. 以上均不正确

63. 在同一条无差异曲线上，若增加 1 单位 X 商品的购买，需要减少 2 单位 Y 商品的消费，则有（　　）。

A. $MRS_{XY}=2$　　B. $MRS_{XY}=1/2$

C. $TU_X/TU_Y=2$　　D. $MU_X/MU_Y=1/2$

64. 当消费者的收入增加，其他条件不变时，其预算线（ ）。
A. 转动，变得平坦
B. 转动，变得陡峭
C. 平行向外移动
D. 平行向内移动
65. 某消费者消费更多的某种商品时（ ）。
A. 该消费者获得的总效用不变
B. 该消费者获得的边际效用递增
C. 该消费者获得的总效用递减
D. 该消费者获得的边际效用递减
66. 预算线的斜率取决于（ ）。
A. 商品的相对价格
B. 消费者的收入
C. 商品是正常品还是劣等品
D. 以上均错
67. 一般劣等品的价格下降，其需求量（ ）。
A. 不变
B. 减少
C. 因为替代效应的作用大于收入效应的作用而增加
D. 因为替代效应的作用小于收入效应的作用而增加
68. 替代效应是指就某种商品而言（ ）变化所引起的该商品消费量的变化。
A. 消费者的购买力
B. 商品的相对价格
C. 消费者的收入
D. 商品的需求弹性
69. 带来相同水平的效用的商品组合集中在消费者的（ ）上。
A. 无差异曲线
B. 预算线
C. 生产可能性曲线
D. 需求曲线

三、多项选择题

1. 以下关于边际效用的说法正确的有（ ）。
A. 边际效用不可能为负值
B. 边际效用与总效用同方向变动
C. 就通常情况来讲，消费者消费商品服从边际效用递减规律
D. 在边际效用递减且大于等于零时，边际效用与总效用呈反方向变动关系
2. 关于消费者均衡点的下列说法正确的有（ ）。
A. 消费者均衡点位于预算约束线上
B. 消费者均衡点在理论上可以脱离预算约束线而存在
C. 消费者均衡点由预算线和无差异曲线的切点决定
D. 在消费者均衡点上，预算约束线与无差异曲线斜率相等但符号相反
E. 均衡点由预算线和无差异曲线的交点决定
3. 序数效用论对偏好的假设包括（ ）。
A. 边际效用递减
B. 完备性
C. 传递性
D. 非饱和性
E. 边际替代率递减
4. 消费者的无差异曲线的特点包括（ ）。

A. 具有正斜率
B. 斜率的绝对值递减
C. 任意两条无差异曲线都不相交
D. 越靠右的无差异曲线具有越高的效用水平
E. 有无数条

5. 消费者之所以要消费商品，是因为商品能够满足消费者的某种欲望，下面关于消费者欲望的论述正确的是（　　）。
A. 欲望是指想得到却没有得到某种物品的一种心理状态
B. 关于消费者欲望的探讨是研究消费者行为的出发点
C. 随着消费者对某种商品的消费量的持续增加，人们的欲望强度会增加
D. 欲望具备不足之感和求足之愿两个方面
E. 欲望具备普遍性

6. 关于吉芬品的需求曲线，下列说法正确的有（　　）。
A. 吉芬品的需求曲线向右上方倾斜
B. 商品价格下降，其替代效应为正
C. 商品价格下降，其收入效应为负
D. 商品价格下降，收入效应的绝对值大于替代效应的绝对值
E. 吉芬品是一种特殊的劣等品

7. 消费者达到均衡时（　　）。
A. 总效用最大
B. 每单位货币购买商品带来的边际效用相等
C. 预算线和无差异曲线相切
D. 边际效用等于零

8. 基数效用论关于消费者均衡的条件是（　　）。
A. 无差异曲线与预算线相切　　B. $MRS_{xy}=P_x/P_y$
C. $MU_x/P_x=MU_y/P_y$　　D. $MU_x/MU_y=P_x/P_y$

9. 基数效用论的基本假设条件有（　　）。
A. 效用是可以衡量的　　B. MU 递减
C. MRS_{xy} 递减　　D. 货币的边际效用不变

10. 消费者对于风险的态度有（　　）。
A. 风险回避　　B. 风险爱好　　C. 风险中立　　D. 以上都不是

11. 对于正常品来说（　　）。
A. 替代效应与价格呈反方向变动　　B. 收入效应与价格呈反方向变动
C. 总效应与价格呈反方向变动　　D. 需求曲线是向右下方倾斜的

12. 对于劣等品来说（　　）。
A. 替代效应与价格呈反方向变动　　B. 收入效应与价格呈同方向变动
C. 总效应与价格呈反方向变动　　D. 需求曲线是向右下方倾斜的

13. 对于吉芬品来说（　　）。
A. 替代效应与价格呈反方向变动　　B. 收入效应与价格呈同方向变动

C. 总效应与价格呈同方向变动　　D. 需求曲线是向右上方倾斜的

14. 关于效用论正确的是（　　）。

A. 可以用基数效用论来衡量　　B. 可以用序数效用论来衡量

C. 边际效用分析法属于基数效用论　　D. 无差异曲线分析法属于序数效用论

四、判断题

1. 边际效用递减规律无论什么时候都成立。（　　）

2. 效用是人们的主观心理感受，所以它既不可以度量也不可以比较。（　　）

3. 货币的边际效用是永远不会变化的。（　　）

4. 消费者剩余是消费者在购买一定数量的某种商品时愿意支付的最高总价格和实际支付的总价格之间的差额。（　　）

5. 消费者的需求曲线是消费者愿意支付的价格与需求数量之间的一一对应关系。（　　）

6. 任何两种商品的组合所形成的无差异曲线都是向右下方倾斜的，凸向原点。（　　）

7. 决定预算线的因素有消费者的偏好、收入和商品价格。（　　）

8. 无差异曲线的形状取决于消费者的欲望。（　　）

9. 对任何商品来说替代效应总是大于收入效应。（　　）

10. 消费者在均衡点之外也可以得到最大满足。（　　）

11. 一种物品效用的大小表明它在生产中的作用有多大。（　　）

12. 一般劣等品的需求曲线是向右下方倾斜的。（　　）

13. 吉芬品的需求曲线是向右上方倾斜的。（　　）

14. 在基数效用论下，效用是不可以加总求和的。（　　）

15. 一般情况下，商品的边际替代率是递减的。（　　）

16. 吉芬品是一种劣等品，但劣等品不一定是吉芬品。（　　）

17. 消费者的效用最大化要求预算线与无差异曲线相交。（　　）

18. 收入—消费曲线是由消费者收入的变化引起的效用最大化均衡点变化的轨迹。（　　）

19. 同一杯水具有相同的效用。（　　）

20. 如果一种商品满足了一个消费者坏的欲望，说明该商品具有负效用。（　　）

21. 总效用决定商品的价格，而边际效用决定消费的数量。（　　）

22. 如果你有一辆需要四个轮子才能开动的汽车并且目前你已经有了三个轮子，那么当你有第四个轮子时，这第四个轮子的边际效用会超过第三个轮子的边际效用。（　　）

23. 如果边际效用递减，则总效用相应会下降。（　　）

24. 如果货币的边际效用递减，则将高工资者的收入转移给低工资者，就可以增加全社会的总效用。（　　）

25. 如果在新的消费者均衡状态下，各种商品的边际效用低于原均衡状态，则意味着消费者的生活状况恶化了。（　　）

26. 若正常品的价格下降，则其收入效应为正，替代效应为正。（　　）

27. 无差异曲线表示不同的消费者消费两种商品的不同数量组合所得到的效用是相同的。 （ ）

28. 在无差异曲线图上存在无数条无差异曲线是因为消费者的收入有时高有时低。（ ）

29. 无差异曲线的形状越接近直线，说明该消费者消费的两种商品之间的替代性就越大。 （ ）

30. 在同一条预算线上，消费者的货币收入是不变的。 （ ）

31. 预算线的平行移动说明消费者的收入发生了变化，商品价格没有发生变化。（ ）

32. 在消费者均衡点上，消费者所消费的各种商品的边际效用相等。 （ ）

33. 如果消费者的效用函数为$U=XY$，那么消费者把他的收入的一半花在X上。（ ）

34. 假定一个消费者的效用函数为$U(w)=w^2$，那么该消费者是风险爱好者。 （ ）

35. 假定一个消费者的效用函数为$U=X^tY$，$t>0$，那么收入—消费曲线是一条直线。 （ ）

36. 互为完全替代品的无差异曲线是L形折线。 （ ）

五、简答题

1. 请画出以下各位消费者对两种商品（咖啡和热茶）的无差异曲线，同时请对（2）和（3）分别写出消费者B和消费者C的效用函数。

（1）消费者A喜欢喝咖啡，但对喝热茶无所谓。他总是喜欢有更多杯的咖啡，而从不在意有多少杯热茶。

（2）消费者B喜欢一杯咖啡和一杯热茶一起喝，他从来不喜欢单独喝咖啡，或者单独喝热茶。

（3）消费者C认为，在任何情况下，1杯咖啡和2杯热茶都是无差异的。

（4）消费者D喜欢喝热茶，但不喜欢喝咖啡。

2. 令某消费者的收入为M，两商品的价格分别为P_1、P_2。假定该消费者的无差异曲线是线性的，且斜率为$-a$。求：该消费者的最优商品组合。

3. 钻石用处极小而价格昂贵，生命必不可少的水却非常便宜。请用边际效用的概念加以解释。

4. 某消费者原来每月煤气开支为50元，煤气的某些用途，如取暖等可用电替代。现在煤气价格上涨100%，其他商品价格不变，政府给予消费者50元作为价格补贴，试问该消费者处境是改善了还是恶化了？为什么？

5. 假定社会上只有X、Y两种商品，作图说明，假如$MU_X/P_X>MU_Y/P_Y$，而总支出水平和价格既定不变，通过多买些X而少买些Y，则总效用必然增加。（如果假定$P_X=P_Y$，则你的任务会很容易完成。）

6. 假设某人花费一定收入消费两种商品X与Y，又知当X的价格下跌时，其对X消费的替代效应之绝对值大于收入效应之绝对值。请指出下列命题中哪些是正确的，哪些是不正确的，并说明理由。

（1）X是正常品。

（2）X是劣等品。

（3）X 不是吉芬品。
（4）Y 是正常品。
（5）Y 是劣等品。
7. 无差异曲线的一般特征是什么？
8. 一般无差异曲线凸向原点的原因是什么？
9. 基数效用论提出 MU 与 TU 的一般关系是什么？
10. 简述边际效用递减规律产生的原因。
11. 简述风险回避者的特点。
12. 消费者效用有哪些特点？
13. 西方经济学对消费者偏好的假定有哪些？

六、计算题

1. 消费者赵某的收入为 270 元，他在关于商品 X 和 Y 的无差异曲线上斜率为 $\frac{\mathrm{d}Y}{\mathrm{d}X}=\frac{-20}{Y}$ 的点上实现均衡。已知 X、Y 的价格分别为 $P_X=2$ 元、$P_Y=5$ 元，那么此时赵某将消费多少 X 和 Y？

2. 若某人的效用函数为 $U=4\sqrt{X}+Y$。原来他消费 9 单位 X、8 单位 Y，现 X 减到 4 单位，问要消费多少单位 Y 才能得到与以前相同的满足程度？

3．已知某消费者的效用函数为 $U=\frac{1}{3}\ln Q_1+\frac{2}{3}\ln Q_2$，收入为 m，两种商品的价格分别为 P_1 和 P_2。求：

（1）消费者分别对两种商品的需求函数；
（2）$m=1\,200$，$P_1=2$，$P_2=4$ 时的均衡购买量。

4. 假定效用函数为 $U=q^{0.5}+2M$，q 为消费的商品量，M 为收入。求：
（1）需求曲线。
（2）反需求曲线。
（3）$p=0.05$，$q=25$ 时的消费者剩余。

5. 设无差异曲线为 $U=X^{0.4}Y^{0.6}=9$，$P_X=2$，$P_Y=3$，求：
（1）X、Y 的均衡消费量。
（2）效用等于 9 时的最小支出。

6. 假定某消费者的效用函数为 $U=X_1^{0.5}X_2^{0.5}$，两商品的价格分别为 P_1、P_2，消费者的收入为 M。分别求该消费者关于商品 1 和商品 2 的需求函数。

7. 考虑某消费者购买商品 A 的替代效应与收入效应。假定该消费者关于商品 A 的需求函数为 $Q=0.02M-2P$，收入为 $M=6\,500$，商品 A 的价格 $P=20$。再假设目前商品 A 的价格上升为 $P=40$。商品 A 的价格变化的总效应是多少？其中，替代效应与收入效应又分别为多少？

8. 某消费者具有效用函数 $U(X,Y)=X^{\frac{1}{2}}Y^{\frac{1}{2}}$，$X$ 和 Y 的单位价格均为 4 元，该消费

者的收入为 144 元。

（1）为使消费者的效用最大化，消费者对 X 和 Y 的购买量应该各为多少单位？

（2）这时消费者的总效用是多少？

（3）若 X 的单位价格上升为 9 元，消费者对 X 和 Y 的购买量应该各为多少单位？此时 X 的价格上升所导致的总效应是多少，即 X 的价格上升使得对 X 的购买量发生了多少变化？

（4）在其他条件不变时，求 X 的价格上升为 9 元所带来的替代效应（维持当初的效用水平不变）和收入效应。

9. 近年来保险业在我国得到迅速发展，本题应用经济学原理分析为什么人们愿意购买保险。假定有一户居民拥有财富 10 万元，包括一辆价值 2 万元的摩托车，该户居民摩托车被盗的可能性为 25%，假定该户居民的效用函数为 $U(W)=\ln(W)$，其中 W 表示财富价值。

（1）计算该户居民的期望效用。

（2）如何根据效用函数判断该户居民是愿意避免风险，还是爱好风险？

（3）如果居民支付一定数额的保险费，则可以在摩托车被盗时从保险公司得到与摩托车价值相等的赔偿，试计算该户居民最多愿意支付多少元保险费。

（4）在该保险费中“公平”的保险费（即该户居民的期望损失）是多少元？保险公司扣除“公平”的保险费后的纯收入是多少？

10. 一消费者消费 X 和 Y 两种商品时，无差异曲线的斜率的绝对值处处是 Y/X。

（1）说明对 X 的需求不取决于 Y 的价格，X 的需求弹性为 1。

（2）$P_X=1$，$P_Y=3$，该消费者均衡时的 MRS_{XY} 为多少？

（3）对 X 的恩格尔曲线形状如何？对 X 的需求收入弹性是多少？

11. 某学生期末考试的复习天数与考试分数之间的关系如表 3-3 所示，如果他只有 6 天的复习时间，如何分配时间才能保证三门课程的总分最高？复习后三门课程的总分数是多少？三门课程增加的总分数是多少？

表 3-3

复习天数	经济学	英语	数学
0	20	40	80
1	45	52	90
2	65	62	95
3	75	71	97
4	83	78	98
5	90	83	99
6	92	86	99

七、论述题

1. 基数效用论和序数效用论的区别和联系有哪些？
2. 试述货币的边际效用递减规律的主要思想及指导意义。
3. 试述序数效用论对消费者均衡条件的推导。

4. 试运用马克思主义劳动价值论的观点对关于价格决定的供求决定论、效用决定论进行分析评论。

第三部分　精编习题参考答案

一、名词解释

1. 效用：是指商品满足人的欲望的能力，或消费者在消费商品时所感受到的主观满足程度。

2. 总效用：消费者在一定时间内消费一定量的商品所得到的效用量总和。

3. 边际效用：消费者在一定时间内增加一单位商品的消费所得到的效用量增量。

4. 消费者均衡：在消费者偏好、商品价格及货币收入不变的条件下，研究单个消费者如何把有限的货币收入分配在各种商品的购买中以获得最大的效用。

5. 消费者剩余：消费者在购买一定数量某种商品时愿意支付的总价格与实际支付的总价格之间的差额。

6. 无差异曲线：表示给消费者带来相同偏好的两种商品的所有组合点的轨迹。

7. 商品的边际替代率：在维持效用水平不变的前提下，消费者每增加一单位某种商品的消费数量所要放弃的另一种商品的数量，公式为 $MRS_{12}=-(\Delta X_2/\Delta X_1)$。

8. 消费预算线：表示在收入和商品价格既定的条件下，消费者所能购买的两种商品各种组合点的轨迹。

9. 替代效应：由商品的价格变动所引起的商品相对价格的变动，进而由商品相对价格的变动所引起的商品需求量的变动。

10. 收入效应：由商品的价格变动所引起的消费者实际收入水平的变动，进而由实际收入水平变动所引起的商品需求量的变动。

11. 正常品：需求量与消费者的收入水平呈同方向变动关系的商品。

12. 劣等品：需求量与消费者的收入水平呈反方向变动关系的商品。

13. 收入—消费曲线：在消费者的偏好和商品的价格不变的条件下，与消费者的不同收入水平相联系的消费者效用最大化的均衡点的轨迹。

14. 边际效用递减规律：在一定时间内，在其他商品的消费数量不变的条件下，随着消费者对某种商品消费量的增加，消费者从该种商品消费量的连续增加的每一消费单位中所得到的效用增量是递减的，即边际效用是递减的。

15. 价格—消费曲线：在消费者的偏好、收入及其他商品价格不变的条件下，与某种商品的不同价格水平相联系的消费者效用最大化的均衡点的轨迹。

二、单项选择题

1. B　2. C　3. A　4. B　5. C　6. B　7. C　8. A　9. C　10. D　11. A　12. B　13. C　14. C　15. A　16. A　17. B　18. B　19. C　20. B　21. A　22. C　23. A

24. B 25. D 26. C 27. B 28. C 29. C 30. A 31. D 32. D 33. C 34. C 35. D 36. A 37. D 38. C 39. C 40. A 41. D 42. B 43. C 44. C 45. D 46. B 47. B 48. C 49. D 50. B 51. B 52. D 53. A 54. D 55. A 56. A 57. C 58. A 59. A 60. D 61. D 62. B 63. A 64. C 65. D 66. A 67. C 68. B 69. A

三、多项选择题

1. CD 2. AC 3. BCD 4. BCDE 5. ABDE 6. ABCDE 7. ABC 8. CD 9. ABD 10. ABC 11. ABCD 12. ABCD 13. ABCD 14. ABCD

四、判断题

1. (×)，边际效用递减规律在大多数情况下成立，也有短期边际效用不变或者递增现象。

2. (×)，效用是人们的主观心理感受，基数效用论认为效用可以度量，序数效用论认为效用可以比较。

3. (×)，货币的边际效用一般也是递减的。

4. (√)。

5. (√)。

6. (×)，一般两种商品的组合所形成的无差异曲线都是向右下方倾斜的，凸向原点。完全替代品和完全互补品的无差异曲线是特例。

7. (×)，决定预算线的因素是消费者的收入和商品价格，没有偏好。

8. (×)，无差异曲线的形状取决于消费者的偏好，而非欲望。

9. (×)，吉芬品的替代效应小于收入效应。

10. (×)，消费者的均衡点是其最大满足点。

11. (×)，一种物品的效用与其在生产中的作用基本无关。

12. (√)。

13. (√)。

14. (×)，在基数效用论下，效用是可以加总求和的。

15. (√)。

16. (√)。

17. (×)，消费者的效用最大化要求预算线与无差异曲线相切。

18. (√)。

19. (×)，西方经济学家认为，效用是指消费者在消费某种商品时所得到的满足程度，是一种主观的心理感受。效用的大小因人而异、因地而异、因时而异。同一杯水对不同的人，其效用是不同的；同一杯水对同一个人，效用也会因为时间、地点的不同而不同。

20. (×)，负效用是指某种物品所具有的，不但不能给人们带来某种欲望的满足，反而给人们带来了不舒适或痛苦的能力。因此，一种商品只要其能够满足消费者的某种欲望，无论这种欲望是好还是坏，都具有正效用。

21.（×），效用论认为，商品的价格是由边际效用决定的，消费者对某种商品的消费数量是由其总效用决定的。

22.（×），边际效用是指物品的消费量每增加（或减少）一单位所引起的总效用的变化量。这里的“单位”是指一个完整的商品单位，这种完整的商品单位是边际效用递减规律具有有效性的前提。对于本题，必须有四个轮子的汽车才能成为一个商品单位。因此，不能说第四个轮子的边际效用超过第三个轮子。

23.（×），总效用是指消费者在一定时间内从一定数量的商品的消费中所得到的效用的总和。边际效用递减并不等于边际效用为负值，只有当边际效用为负值时，总效用才会下降。

24.（√），如果货币的边际效用递减，由于低工资者货币的边际效用大于高工资者货币的边际效用，所以把相同部分的收入从高工资者手里转移到低工资者手里，全社会的总效用是增加的。

25.（×），如果在新的消费者均衡状态下，各种商品的边际效用低于原均衡状态，说明消费者对各种商品的消费数量增加了，总效用也会增加，消费者的生活状况得到了改善而不是恶化。

26.（√），正常品价格变动引起实际收入变动，进而引起需求数量的反方向变动；正常品价格变动引起相对价格变动，进而引起需求数量的反方向变动。

27.（×），无差异曲线表示对于同一消费者来说，能产生同等满足程度的各种（或两种）商品不同数量组合点的轨迹。不同的消费者由于其偏好不同，消费两种商品的不同数量组合所得到的效用是不同的。

28.（×），一条无差异曲线代表一个效用水平，不同的无差异曲线代表不同的效用水平。在无差异曲线图上存在无数条无差异曲线是因为消费者对两种可替代商品感受到的效用水平是不同的。

29.（√），当无差异曲线为直线时，其边际替代率为常数，说明该消费者消费的两种商品可以相互完全替代。所以，无差异曲线的形状越接近直线，说明该消费者消费的两种商品之间的替代性就越大。

30.（√），预算线表示在消费者的收入和商品价格既定的条件下，消费者的全部货币收入所能购买到的各种商品最大量的集合，所以，在同一条预算线上，消费者的货币收入是不变的。

31.（×），预算线的平行移动有两种情况：一是在商品价格不变的情况下消费者的收入发生了变化；二是在消费者的收入保持不变的情况下，商品价格发生了同比例、同方向的变化。

32.（×），在消费者均衡点上，消费者花在每种商品上的最后一元钱所获得的边际效用都相等，而不是所消费的各种商品的边际效用相等。

33.（√），设消费者的收入为 I，商品 X 的价格为 P_X，商品 Y 的价格为 P_Y，则预算约束方程为 $XP_X+YP_Y=I$；根据 $U=XY$，得到 $MU_X=Y$，$MU_Y=X$，这样可推导出消费者均衡条件为 $Y/P_X=X/P_Y$，即 $XP_X=YP_Y$，将其代入预算约束方程得到：$2XP_X=I$，这就证明了消费者把他的收入的一半花在 X 上。

34. （√），$U'(w)=2w$，$U''(w)=2>0$，效用函数是严格下凸的，该消费者是风险爱好者。

35. （√），假定一个消费者的效用函数为 $U=X^tY$，$t>0$，收入—消费曲线是一条直线，可以由边际效用均等法则公式 $\frac{MU_Y}{P_Y}=\frac{MU_X}{P_X}$ 求得 $MU_X=tX^{t-1}Y$，$MU_Y=X^t$，由以上条件可得：$\frac{tX^{t-1}Y}{P_X}=\frac{X^t}{P_Y}$，$\frac{Y}{X}=\frac{P_X}{tP_Y}$是收入—消费曲线的函数，斜率$=\frac{P_X}{tP_Y}$是大于零的常数，收入—消费曲线是过原点的向右上方倾斜的直线。

36. （×），互为完全替代品的无差异曲线是斜率（边际替代率）为常数的直线，互为完全互补品的无差异曲线是 L 形折线。

五、简答题

1. **解答：**（1）根据题意，对消费者 A 而言，热茶是中性商品，因此，热茶的消费数量不会影响消费者 A 的效用水平。消费者 A 的无差异曲线如图 3－10（a）所示，图 3－10（a）中的箭头均表示效用水平提高的方向。

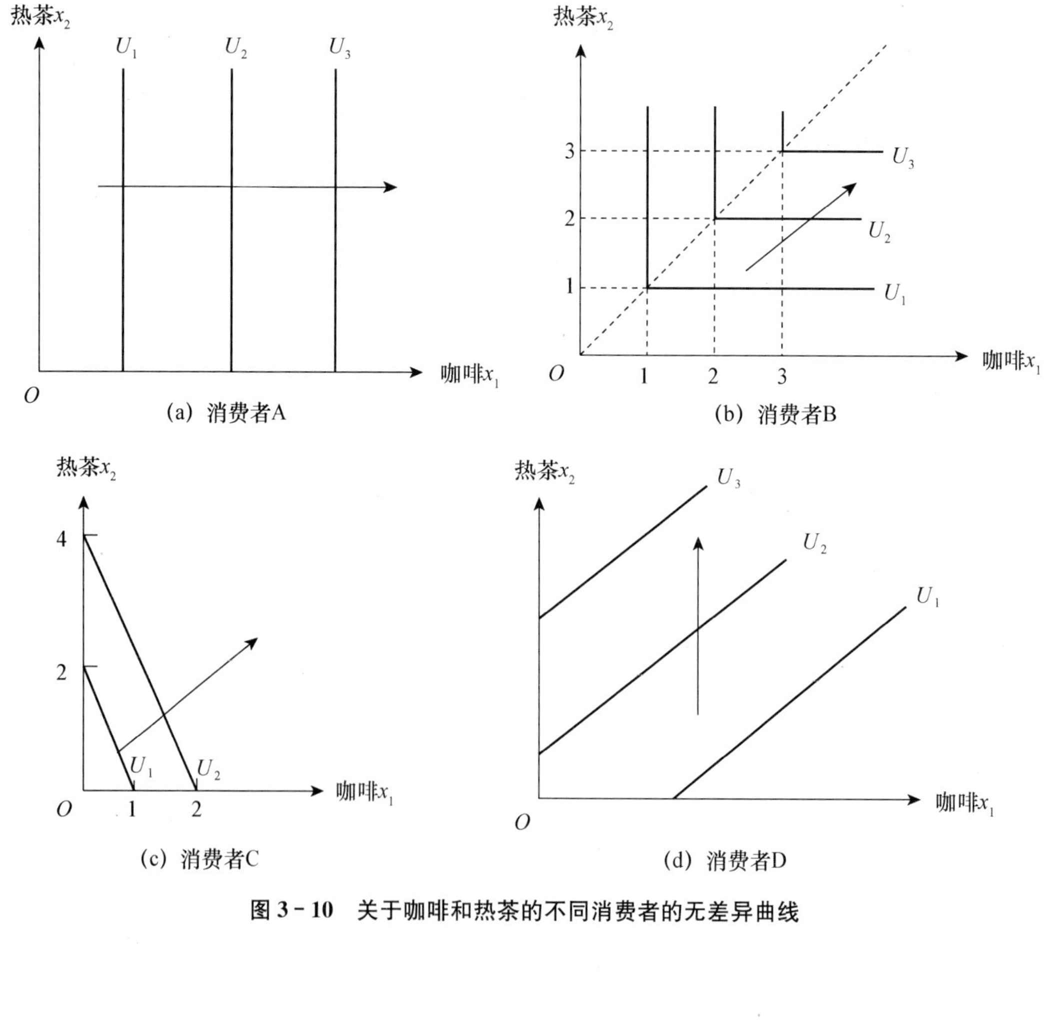

图 3－10　关于咖啡和热茶的不同消费者的无差异曲线

(2) 根据题意，对消费者 B 而言，咖啡和热茶互为完全互补品，其效用函数是 $U=\min\{x_1, x_2\}$。消费者 B 的无差异曲线如图 3-10 (b) 所示。

(3) 根据题意，对消费者 C 而言，咖啡和热茶互为完全替代品，其效用函数是 $U=2x_1+x_2$。消费者 C 的无差异曲线如图 3-10 (c) 所示。

(4) 根据题意，对消费者 D 而言，咖啡是厌恶品。消费者 D 的无差异曲线如图 3-10 (d) 所示。

2. **解答**：预算线方程为 $P_1x_1+P_2x_2=M$，其斜率为 $-\frac{P_1}{P_2}$。

由消费者的无差异曲线是线性的，且斜率为 $-a$，可知：

$$MRS_{12}=\frac{MU_1}{MU_2}=a$$

该消费者的最优商品组合有以下三种情况，其中第一、二种情况属于边角解。

(1) 如果 $a>\frac{P_1}{P_2}$，如图 3-11 (a) 所示，则效用最大化的均衡点位于横轴，它表示此时的最优解是一个边角解，对应预算线和无差异曲线的交点 E。最优商品组合为 $x_2=0$，$x_1=\frac{M}{P_1}$，全部支出都用于购买横轴所代表的商品。该效用水平在图中用以实线表示的无差异曲线标出。显然，该效用水平高于在既定的预算线上的其他任何一个商品组合所能达到的效用水平。

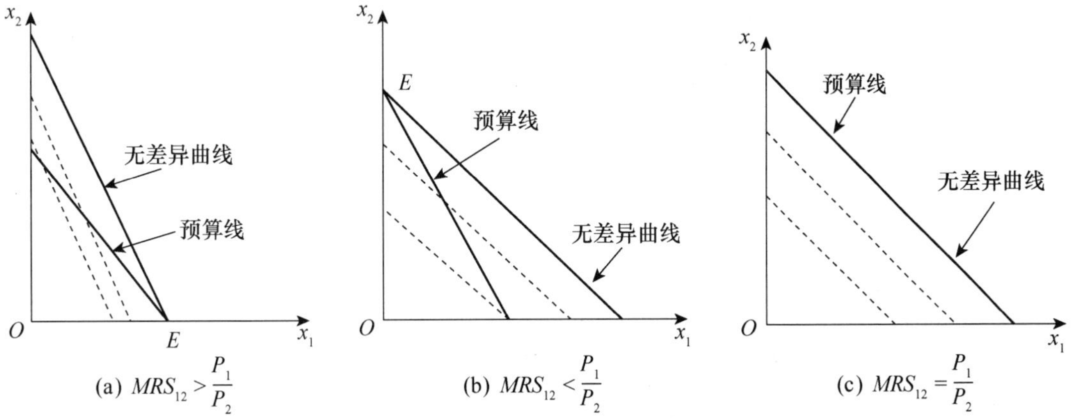

图 3-11 消费者的最优商品组合

(2) 如果 $a<\frac{P_1}{P_2}$，如图 3-11 (b) 所示，则效用最大化的均衡点位于纵轴，它表示此时的最优解是一个边角解，对应预算线和无差异曲线的交点 E。最优商品组合为 $x_1=0$，$x_2=\frac{M}{P_2}$，全部支出都用于购买纵轴所代表的商品。该效用水平在图中用以实线表示的无差异曲线标出。显然，该效用水平高于在既定的预算线上的其他任何一个商品组合所能达到的效用水平。

（3）如果 $a=\frac{P_1}{P_2}$，无差异曲线与预算线重叠，效用最大化的均衡点可以是预算线上的任何一点。此时所达到的最大效用水平在图 3－11（c）中用以实线表示的无差异曲线标出。

3. **解答**：钻石于人的用处确实远不如水，所以人们从水的消费中所得的总效用远远大于人们从钻石的使用中所得的总效用。但是，商品的需求价格不是由总效用而是由商品的边际效用的大小决定，即由 $P=MU/\lambda$ 决定。虽然人们从水的消费中所得的总效用很大，但是，由于世界上水的总量很大，因此，水的边际效用很小，人们只愿付非常低的价格。相反，钻石的用途虽远不及水大，但世界上钻石数量极少，因此，其边际效用很高，价格昂贵。

4. **解答**：该消费者处境改善了，因为该消费者得到 50 元补贴后，可以多消费电来替代消费煤气，由于电价未变，他完全可以用多消费电来改善自己的处境，如果煤气价格上涨 100%，电价也上涨 100%，他的处境就不会改善，如图 3－12 所示。

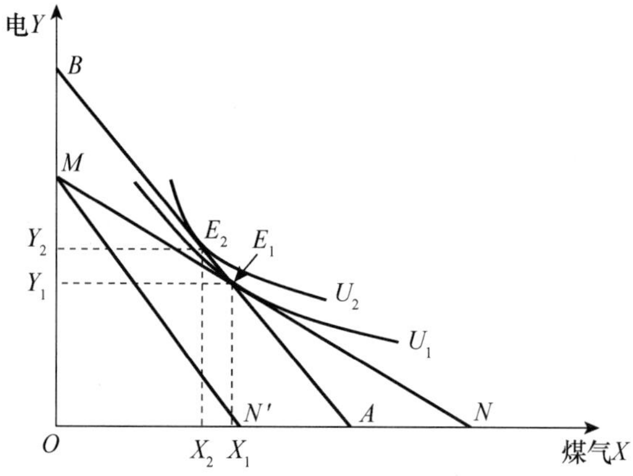

图 3－12

在图中，MN 代表原来的预算线，MN'代表煤气涨价 100%但未给予补贴的预算线，AB 代表给了 50 元补贴后的预算线。由于煤气涨价 100%，从而该消费者若仍要消费 X_1 的煤气，必须支出 100 元，而现在给 50 元补贴，正好是 100 元，因而仍可以消费 X_1 的煤气。因此 AB 必和 MN 相交于 E_1 点。又由于电价未变，因而 AB 必和 MN'平行。在 AB 预算线上，消费者找到了新的均衡点 E_2。在 E_2 点，消费者得到的效用为 U_2，大于在原来的均衡点 E_1 得到的效用 U_1。从图 3－12 中可见，该消费者用多消费电来替代消费煤气。

5. **解答**：如图 3－13 所示，因为总支出水平和价格既定不变，又假定 $P_X=P_Y$，预算线 AB 也就随之确定，并且 AB 与纵轴、横轴所成角度都是 45°。AB 与一条无差异曲线相切，设为Ⅲ。另外，无差异曲线Ⅱ代表的效用小于Ⅲ代表的效用，Ⅰ代表的效用小于Ⅱ代表的效用。AB 与Ⅰ交于 C 点，与Ⅱ交于 D 点。C 点的 X 商品量为 OX_1，D 点的 X 商品量为 OX_2，E 点的 X 商品量为 OX_3。在 E 点，无差异曲线的斜率等于预算线的斜率，即 $MRS_{XY}=-\frac{\mathrm{d}Y}{\mathrm{d}X}=\frac{MU_X}{MU_Y}=\frac{P_X}{P_Y}$，所以 $MU_X/P_X=MU_Y/P_Y$，在 C、D 点，无差异曲线斜率的绝对值大于预算线斜率的绝对值，即 $MRS_{XY}=MU_X/MU_Y>P_X/P_Y$，所以 $MU_X/P_X>MU_Y/P_Y$。

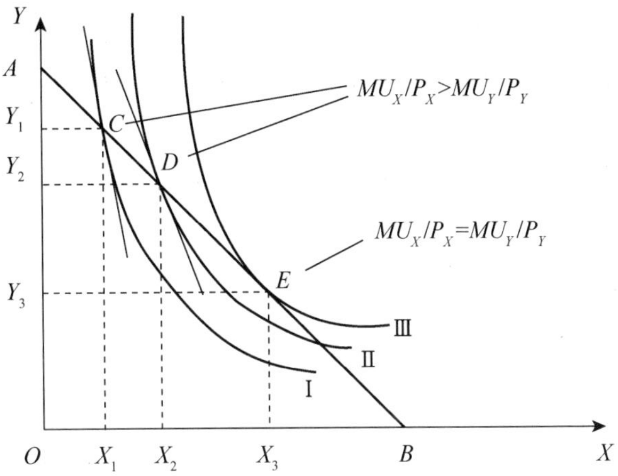

图 3-13

若 $MU_X/P_X>MU_Y/P_Y$，C 点处在较低的无差异曲线Ⅰ上。如果多购买（OX_2-OX_1）单位商品 X，少购买（OY_1-OY_2）单位商品 Y，消费者就处在较高的无差异曲线Ⅱ上的 D 点处。如果再购买（OX_3-OX_2）单位商品 X，少购买（OY_2-OY_3）单位商品 Y，消费者达到最大满足，处在既定预算水平和价格下最高的无差异曲线Ⅲ上的 E 点处。

其实，问题也可以简答如下：由于假定 $P_X=P_Y$，因此，当 MU_X 大于 MU_Y 时消费者若将一部分货币从购买 Y 转向购买 X，则因多买 X 而增加的效用会大于因少买 Y 而损失的效用，从而使总效用增加。

6. **解答：**（1）“X 是正常品”，不正确，因为正常品价格下降时，替代效应可大于、等于或小于收入效应。

（2）“X 是劣等品”，正确，因为非吉芬品的劣等品的价格下降时，替代效应大于收入效应。

（3）“X 不是吉芬品”，正确，因为吉芬品价格下降时，替代效应的绝对值小于收入效应的绝对值。

（4）“Y 是正常品”，不正确。因为 X 价格下降时，对 X 消费量的替代效应之绝对值是否大于收入效应之绝对值与 Y 商品是不是正常品无关。

（5）“Y 是劣等品”，不正确。因为 X 价格下降时，对 X 消费量的替代效应之绝对值是否大于收入效应之绝对值与 Y 商品是不是劣等品无关。

7. **解答：**无差异曲线的一般特征为：（1）曲线的斜率为负；（2）在同一坐标平面上的任何两条无差异曲线不能相交；（3）无差异曲线凸向原点；（4）同一坐标平面上有无数条无差异曲线，离原点越远的无差异曲线代表的效用水平越高。

8. **解答：**无差异曲线向右下方倾斜是因为假设研究的商品边际效用都为正，保持效用水平不变，增加一种商品的消费，就要减少另一种商品的消费。

向右下方倾斜的曲线分为凸向原点和凹向原点两种情况。一般无差异曲线是凸向原点的，原因是边际效用递减规律决定边际替代率递减，由于商品的边际替代率就是无差异曲线斜率的绝对值，所以，边际替代率递减规律决定了无差异曲线的斜率的绝对值是递减的，即无差异曲线是凸向原点的。

9. **解答：**（1）MU 随着消费数量的增加而递减。

（2）MU 与 TU 的关系：$MU>0$ 时，TU 递增；$MU<0$ 时，TU 递减；$MU=0$ 时，TU 最大。

（3）随着消费数量的增加，TU 先增后减。

如图 3－14 所示。

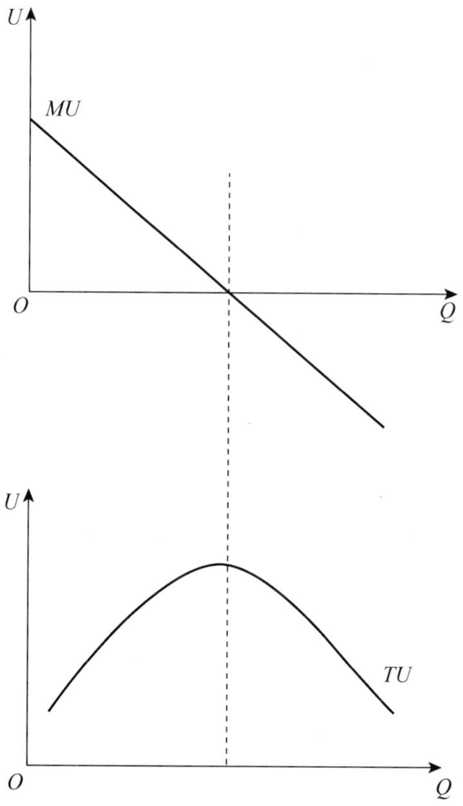

图 3－14

10. **解答：**（1）生理和心理上的原因：物品重复刺激使人的生理和心理反应递减。

（2）物品用途上的原因：在物品具有多种用途时，边际效用随着商品用途重要性的下降而下降。

11. **解答：**风险回避者指认为在无风险的条件下持有一笔确定财富的效用大于在风险条件下的期望效用的消费者。在不确定条件下得到的各种结果的效用的加权平均称为期望效用，可以表示为：$E(U(p; W_1, W_2))=pU(W_1)+(1-p)U(W_2)$；各种结果的财富量加权平均的效用称为期望值的效用，可以表示为 $U(pW_1+(1-p)W_2)$。风险回避者认为期望值的效用 $U(pW_1+(1-p)W_2)>$ 期望效用 $pU(W_1)+(1-p)U(W_2)$。如图 3－15 所示，其效用函数 $U=U(W)$ 以递减的速率递增，效用函数的一阶导数大于 0，二阶导数小于 0，即：$U'(W)>0, U''(W)<0$。

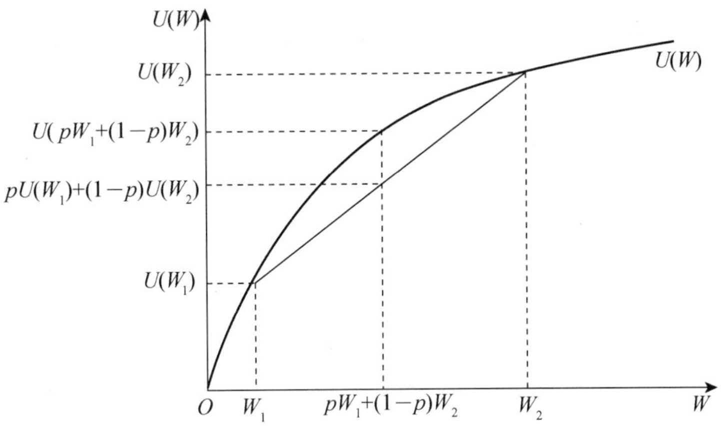

图 3-15

12. **解答：** 消费者效用指消费者消费商品所得到的心理满足程度。消费者效用一般有以下特点：

（1）主观性，效用是一种主观心理评价。

（2）相对性，同一种商品被消费，其效用因人、因时、因地而异。

（3）递减性，一般服从边际效用递减规律。

（4）再生性，在一定时期内消费商品呈现边际效用递减规律，过一段时期，消费者再次消费商品时，其边际效用再次提高。

（5）效用有正负之分。消费者消费商品感觉快乐和幸福时，效用为正；反之，效用为负。理性的消费者消费商品获得的边际效用和总效用应该为正。

13. **解答：** 偏好指爱好或喜欢的意思。西方经济学关于偏好的假定有：

（1）偏好的完备性：对于任意两个商品组合 A 和 B，消费者总可以作出下列判断之一：对 A 的偏好>对 B 的偏好，对 A 的偏好=对 B 的偏好，对 A 的偏好<对 B 的偏好。

（2）偏好的可传递性：如果消费者对 A 的偏好>对 B 的偏好和对 B 的偏好>对 C 的偏好，则必有对 A 的偏好>对 C 的偏好。

（3）偏好的非饱和性：偏好于含有商品数量较多的商品组合，多多益善。

（4）偏好的多样性：多种商品的组合优于少数商品的组合。

六、计算题

1. **解答：** 根据预算方程和序数论的均衡条件得到方程组：

$$\begin{cases} 2X+5Y=270 \\ MRS_{XY}=-\mathrm{d}Y/\mathrm{d}X=20/Y=P_X/P_Y=2/5 \end{cases}$$

解之得：$X=10$，$Y=50$。

2. **解答：** 当 $X=9$，$Y=8$ 时，$U=4\sqrt{X}+Y=4\sqrt{9}+8=20$。

当 $U=20$，$X=4$ 时，由 $U=4\sqrt{X}+Y$，得 $20=4\sqrt{4}+Y$，进而可得，$Y=12$。

可见，当 X 减到 4 单位时，消费 12 单位 Y 才能得到与原来相同的满足程度。

3. **解答**：(1) 由效用函数得：$MU_1=\dfrac{1}{3Q_1}$，$MU_2=\dfrac{2}{3Q_2}$。

把上式代入消费者均衡条件$\begin{cases}\dfrac{MU_1}{P_1}=\dfrac{MU_2}{P_2}\\P_1Q_1+P_2Q_2=m\end{cases}$得：

$$\begin{cases}\dfrac{1}{3Q_1P_1}=\dfrac{2}{3Q_2P_2}\\P_1Q_1+P_2Q_2=m\end{cases}$$

解得：

$$\begin{cases}Q_1=\dfrac{m}{3P_1}\\Q_2=\dfrac{2m}{3P_2}\end{cases}$$

(2) $m=1\,200$，$P_1=2$，$P_2=4$ 时的均衡购买量为：

$$Q_1=\frac{m}{3P_1}=\frac{1\,200}{3\times2}=200,\ Q_2=\frac{2m}{3P_2}=\frac{2\times1\,200}{3\times4}=200$$

4. **解答**：(1) 根据题意可得，商品的边际效用 $MU=\dfrac{\partial U}{\partial q}=0.5q^{-0.5}$，单位货币的效用为 $\lambda=\dfrac{\partial U}{\partial M}=2$。

若单位商品售价为 p，则单位货币的效用 λ 就是商品的边际效用除以价格，即$\lambda=\dfrac{MU}{p}$。于是得：

$$\frac{\partial U}{\partial M}=\frac{\partial U}{\partial q}\Big/p，即\ 2=\frac{0.5q^{-0.5}}{p}$$

进而得，$q=\dfrac{1}{16p^2}$，这就是需求曲线。

(2) 由 $q=\dfrac{1}{16p^2}$，得 $p=\dfrac{1}{4\sqrt{q}}$，这就是反需求曲线。

(3) 当 $p=0.05$，$q=25$ 时，有

$$消费者剩余=\int_0^q\frac{1}{4\sqrt{q}}\mathrm{d}q-pq=\frac{1}{2}q^{\frac{1}{2}}\Big|_0^q-pq=\frac{1}{2}q^{\frac{1}{2}}-pq$$
$$=(1/2)\times25^{1/2}-0.05\times25=1.25$$

5. **解答**：(1) 由于效用函数为$U=X^{0.4}Y^{0.6}$，因此，边际效用为：

$$MU_X=\frac{\partial U}{\partial X}=0.4X^{-0.6}Y^{0.6},\ MU_Y=\frac{\partial U}{\partial Y}=0.6X^{0.4}Y^{-0.4}$$

均衡时有$\frac{MU_Y}{P_Y}=\frac{MU_X}{P_X}$，即为：$\frac{0.4X^{-0.6}Y^{0.6}}{2}=\frac{0.6X^{0.4}Y^{-0.4}}{3}$。

解方程组$\begin{cases}\frac{0.4X^{-0.6}Y^{0.6}}{2}=\frac{0.6X^{0.4}Y^{-0.4}}{3} \\ X^{0.4}Y^{0.6}=9\end{cases}$，可得$\begin{cases}X=9 \\ Y=9\end{cases}$。

(2) 最小支出$=P_X \cdot X+P_Y \cdot Y=2\times 9+3\times 9=45$。

6. **解答**：由效用函数可得：

$$MU_1=0.5X_1^{-0.5}X_2^{0.5}$$
$$MU_2=0.5X_1^{0.5}X_2^{-0.5}$$

消费者均衡条件为：

$$P_1X_1+P_2X_2=M \tag{a}$$
$$\frac{MU_1}{P_1}=\frac{MU_2}{P_2} \tag{b}$$

将边际效用代入方程（b），得

$$\frac{0.5X_1^{-0.5}X_2^{0.5}}{P_1}=\frac{0.5X_1^{0.5}X_2^{-0.5}}{P_2}\Rightarrow\frac{X_2}{P_1}=\frac{X_1}{P_2}\Rightarrow P_1X_1=P_2X_2 \tag{c}$$

将方程（c）代入方程（a），得

$$2P_1X_1=M\Rightarrow X_1=\frac{M}{2P_1},\ 2P_2X_2=M\Rightarrow X_2=\frac{M}{2P_2}$$

商品 1 的需求函数是 $X_1=\frac{M}{2P_1}$，商品 2 的需求函数是 $X_2=\frac{M}{2P_2}$。

7. **解答**：(1) 当 $M=6\,500$，$P=20$ 时，$Q=0.02\times 6\,500-2\times 20=90$。

当 $P'=40$ 时，$Q'=0.02\times 6\,500-2\times 40=50$。

所以，商品 A 的价格变化的总效应是 40 单位。

(2) 价格上升为 40 后，为使消费者能够购买与价格变化前的数量相同的商品，需要的收入为 $M'=6\,500+90\times(40-20)=8\,300$。

当 $M'=8\,300$，$P'=40$ 时，消费者事实上不会购买 90 单位商品 A，消费者会用其他商品来替代商品 A，这时商品 A 的购买数量为 $Q=0.02\times 8\,300-2\times 40=86$，即替代效应$=90-86=4$。

当消费者的收入维持在 $M=6\,500$ 的水平不变时，由于商品 A 的价格上涨到 40，相当于消费者的实际收入在下降，因此，消费者会减少对商品 A 的购买，事实上消费者的购买量只有 $Q=0.02\times 6\,500-2\times 40=50$，即收入效应$=86-50=36$。

所以，价格变化的替代效应为 4，收入效应为 36。

8. **解答**：(1) $MU_X=\frac{1}{2}X^{-\frac{1}{2}}Y^{\frac{1}{2}}$，$MU_Y=\frac{1}{2}X^{\frac{1}{2}}Y^{-\frac{1}{2}}$。

根据题意得：

$$\begin{cases}4X+4Y=144\\ \dfrac{\frac{1}{2}X^{-\frac{1}{2}}Y^{\frac{1}{2}}}{4}=\dfrac{\frac{1}{2}X^{\frac{1}{2}}Y^{-\frac{1}{2}}}{4}\end{cases}$$

解方程组得：$X=18$，$Y=18$。

（2）总效用 $U=X^{1/2}Y^{1/2}=18^{1/2}18^{1/2}=18$。

（3）若 X 的单位价格上升为 9 元，预算方程变为 $9X+4Y=144$。

根据题意得方程组：

$$\begin{cases}9X+4Y=144\\ \dfrac{\frac{1}{2}X^{-\frac{1}{2}}Y^{\frac{1}{2}}}{9}=\dfrac{\frac{1}{2}X^{\frac{1}{2}}Y^{-\frac{1}{2}}}{4}\end{cases}$$

解方程组得：$X=8$，$Y=18$。总效应为 $\Delta X=18-8=10$。

（4）维持当初的效用水平不变，则有：

$$\begin{cases}X^{1/2}Y^{1/2}=18\\ \dfrac{\frac{1}{2}X^{-\frac{1}{2}}Y^{\frac{1}{2}}}{9}=\dfrac{\frac{1}{2}X^{\frac{1}{2}}Y^{-\frac{1}{2}}}{4}\end{cases}$$

解方程组得：$X=12$，$Y=27$。

X 价格上升的替代效应为 $18-12=6(X)$，收入效应为 $12-8=4(X)$，如图 3-16 所示。

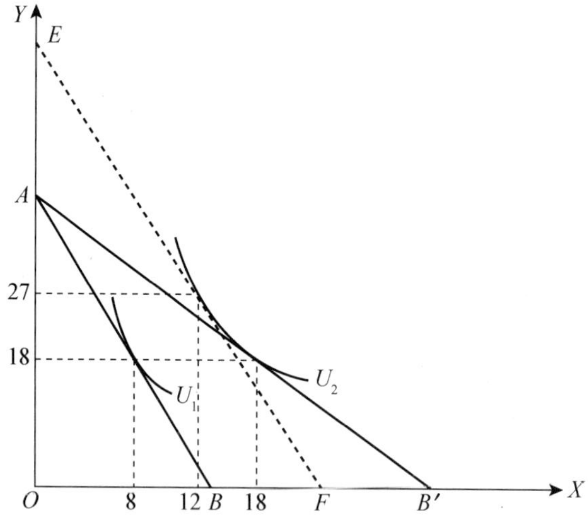

图 3-16

9. **解答**：（1）该户居民的期望效用为：$75\%\times\ln100\,000+25\%\times\ln80\,000=11.46$。

（2）$U''(W)=-\dfrac{1}{W^2}<0$，故该户居民是风险回避者。

（3）缴纳保险费 τ 后，居民的财富确定地为：$100\,000-\tau$。不缴纳保险费，居民的期望效用为 11.46。

故 $\ln(100\,000-\tau)=11.46$，求得 $\tau=5\,434$ 元，居民最多愿意支付 5 434 元。

(4) 公平的保险费为 $20\,000\times25\%=5\,000$（元）。

故保险公司扣除“公平”的保险费后的纯收入是 $5\,434-5\,000=434$（元）。

10. **解答：**(1) 消费者均衡实现时，$MRS_{XY}=\dfrac{Y}{X}=\dfrac{P_X}{P_Y}$，那么，$P_X\cdot X=P_Y\cdot Y$。令预算方程为 $P_X\cdot X+P_Y\cdot Y=M$。由

$$\begin{cases}P_X\cdot X=P_Y\cdot Y\\P_X\cdot X+P_Y\cdot Y=M\end{cases}$$

得出 $X=\dfrac{M}{2P_X}$，这就是 X 的需求函数。

由此可见，对 X 的需求不取决于 Y 的价格 P_Y。

对于 $X=\dfrac{M}{2P_X}$，得 $\dfrac{\mathrm{d}X}{\mathrm{d}P_X}=-\dfrac{M}{2P_X^2}$。

于是，$e_X=-\dfrac{\mathrm{d}X}{\mathrm{d}P_X}\cdot\dfrac{P_X}{X}=\dfrac{M}{2P_X^2}\cdot\dfrac{P_X}{\dfrac{M}{2P_X}}=1$。

故 X 的需求弹性为 1。

(2) 已知 $P_X=1$，$P_Y=3$，消费者均衡时，$MRS_{XY}=\dfrac{P_X}{P_Y}=\dfrac{1}{3}$。

(3) 由 $X=\dfrac{M}{2P_X}$，得出 $\dfrac{\mathrm{d}X}{\mathrm{d}M}=\dfrac{1}{2P_X}$。

因此，若以货币收入 M 为纵轴，以商品 X 的销售量为横轴，则表示 X 和 M 之间关系的恩格尔曲线是一条向右上方倾斜的直线，而且是从原点出发（因为当 M 为零时，X 也为零）的直线，其斜率是 $\dfrac{\mathrm{d}M}{\mathrm{d}X}=2P_X$。对 X 的需求收入弹性为：

$$e_M=\frac{\mathrm{d}X}{\mathrm{d}M}\cdot\frac{M}{X}=\frac{1}{2P_X}\cdot\frac{M}{\dfrac{M}{2P_X}}=1$$

11. **解答：**由已知条件可得，各门课程每增加一天复习时间分数增加值如表 3－4 所示。

表 3－4

复习天数	经济学	英语	数学
0	0	0	0
1	25	12	10
2	20	10	5
3	10	9	2
4	8	7	1
5	7	5	1
6	2	3	0

每复习一天，都应选择分数提高最大的功课，如此下去，最终结果是经济学复习 3 天，英语复习 2 天，数学复习 1 天。

复习后三门课程的考试总分数＝75＋62＋90＝227（分）。

经济学增加分数＝25＋20＋10＝55（分）。

英语增加分数＝12＋10＝22（分）。

数学增加分数＝10（分）。

三门课程增加总分数＝55＋22＋10＝227－(20＋40＋80)＝87（分）。

七、论述题

1. **解答：**（1）前提假设和分析方法不同。基数效用论认为效用的大小可以用基数（1，2，3，…）来表示，可以计量并加总求和。基数效用论采用的是边际效用分析法。序数效用论认为效用作为一种心理现象无法计量，也不能加总求和，只能表示出满足程度的高低与顺序，效用只能用序数（第一，第二，第三，……）来表示。序数效用论采用的是无差异曲线分析法。

（2）消费者均衡分析方法不同。基数效用论认为消费者均衡条件是在消费者的货币收入和商品价格既定的情况下，消费者应该使自己所购买的最后一单位的各种商品的边际效用与价格之比相等，或者消费者应使自己花费在各种商品购买上的最后一单位货币所带来的边际效用彼此相等，即

$$\begin{cases}\dfrac{MU_1}{P_1}=\dfrac{MU_2}{P_2}\\ P_1X_1+P_2X_2=M\end{cases}\tag{a}$$

序数效用论的消费者均衡点对应无差异曲线与预算线的切点所代表的商品组合。其条件是：在既定的收入约束下，为了获得最大的满足，消费者所选择的最优商品数量组合应该使得两种商品的边际替代率等于这两种商品相应的价格之比，即

$$\begin{cases}MRS=-\dfrac{\Delta X_2}{\Delta X_1}=\dfrac{P_1}{P_2}\\ P_1X_1+P_2X_2=M\end{cases}\tag{b}$$

（3）序数效用论认为效用不可精确度量，可排序，更接近实际，所以其理论和分析方法比基数效用论运用得更广泛。

（4）消费者均衡条件基本相同。边际替代率与边际效用之间的关系为

$$MRS=-\frac{\Delta X_2}{\Delta X_1}=\frac{MU_1}{MU_2}\tag{c}$$

由式（b）和式（c）可以推导出式（a），即两种商品的边际效用之比等于它们的价格之比，或者，消费者的每单位货币支出用来购买任意一种商品所得到的边际效用都相等。这也进一步说明，基数效用论和序数效用论假设不同、分析方法不同，但是得出的消费者均衡条件是相同的。

2. **解答：**（1）货币的边际效用递减规律的主要思想为：货币的边际效用指每增加一单位货币持有量所带来的效用增量，而随着某消费者货币收入的逐渐增加，每增加一元钱给该消费者带来的边际效用越来越小。

（2）指导意义：转移支付能提高社会福利，为收入分配平等化政策提供了理论基础；财富多时货币的效用低，财富发生损失时货币的效用高，购买保险可以增加买保险者的福利水平。

3. **解答：**如图 3－17 所示，消费者一定在预算线 AB 上进行消费，效用水平由无差异曲线表示，预算线与无差异曲线有相交、相切、相离三种状态。若二者相离，收入无法满足无差异曲线所代表的效用水平，故相离不可以。

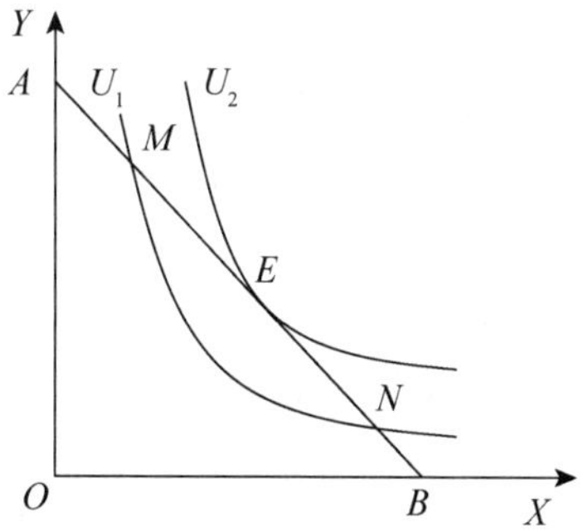

图 3－17

下面要考察预算线与无差异曲线相交、相切哪个能够实现消费者均衡。

如果无差异曲线为 U_1，与预算线的交点为 M 和 N。在 M 点，例如 $MRS=-\frac{\Delta Y}{\Delta X}=\frac{1}{0.5}>\frac{P_X}{P_Y}=\frac{1}{1}$，那么，从不等式右边看，在市场上，消费者减少 1 单位商品 Y 的购买，就可以增加 1 单位商品 X 的购买。而从不等式的左边看，消费者偏好认为，在减少 1 单位商品 Y 时，只需增加 0.5 单位商品 X，就可以维持原有的满足程度。这样，消费者就因多得到 0.5 单位商品 X 而使总效用增加。所以，在这种情况下，理性的消费者必然会不断地减少对商品 Y 的购买和增加对商品 X 的购买，以便获得更大的效用。于是，消费者会沿着预算线 AB 减少对商品 Y 的购买和增加对商品 X 的购买，逐步向均衡点 E 靠近。

相反，如果在 N 点，$MRS=-\frac{\Delta Y}{\Delta X}<\frac{P_X}{P_Y}$，例如 $-\frac{\Delta Y}{\Delta X}=\frac{0.5}{1}<\frac{P_X}{P_Y}=\frac{1}{1}$，那么，从不等式的右边看，在市场上，消费者减少 1 单位商品 X 的购买，就可以增加 1 单位商品 Y 的购买。而从不等式的左边看，消费者偏好认为，在减少 1 单位商品 X 时，只需增加 0.5 单位商品 Y，就可以维持原有的满足程度。这样，消费者就因多得到 0.5 单位商品 Y 而使总效用增加。所以，在这种情况下，理性的消费者必然会不断地减少对商品 X 的购买和增加对商品 Y 的购买，以便获得更大的效用。于是，消费者会沿着预算线 AB 减少对商品 X 的购买和增加对商品 Y 的购买，逐步向均衡点 E 靠近。

所以，预算线与无差异曲线相交的交点不是消费者均衡点。在预算线与无差异曲线的切点 E 点，预算线的斜率与无差异曲线的斜率相等，离开 E 点，消费者的效用水平就会降低，预算线与无差异曲线的切点是消费者均衡点。在 E 点，$MRS_{XY}=\frac{P_X}{P_Y}$，消费者的主观偏好决定的两商品的边际替代率和市场上的两商品的价格之比相等，消费者才处于既不想再增加也不想再减少任何一种商品购买量的这样一种均衡状态。这时，消费者获得了最大的满足。均衡状态满足：

$$\begin{cases} MRS_{XY}=-\frac{\Delta Y}{\Delta X}=\frac{MU_X}{MU_Y}=\frac{P_X}{P_Y} \\ XP_X+YP_Y=I \end{cases}$$

即在消费者的货币收入和商品价格既定的情况下，消费者应该使自己所购买的最后一单位的各种商品的边际效用与价格之比相等。

4. **解答：** 马克思主义劳动价值论认为价值是凝结在商品中的一般人类劳动，商品价值量取决于生产商品的社会必要劳动时间，商品按等价原则进行交换，商品价格是商品价值的货币表现，商品价格以价值为基础，它的涨落总是围绕价值这个中心进行，从短期和个别情况看价格经常背离价值，但从社会整体看，总价格和总价值仍是基本一致的。商品价格和价值相一致是一种偶然。有很多因素影响价格的变动，其中主要是供求关系，供大于求，则价格低于价值，供小于求，则价格高于价值，价格围绕价值上下波动。

供求决定论试图表明：商品的交换价值是由市场的供求决定的。供不应求，则商品的交换价值就高；供过于求，则商品的交换价值就低。这种表面现象并非商品交换的实质。供求关系对一种商品来讲，可能会影响到该商品买卖的价格。如果由“供求”来决定商品的交换价值，无法解释商品在供求一致时的价值决定，所以说供求影响价格，而不是决定价格。

有些经济学家持效用决定论，认为商品的交换价值是由商品的效用决定的。也就是说，商品的效用越大，商品的交换价值就越大；商品的效用越小，商品的交换价值就越小。事实上，针对不同对象，在不同地区、不同时间某商品的效用是不同的。如果以所谓的效用来决定商品的交换价值，那么就永远无法对某一商品进行定价并完成其交换。因此，以效用来决定商品的交换价值是不科学的。但是商品的效用影响消费者为商品支付价格的愿望和购买数量，影响商品的价格实现，价格决定的理论基础还是马克思主义劳动价值论。

第四章

生产技术

第一部分　课后习题详解

一、简答题

1. 如何准确区分生产的短期和长期这两个基本概念？

解答：生产的短期：指生产者来不及调整全部生产要素的数量，至少有一种生产要素的数量是固定不变的时间周期。短期不可调整的生产要素称为不变生产要素，一般包括厂房、大型设备、高级管理者、长期贷款等；可调整的生产要素称为可变生产要素，一般包括原材料、燃料、辅助材料、普通劳动者等。

生产的长期：指生产者可以调整全部生产要素的数量的时间周期。

生产的短期和长期是相对的时间概念，不是绝对的时间概念，其与企业所属行业、所用技术设备和规模等因素有关。

2. 下面是一张一种可变生产要素的短期生产函数的产量表（见表 4-1）。

（1）在表中填空。

（2）该生产函数是否表现出边际报酬递减？如果是，是从第几单位的可变要素投入量开始的？

表 4-1

可变要素的数量	可变要素的总产量	可变要素的平均产量	可变要素的边际产量
1		2	
2			10
3	24		
4		12	
5	60		
6			6

续表

可变要素的数量	可变要素的总产量	可变要素的平均产量	可变要素的边际产量
7	70		
8			0
9	63		

解答：（1）在表 4-1 中填空得到表 4-2。

表 4-2

可变要素的数量	可变要素的总产量	可变要素的平均产量	可变要素的边际产量
1	2	**2**	2
2	12	6	**10**
3	**24**	8	12
4	48	**12**	24
5	**60**	12	12
6	66	11	**6**
7	**70**	10	4
8	70	8.75	**0**
9	**63**	7	−7

（2）该生产函数表现出边际报酬递减，是从第 5 单位的可变要素投入量开始的。

3. 区分边际报酬递增、不变和递减的情况与规模报酬递增、不变和递减的情况。

解答：边际报酬变化是指在生产过程中一种可变要素投入量每增加一个单位所引起的总产量的变化量，即边际产量的变化，而其他生产要素均为固定生产要素，固定生产要素的投入数量是保持不变的。边际报酬变化一般包括边际报酬递增、不变和递减三个阶段。很显然，边际报酬分析可视为短期生产分析。

规模报酬分析方法是描述在生产过程中全部生产要素的投入数量均同比例变化时所引起的产量变化特征，当产量的变化比例分别大于、等于、小于全部生产要素投入量的变化比例时，则分别为规模报酬递增、不变、递减。很显然，规模报酬分析可视为长期生产的分析视角。

区别：①前提条件不同，进行边际报酬分析时，生产要素分为不变和可变生产要素，生产要素比例发生变化；规模报酬分析研究生产要素同比例变动。②考察时间长短不同。边际报酬分析的是短期生产规律；规模报酬研究长期生产规律。③指导意义不同。边际报酬指出要按比例配置生产要素；规模报酬指出要保持企业的适度规模。④由于前提条件不同，两规律独立发挥作用，不存在互为前提、互为影响关系。

联系：随着投入要素的增加，产量一般都经历递增、不变和递减三个阶段。

4. 假设生产函数 $Q=\min\{5L, 2K\}$。

（1）作出 $Q=50$ 时的等产量曲线。

（2）推导该生产函数的边际技术替代率。

（3）分析该生产函数的规模报酬情况。

解答：（1）生产函数 $Q=\min\{5L, 2K\}$ 是固定投入比例的生产函数，其等产量曲线如图 4-1 所示为直角形状，且在直角点两要素的固定投入比例为 $K:L=5:2$。

当产量 $Q=50$ 时，有 $5L=2K=50$，即 $L=10$，$K=25$。相应的 $Q=50$ 的等产量曲线如图 4-1 所示。

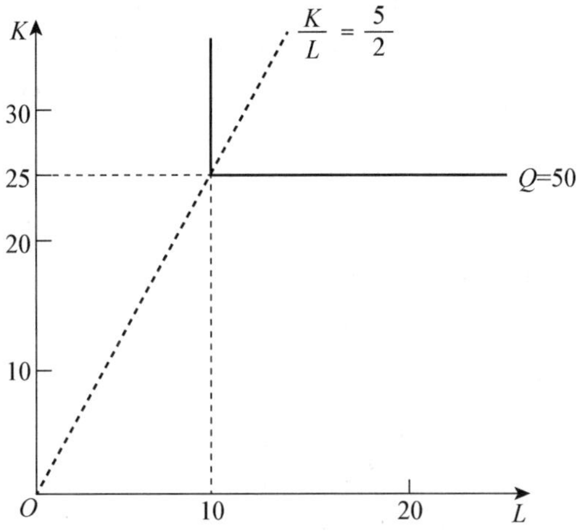

图 4-1　等产量曲线

（2）由于该生产函数为固定投入比例的生产函数，即 L 与 K 之间没有替代关系，所以，边际技术替代率 $MRTS_{LK}=0$。

（3）因为 $Q=f(L, K)=\min\{5L, 2K\}$，$f(\lambda L, \lambda K)=\min\{5\lambda L, 2\lambda K\}=\lambda\min\{5L, 2K\}$，所以该生产函数呈现出规模报酬不变的特征。

5. 已知柯布-道格拉斯生产函数为 $Q=AL^{\alpha}K^{\beta}$，其中 α、$\beta>0$。请讨论该生产函数的规模报酬情况。

解答：因为 $Q=f(L, K)=AL^{\alpha}K^{\beta}$，可得：

$$f(\lambda L, \lambda K)=A(\lambda L)^{\alpha}(\lambda K)^{\beta}=\lambda^{\alpha+\beta}AL^{\alpha}K^{\beta}$$

所以，当 $\alpha+\beta>1$ 时，该生产函数是规模报酬递增的；当 $\alpha+\beta=1$ 时，该生产函数是规模报酬不变的；当 $\alpha+\beta<1$ 时，该生产函数是规模报酬递减的。

6. 如果一个生产函数呈规模报酬不变，那么，该生产函数的边际技术替代率是否一定是不变的？为什么？

解答：规模报酬和边际技术替代率是两个不同的概念。规模报酬这一概念用来分析当全部生产要素同比例变化时导致的产量变化情况。如果产量变化的比例等于全部生产要素变化的比例，这种情况被称为规模报酬不变。边际技术替代率是指在产量给定的条件下，增加一单位要素所能替代的另一种要素的数量。事实上，在生产函数具有规模报酬不变的性质时，其边际技术替代率可以不变，也可以递减。

例如，线性生产函数 $Q=f(L, K)=\alpha L+\beta K$，具有规模报酬不变的性质，它的边际技术替代率是不变的常数，对柯布-道格拉斯生产函数 $Q=AL^{\alpha}K^{\beta}$ 来说，当 $\alpha+\beta=1$ 时，它具有规模报酬不变的性质，但它的边际技术替代率是递减的。固定投入比例的生产函数 $Q(L, K)=\min\{aL, bK\}$ 也具有规模报酬不变的性质，但在其等产量曲线的水

平部分有 $MRTS=0$，在其等产量曲线的垂直部分有 $MRTS=\infty$。

由此可见，规模报酬不变与边际技术替代率是涉及生产技术的两个不同概念，两者之间没有直接的联系。

7. 如何区分固定投入比例的生产函数与具有规模报酬不变特征的生产函数？

解答：固定投入比例的生产函数又称里昂惕夫生产函数，其反映了这样一种生产技术，即在任何产量水平上，各种生产要素使用量之间的比例是固定不变的。在两种生产要素的情况下，固定投入比例生产函数的一般形式 $Q(L, K)=\min\{aL, bK\}$，即有固定的生产要素投入比例$\frac{K}{L}=\frac{a}{b}$，相应的等产量曲线呈直角形。规模报酬不变的概念表示当全部要素使用量都按同一比例变化时，产量变化的比例等于全部要素使用量变化的比例。对固定投入的比例生产函数来说，当所有的要素使用量按相同比例变化时有 $Q(\lambda L, \lambda K)=\min\{a\lambda L, b\lambda K\}=\min\{\lambda(aL, aK)\}=\lambda Q(L, K)$，所以，固定投入比例的生产函数具有规模报酬不变的性质。

除了固定投入比例的生产函数之外，其他形式的生产函数也可以呈现规模报酬不变的特征，例如，线性生产函数 $Q=f(L, K)=\alpha L+\beta K$、柯布-道格拉斯生产函数 $Q=AL^{\alpha}K^{\beta}$ 当 $\alpha+\beta=1$ 时等，都具有规模报酬不变的性质。

总之，固定投入比例的生产函数具有规模报酬不变的性质，但规模报酬不变的生产函数可以是固定投入比例生产函数，也可以是其他形式的生产函数。

二、计算题

1. 已知生产函数 $Q=f(L, K)=2KL-0.5L^2-0.5K^2$，假定厂商目前处于短期生产，且 $\bar{K}=10$。

(1) 写出在短期生产中劳动的总产量 TP_L 函数、劳动的平均产量 AP_L 函数和劳动的边际产量 MP_L 函数。

(2) 分别计算当劳动的总产量 TP_L、劳动的平均产量 AP_L 和劳动的边际产量 MP_L 各自达到最大值时厂商的劳动投入量。

(3) 何时有 $AP_L=MP_L$？它的值又是多少？

解答：(1) 把 $\bar{K}=10$ 代入生产函数，得短期劳动的总产量函数为：

$$TP_L=f(L, \bar{K})=2\times10L-0.5L^2-0.5\times10^2=20L-0.5L^2-50$$

劳动的平均产量函数为：

$$AP_L=\frac{TP_L}{L}=\frac{20L-0.5L^2-50}{L}=20-0.5L-\frac{50}{L}$$

劳动的边际产量函数为：

$$MP_L=(TP_L)'=(20L-0.5L^2-50)'=20-L$$

(2) 当 $MP_L=0$，即 $20-L=0\Rightarrow L=20$ 时，TP_L 达到最大值。

当 $AP_L=MP_L$，即 $20-0.5L-\frac{50}{L}=20-L$，$L=10$ 时，AP_L 达到最大值。

$(MP_L)'=(20-L)'=-1$，说明 MP_L 始终处于递减阶段，所以 $L=0$ 时，MP 最大。

（3）$AP_L=MP_L \Rightarrow L=10$，把 $L=10$ 代入 AP_L 和 MP_L 函数得：

$$AP_L=20-0.5L-\frac{50}{L}=20-5-5=10,\ MP_L=20-L=20-10=10$$

即 $L=10$ 时，AP_L 达到最大值，$AP_L=MP_L=10$。

2. 已知生产函数为 $Q=\min\{2L,\ 3K\}$。

（1）当产量 $Q=36$ 时，L 与 K 值分别是多少？

（2）如果生产要素的价格分别为 $P_L=2$，$P_K=5$，则生产 480 单位产量时的最小成本是多少？

解答：（1）生产函数为 $Q=\min\{2L,\ 3K\}$ 表示该函数是一个固定投入比例的生产函数，所以，厂商进行生产时，总有 $Q=2L=3K$。

因为已知产量 $Q=36$，则 $2L=3K=36$，所以，$L=18$，$K=12$。

（2）由 $Q=2L=3K=480$，可得：$L=240$，$K=160$。

又因为 $P_L=2$，$P_K=5$，所以有：$TC=P_LL+P_KK=2\times240+5\times160=1\ 280$。即生产 480 单位产量的最小成本为 1 280。

3. 假设某企业的短期生产函数为 $Q=35L+8L^2-L^3$。

（1）求该企业的平均产量函数和边际产量函数。

（2）如果企业使用的生产要素的数量为 $L=6$，是否处于短期生产要素的合理投入区间？为什么？

解答：（1）平均产量函数：$AP(L)=Q/L=35+8L-L^2$；边际产量函数：$MP(L)=Q'(L)=35+16L-3L^2$。

（2）首先需要确定生产要素 L 的合理投入区间。

在生产要素 L 的合理投入区间的左端，有 $AP=MP$，于是，有 $35+8L-L^2=35+16L-3L^2$。解得 $L=0$ 和 $L=4$。$L=0$ 不合理，舍去，故取 $L=4$。

在生产要素 L 的合理投入区间的右端，有 $MP=0$，于是，有 $35+16L-3L^2=0$。$(5+3L)(7-L)=0$，解得 $L=-5/3$ 和 $L=7$。$L=-5/3$ 不合理，舍去，故取 $L=7$。

由此可得，生产要素 L 的合理投入区间为 $[4,\ 7]$。因此，企业对生产要素 L 的使用量为 6 是处于短期生产要素的合理投入区间的。

4. 已知生产函数 $Q=AL^{\frac{1}{3}}K^{\frac{2}{3}}$。判断：

（1）在长期生产中，该生产函数的规模报酬属于哪一种类型？

（2）在短期生产中，该生产函数是否受边际报酬递减规律的支配？

解答：（1）$Q=f(L,\ K)=AL^{\frac{1}{3}}K^{\frac{2}{3}}$，有 $f(\lambda L,\ \lambda K)=A(\lambda L)^{\frac{1}{3}}(\lambda K)^{\frac{2}{3}}=\lambda AL^{\frac{1}{3}}K^{\frac{2}{3}}=\lambda f(L,\ K)$，所以，在长期生产中，该生产函数属于规模报酬不变的生产函数。

（2）假定资本投入量不变，用 $\bar{K}$ 表示，劳动（L）投入量可变，则劳动的边际产量为 $MP_L=\frac{1}{3}AL^{-\frac{2}{3}}\bar{K}^{\frac{2}{3}}$，且 $\frac{dMP_L}{dL}=-\frac{2}{9}AL^{-\frac{5}{3}}\bar{K}^{\frac{2}{3}}<0$，说明：当资本使用量既定时，随着使用的劳动量的增加，劳动的边际产量递减。

同理，$MP_K=\frac{2}{3}AL^{\frac{1}{3}}K^{-\frac{1}{3}}$，$\frac{\mathrm{d}MP_K}{\mathrm{d}K}=-\frac{2}{9}AL^{\frac{1}{3}}K^{-\frac{4}{3}}<0$，说明：当劳动使用量既定时，随着使用的资本量的增加，资本的边际产量递减。

综上，该生产函数受边际报酬递减规律的支配。

5. 令生产函数 $f(L, K)=\alpha_0+\alpha_1(LK)^{1/2}+\alpha_2K+\alpha_3L$，其中 $0\leqslant\alpha_i\leqslant1$，$i=0, 1, 2, 3$。

（1）当满足什么条件时，该生产函数表现出规模报酬不变的特征？

（2）证明：在规模报酬不变的情况下，相应的边际产量是递减的。

解答：（1）根据规模报酬不变的定义 $f(\lambda L, \lambda K)=\lambda f(L, K)$ 有：

$$\begin{aligned}f(\lambda L, \lambda K)&=\alpha_0+\alpha_1(\lambda L)^{1/2}(\lambda K)^{1/2}+\alpha_2(\lambda K)+\alpha_3(\lambda L)\\&=\alpha_0+\lambda\alpha_1(LK)^{1/2}+\lambda\alpha_2K+\lambda\alpha_3L\\&=\lambda[\alpha_0+\alpha_1(LK)^{1/2}+\alpha_2K+\alpha_3L]+(1-\lambda)\alpha_0\\&=\lambda f(L, K)+(1-\lambda)\alpha_0\end{aligned}$$

由上式可见：当 $\alpha_0=0$ 时，对于任何的 $\lambda>0$，均有 $f(\lambda L, \lambda K)=\lambda f(L, K)$ 成立，即当 $\alpha_0=0$ 时，该生产函数表现出规模报酬不变的特征。

（2）在规模报酬不变，即 $\alpha_0=0$ 时，生产函数可以写成：

$$f(L, K)=\alpha_1(LK)^{1/2}+\alpha_2K+\alpha_3L$$

相应地，劳动与资本的边际产量分别为：

$$MP_L(L, K)=\frac{\mathrm{d}f(L, K)}{\mathrm{d}L}=\frac{1}{2}\alpha_1L^{-1/2}K^{1/2}+\alpha_3$$

$$MP_K(L, K)=\frac{\mathrm{d}f(L, K)}{\mathrm{d}K}=\frac{1}{2}\alpha_1L^{1/2}K^{-1/2}+\alpha_2$$

由此可得：$\frac{\mathrm{d}MP_L(L, K)}{\mathrm{d}L}=-\frac{1}{4}\alpha_1L^{-3/2}K^{1/2}<0$，$\frac{\mathrm{d}MP_K(L, K)}{\mathrm{d}L}=-\frac{1}{4}\alpha_1L^{1/2}K^{-3/2}<0$。

显然，劳动和资本的边际产量是递减的。

6. 假定某厂商的短期生产函数为 $Q=f(L, \bar{K})$，给定生产要素价格 P_L、P_K 和产品价格 P，且利润 $\pi>0$。

证明：该厂商在短期生产的第Ⅰ阶段不存在利润最大化点。

解答：该厂商的短期生产函数反映的产量关系如图 4-2 所示。

L_2 为第Ⅰ阶段的右界点，L 为可变投入，$\bar{K}$ 为不变投入，在该区域有 $L<L_2$。由题意，单位产品的价格 P 和单位生产要素的价格 P_L 及 P_K 都不随产量 Q 的变化而变化。则利润为：

$$\pi=PQ-(LP_L+\bar{K}P_K)$$

$$\frac{\mathrm{d}\pi}{\mathrm{d}L}=P\cdot\frac{\mathrm{d}Q}{\mathrm{d}L}-P_L$$

因为 $\pi>0$，因此可得：

$$PQ>LP_L+\bar{K}P_K$$

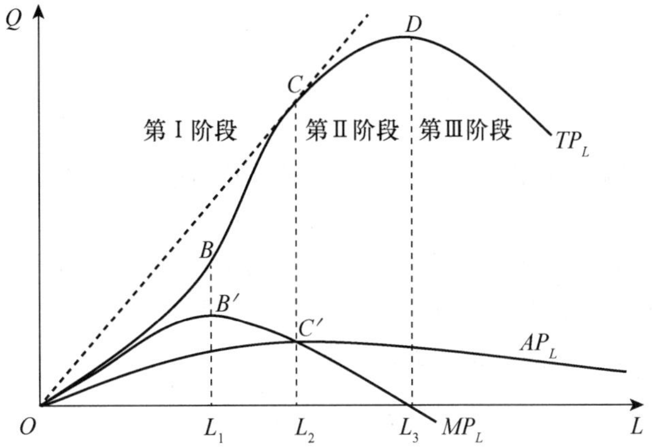

图 4-2

上式两边同时除以 LP，得：

$$\frac{Q}{L}=AP_L>\frac{P_L}{P}+\frac{\overline{K}}{L}\cdot\frac{P_K}{P}$$

又因为处于第Ⅰ阶段，此时 $L<L_2$，$MP_L>AP_L$，所以得：

$$MP_L=\frac{\mathrm{d}Q}{\mathrm{d}L}>\frac{Q}{L}=AP_L>\frac{P_L}{P}+\frac{\overline{K}}{L}\cdot\frac{P_K}{P}>\frac{P_L}{P}$$

即：$\frac{\mathrm{d}Q}{\mathrm{d}L}>\frac{P_L}{P}\Rightarrow P\cdot\frac{\mathrm{d}Q}{\mathrm{d}L}>P_L\Rightarrow P\cdot\frac{\mathrm{d}Q}{\mathrm{d}L}-P_L>0$，即$\frac{\mathrm{d}\pi}{\mathrm{d}L}>0$。

这表明利润 π 将随着可变投入 L 的增加而增加，且在第Ⅰ阶段中这一趋势将一直保持到其右界点（即 $L=L_2$ 时），所以在第Ⅰ阶段中不存在使利润最大的点。

7. 已知某厂商的固定投入比例的生产函数为 $Q=\min\{2L，3K\}$。

（1）令 $P_L=1$，$P_K=3$。求厂商为了生产 120 单位产量所使用的 K、L 值以及最小成本。如果要素价格变化为 $P_L=4$，$P_K=2$，厂商为了生产 120 单位产量所使用的 K、L 值以及最小成本又是多少？请予以比较与说明。

（2）令 $P_L=4$，$P_K=3$。求 $C=180$ 时的 K、L 值以及最大产量。

解答：（1）$2L=3K=120$，解得：$L=60$，$K=40$，当 $P_L=1$，$P_K=3$ 时，最小成本 $C=60+3\times40=180$。

当 $P_L=4$，$P_K=2$ 时，生产 120 单位产量所使用的 K、L 值也要满足 $2L=3K=120$，即 $L=60$，$K=40$。最小成本 $C=60\times4+40\times2=320$。

虽然生产要素价格变了，但是固定投入比例的生产函数反映生产要素之间的比例是固定的、不存在替代关系，生产要素之间的比例是由生产技术决定的，是技术问题而非经济问题，不受生产要素价格的影响。所以生产一定产量所需要的生产要素数量不变。但是生产要素价格的变化会影响成本。

（2）由已知可得方程组：$\begin{cases}4L+3K=180\\2L=3K\end{cases}$，解得 $L=30$，$K=20$。

所以，最大产量 $Q=2L=3K=60$。

三、论述题

1. 用图说明短期生产函数 $Q=f(L,\overline{K})$ 的 TP_L 曲线、AP_L 曲线和 MP_L 曲线的特征及其相互之间的关系。

解答：（1）总产量曲线 TP_L、边际产量曲线 MP_L 和平均产量曲线 AP_L 都是先呈上升趋势，达到本身的最大值以后，再呈下降趋势（见图 4-3）。

（2）首先，总产量与边际产量的关系如下：

①$MP_L=TP_L'(L,\overline{K})$，$TP_L(L,\overline{K})=\int MP_L\mathrm{d}L$。

②MP_L 等于 TP_L 上对应点的斜率，边际产量曲线是总产量曲线上各点的斜率值所构成的曲线。

③$MP_L=0$ 时，TP_L 最大；边际产量曲线与横轴相交。$MP_L>0$ 时，TP_L 递增；$MP_L<0$ 时，TP_L 递减。

其次，平均产量与边际产量的关系如下：

$$AP_L'(L)=\left(\frac{TP_L}{L}\right)'=\frac{L\cdot TP_L'-TP_L}{L^2}=\frac{1}{L}(MP_L-AP_L)$$

①若 $MP_L>AP_L$，则 AP_L 递增。边际产量大于平均产量时，平均产量上升。

②若 $MP_L<AP_L$，则 AP_L 递减。边际产量小于平均产量时，平均产量下降。

③若 $MP_L=AP_L$，则 AP_L 最大。MP_L 与 AP_L 交于 AP_L 的最高点。

最后，总产量与平均产量的关系如下：

①$AP_L=\dfrac{TP_L}{L}$。

②原点与 TP_L 上任一点的连线的斜率值都等于该点的 AP_L。

③从原点出发，与 TP_L 相切的射线，切点对应的 AP_L 最大。

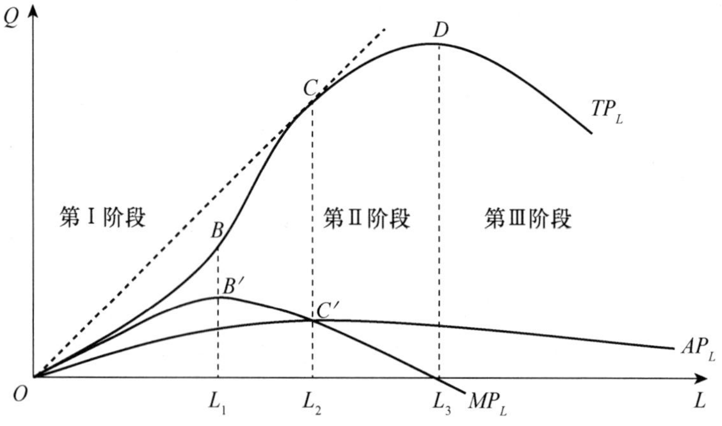

图 4-3　短期生产函数的三条产量曲线的关系

2. 假定某厂商的生产技术给定，在该生产技术下可以采用四种生产方法来生产 2 000 单位产量，如表 4－3 所示。

表 4－3

生产方法	劳动使用量	资本使用量
方法 A	100	600
方法 B	160	500
方法 C	165	700
方法 D	90	700

（1）请剔除表 4－3 中明显无效率的生产方法。

（2）“生产方法 B 是有效率的。因为它所使用的资源总量最少，只有 660 单位。”你认为这种说法正确吗？为什么？

（3）在（1）中剔除了明显无效率的生产方法后，你能在余下的生产方法中找出有效率的生产方法吗？请说明理由。

解答：（1）方法 C 在技术上明显是无效率的，与方法 A 和方法 B 相比，它使用的资本与劳动的数量都较多，而产量相同；同样，与方法 D 相比，它使用的资本数量相等，但使用的劳动较多且产量相同。所以厂商不会选择 C 这种生产方法。

（2）这种说法不对，与方法 A 和方法 D 相比，方法 B 耗用的资本数较少，而劳动数较多。判断技术上的效率不能以耗用资源的总数为尺度。

（3）要判断哪种生产方法在经济上是有效率的，必须知道劳动及资本的价格，根据 $TC=LP_L+KP_K$ 分别计算其耗用的总成本，成本最低者就是在经济上有效率的生产方法。

第二部分　精编习题

一、名词解释

1. 生产函数　2. 固定投入比例的生产函数　3. 生产的短期
4. 生产的长期　5. 总产量　6. 平均产量
7. 边际产量　8. 边际报酬递减规律　9. 等产量曲线
10. 边际技术替代率递减规律　11. 规模报酬　12. 交易成本
13. 生产要素的合理投入区间

二、单项选择题

1. 生产函数表示（　　）。

A. 一定数量的投入至少能生产多少产品

B. 生产一定数量的产品，最多要投入多少生产要素

C. 投入与产出的关系

D. 以上都对

2. 如果连续地增加某种生产要素，在总产量达到最大值时，边际产量曲线与（　　）相交。

A. 平均产量曲线　　　　B. 纵轴

C. 横轴　　　　D. 总产量曲线

3. 在总产量、平均产量和边际产量的变化过程中，下列首先发生的是（　　）。

A. 边际产量下降　　　　B. 平均产量下降

C. 总产量下降　　　　D. B 和 C

4. 边际报酬（收益）递减规律发生作用的前提条件是（　　）。

A. 连续地投入某种生产要素而保持其他生产要素不变

B. 生产技术不变

C. 按比例同时增加各种生产要素

D. A 和 B

5. 当总产量下降时（　　）。

A. AP 为零　　B. AP 为负　　C. MP 小于零　　D. MP 递减

6. 等产量曲线（　　）。

A. 说明了为生产一个给定的产量投入要素的各种可能的组合

B. 除非得到了所有要素的价格，否则不能画出该曲线

C. 表明了投入与产出的关系

D. 表示无论投入数量怎样变化，产量都是一定的

7. 生产的第Ⅱ阶段（　　）开始于 AP_L 开始下降处。

A. 总是　　B. 绝不是　　C. 经常是　　D. 有时是

8. 等产量曲线上某一点的切线的斜率绝对值等于（　　）。

A. 预算线的斜率　　　　B. 边际替代率

C. 边际技术替代率　　　　D. 边际报酬

9. 若厂商增加使用一单位的劳动、减少两单位的资本，仍能生产相同的产量，则 $MRTS_{LK}$ 是（　　）。

A. 1/2　　B. 2　　C. 1　　D. 4

10. 在生产有效区域里，等产量曲线（　　）。

A. 凸向原点　　　　B. 不能相交

C. 斜率为负　　　　D. 以上都对

11. 规模报酬递减是在（　　）情况下发生的。

A. 连续地投入某种生产要素而保持其他生产要素不变

B. 按比例连续增加各种生产要素

C. 不按比例连续增加各种生产要素

D. 上述都正确

12. 已知在等产量曲线的某一点上，以生产要素 X 替代 Y 的边际技术替代率是 2，这

意味着（　　）。

A. $MP_Y/MP_X=2$　　B. $MP_X/MP_Y=2$

C. $AP_Y/AP_X=2$　　D. $Q_Y/Q_X=2$

E. $P_X/P_Y=2$

13. 当生产函数 $Q=f(L, K)$ 的 AP_L 为正且递减时，MP_L 可以是（　　）。

A. 递减且为正　　B. 递减且为负

C. 为零　　D. 以上均正确

14. 生产函数为 $Q=L+2K+5$，则有（　　）。

A. 规模报酬递增　　B. 规模报酬不变

C. 规模报酬递减　　D. 劳动的边际产量递减

15. 若生产函数为 $Q=100L^{0.4}K^{0.6}$，则 L 对 K 的边际技术替代率为（　　）。

A. $2K/(3L)$　　B. $3K/(2L)$　　C. $2L/(3K)$　　D. $3L/(2K)$

16. 如果规模报酬不变，增加 20%的劳动量，但保持资本数量不变，则总产量将（　　）。

A. 增加 20%　　B. 减少 20%

C. 增加大于 20%　　D. 增加小于 20%

17. 企业在生产中采用了最低成本的生产技术，劳动对资本的边际技术替代率为 0.4，资本的边际产量为 5，则劳动的边际产量为（　　）。

A. 2　　B. 1　　C. 3　　D. 5

18. 直角形等产量曲线代表的典型生产函数类型为（　　）。

A. 柯布-道格拉斯生产函数　　B. 里昂惕夫生产函数

C. 固定替代比例的生产函数　　D. 生产要素完全替代的生产函数

19. 生产上的短期是指（　　）。

A. 一年或者更短的时间

B. 至少有一种生产要素不变

C. 所有投入要素都不变

D. 所有投入要素都是可变的

20. 生产上的长期是指（　　）。

A. 所有投入要素都可变

B. 生产资料投入可变，其他要素不变

C. 所有投入要素都不变

D. 人力资本投入可变，其他要素不变

21. 一般短期生产函数的 MP 相交于（　　）。

A. 总产量的最高点　　B. 平均产量的最高点

C. 平均产量的最低点　　D. 总产量等于零的点

22. 一般对于短期生产函数，从原点出发的射线与 TP 相切，对应（　　）。

A. 平均产量最小　　B. 平均产量最大

C. 边际产量最大　　D. 总产量等于零

23. 如果仅劳动是可变要素，资本等为不变要素，则下列哪一项不是第Ⅱ阶段的特点？（　　）。

A. 劳动的边际产量递减　　B. 劳动的平均产量递减

C. 劳动的总产量不断提高　　D. 资本的平均产量递减

24. 若劳动与资本的投入组合处于等产量曲线的垂直部分（垂直于代表劳动的横轴），则（　　）。

A. 劳动与资本的边际产量均为负

B. 劳动与资本的边际产量都是 0

C. 劳动的边际产量为 0

D. 资本的边际产量为 0

25. 当短期生产函数的生产处于第Ⅰ阶段时，关于平均产量和边际产量的说法中，正确的是（　　）。

A. 平均产量递增，边际产量递减

B. 平均产量递减，边际产量递增

C. 平均产量递增，边际产量先递增然后递减到与平均产量相等

D. 平均产量始终大于边际产量

26. 当生产函数为 $Q=f(L, K)$ 时，$\lambda>1$，规模报酬递增可以被描述为（　　）。

A. $\lambda Q>f(\lambda L, \lambda K)$　　B. $\lambda Q<f(\lambda L, \lambda K)$

C. $\lambda Q=f(\lambda L, \lambda K)$　　D. $Q=f(\lambda L, \lambda K)$

27. 已知生产函数 $Q=21L+9L^2-L^3$，则边际产量函数为 $MP=$（　　）。

A. $21+9L-L^2$　　B. $21+18L-3L^2$

C. $21L+9L^2-L^3$　　D. $18-6L$

28. 假定企业的生产函数为 $Q=2K^{1/2}L^{/1/2}$，该企业的规模报酬状态为（　　）。

A. 规模报酬递增　　B. 规模报酬递减

C. 规模报酬不变　　D. 无法确定

29. 产值最大的企业组织形式是（　　）。

A. 个人业主制企业　　B. 合伙制企业

C. 公司制企业　　D. 无限责任公司

30. 企业的最终目标是（　　）。

A. 产量最大　　B. 市场份额最大　　C. 总收益最大　　D. 利润最大

31. 科斯指出企业的本质是（　　）。

A. 经济组织　　B. 生产成本最小的组织

C. 在一定程度上，企业是对市场的替代　　D. 委托—代理机构

32. 当边际产量小于平均产量时，平均产量（　　）。

A. 不变　　B. 递减　　C. 递增　　D. 先增后减

33. 图 4－4 是短期生产函数所反映的产量关系，当劳动投入量为 L_2 时，不能出现的经济关系为（　　）。

A. MP 最大　　B. AP 最大

C. $MP=AP$　　D. 生产要素的合理投入区间的起点

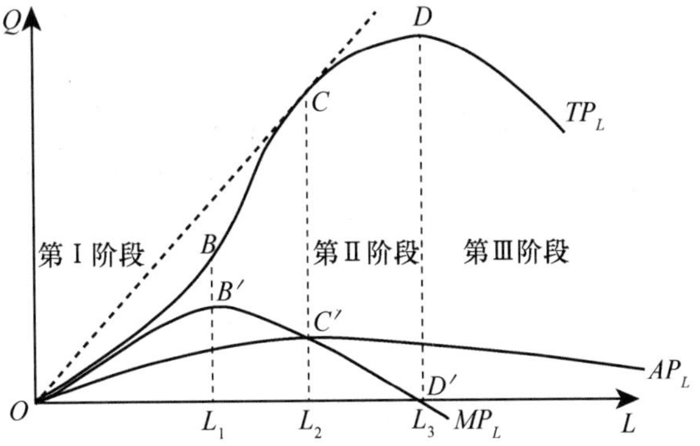

图 4－4

34. 等产量曲线凸向原点，原因是（　　）。

A. 劳动的边际产量递减　　B. 资本的边际产量递减

C. 边际技术替代率递减　　D. 边际替代率递减

35. 对于短期生产函数，原点与 TP 上点的连线的斜率为对应可变要素投入的（　　）。

A. 平均产量　　B. 平均产量的最大点

C. 边际产量　　D. 边际产量的最大点

36. 对于短期生产函数，TP 曲线的斜率为对应可变要素投入的（　　）。

A. 平均产量　　B. 平均产量的最大点

C. 边际产量　　D. 边际产量的最大点

37. $MP_L/MP_K>P_L/P_K$，厂商应该（　　），提高资源配置效率，降低成本。

A. 增加劳动投入　　B. 提高规模经济水平

C. 增加资本投入　　D. 提高劳动的边际产量

三、多项选择题

1. 关于生产函数 $Q=f(L, \overline{K})$ 的生产的第Ⅱ阶段，应该（　　）。

A. 开始于 AP_L 曲线开始递减处（即 AP_L 曲线的最高点），终止于 MP_L 曲线为零处

B. 开始于 AP_L 曲线和 MP_L 曲线的交点处，终止于 MP_L 曲线和水平轴的交点处

C. 开始于 AP_L 曲线开始递增处（即 AP_L 曲线的最高点），终止于 MP_L 曲线开始递减处

D. 开始于 AP_L 曲线开始递减处（即 AP_L 曲线的最高点），终止于 MP_L 曲线开始递增处

2. 可能产生企业规模报酬递减的原因有（　　）。

A. 企业规模过大，人际关系复杂

B. 企业规模过大，信息流通不畅

C. 政企不分，企业办社会，企业负担多

D. 使生产控制和经营管理成本提高、效率下降

3. 当生产函数 $Q=f(L, \overline{K})$ 的 AP_L 为正且递减时，MP_L 可以（　　）。

A. 递减且为正　　B. 递减且为负
C. 递增且为正　　D. 为零
4. 交易成本是围绕着交易所产生的成本，包括（　　）。
A. 搜寻成本　　B. 签订契约的成本
C. 监督和执行契约所花费的成本　　D. 违约引起的索赔成本
5. 生产要素的种类包括（　　）。
A. 劳动　　B. 土地
C. 企业家才能　　D. 资本
6. 一般对于短期生产函数，总产量与边际产量的关系是（　　）。
A. $MP=TP'(L, \bar{K})$，$TP(L, \bar{K})=\int MP_L \mathrm{d}L$
B. MP 等于 TP 对应点切线的斜率
C. MP 的最大值为 TP 的一个拐点
D. $MP=0$ 时，TP 最大
E. $MP>0$ 时，TP 递增；$MP<0$ 时，TP 递减
7. 一般对于短期生产函数，总产量与平均产量的关系是（　　）。
A. 平均产量递减导致总产量也递减
B. $AP=TP/L$
C. 原点与 TP 上一点的连线的斜率值等于该点的 AP
D. 从原点出发与 TP 相切的射线，切点对应的 AP 最大
8. 一般对于短期生产函数，平均产量与边际产量的关系是（　　）。
A. 若 $MP>AP$，则 AP 递增
B. 若 $MP<AP$，则 AP 递减
C. 若 $MP=AP$，则 AP 最大，MP 与 AP 交于 AP 的最高点
D. 若 $MP=AP$，则 AP 最大，MP 与 AP 交于 AP 的最低点
9. 一般而言，等产量曲线的特点有（　　）。
A. 离原点越远的等产量曲线代表的产量水平越高
B. 任意两条等产量曲线都不会相交
C. 等产量曲线向右下方倾斜，斜率为负
D. 等产量曲线凹向原点
10. 边际报酬递减规律和规模报酬递减规律的共同点是（　　）。
A. 短期和长期共同存在的规律
B. 按不变比例投入各种生产要素
C. 技术水平不变
D. 一般都经过递增、不变和递减三个阶段
11. 对规模报酬阐述正确的是（　　）。
A. 规模报酬是指在其他条件不变的情况下，各种要素按相同比例变动，所引起的产量变动情况
B. 规模报酬分析属于长期生产理论问题

C. 一般都经过规模报酬递增、规模报酬不变和规模报酬递减三个阶段
D. 规模报酬理论指示企业保持适度规模
12. 边际报酬递减规律和规模报酬递减规律的区别有（　　）。
A. 边际报酬递减规律的前提是要素投入比例发生变化；规模报酬递减规律的前提是保持要素比例不变
B. 边际报酬递减规律属于短期生产现象；规模报酬递减规律属于长期生产现象
C. 指导意义不同：规模报酬递减规律指示企业按比例配置生产要素；边际报酬递减规律指示企业保持适度规模
D. 规模报酬递减规律和边际报酬递减规律无关
13. 可能产生规模报酬递增的原因包括（　　）。
A. 可以对原材料和副产品进行综合利用
B. 大企业利用先进的技术和机器设备
C. 企业内部的生产分工能够更合理和专业化，从而可以提高工作效率
D. 在技术培训和生产经营管理上存在优势

四、判断题

1. 生产函数指的是在一定时期，在技术水平不变的条件下，要素投入量和最大产出量之间的一种函数关系，通常分为固定比例的生产函数和可变比例的生产函数。（　　）
2. 随着生产技术水平的变化，生产函数也会发生变化。（　　）
3. 可变要素的边际产量总是递减的。（　　）
4. 边际产量可由总产量曲线上的任一点的切线的斜率来表示。（　　）
5. 边际产量总是小于平均产量。（　　）
6. 边际技术替代率为两种投入要素的边际产量之比。（　　）
7. 产出增加时，总成本亦上升，即为规模报酬递减。（　　）
8. 如果连续地增加某种生产要素的投入量，总产量将不断递增，边际产量开始时递增然后递减。（　　）
9. 只要总产量减少，边际产量一定是负数。（　　）
10. 只要边际产量减少，总产量一定也在减少。（　　）
11. 随着某生产要素投入量的增加，边际产量和平均产量增加到一定程度将同时趋于下降。（　　）
12. 边际产量曲线一定在平均产量曲线的最高点与它相交。（　　）
13. 边际产量曲线与平均产量曲线的交点，一定在边际产量曲线向右下方倾斜的部分。（　　）
14. 规模报酬递减是边际报酬递减造成的。（　　）
15. 边际报酬递减是规模报酬递减造成的。（　　）
16. 等产量曲线上任意一点所表示的生产要素组合都可以生产出同一数量的产品。（　　）
17. 生产要素的价格一旦确定，等成本线的斜率就随之确定。（　　）

18. 边际报酬递减规律是生产领域的普遍规律，生产中不存在边际报酬递增现象。（　　）

19. 假如以生产要素 X 代替 Y 的边际技术替代率等于 3，这意味着这时增加 1 单位 X 所增加的产量，等于减少 3 单位 Y 所减少的产量。（　　）

20. 生产要素的边际技术替代率递减是边际报酬递减规律造成的。（　　）

21. 固定投入比例的生产函数是指在每一个产量水平上任何一对要素投入量之间的比例都是固定的生产函数，也称里昂惕夫生产函数。（　　）

22. 线性生产函数为固定替代比例的生产函数。（　　）

23. 生产的短期指生产者来不及调整全部生产要素的数量，至少有两种生产要素的数量是固定不变的时间周期。（　　）

24. 生产的长期指生产者可以调整全部生产要素的数量的时间周期。（　　）

25. 平均产量是总产量与所使用的可变要素投入量之比。（　　）

26. 边际产量是增加一单位可变要素投入量所增加的产量。（　　）

27. 边际报酬递减规律：指在技术水平不变的条件下，在连续等量地把一种可变生产要素增加到其他一种或几种数量不变的生产要素上去的过程中，当这种可变生产要素的投入量小于某一特定值时，增加该要素投入所带来的边际产量是递减的；当这种可变要素的投入量连续增加并超过这个特定值时，增加该要素投入所带来的边际产量是递增的。（　　）

28. 等产量曲线：是在技术水平不变的条件下生产不同产量的两种相同生产要素投入量的轨迹。（　　）

29. 边际替代率递减规律：在维持产量不变的前提下，当一种生产要素的投入量不断增加时，每一单位的这种生产要素所能替代的另一种生产要素的数量是递减的。（　　）

30. 规模报酬是指在其他条件不变的情况下，企业内部各种生产要素按相同比例变化时所带来的产量变化。（　　）

31. 边际产量达到最大时，平均产量也达到最大。（　　）

32. 产量增加的比例大于各种生产要素增加的比例，称为规模报酬递增。（　　）

33. 在有效区域内等产量曲线斜率为负的原因是两种要素的边际产量都为正。（　　）

34. 范围经济是指有的企业同时生产基本技术和设备相同或相关的多种产品时所拥有的生产和成本的优势。（　　）

五、简答题

1. 试述消费者理论中的边际替代率和生产者理论中的边际技术替代率的异同。
2. 生产的三个阶段是如何划分的？为什么厂商只会在第Ⅱ阶段生产？
3. 等产量曲线与无差异曲线在性质上有何异同？
4. 用图形解释“脊线”的概念。
5. 试述规模经济产生的原因。
6. 简述等产量曲线的特征。
7. 如果某企业裁减了一批职工，我们能否认为，该企业的总产量一定会下降？

8. 在世界经济中，发达国家多采用资本密集型方式进行生产，发展中国家多采用劳动密集型方式进行生产，试运用经济学原理对这种现象进行解释。

9. 边际技术替代率递减规律与边际报酬递减规律之间的联系如何?

六、计算题

1. 已知生产函数 $Q=-L^3+24L^2+240L$，在生产的三个阶段上，L 的投入量分别应为多少?

2. 已知生产函数 $Q=KL-0.5L^2-0.32K^2$，假定 $K=10$。

(1) 求劳动的平均产量函数和边际产量函数。

(2) 分别计算当总产量、平均产量和边际产量达到极大值时，劳动的投入量。

(3) 证明当 AP_L 达到最大值时，$AP_L=MP_L$。

3. 分别写出柯布-道格拉斯生产函数 $Q=AL^{\alpha}K^{1-\alpha}$ 关于劳动的平均产量函数和关于劳动的边际产量函数。

第三部分 精编习题参考答案

一、名词解释

1. 生产函数：表示在一定时期内，在技术水平不变的情况下，生产中所使用的各种生产要素的数量与所能生产的最大产量之间的关系。

2. 固定投入比例的生产函数：是指在每一个产量水平上任何一对要素投入量之间的比例都是固定的生产函数，也称里昂惕夫生产函数。

3. 生产的短期：指生产者来不及调整全部生产要素的数量，至少有一种生产要素的数量是固定不变的时间周期。

4. 生产的长期：指生产者可以调整全部生产要素的数量的时间周期。

5. 总产量：是指与一定的可变要素的投入量相对应的最大产量。

6. 平均产量：是总产量与所使用的可变要素投入量之比。

7. 边际产量：是增加一单位可变要素投入量所增加的产量。

8. 边际报酬递减规律：在技术水平不变的条件下，在连续等量地把一种可变生产要素增加到其他一种或几种数量不变的生产要素的过程中，当这种可变生产要素的投入量小于某一特定值时，增加该要素投入所带来的边际产量是递增的；当这种可变要素的投入量连续增加并超过这个特定值时，增加该要素投入所带来的边际产量是递减的。

9. 等产量曲线：是在技术水平不变的条件下生产同一产量的两种生产要素投入量的所有不同组合的轨迹。

10. 边际技术替代率递减规律：在维持产量不变的前提下，当一种生产要素的投入量不断增加时，每一单位的这种生产要素所能替代的另一种生产要素的数量是递减的。

11. 规模报酬：是指在其他条件不变的情况下，企业内部各种生产要素按相同比例变化时所带来的产量变化。

12. 交易成本：是指围绕交易契约所发生的成本，包括签订契约、监督和执行契约所发生的成本，也包括事先未写进契约但交易发生时的一些偶然因素所带来的成本。

13. 生产要素的合理投入区间：对于一种要素可变的短期生产函数，平均产量最大点之间和总产量最大点之间的第二区域是生产要素的合理投入区间；对于两种要素可变的长期生产函数，两条脊线之间的区域是生产要素的合理投入区间。

二、单项选择题

1. C 2. C 3. A 4. D 5. C 6. A 7. A 8. C 9. B 10. D 11. B 12. B 13. D 14. C 15. A 16. D 17. A 18. B 19. B 20. A 21. B 22. B 23. D 24. D 25. C 26. B 27. B 28. C 29. C 30. D 31. C 32. B 33. A 34. C 35. A 36. C 37. A

三、多项选择题

1. AB 2. ABD 3. ABD 4. ABCD 5. ABCD 6. ABCDE 7. BCD 8. ABC 9. ABC 10. CD 11. ABCD 12. ABD 13. ABCD

四、判断题

1. (√)。

2. (√)，随着生产技术水平的变化，生产要素投入比例会发生变化，生产函数也会发生变化。

3. (×)，可变要素的边际产量一般先增后减。

4. (√)。

5. (×)，边际产量可以小于、等于、大于平均产量。

6. (√)，边际技术替代率 $MRTS=-\dfrac{\Delta K}{\Delta L}=\dfrac{MP_L}{MP_K}$，可以表示为两种投入要素的边际产量之比，其值为正。

7. (×)，产出增加时，总成本亦上升，但不一定是规模报酬递减。规模报酬递减要求生产要素同比例增加，产量增加的比例小于各种生产要素增加的比例。

8. (×)，如果连续地增加某种生产要素的投入量，总产量首先将不断递增，边际产量开始时递增然后递减。在边际产量变为负值时，总产量递减。

9. (√)。

10. (×)，如果边际产量减少，但仍然大于零，则总产量在增加。

11. (×)，一般随着某生产要素投入量的增加，边际产量先于平均产量下降。

12. (√)。

13. (√)。

14. (×),规模报酬递减和边际报酬递减的前提条件不同,不能互为因果。

15. (×),规模报酬递减和边际报酬递减的前提条件不同,不能互为因果。

16. (√)。

17. (√)。

18. (×),边际报酬递减规律是生产领域的一般规律,但生产中也存在边际报酬递增现象。

19. (√)。

20. (√)。

21. (√)。

22. (√)。

23. (×),生产的短期指生产者来不及调整全部生产要素的数量,至少有一种生产要素的数量是固定不变的时间周期。

24. (√)。

25. (√)。

26. (√)。

27. (×),边际报酬递减规律:指在技术水平不变的条件下,在连续等量地把一种可变生产要素增加到其他一种或几种数量不变的生产要素上去的过程中,当这种可变生产要素的投入量小于某一特定值时,增加该要素投入所带来的边际产量是递增的;当这种可变要素的投入量连续增加并超过这个特定值时,增加该要素投入所带来的边际产量是递减的。

28. (×),等产量曲线:是在技术水平不变的条件下生产相同产量的两种相同生产要素投入量的轨迹。

29. (×),边际技术替代率递减规律:在维持产量不变的前提下,当一种生产要素的投入量不断增加时,每一单位的这种生产要素所能替代的另一种生产要素的数量是递减的。

30. (√)。

31. (×),边际产量和平均产量不是同时达到最大。

32. (√)。

33. (√)。

34. (√)。

五、简答题

1. **解答:** 商品的边际替代率是在维持效用水平不变的前提下,消费者增加一单位某种商品的消费数量时,所愿意放弃的另一种商品的消费数量;边际技术替代率是在维持产量水平不变的条件下,增加一单位某种生产要素时,所减少的另一种要素的投入量。

两者的相同点主要表现在:(1)两者都具有递减的规律;(2)两者的前提条件基本一样,分别需要效用水平不变和产量水平不变;(3)两者都是曲线的斜率的绝对值。

两者的不同点表现在：(1) 商品的边际替代率是基于效用论，所研究的对象是两种商品的消费数量与消费者的效用问题。商品的边际替代率所依据的是无差异曲线，其目的是分析消费者均衡问题。(2) 边际技术替代率是基于生产者理论，所研究的对象是两种要素的投入量与生产的产品数量问题，边际技术替代率所依据的是等产量曲线，其目的是分析生产者的最优生产要素组合问题。

2. **解答：**根据短期生产的总产量曲线、平均产量曲线和边际产量曲线之间的关系，可将短期生产划分为三个阶段，如图 4-5 所示。

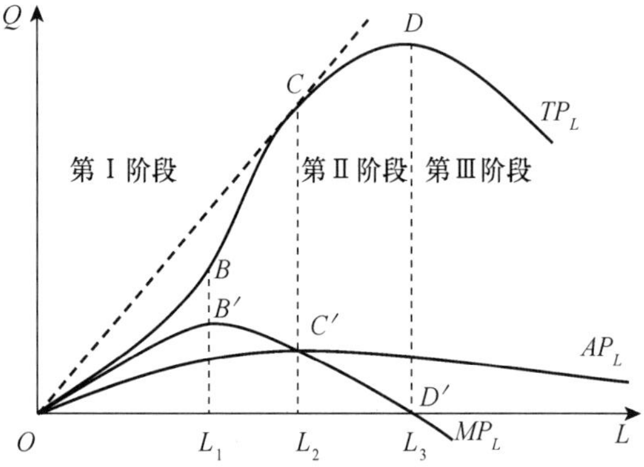

图 4-5

在第Ⅰ阶段，产量曲线的特征为：劳动的平均产量始终是上升的，且达到最大值；劳动的边际产量上升达最大值，且劳动的边际产量始终大于劳动的平均产量；劳动的总产量始终是增加的。这说明：在这一阶段，不变要素资本的投入量相对过多，生产者增加可变要素劳动的投入量是有利的。或者说，生产者只要增加可变要素劳动的投入量，就可以增加总产量。因此，任何理性的生产者都不会在这一阶段停止生产，而是连续增加可变要素劳动的投入量，以增加总产量，并将生产扩大到第Ⅱ阶段。

在第Ⅲ阶段，产量曲线的特征为：劳动的平均产量继续下降，劳动的边际产量降为负值，劳动的总产量也呈现下降趋势。这说明：在这一阶段，可变要素劳动的投入量相对过多，生产者减少可变要素劳动的投入量是有利的。因此，这时即使劳动要素是免费供给的，理性的生产者也会通过减少劳动投入量来增加总产量，以摆脱劳动的边际产量为负值和总产量下降的局面，并退回到第Ⅱ阶段。

由此可见，任何理性的生产者既不会将生产停留在第Ⅰ阶段，也不会将生产扩张到第Ⅲ阶段，所以，生产只能在第Ⅱ阶段进行。在生产的第Ⅱ阶段，生产者可以得到由于第Ⅰ阶段增加可变要素投入所带来的全部好处，又可以避免将可变要素投入增加到第Ⅲ阶段而带来的不利影响。因此，第Ⅱ阶段是生产者进行短期生产的决策区间。在第Ⅱ阶段的起点处，劳动的平均产量曲线和劳动的边际产量曲线相交，即劳动的平均产量达最高点。在第Ⅱ阶段的终点处，劳动的边际产量曲线与横轴相交，即劳动的边际产量等于零。

3. **解答：**等产量曲线与无差异曲线的相同点为：(1) 在有效的区域内，斜率为负。(2) 凸向原点。(3) 任何两条线绝不相交。(4) 离原点越远的等产量曲线代表的投入越多，产出越大，离原点越远的无差异曲线代表的效用水平越高。不同点为：(1) 含义不同。(2) 无差异曲线反映的是消费者的相同效用，而等产量曲线则是反映生产者的相同产量。(3) 等产量曲线不能像无差异曲线那样，两端无限延长时会与坐标轴无限接近，而是到一定限度则向两坐标轴上方翘起，这表明任何两种生产要素都不能完全替代，只能在一定的范围内相互替代。

4. **解答：**脊线表明生产要素替代的有效范围。等产量曲线的斜率可以为负也可以为正。当等产量曲线的斜率为负值时，表明两种要素可以相互替代，如图 4-6 中 A 点与 A' 点之间的线段。当等产量曲线的斜率为正值时，表明两种要素不能相互替代，必须同时增加才能保持产量不变，如图 4-6 中 A 点右上方和 A' 点右上方的部分。图中经过 A 点的等产量曲线斜率为无穷大，A' 点的斜率为零。所有类似 A 点和 A' 点的集合，就称为脊线。如图中 A、B、C 点的连线，A'、B'、C' 点的连线形成了两条脊线。厂商只有在这两条脊线所形成的区域内从事生产，才是有效的，因此，这一区域（两条脊线所围成的区域）也被称为“生产区域”。

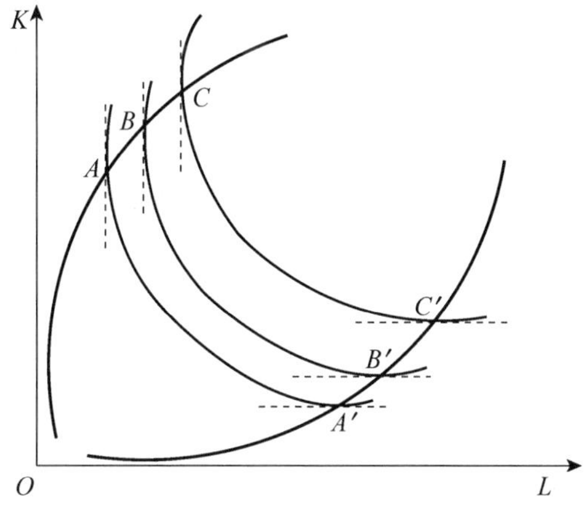

图 4-6

5. **解答：**规模经济是由厂商变动自己的企业生产规模所引起的，其原因主要有：

第一，可以使用更加先进的机器设备。机器设备这类生产要素有其不可分割性。只有在大规模生产中，大型的先进设备才能充分发挥作用，使产量更大幅度地增加。第二，可以实行专业化生产。在大规模的生产中，专业可以分得更细，分工也会更细，这样就会提高工人的技术水平，提高生产效率。第三，可以提高管理效率。生产规模扩大，可以在不增加管理人员的情况下增加生产，从而提高管理效率。第四，可以对副产品进行综合利用。

6. **解答：**等产量曲线具有以下特征：(1) 在有效的区域内，等产量曲线的斜率为负。(2) 等产量曲线凸向原点。(3) 任意两条等产量曲线绝不相交。(4) 离原点越远的等产量曲线代表的产量水平越高。

7. **解答：**这要视情况而定。如果现在企业的生产处于生产的第Ⅰ或第Ⅱ阶段，即边际产量为正值的阶段，减少一批职工会使总产量下降。但是，如果现在企业处于生产的第Ⅲ阶段，即边际产量为负值的阶段，减少一批职工反而会使总产量上升；我们将这些提供负的边际产量的职工称为剩余劳动力，将他们所处的状态称作隐蔽性失业。在发展中国家的农业部门中，存在着大量的剩余劳动力，需要向第二或第三产业转移。在传统工业部门中，也存在很多这种剩余劳动力。

8. **解答：** 我们可运用两种可变要素的生产者均衡公式 $P_L/P_K = MP_L/MP_K$ 进行解释，由公式可知，如果资本相对于劳动的价格降低了，等式左边的分式值就会变大。要维持等式成立，必须使等式右边的分式值随之变大。这时，相对于劳动而言，资本的边际产量也必须降低。根据边际报酬递减规律，这一点只有在生产过程中增加对资本的投入，以资本替代劳动才能做到。一般来说，发达国家资本丰裕，资本的价值便宜；劳动稀缺，劳动的价格昂贵。发展中国家却恰恰相反。因此，为了达到生产者均衡，发达国家多用廉价的资本代替劳动，进行资本密集型生产；发展中国家多用廉价的劳动代替资本，进行劳动密集型生产。经济学上将这种规律称为“替代原则”。国际贸易学科中著名的“资源禀赋理论”，就是“替代原则”的应用。

9. **解答：** 边际技术替代率递减规律是指，在保持产量不变的条件下，随着一种生产要素数量的增加，每增加一单位该要素所替代的另一种生产要素的数量递减，即一种要素对另一种要素的边际技术替代率随着该要素的增加而递减。边际技术替代率公式如下：

$$MRTS_{L,K} = \frac{MP_L}{MP_K}$$

通过边际技术替代率公式可以看到边际技术替代率递减的原因，在生产要素的合理投入区间内，所有生产要素的边际产量都服从递减规律。一方面，由于等产量曲线向右下方倾斜，劳动增加而资本减少，所以，随着劳动投入量的增加，劳动的边际产量递减；另一方面，资本的投入量会相应地减少，资本的边际产量递增。因此，在上式中，随着劳动投入量的增加，分子递减，而分母递增，所以由此决定的边际技术替代率一定递减。这就是说，随着一种要素投入量的增加，每增加一单位该要素所增加的产量越来越少，从而它对另一种要素的替代能力越来越弱；同时，被替代的生产要素投入量越来越少，其边际产量越来越大，从而它也就越不容易被替代。因此，边际报酬递减规律决定了边际技术替代率递减规律。

六、计算题

1. **解答：** 在第Ⅰ阶段右边端点，AP_L 应达到最大值，即 $AP_L' = 0$。

$$AP_L(L) = \frac{Q}{L} = -L^2 + 24L + 240$$

$$AP'_L(L) = -2L + 24 = 0 \Rightarrow L = 12$$

检验当 $L < 12$ 时，AP_L 是上升的。

在第Ⅱ阶段右边端点，MP_L 应该等于零，TP 最大。

$$MP_L = \mathrm{d}Q/\mathrm{d}L = -3L^2 + 48L + 240$$

令 $MP_L = 0$，即 $-3L^2 + 48L + 240 = 0$，解得 $L = 20$，$L = -4$（舍去）。

当 $L > 8$ 时，$\mathrm{d}MP_L/\mathrm{d}L = -6L + 48 < 0$，所以，对于所有的 $L > 20$，MP_L 均小于零。

因此，在第Ⅰ阶段 $0 < L < 12$，在第Ⅱ阶段 $12 < L < 20$，在第Ⅲ阶段 $L > 20$。

2. **解答：** 根据已知条件可得 $Q = 10L - 0.5L^2 - 32$。

(1) $AP_L = Q/L = -0.5L + 10 - 32/L$；$MP_L = \mathrm{d}Q/\mathrm{d}L = 10 - L$。

(2) 当 $MP_L = 0$，即 $10 - L = 0$ 时，TP_L 有最大值，解得 $L = 10$。

令 $AP_L' = 0$，即 $-0.5 + 32/L^2 = 0$，解得 $L = 8$，此时 AP_L 达到最大。

$MP_L' = -1$，说明 MP_L 处于递减阶段，所以，$L = 0$ 时，MP_L 最大。

(3) 当 AP_L 达到最大值时，$L = 8$。

$$AP_L = -0.5 \times 8 + 10 - 32/8 = 2$$

此时的 $MP_L = 10 - L = 10 - 8 = 2$。

所以，当 AP_L 达到最大值时，$AP_L = MP_L$。

3. **解答：** $AP_L = Q/L = AL^{\alpha}K^{1-\alpha}/L = AL^{\alpha-1}K^{1-\alpha}$，$MP_L = Q'(L) = A \cdot K^{1-\alpha} \cdot \alpha \cdot L^{\alpha-1}$。

第五章

成　本

第一部分　课后习题详解

一、简答题

1. 表 5 - 1 是一个关于短期生产函数 $Q=f(L,\bar{K})$ 的产量表。

表 5 - 1　短期生产的产量表

L	1	2	3	4	5	6	7
TP_L	10	30	70	100	120	130	135
AP_L							
MP_L							

(1) 在表中填空。

(2) 根据 (1)，在一幅坐标图上作出 TP_L 曲线，在另一幅坐标图上作出 AP_L 曲线和 MP_L 曲线。（提示：为了便于作图与比较，TP_L 曲线图的纵坐标的单位刻度通常大于 AP_L 曲线图和 MP_L 曲线图。）

(3) 根据 (1)，并假定劳动的价格 $w=200$，完成下面的短期成本表，即表 5 - 2。

表 5 - 2　短期生产的成本表

L	Q	$TVC=w\cdot L$	$AVC=\dfrac{w}{AP_L}$	$MC=\dfrac{w}{MP_L}$
1	10			
2	30			
3	70			
4	100			
5	120			
6	130			
7	135			

(4) 根据表 5 - 2，在一幅坐标图上作出 TVC 曲线，在另一幅坐标图上作出 AVC 曲线和 MC 曲线。（提示：为了便于作图与比较，TVC 曲线图的纵坐标的单位刻度通常大于

AVC 曲线图和 *MC* 曲线图。)

(5) 根据 (2)、(4)，说明短期产量曲线和短期成本曲线之间的关系。

解答：(1) 补充完整的短期生产的产量表如表 5-3 所示。

表 5-3 短期生产的产量表

L	1	2	3	4	5	6	7
TP_L	**10**	**30**	**70**	**100**	**120**	**130**	**135**
AP_L	10	15	$\frac{70}{3}$	25	24	$\frac{65}{3}$	$\frac{135}{7}$
MP_L	10	20	40	30	20	10	5

(2) 总产量曲线如图 5-1 所示，平均产量曲线、边际产量曲线如图 5-2 所示。

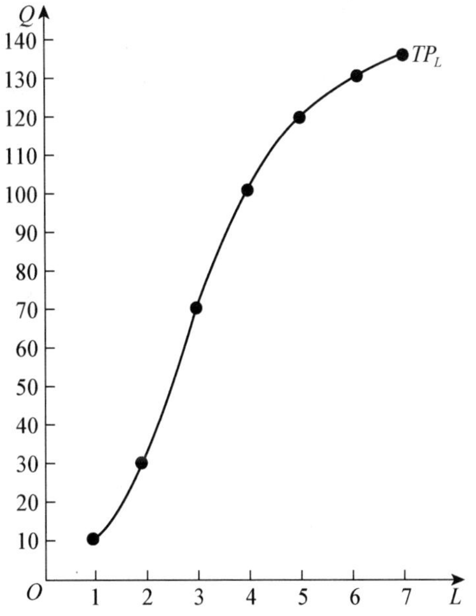

图 5-1 总产量曲线

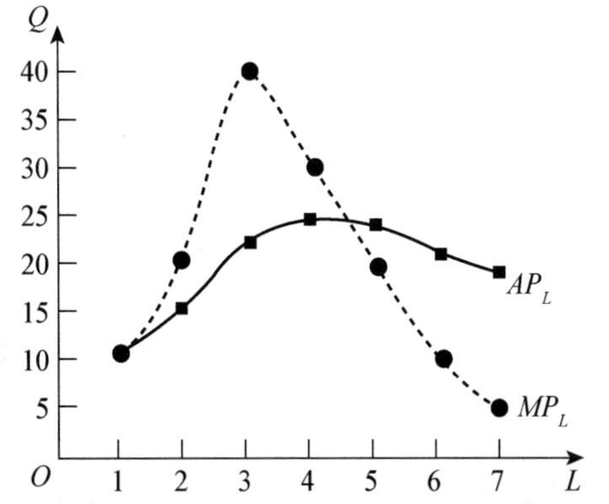

图 5-2 平均产量曲线和边际产量曲线

(3) 补充完整的短期生产的成本表如表 5-4 所示。

表 5-4　短期生产的成本表

L	Q	$TVC=w\cdot L$	$AVC=\frac{w}{AP_L}$	$MC=\frac{w}{MP_L}$
1	**10**	200	20	20
2	**30**	400	$\frac{40}{3}$	10
3	**70**	600	$\frac{60}{7}$	5
4	**100**	800	8	$\frac{20}{3}$
5	**120**	1 000	$\frac{25}{3}$	10
6	**130**	1 200	$\frac{120}{13}$	20
7	**135**	1 400	$\frac{280}{27}$	40

（4）总可变成本曲线如图 5-3 所示，平均可变成本曲线、边际成本曲线如图 5-4 所示。

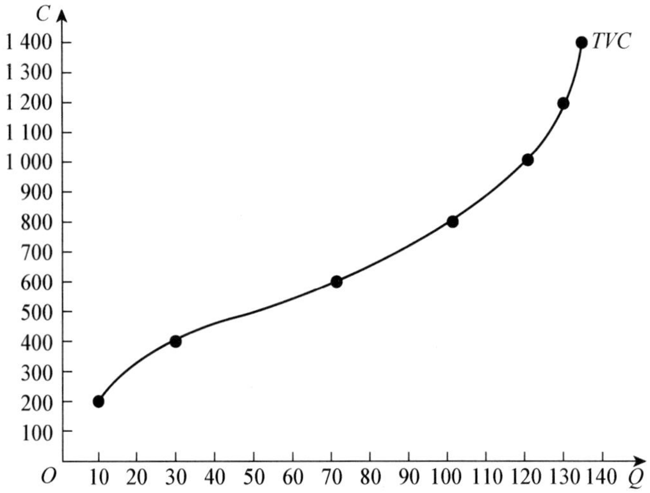

图 5-3　总可变成本曲线

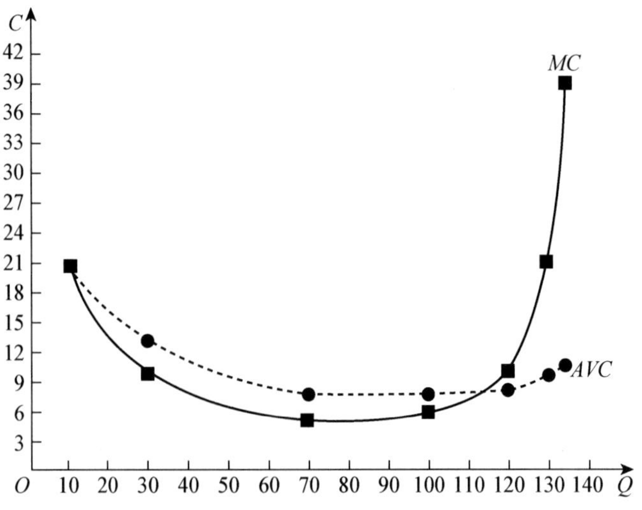

图 5-4　平均可变成本曲线和边际成本曲线

(5) 从图形中可以看出，当边际产量高于平均产量时，平均产量上升，此时平均成本下降。当边际产量低于平均产量时，平均产量下降，此时边际成本上升。当边际产量上升时，边际成本下降，总产量上升，总可变成本以递减的速率上升。当边际产量等于平均产量时，边际成本等于平均成本，此时平均产量最大而平均可变成本最小。

2. 假定某企业的短期成本函数是 $TC=Q^3-5Q^2+15Q+66$。

(1) 指出该成本函数中的可变成本部分和固定成本部分。

(2) 写出下列相应的函数：$TVC(Q)$、$AC(Q)$、$AVC(Q)$、$AFC(Q)$ 和 $MC(Q)$。

解答： (1) 已知 $TC=Q^3-5Q^2+15Q+66$，所以可变成本部分为：$TVC=Q^3-5Q^2+15Q$，不变成本部分为：$TFC=66$。

(2) 总可变成本函数为：$TVC(Q)=Q^3-5Q^2+15Q$。

平均成本函数为：$AC(Q)=\frac{TC}{Q}=Q^2-5Q+15+\frac{66}{Q}$。

平均可变成本函数为：$AVC(Q)=\frac{TVC}{Q}=Q^2-5Q+15$。

平均不变成本函数为：$AFC(Q)=\frac{TFC}{Q}=\frac{66}{Q}$。

边际成本函数为：$MC(Q)=TC'(Q)=TVC'(Q)=3Q^2-10Q+15$。

3. 图 5-5 是某厂商的 LAC 曲线和 LMC 曲线图。请分别在 Q_1 和 Q_2 的产量上画出代表最优生产规模的 SAC 曲线和 SMC 曲线。

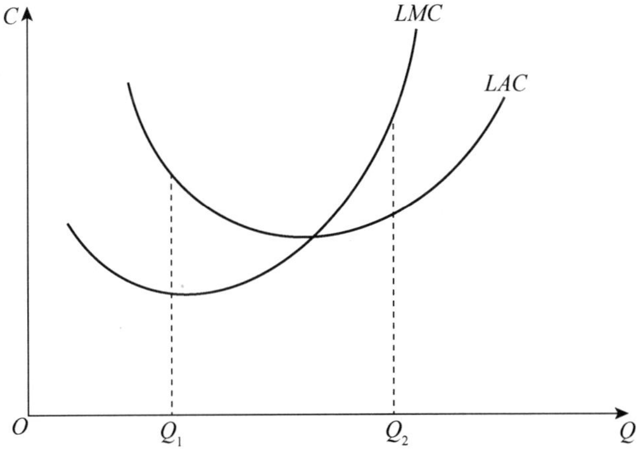

图 5-5　成本曲线

解答： 如图 5-6 所示，LAC 曲线为 SAC 曲线的包络线，所以既定产量下 SAC 曲线在 LAC 曲线的内侧与其相切。SMC 曲线与 LMC 曲线必然相交，在相应产量处，SMC 与 LMC 值相同，可以用此产量处的 SMC 的值表示 LMC 的值。

4. 短期平均成本 SAC 曲线与长期平均成本 LAC 曲线都呈现出 U 形特征。请问：导致它们呈现这一特征的原因相同吗？为什么？

解答： 导致 SAC 曲线和 LAC 曲线呈 U 形特征的原因不同。在短期生产中，边际报酬递减规律决定，一种可变要素的边际产量曲线表现出先上升达到最高点以后再下降的特征。相应地，这一特征体现在成本变动方面，便是决定了 SMC 曲线表现出先下降达

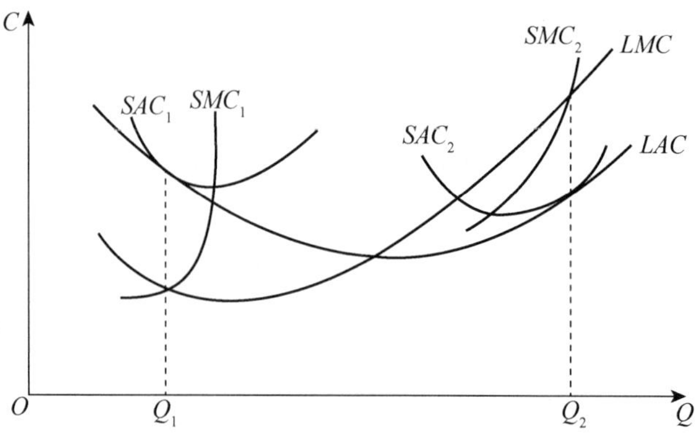

图 5-6　代表最优生产规模的 *SAC* 曲线和 *SMC* 曲线

到最低点以后再上升的 U 形特征。当边际成本递减且低于平均成本，或者当边际成本递增、边际成本仍然小于平均成本时，平均成本下降；只有边际产量递减造成边际成本递增，且边际成本大于平均成本时，平均成本开始上升，即 *SAC* 曲线先下降达到最低点以后再上升。简言之，短期生产的边际报酬递减规律是导致 *SAC* 曲线呈 U 形特征的原因。

在长期生产中，在企业从很低的产量水平逐步增加并相应地扩大生产规模的过程中，它会经历从规模经济（亦为内在经济）到规模不经济（亦为内在不经济）的变化过程，规模经济使 *LAC* 曲线下降，规模不经济使 *LAC* 曲线上升，从而导致 *LAC* 曲线呈现出先降后升的 U 形特征。

二、计算题

1. 假定某厂商短期生产的平均成本函数为 $SAC(Q)=\frac{200}{Q}+6-2Q+2Q^2$。

求：该厂商的边际成本函数。

解答： 首先求总成本函数：$STC(Q)=SAC(Q)\cdot Q=\left(\frac{200}{Q}+6-2Q+2Q^2\right)\times Q=200+6Q-2Q^2+2Q^3$。

厂商的边际成本函数 $MC(Q)=STC'(Q)=6-4Q+6Q^2$。

2. 已知某企业的短期总成本函数是 $STC(Q)=0.04Q^3-0.8Q^2+10Q+5$，求最小的平均可变成本值。

解答： 因为 $STC(Q)=0.04Q^3-0.8Q^2+10Q+5$，所以 $TVC(Q)=0.04Q^3-0.8Q^2+10Q$。

$$AVC(Q)=\frac{TVC(Q)}{Q}=0.04Q^2-0.8Q+10$$

$AVC(Q)$ 有最小值时，$AVC'(Q)=0$，即 $0.08Q-0.8=0$，解得 $Q=10$。

把 $Q=10$ 代入 $AVC(Q)=0.04Q^2-0.8Q+10$，得：$AVC=0.04\times100-0.8\times10+10=6$。

3. 假定某厂商短期生产的边际成本函数为 $SMC=3Q^2-30Q+100$，且生产 10 单位产量时的总成本为 1 000。求：

(1) 固定成本值。

(2) 总成本函数、总可变成本函数，以及平均成本函数、平均可变成本函数。

解答：(1) 根据边际成本函数，对其进行积分，可得总成本函数为：

$$TC=Q^3-15Q^2+100Q+a\text{（常数）}$$

又知道，当 $Q=10$ 时，$TC=1\,000$，代入上式可求得：

$$1\,000=10^3-15\times10^2+100\times10+a$$

解得 $a=500$。

所以，总成本函数为：$TC=Q^3-15Q^2+100Q+500$。

固定成本是不随产量而变化的部分，因此固定成本为 500。

(2) 总成本函数为：$TC=Q^3-15Q^2+100Q+500$。

总可变成本函数为：$TVC=Q^3-15Q^2+100Q$。

平均成本函数为：$AC=\frac{TC}{Q}=Q^2-15Q+100+\frac{500}{Q}$。

平均可变成本函数为：$AVC=\frac{TVC}{Q}=Q^2-15Q+100$。

4. 假定某厂商短期生产的边际成本函数 $SMC(Q)=3Q^2-8Q+100$，且已知当产量 $Q=10$ 时的总成本 $STC=2\,400$，求相应的 STC 函数、SAC 函数和 AVC 函数。

解答：根据边际成本函数，对其进行积分，可得总成本函数为：

$$STC=Q^3-4Q^2+100Q+A\text{（常数）}$$

又知道，当 $Q=10$ 时，$STC=2\,400$，代入上式可求得：$A=800$。

所以，短期总成本函数为：$STC=Q^3-4Q^2+100Q+800$。

短期平均成本函数为：$SAC=\frac{TC}{Q}=Q^2-4Q+100+\frac{800}{Q}$。

可变成本函数为：$TVC=Q^3-4Q^2+100Q$。

平均可变成本函数为：$AVC=\frac{TVC}{Q}=Q^2-4Q+100$。

5. 假定生产某产品的边际成本函数为 $MC=110+0.04Q$。

求：当产量从 100 增加到 200 时总成本的变化量。

解答：因为 $TC=\int MC(Q)\mathrm{d}Q$，所以，当产量从 100 增加到 200 时，总成本的变化量为：

$$\begin{aligned}\Delta TC&=\int_{100}^{200}MC(Q)\mathrm{d}(Q)=\int_{100}^{200}(110+0.04Q)\mathrm{d}Q\\&=(110Q+0.02Q^2)\Big|_{100}^{200}\\&=110\times200+0.02\times200^2-(110\times100+0.02\times100^2)\\&=22\,800-11\,200=11\,600\end{aligned}$$

6. 已知生产函数为

（a）$Q=5L^{\frac{1}{3}}K^{\frac{2}{3}}$；

（b）$Q=\frac{KL}{K+L}$；

（c）$Q=KL^2$；

（d）$Q=\min\{3L, K\}$。

求：（1）厂商长期生产的扩展线方程。

（2）当 $P_L=1$，$P_K=1$，$Q=1\,000$ 时，厂商实现最小成本的要素投入组合。

解答：（1）（a）由于 $Q=5L^{\frac{1}{3}}K^{\frac{2}{3}}$，所以，劳动的边际产量和资本的边际产量如下：

$$MP_L=\frac{5}{3}L^{\frac{-2}{3}}K^{\frac{2}{3}}$$

$$MP_K=\frac{10}{3}L^{\frac{1}{3}}K^{\frac{-1}{3}}$$

生产要素的最优组合方程为：$\frac{MP_L}{MP_K}=\frac{P_L}{P_K}\Rightarrow\frac{\frac{5}{3}L^{\frac{-2}{3}}K^{\frac{2}{3}}}{\frac{10}{3}L^{\frac{1}{3}}K^{\frac{-1}{3}}}=\frac{P_L}{P_K}\Rightarrow\frac{K}{2L}=\frac{P_L}{P_K}$。

所以，长期生产的扩展线方程为：$K=\frac{2P_L}{P_K}L$。

（b）因为生产函数为 $Q=\frac{KL}{K+L}$，所以：

$$MP_L=\left(\frac{KL}{K+L}\right)'=\frac{K(K+L)-KL}{(K+L)^2}=\frac{K^2}{(K+L)^2}$$

$$MP_K=\left(\frac{KL}{K+L}\right)'=\frac{L(K+L)-KL}{(K+L)^2}=\frac{L^2}{(K+L)^2}$$

生产要素的最优组合方程为：$\frac{MP_L}{MP_K}=\frac{P_L}{P_K}\Rightarrow\frac{\frac{K^2}{(K+L)^2}}{\frac{L^2}{(K+L)^2}}=\frac{P_L}{P_K}\Rightarrow\frac{K^2}{L^2}=\frac{P_L}{P_K}$。

所以长期生产的扩展线方程为：$K=\left(\frac{P_L}{P_K}\right)^{\frac{1}{2}}L$。

（c）由生产函数 $Q=KL^2$，可得：$MP_L=2KL$，$MP_K=L^2$。

生产要素的最优组合方程为：$\frac{MP_L}{MP_K}=\frac{P_L}{P_K}\Rightarrow\frac{2KL}{L^2}=\frac{P_L}{P_K}$。

所以长期生产的扩展线方程为：$K=\frac{1}{2}\cdot\frac{P_L}{P_K}\cdot L$。

（d）$Q=\min\{3L, K\}$ 是固定投入比例的生产函数，厂商按照$\frac{K}{L}=\frac{3}{1}$的固定投入比例进行生产，且厂商的生产均衡点在直线 $K=3L$ 上，即长期生产的扩展线方程为 $K=3L$。

(2) (a) 由于扩展线方程为 $K=2\frac{P_L}{P_K}L$，当 $P_L=1$，$P_K=1$，$Q=1\,000$ 时，可得 $K=2L$，代入生产函数 $Q=5L^{\frac{1}{3}}K^{\frac{2}{3}}$，解得，$L=50\sqrt[3]{16}$，$K=2L=100\sqrt[3]{16}$。

(b) 由于扩展线方程为 $K=\left(\frac{P_L}{P_K}\right)^{\frac{1}{2}}L$，当 $P_L=P_K=1$ 时，$K=L$，代入生产函数 $Q=\frac{KL}{K+L}$得，$1\,000=\frac{L^2}{2L}$，所以，$L=K=2\,000$。

(c) 由于扩展线方程为 $K=\frac{1}{2}\cdot\frac{P_L}{P_K}\cdot L$，当 $P_L=P_K=1$ 时，$K=\frac{1}{2}L$，代入生产函数得：$Q=KL^2\Rightarrow 1\,000=\frac{1}{2}L^3\Rightarrow L=10\sqrt[3]{2}$，$K=5\sqrt[3]{2}$。

(d) 由于扩展线方程为 $K=3L$，代入生产函数得：$3L=K=1\,000$，所以 $L=\frac{1\,000}{3}$，$K=1\,000$。

7. 已知某企业的生产函数为 $Q=L^{\frac{2}{3}}K^{\frac{1}{3}}$，劳动的价格 $w=2$，资本的价格 $r=1$。求：

(1) 当成本 $C=3\,000$ 时，企业实现最大产量时的 L、K 和 Q 的均衡值。

(2) 当产量 $Q=800$ 时，企业实现最小成本时的 L、K 和 C 的均衡值。

解答：(1) 生产函数为 $Q=L^{\frac{2}{3}}K^{\frac{1}{3}}$，所以，$MP_L=\frac{2}{3}L^{\frac{-1}{3}}K^{\frac{1}{3}}$，$MP_K=\frac{1}{3}L^{\frac{2}{3}}K^{\frac{-2}{3}}$。

生产者均衡条件为：

$$\begin{cases} wL+rK=C \\ \frac{MP_L}{MP_K}=\frac{w}{r} \end{cases}$$

$$\begin{cases} 2L+K=3\,000 \\ \frac{\frac{2}{3}L^{\frac{-1}{3}}K^{\frac{1}{3}}}{\frac{1}{3}L^{\frac{2}{3}}K^{\frac{-2}{3}}}=\frac{2}{1}\Rightarrow K=L \end{cases}$$

解得，$K=1\,000$，$L=1\,000$。

所以，$Q=L^{\frac{2}{3}}K^{\frac{1}{3}}=1\,000^{\frac{2}{3}}\times 1\,000^{\frac{1}{3}}=1\,000$。

(2) 因为$\begin{cases} L^{\frac{2}{3}}K^{\frac{1}{3}}=800 \\ K=L \end{cases}$，所以$\begin{cases} K=800 \\ L=800 \end{cases}$。

因此，$C=wL+rK=2\times 800+1\times 800=2\,400$。

8. 假定在短期生产的固定成本给定的条件下，某厂商使用一种可变要素 L 生产一种产品，其产量 Q 关于可变要素 L 的生产函数为 $Q(L)=-0.1L^3+2L^2+20L$。求：

(1) 该生产函数的平均产量为极大值时的 L 使用量。

(2) 该生产函数的平均可变成本为极小值时的总产量。

解答：(1) 该生产函数的平均产量函数 $AP(L)=\frac{TP}{L}=\frac{Q(L)}{L}=-0.1L^2+2L+20$。

令 $AP'(L) = -0.2L+2=0$，即 $L=10$ 时，平均产量为极大值。

（2）由于平均可变成本与平均产量呈对偶关系，平均产量为极大值时，生产函数的平均可变成本为极小值，即 $L=10$ 时生产函数的平均可变成本为极小值。所以：

$$Q(L)=-0.1L^3+2L^2+20L=0.1\times10^3+2\times10^2+20\times10=300$$

9. 假定在短期生产的固定成本给定的条件下，某厂商使用一种可变要素 L 生产一种产品，其短期总成本函数为 $STC=5Q^3-18Q^2+100Q+160$。

求：当产量 Q 为多少时该成本函数开始呈现出边际产量递减特征？

解答：由于边际成本与边际产量呈对偶关系，边际成本为极小值时，边际产量为极大值，边际产量达到极大值时开始呈现出递减特征。

$$MC(Q)=TC'(Q)=15Q^2-36Q+100$$

令 $MC'(Q)=30Q-36=0$，解得 $Q=1.2$。所以，当 $Q=1.2$ 时边际产量开始呈现出递减特征。

10. 已知生产函数 $Q=K^{0.5}L^{0.5}$。令 $P_L=1$，$P_K=2.25$，且短期中固定要素投入量为 $\overline{K}=4$。

（1）推导短期总成本、平均成本和边际成本函数。

（2）证明：当短期平均成本达到最小值时，短期平均成本等于短期边际成本。

解答：（1）把 $K=4$ 代入生产函数 $Q=K^{0.5}L^{0.5}$ 中得：$Q=2L^{0.5}$，$L=\dfrac{Q^2}{4}$。

$$TC(Q)=KP_K+LP_L=4\times2.25+L$$

把 $L=\dfrac{Q^2}{4}$ 代入总成本函数，得 $TC(Q)=4\times2.25+L=9+\dfrac{Q^2}{4}$，进一步得：

$$SAC(Q)=\frac{TC}{Q}=\frac{9}{Q}+\frac{Q}{4}$$

$$SMC(Q)=TC'(Q)=\frac{Q}{2}$$

（2）由 $SAC=\dfrac{STC}{Q}$，有 $SAC'(Q) = \dfrac{Q\cdot\dfrac{dSTC}{dQ}-STC}{Q^2}$。

当短期平均成本最小时，有 $SAC'(Q) =0$，即：

$$Q\cdot\frac{dSTC}{dQ}-STC=0\Rightarrow\frac{dSTC}{dQ}-\frac{STC}{Q}=0\Rightarrow SMC-SAC=0\Rightarrow SMC=SAC$$

所以当短期平均成本达到最小值时，短期平均成本等于短期边际成本。

11. 假定某厂商的需求函数为 $Q=100-P$，平均成本函数为 $AC=\dfrac{120}{Q}+2$。

（1）求该厂商实现利润最大化时的产量、价格以及利润量。

（2）如果政府对每单位产品征税 8 元，那么，该厂商实现利润最大化时的产量、价格以及利润量又是多少？与（1）中的结果进行比较。

解答：(1) 由需求函数为 $Q=100-P$ 得 $P=100-Q$，厂商的利润函数是：

$$\pi=PQ-Q\cdot AC=(100-Q)Q-Q\left(\frac{120}{Q}+2\right)=-Q^2+98Q-120$$

实现利润最大化满足 $\pi'(Q)=-2Q+98=0$，解得 $Q=49$，$P=100-Q=51$，从而有：

$$\pi=PQ-Q\cdot AC=-Q^2+98Q-120=2\ 281$$

(2) 如果政府对每单位产品征税 8 元，平均成本变为 $AC=\frac{120}{Q}+2+8=\frac{120}{Q}+10$，厂商的利润函数是：

$$\pi=PQ-Q\cdot AC=(100-Q)Q-Q\left(\frac{120}{Q}+10\right)=-Q^2+90Q-120$$

实现利润最大化满足 $\pi'(Q)=-2Q+90=0$，解得 $Q=45$，$P=100-Q=55$，从而有：

$$\pi=PQ-Q\cdot AC=-Q^2+90Q-120=1\ 905$$

征税后最优产量下降，均衡价格上升，厂商的利润减少。

12. 已知某厂商使用 L 和 K 两种要素生产一种产品，其固定比例的生产函数为 $Q=4L+3K$。

(1) 作出等产量曲线。

(2) 边际技术替代率是多少？

(3) 讨论其规模报酬情况。

(4) 令 $P_L=5$，$P_K=3$。求 $C=90$ 时的 K、L 值以及最大产量。

(5) 令 $P_L=3$，$P_K=3$。求 $C=90$ 时的 K、L 值以及最大产量。

(6) 令 $P_L=4$，$P_K=3$。求 $C=90$ 时的 K、L 值以及最大产量。

(7) 比较 (4)、(5) 和 (6)，你得到了什么结论？

解答：(1) 由生产函数为 $Q=4L+3K$ 可得 $K=\frac{Q}{3}-\frac{4}{3}L$，由此可知等产量曲线为斜率为 $-\frac{4}{3}$ 的一条直线，如图 5-7 所示。

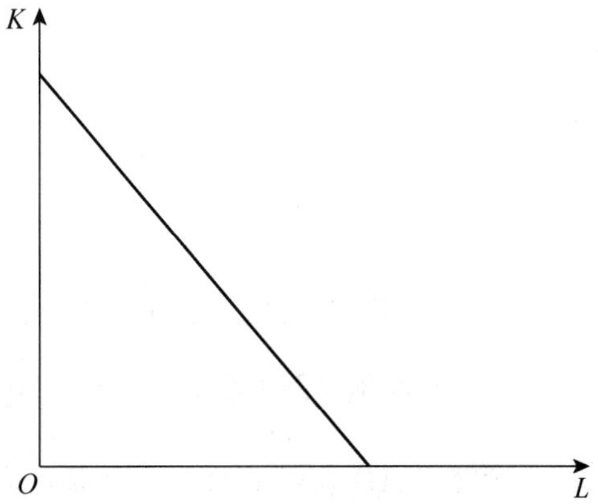

图 5-7 等产量曲线

（2）边际技术替代率为等产量曲线斜率的绝对值，所以 $MRTS_{KL}=\frac{4}{3}$，是个常数。

（3）当所有生产要素使用量都变动 λ 倍时，$f(\lambda L, \lambda K)=4\lambda L+3\lambda K=\lambda f(L, K)$，导致产量也变动 λ 倍，所以该生产函数规模报酬不变。

（4）本题生产函数的边际技术替代率为 $MRTS_{KL}=\frac{4}{3}$，给定的厂商预算线方程（等成本线）$5L+3K=90$ 所对应的厂商预算线的斜率绝对值为 $\frac{P_L}{P_K}=\frac{5}{3}$，即所有等产量曲线的斜率绝对值小于厂商预算线的斜率绝对值。

在此题中，厂商的决策原则是厂商在预算线（投入成本）既定的情况下实现最大的产量。

如图 5-8（a）所示，三条平行的等产量曲线 Q_1、Q_2 和 Q_3 的斜率绝对值均小于厂商的预算线 AB 的斜率绝对值，等产量曲线与预算线 AB 所能达到的最大产量对应等产量曲线 Q_3 与厂商预算线的交点 A 点，厂商的全部成本都用来购买要素 K，要素 L 的使用量为零。于是，厂商的要素使用量为 $K=90\div3=30$，$L=0$，最大产量 $Q=4L+3K=4\times0+3\times30=90$。

等产量曲线的斜率绝对值表示保持产量不变，厂商在生产中用 1 单位要素 L 可以替代约 1.3 单位要素 K。预算线的斜率绝对值表示在市场上厂商按要素价格可以用 1 单位要素 L 换取约 1.7 单位要素 K。因此，厂商自然会全部使用要素 K。而要素 L 的使用量为零。或者，也可以这样理解，等产量曲线的斜率绝对值表示保持产量不变，厂商在生产中用 1 单位要素 K 能替代 0.75 单位要素 L；预算线的斜率绝对值表示在市场上厂商按要素价格用 1 单位要素 K 也只能换取 0.6 单位要素 L。由此，厂商自然不会使用要素 L，而全部使用要素 K，即 $K=30$，$L=0$。

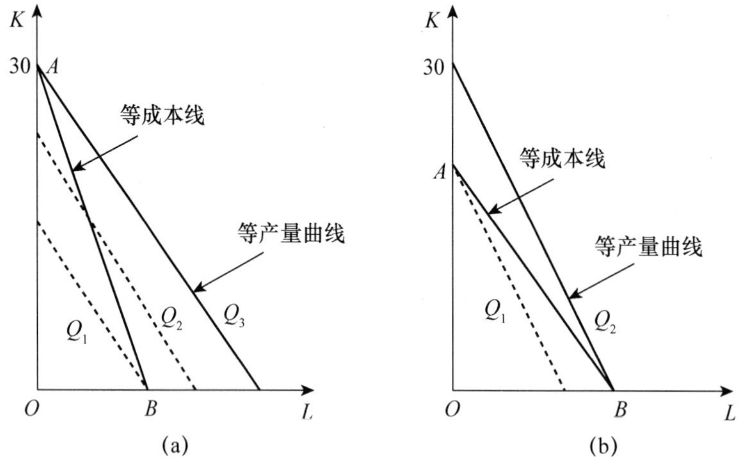

图 5-8

（5）根据题意，如图 5-8（b）所示，生产函数 $Q=4L+3K$ 所对应的等产量曲线的斜率绝对值 $MRTS_{KL}=\frac{4}{3}$，它大于厂商预算线方程 $3L+3K=90$ 所对应的预算线的斜率绝对值 $\frac{3}{3}=1$，等产量曲线 Q_2 与预算线 AB 在横轴的交点 B 是厂商实现最大产量的均衡点。

在 B 点，厂商的全部成本都用来购买要素 L，要素 K 的使用量为零。于是，厂商的要素 L 使用量为 $L=90/3=30$，$K=0$，最大产量 $Q=4L+3K=4\times30+3\times0=120$。

与（4）中的原因类似，在等产量曲线的斜率绝对值大于预算线的斜率绝对值时，即在 $MRTS_{KL}=\frac{4}{3}>\frac{P_L}{P_K}=\frac{3}{3}=1$ 时，不等式左边表示在保持产量不变时，厂商在生产中用 1 单位要素 L 可以替代约 1.3 单位要素 K；不等式右边表示在市场上厂商按要素价格可以用 1 单位要素 L 换取 1 单位要素 K。

由此，厂商自然会全部使用要素 L，而要素 K 的使用量为零，即 $L=30$，$K=0$。

（6）根据题意，生产函数 $Q=4L+3K$ 所对应的等产量曲线 Q 的斜率绝对值仍然为 $MRTS_{KL}=\frac{4}{3}$，刚好等于预算线方程 $4L+3K=90$ 所对应的预算线的斜率绝对值 $\frac{P_L}{P_K}=\frac{4}{3}$，此时，等产量曲线 Q_2 与预算线 AB 重合。这意味着厂商实现最大产量的均衡点可以位于该重合线上的任何位置，即有 $L\geqslant0$，$K\geqslant0$，且满足预算约束条件 $4L+3K=90$。然后，将 L 和 K 值代入生产函数 $4L+3K=90$ 得到最大产量为 $Q=4L+3K=90$。

厂商这种选择背后的经济原因是：在等产量曲线的斜率绝对值等于预算线的斜率绝对值，即 $MRTS_{KL}=\frac{4}{3}=\frac{P_L}{P_K}=\frac{4}{3}$ 时，等式左边表示厂商在生产中用 1 单位要素 L 可以替代约 1.3 单位要素 K，且保持产量不变；等式右边表示在市场上厂商按要素价格也可以用 1 单位要素 L 换取约 1.3 单位要素 K。因此，厂商总会按照这一固定的比例来购买并在生产中使用要素 L 和要素 K，至于要素 L 和要素 K 的具体使用数量是无关紧要的，只要满足预算约束条件 $C=4L+3K=90$ 就可以了。

（7）比较以上（4）、（5）和（6），可以得到一样的结论：

①对于固定替代比例的生产函数而言，如果等产量曲线的斜率绝对值小于厂商预算线的斜率绝对值，则厂商生产的均衡点位于等产量曲线与预算线在纵轴的交点。

②如果等产量曲线的斜率绝对值大于厂商预算线的斜率绝对值，则厂商生产的均衡点位于等产量曲线与预算线在横轴的交点。

在以上两种情况中，均衡点为角解，厂商只使用一种要素进行生产，另一种要素使用量为零。

③如果等产量曲线的斜率绝对值等于厂商预算线的斜率绝对值，即两线重合，则厂商生产的均衡点可以发生在该重合线上的任意位置，只需满足预算约束条件即可。

三、论述题

1. 试画图说明短期成本曲线相互之间的关系。

解答：要点如下：

（1）短期成本曲线有三类七种，共 7 条，分别是：总成本 TC 曲线、总可变成本 TVC 曲线、总固定成本 TFC 曲线，相应的平均成本 AC 曲线、平均可变成本 AVC 曲线、平均固定成本 AFC 曲线，以及边际成本 MC 曲线。

（2）MC 与 MP 呈对偶关系。从短期生产的边际报酬递减规律出发，可以得到短期边

际成本 MC 曲线是 U 形的，MC 曲线的 U 形特征是推导和理解其他短期成本曲线的基础。

（3）TC 曲线或 TVC 曲线的斜率等于对应产量的 MC。MC 曲线的下降段对应 TC 曲线和 TVC 曲线的斜率递减段，二者以递减的速度递增；MC 曲线的上升段对应 TC 曲线和 TVC 曲线的斜率递增段，二者以递增的速度递增；MC 曲线的最低点分别对应的是 TC 曲线和 TVC 曲线的拐点。

（4）原点与 TC 曲线上的点的连线的斜率为对应产量的 AC。TC 曲线一定有一条从原点出发的切线，切点为 C'，该切线以其斜率表示最低的 AC。这就是说，图 5－9 中当 $Q=Q_3$ 时，AC 曲线的最低点 C 和 TC 曲线的切点 C' 一定处于同一条垂线上。

原点与 TVC 曲线上的点的连线的斜率为对应产量的 AVC。AVC 曲线达到最低点 B 时，TVC 曲线一定有一条从原点出发的切线，切点为 B'，该切线以其斜率表示最低的 AVC。这就是说，图 5－9 中当 $Q=Q_2$ 时，AVC 曲线的最低点 B 和 TVC 曲线的切点 B' 一定处于同一条垂线上。

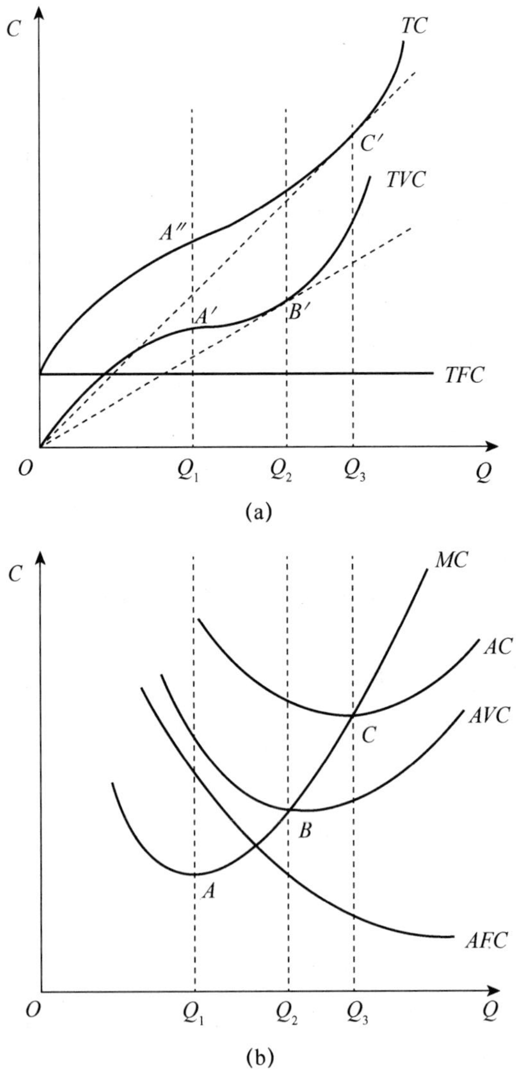

(b)

图 5－9

（5）一般来说，平均量与边际量之间的关系是：只要边际量大于平均量，则平均量上升；只要边际量小于平均量，则平均量下降；当边际量等于平均量时，则平均量达到最值（即最大值或最小值）。由此出发，可以根据 *MC* 曲线的 U 形特征来推导和解释 *AC* 曲线和 *AVC* 曲线。*MC* 曲线分别在 *AVC* 曲线和 *AC* 曲线的最低点与它们相交。*AC* 曲线与 *MC* 曲线一定相交于 *AC* 曲线的最低点 *C*，在 *C* 点之前，$MC<AC$，则 *AC* 曲线是下降的；在 *C* 点之后，$MC>AC$，则 *AC* 曲线是上升的。类似地，*AVC* 曲线与 *MC* 曲线相交于 *AVC* 曲线的最低点 *B*。在 *B* 点之前，$MC<AVC$，则 *AVC* 曲线是下降的；在 *B* 点之后，$MC>AVC$，则 *AVC* 曲线是上升的。

（6）*AC* 曲线落后于 *AVC* 曲线达到最低点。

（7）由于 $AFC=TFC/Q$，所以，*AFC* 曲线是一条斜率为负的曲线。*AFC* 随着产量的增加而递减。而且，又由于 $AC=AVC+AFC$，$AFC=AC-AVC$，所以，在每一个产量上的 *AC* 曲线和 *AVC* 曲线之间的垂直距离都等于该产量上的 *AFC* 曲线的高度。

（8）$STC=TVC+TFC$，*TFC* 是一个常数，*TFC* 曲线是一条水平线，*TC* 曲线和 *TVC* 曲线之间的垂直距离刚好等于不变的 *TFC* 值。

（9）*AC* 曲线、*AVC* 曲线、*MC* 曲线都呈 U 形。

2. 有人认为："既然长期平均成本 *LAC* 曲线是无数条短期平均成本 *SAC* 曲线的包络线，它表示在长期对于所生产的每一个产量水平厂商都可以将平均成本降到最低，那么，长期平均成本 *LAC* 曲线一定与所有的短期平均成本 *SAC* 曲线相切于各 *SAC* 曲线的最低点。"你认为这句话正确吗？请说明理由。

解答：不正确。

长期平均成本 *LAC* 曲线是无数条短期平均成本 *SAC* 曲线的包络线，表示厂商在长期内按产量平均计算的最低总成本。*LAC* 曲线与各条 *SAC* 曲线相切的切点，并不都在各 *SAC* 曲线的最低点。当 *LAC* 曲线处于下降的递减阶段时，与 *SAC* 曲线相切于各 *SAC* 曲线最低点的左边（如图 5－10 中的 *a* 点）；当 *LAC* 曲线处于上升的递增阶段时，与 *SAC* 曲线相切于各 *SAC* 曲线最低点的右边（如图 5－10 中的 *c* 点）；只有在 *LAC* 曲线处于最低点时才与 *SAC* 曲线相切于 *SAC* 曲线的最低点（如图 5－10 中的 *b* 点）。出现这种情况是由于 *LAC* 曲线所反映的规模效益随着生产规模的扩大而呈现出递减、不变、递增的变化。

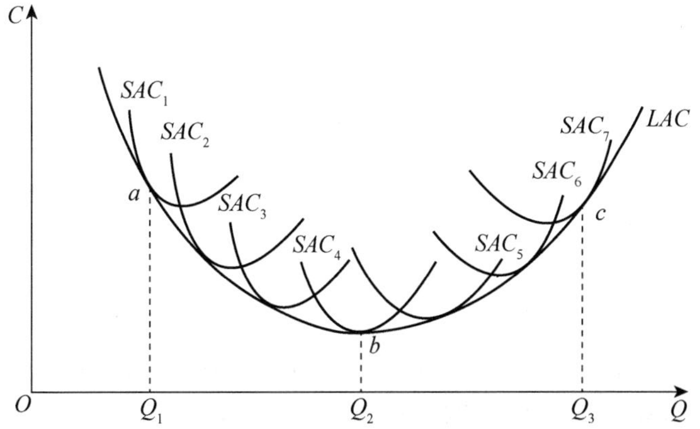

图 5－10

3. 请说明决定长期平均成本 LAC 曲线形状和位置的因素。

解答：（1）长期平均成本曲线呈先降后升的 U 形特征，这是由长期生产中的规模经济和规模不经济决定的。在企业生产扩张的开始阶段，厂商由于扩大生产规模而使经济效益得到提高，称为规模经济，此时厂商产量增加的倍数大于成本增加的倍数。当生产扩张到一定的规模以后，厂商继续扩大生产规模，就会使经济效益下降，这便是规模不经济，此时厂商产量增加的倍数小于成本增加的倍数。一般来说，在企业的生产规模由小到大的扩张过程中，会先后出现规模经济和规模不经济：规模经济导致长期平均成本下降，规模不经济导致长期平均成本上升。因此，正是由于长期生产的规模经济和规模不经济的作用，LAC 曲线呈现出先下降后上升的 U 形特征。

（2）决定长期平均成本 LAC 曲线位置的因素是企业的外在经济和外在不经济。企业的外在经济是由于厂商的生产活动所依赖的外界环境得到改善而产生的。例如，整个行业的发展可以使行业内的单个厂商从中受益。相反，如果厂商的生产活动所依赖的外界环境恶化了，则会产生企业的外在不经济。如图 5－11 所示，企业的外在经济使 LAC_1 曲线向下移至 LAC_2 曲线的位置。相反，企业的外在不经济使 LAC_2 曲线向上移至 LAC_1 曲线的位置。

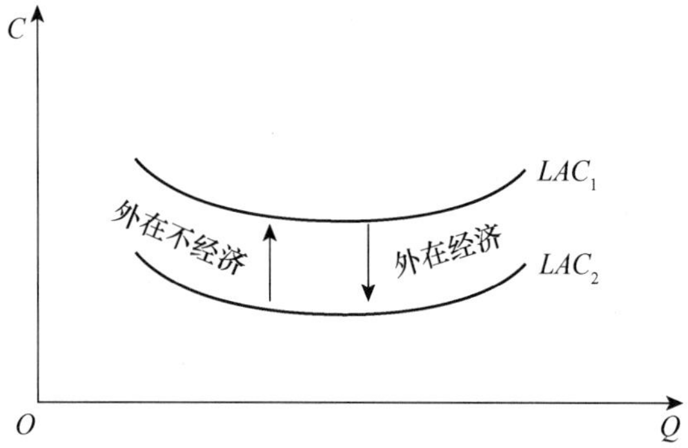

图 5－11　长期平均成本曲线的移动

4. 比较消费者选择理论中的无差异曲线分析法与生产技术和成本理论中的等产量曲线分析法。

解答：（1）不同点。

a. 含义不同：无差异曲线表示能给消费者带来同等程度满足的两种商品的不同数量组合的点的轨迹。等产量曲线是在一定的技术条件下，生产同一产量的两种可变生产要素的各种不同组合的轨迹。

b. 研究的对象不同：无差异曲线主要用于分析消费者行为中不同的消费组合所带来的相同效用；而等产量曲线主要用于分析生产者的不同的生产要素投入所带来的相同的产出。

c. 斜率绝对值名称不同：无差异曲线的斜率绝对值称为边际替代率；等产量曲线的斜率绝对值称为边际技术替代率。

d. 投入品和产出品不同：无差异曲线研究的投入是消费品，产出是效用；等产量曲线研究的投入是生产要素，产出是产品与服务。

（2）相同点。

a. 一般形状相同和特征相同：第一，都是向右下方倾斜的曲线，斜率都是负值。第二，距离原点越远的曲线所代表的投入越多，产出也越多。第三，任何两条曲线都不能相交。第四，曲线通常是凸向原点的，斜率的绝对值是递减的。

b. 都是研究投入与产出之间的关系。

第二部分 精编习题

一、名词解释

1. 机会成本
2. 显（性）成本
3. 隐（性）成本
4. 经济利润
5. 正常利润
6. 规模经济
7. 规模不经济
8. 外在经济
9. 外在不经济
10. 等成本线
11. 边际成本
12. 扩展线
13. 干中学
14. 沉没成本

二、单项选择题

1. 经济学分析中所说的短期是指（ ）。

A. 1 年之内

B. 2 年之内

C. 全部生产要素都可随产量调整的时期

D. 厂商来不及调整全部生产要素数量的时期

E. 以上均不正确

2. 固定成本是指（ ）。

A. 厂商在短期内必须支付的不能调整的生产要素的费用

B. 厂商要增加产量所要增加的费用

C. 厂商购进生产要素时所要支付的费用

D. 厂商支付的工资

3. 已知产量为 9 单位时，总成本为 95 元，10 单位产品的平均成本为 10 元，由此可知边际成本为（ ）。

A. 5 元 B. 10 元 C. 15 元 D. 20 元

E. 以上均不正确

4. 如果生产 10 单位产品的总成本是 100 美元，生产第 11 单位的边际成本是 21 美元，那么（ ）。

A. 第 11 单位产品的 *TVC* 是 21 美元 B. 第 10 单位的边际成本是 21 美元

C. 11 单位产品的平均成本是 11 美元 D. 第 12 单位的平均成本是 12 美元

5. 随着产量的增加，短期固定成本（ ）。

A. 增加 B. 不变

C. 减少　　D. 有可能增加，也有可能减少
E. 以上均不正确

6. 随着产量的增加，短期平均固定成本（　　）。
A. 在开始时减少，然后趋于增加　　B. 一直趋于减少
C. 一直趋于增加　　D. 不变
E. 在开始时增加，然后趋于减少

7. 随着产量的增加，短期平均可变成本（　　）。
A. 先减少后增加　　B. 先增加后减少
C. 按一定的固定比率在增加　　D. 保持不变
E. 不按一定的固定比率在增加

8. 假如增加一单位产量所带来的边际成本大于产量增加前的平均可变成本，那么在产量增加后，平均可变成本一定（　　）。
A. 减少　　B. 增加
C. 不变　　D. 处于最低点
E. 以上都不正确

9. 当 AC 达到最低点时，下列哪一项是正确的？（　　）。
A. $AVC=FC$　　B. $MC=AC$
C. $P=AVC$　　D. $P=MC$
E. $MR=MC$

10. 从原点出发与 TC 曲线相切的直线的斜率等于（　　）。
A. AC 的最低点的值　　B. 对应点的 MC 值
C. AVC 与 AFC 之和　　D. 以上都成立

11. 关于经济成本与经济利润的说法正确的是（　　）。
A. 前者比会计成本大，后者比会计利润小
B. 前者比会计成本小，后者比会计利润大
C. 两者都比相应的会计成本和会计利润小
D. 两者都比相应的会计成本和会计利润大

12. 某先生辞去月薪 2 000 元的工作，取出自有存款 10 万元（月息为 1%），办了一个独资企业，则该先生自办企业，全部自有生产要素按月计算的机会成本是（　　）。
A. 2 000 元　　B. 1 000 元　　C. 3 000 元　　D. 102 000 元

13. 被用于自己开厂的自有资本的利息属于（　　）。
A. 显成本　　B. 隐成本
C. 机会成本　　D. B 和 C

14. 对应于边际收益递减阶段，STC 曲线（　　）。
A. 以递增的速率上升　　B. 以递增的速率下降
C. 以递减的速率上升　　D. 以递减的速率下降

15. 一条直线通过原点，并且从下方与 STC 曲线相切，在切点处 SAC（　　）。
A. 达到最小值　　B. 等于 SMC
C. 等于 AVC 加 AFC　　D. 以上都对

16. 在存在规模经济的情形下，边际成本与平均成本的关系应是（　　）。

A. 边际成本小于平均成本　　B. 边际成本大于平均成本

C. 边际成本等于平均成本　　D. 边际成本与平均成本无关

17. 规模经济和规模不经济解释了（　　）。

A. 固定成本和变动成本的不同

B. 为什么企业的短期边际成本曲线穿过短期平均变动成本曲线的最低点

C. 为什么企业的长期平均成本曲线为 U 形

D. 利润最大化的生产水平

18. 短期生产成本由（　　）。

A. 显成本构成　　B. 显成本加可变成本构成

C. 固定成本加可变成本构成　　D. 固定成本加隐成本构成

19. 当产出增加时，*LAC* 曲线下降，这是由于（　　）。

A. 规模不经济　　B. 规模经济

C. 收益递减规律的作用　　D. 上述都正确

20. 如果一个企业正经历规模报酬不变阶段，则 *LAC* 曲线是（　　）。

A. 上升的　　B. 下降的

C. 垂直的　　D. 水平的

21. *LAC* 曲线（　　）。

A. 当 $LMC<LAC$ 时下降，而当 $LMC>LAC$ 时上升

B. 通过 *LMC* 曲线的最低点

C. 随着 *LMC* 曲线下降而下降，随着 *LMC* 曲线上升而上升

D. 呈 U 形是由外在经济和外在不经济决定的

22. *MC* 曲线与 *AC* 曲线相交于（　　）。

A. *AC* 曲线的最低点　　B. *MC* 曲线的最低点

C. *AC* 曲线上的任一点　　D. *MC* 曲线上的任一点

23. 某厂商每年从企业的总收入中取出一部分作为自己所提供生产要素的报酬，这部分资金被视为（　　）。

A. 固定成本　　B. 隐成本

C. 会计成本　　D. 生产成本

24. 在长期中，不存在（　　）。

A. 不变成本　　B. 平均成本

C. 机会成本　　D. 隐成本

25. 不随产量变动而变动的成本称为（　　）。

A. 平均成本　　B. 不变成本

C. 长期成本　　D. 总成本

26. 边际成本低于平均成本时（　　）。

A. 平均成本上升　　B. 平均成本下降

C. 成本下降　　D. 平均可变成本上升

27. 对应于边际产量的递增阶段，短期总成本曲线（　　）。

A. 以递增的速率上升　B. 以递增的速率下降
C. 以递减的速率上升　D. 以递减的速率下降

28. 长期总成本曲线是各种产量（　　）。
A. 最低成本点的轨迹　B. 最低平均成本点的轨迹
C. 最低边际成本点的轨迹　D. 平均成本变动的轨迹

29. 长期边际成本曲线呈 U 形的原因是（　　）。
A. 厂商的生产由规模经济向规模不经济变动
B. 边际效用递减规律
C. 生产规律
D. 劳动产出递减规律

30. 在短期生产中，边际产量的递增阶段对应的是边际成本的（　　）。
A. 递增阶段　B. 递减阶段
C. 达到最小值　D. 不确定

31. 当 TC 曲线和 TVC 曲线达到拐点时（　　）。
A. AC 曲线达到最小值　B. AVC 曲线达到最小值
C. MC 曲线达到最小值　D. 不确定

32. 任何产量水平上的 AFC 值都可以由连接原点到（　　）上的相应的点的线段的斜率给出。
A. TC 曲线　B. TVC 曲线
C. MC 曲线　D. TFC 曲线

33. 在短期内，随着产量的不断增加，AVC 的值（　　）。
A. 先是递减的，达到最小值后再递增
B. 先是递增的，达到最大值后再递减
C. 一直趋于递减
D. 一直趋于递增

34. 短期成本变动的决定因素是（　　）。
A. 边际效用递减规律　B. 边际报酬递减规律
C. 边际替代率递减规律　D. 规模报酬递减

35. MC 曲线和 AVC 曲线的交点与（　　）是对应的。
A. MP_L 曲线和 AP_L 曲线的交点
B. MC 曲线和 AC 曲线的交点
C. AVC 曲线和 AFC 曲线的交点
D. 不确定

36. 平均可变成本 AVC 和平均产量 AP_L 两者的变动方向是（　　）。
A. 相同的　B. 相反的　C. 无关　D. 不确定

37. 厂商使用或购买他人所拥有的生产要素时的成本支付，称为（　　）。
A. 机会成本　B. 显成本
C. 隐成本　D. 生产成本

38. （　　）通常指厂商对自己所提供的企业家才能的报酬支付。

A. 经济利润　　B. 正常利润
C. 显成本　　D. 机会成本

39. 隐成本是从机会成本的角度按照企业自有生产要素在其他用途中所能得到的（　　）来支付的。
A. 最低收入　　B. 正常收入
C. 最高收入　　D. 总收入

40. 下列说法错误的是（　　）。
A. 正常利润属于成本
B. 经济利润中不包括正常利润
C. 经济利润等于平均收益减去边际成本
D. 当厂商的经济利润为零时，厂商仍然得到全部的正常利润

41. 等成本线向外平行移动的原因可能是（　　）。
A. 产量提高了　　B. 成本增加了
C. 生产要素价格按相同的比例上升了　　D. 以上都正确

42. 等成本线绕着它与纵轴（代表生产要素 Y）的交点向外移动意味着（　　）。
A. 生产要素 Y 的价格下降了　　B. 生产要素 X 的价格上升了
C. 生产要素 X 的价格下降了　　D. 上述说法都不正确

43. 在以横轴表示生产要素 X、纵轴表示生产要素 Y 的坐标系中，等成本线的斜率等于−2，这表明（　　）。
A. $P_X/P_Y=2$　　B. $Q_X/Q_Y=2$
C. $P_Y/P_X=2$　　D. 上述都不正确

44. 已知等成本线与等产量曲线既不相交也不相切，此时，要达到等产量曲线所表示的产出水平，应该（　　）。
A. 增加投入　　B. 保持原投入不变
C. 减少投入　　D. A 或 B

45. 若等成本线与等产量曲线相交，表明要生产等产量曲线所表示的产量水平（　　）。
A. 还可以减少成本支出　　B. 不能再减少成本支出
C. 应该再增加成本支出　　D. 上述都不正确

46. 生产理论中的扩展线和消费理论中的（　　）类似。
A. 价格—消费曲线　　B. 恩格尔曲线
C. 收入—消费曲线　　D. 预算线

47. 当某厂商以既定的成本生产出最大产量时，它（　　）。
A. 一定获得了最大利润　　B. 一定没有获得最大利润
C. 是否获得了最大利润，还无法确定　　D. 经济利润为零

48. 在生产理论中，图 5-12 中曲线的经济学名称是（　　）。
A. 等成本线　　B. 等斜线
C. 等产量曲线　　D. 扩展线

49. 在图 5-12 中曲线和直线相切，不可以反映的经济事实是（　　）。
A. $MRTS_L=\frac{w}{r}$　　B. 规模报酬不变

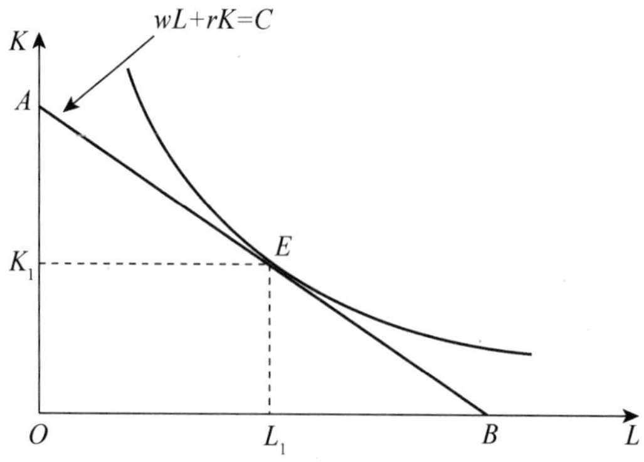

图 5－12

C. $\frac{MP_L}{w}=\frac{MP_K}{r}$　　D. 满足边际产量均等法则

50. 图 5－13 为两种可变要素生产理论的图形，在 a 点处（　　）。

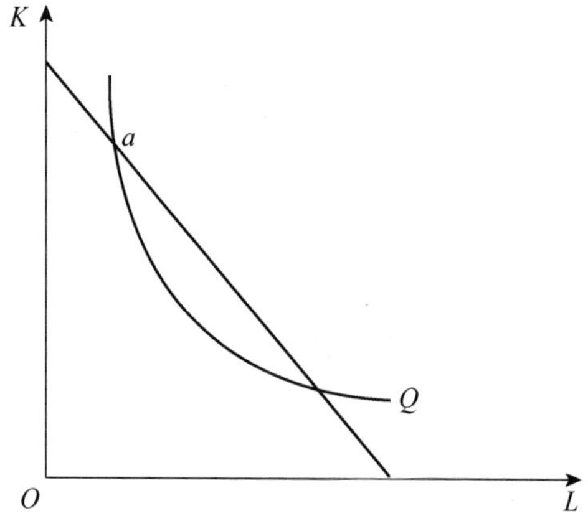

图 5－13

A. $MP_L/MP_K>P_L/P_K$　　B. $MP_L/MP_K<P_L/P_K$

C. $MP_L/MP_K=P_L/P_K$　　D. $MP_L/MP_K>-P_L/P_K$

三、多项选择题

1. 下列项目中可称为可变成本的是（　　）。

A. 企业家的薪金　　B. 生产工人的工资

C. 厂房和机器设备的折旧　　D. 库存费用

E. 原料、燃料方面的支出

2. 短期边际成本曲线与短期平均成本曲线相交之后（　　）。

A. 边际成本等于平均成本　　B. 边际成本大于平均成本

C. 边际成本小于平均成本　　D. $MC'>MP'$

E. 以上任何一种情况都有可能

3. 假定 2 个人一天可以生产 60 单位产品，4 个人一天可以生产 100 单位产品，那么（ ）。

A. AVC 是下降的　　B. AVC 是上升的

C. $MP_L < AP_L$　　D. $MP_L = 40$

E. AP_L 是下降的

4. 在一定产量水平上的总成本等于（ ）之和。

A. TFC　　B. TVC　　C. AVC　　D. MC

5. 在短期生产中，MC 曲线穿过（ ）的最低点。

A. AFC　　B. AVC　　C. AC　　D. TC

6. 在短期生产中，当 MC 曲线处于最低点时，（ ）处于拐点上。

A. TFC　　B. TVC　　C. AC　　D. TC

7. 经济成本由（ ）之和组成。

A. 交易成本　　B. 显成本　　C. 隐成本　　D. 会计成本

8. 短期生产成本由（ ）之和组成。

A. 不变成本　　B. 显成本　　C. 会计成本　　D. 可变成本

9. 长期生产中的成本可以划分为（ ）。

A. 总成本　　B. 平均成本　　C. 边际成本　　D. 固定成本

10. 当边际成本递减时，（ ）曲线以递减的速率上升。

A. TC 曲线　　B. TVC 曲线　　C. TFC 曲线　　D. MC 曲线

11. 对于生产函数 $Q=f(L, K)$ 和成本方程 $C=w \cdot L+r \cdot K$ 来说，在最优的生产要素组合点上应该有（ ）。

A. $MRTS_L=\frac{w}{r}$　　B. 等产量曲线和等成本线相切

C. $\frac{MP_L}{w}=\frac{MP_K}{r}$　　D. 满足边际产量均等法则

12. 等成本线的经济含义有（ ）。

A. 等成本线的斜率是两种要素价格的负比率

B. 等成本线是在技术水平不变的条件下生产同一产量的两种生产要素投入量的所有不同组合的轨迹

C. 等成本线是在成本和生产要素价格既定的条件下生产者可以购买到的两种生产要素的各种数量组合点的轨迹

D. 等成本线的斜率表明在不改变成本支出的情况下，两种要素相互替代的比率

13. 在长期单个商品平均成本下降的原因有（ ）。

A. 规模经济　　B. 干中学　　C. 外在经济　　D. 内在不经济

四、判断题

1. 经济学分析中所说的短期是指 1 年以内。（ ）

2. 在短期内，所有生产要素的数量均不能调整。（　）
3. 厂商增加一单位产量时所增加的可变成本等于边际成本。（　）
4. 在长期中无所谓固定成本与可变成本之分。（　）
5. 短期总成本曲线与长期总成本曲线都是从原点出发向右上方倾斜的一条曲线。（　）
6. 短期边际成本曲线和短期平均成本曲线一定相交于平均成本曲线的最低点。（　）
7. 在进行多方案决策时，某一方案的机会成本是指决策者为采取该方案而放弃的所有其他方案的利益。（　）
8. 长期平均成本实际上就是平均可变成本。（　）
9. 在经济学中，企业的生产成本要从会计成本的角度来理解。（　）
10. 当边际成本递增时，平均成本也是递增的。（　）
11. MC 一开始递减是由生产中的边际收益递增引起的。（　）
12. LAC 曲线的上升是由边际产量递减引起的。（　）
13. 固定成本与产量的变动无关。（　）
14. 在总收益等于总成本时，厂商的正常利润为零。（　）
15. 机会成本对任何资源的配置都有意义。（　）
16. 由于固定成本不随产出变化而变化，因而 AFC 也不随产出变化而变化。（　）
17. 一般随着产量的增加，边际成本总是递增的。（　）
18. LAC 曲线相切于 SAC 曲线的最低点。（　）
19. 短期总成本总是大于长期总成本。（　）
20. 如果产量减少到零，短期内总成本也将为零。（　）
21. 企业运用生产要素 A 和 B 生产商品 X，如果 $MP_A=20$，$MP_B=9$，$P_A=4$，$P_B=3$，企业就应该增加 B 的使用量。（　）
22. 如果生产要素 A 的边际产量 MP_A 与 A 的使用量之积总是等于要素 B 的边际产量 MP_B 与 B 的使用量之积，那么，如果 A 的价格是 B 的两倍，则一个追求成本最小化的企业应该使用两倍于 A 的 B 要素量。（　）
23. 某厂商每年从企业的总收入中取出一部分作为自己所提供生产要素的报酬，这部分资金被视为固定成本。（　）
24. 经济学中短期和长期的划分取决于时间长短。（　）
25. 长期成本分为长期固定成本和长期可变成本。（　）
26. 在长期中，不存在不变成本。（　）
27. 不随着产量变动而变动的成本称为平均成本。（　）
28. 厂商增加一单位产量时，所增加的总成本是边际成本。（　）
29. 随着产量的增加，平均固定成本在开始时下降，然后趋于上升。（　）
30. 边际成本低于平均成本时平均成本上升。（　）
31. 对应于边际产量的递增阶段，短期总成本曲线以递减的速率上升。（　）
32. 长期总成本曲线是各种产量上平均成本变动的轨迹。（　）
33. 长期边际成本曲线呈 U 形的原因是边际效用递减规律。（　）
34. 平均固定成本在所有产量上都是不变的。（　）
35. 如果一个企业正经历规模报酬不变阶段，则 LAC 曲线是水平的。（　）

36. 厂商产量增加的倍数大于成本增加的倍数，即为规模经济或外在经济。 ( )
37. 长期边际成本曲线是短期边际成本曲线的包络线。 ( )
38. 长期平均成本曲线是无数条短期平均成本曲线的包络线。 ( )
39. MC 曲线和 AVC 曲线的交点与 MP_L 曲线和 AP_L 曲线的交点是对应的。 ( )
40. 外在经济和外在不经济影响长期平均成本曲线的位置。 ( )
41. 厂商在既定产量下实现最小成本的两要素最优组合原则，与在既定成本下实现产量最大化的两要素最优组合原则，是不相同的。 ( )
42. 在既定成本条件下，厂商实现最优要素组合的条件是使得最后一单位的货币成本，无论用于购买何种生产要素所得的边际产量都相等，即边际产量均等法则。 ( )

五、简答题

1. 某人决定暑假去参加一个计算机培训班，这样，他就不能去打工赚 2 000 元。参加这个培训班学费为 2 000 元，书本费为 200 元，生活费为 1 400 元。参加这个培训班的机会成本是多少？
2. 分析为何 SAC 曲线的最低点一定在 AVC 曲线的最低点的右侧。
3. 已知厂商的生产函数，如何推导其成本函数？
4. 短期 MC 和 MP_L 之间的关系是什么？
5. 短期 AVC 与 AP_L 之间的关系是什么？
6. 说明 AC、AVC 和 MC 的关系。
7. 用图说明厂商在既定成本条件下是如何实现最大产量的最优要素组合的。
8. 用图说明厂商在既定产量条件下是如何实现最小成本的最优要素组合的。
9. 如果企业处于 $MRTS_{LK}>w/r$ 或 $MRTS_{LK}<w/r$ 的状态，企业应该分别如何调整劳动和资本的投入量，以达到最优的要素组合？

六、计算题

1. 假定一企业的平均成本函数 $AC=160/Q+5-3Q+2Q^2$，求边际成本函数。
2. 设某厂商的需求函数为 $Q=6\ 750-50P$，总成本函数为 $TC=12\ 000+0.025Q^2$，求：

(1) 利润最大化时的产量和价格。

(2) 最大利润。

3. 某公司用两个工厂生产一种产品，其总成本函数为 $TC=2Q_1^2+Q_2^2-Q_1Q_2$，其中 Q_1 表示第一个工厂生产的产量，Q_2 表示第二个工厂生产的产量。

求：当公司生产的产量为 40 时能够使得公司生产成本最小的两工厂的产量组合。

4. 李、王二人想合写一本书，他们的生产函数是 $Q=L^{1/2}\cdot W^{1/2}$，其中 Q 是写完的书的页数，L、W 分别表示李和王的工作小时数。李工作 1 小时的价格是 3 元，他已花了 900 小时来写草稿；王工作 1 小时的价格是 12 元，他将修改李的草稿并完成该书。

问：(1) 王为完成 150 页、300 页和 450 页书稿分别需花多少时间？

（2）王完成 150 页、300 页、450 页书稿的边际成本分别是多少？

5. 已知生产函数 $Q=A^{1/4}L^{1/4}K^{1/2}$；各要素价格分别为 $P_A=1$，$P_L=1$，$P_K=2$；假定厂商处于短期生产中，且 K 的投入量固定为 16。

推导：该厂商短期生产的总成本函数和平均成本函数；总可变成本函数和平均可变成本函数；边际成本函数。

6. 从甲地到乙地，可坐飞机或汽车。飞机票价是 200 美元，需飞行 2 小时。汽车票价是 100 美元，需行驶 12 小时。两位乘客的情况如下：（1）一位企业家，每小时的时间成本是 50 美元。（2）一位家庭妇女，每小时的时间成本是 5 美元。企业家和家庭妇女各应选择什么交通工具？

7. 已知厂商的生产函数为 $Q=24L^{\frac{1}{2}}K^{\frac{2}{3}}$，生产要素 L 和 K 的价格分别为 $P_L=1$ 和 $P_K=2$。

（1）求厂商的最优生产要素组合。

（2）如果资本的数量 $K=27$，求厂商的短期成本函数。

（3）求厂商的长期成本函数。

8. 已知某厂商的生产函数为 $Q=0.5L^{\frac{1}{3}}K^{\frac{2}{3}}$；当资本投入量 $K=50$ 时资本的总价格为 500，劳动的价格 $P_L=5$。

（1）求劳动的投入函数 $L=L(Q)$。

（2）求总成本函数、平均成本函数和边际成本函数。

（3）当产品的价格 $P=100$ 时，厂商获得最大利润时的产量和利润各是多少？

9. 王老五经营着一个小型企业。他以 13 000 元的年薪雇用了一个帮手，每年支付店面租金 5 000 元，并且每年要花费 21 000 元购买原材料。王老五将自有的 50 000 元资金投资在设备上，这笔资金如果投资在其他项目上能够给他带来每年 5 000 元的收入。他的竞争者愿意以 15 000 元的年薪雇用他做技术工人。每年产品产量为 110 套，每套价格为 400 元。请计算王老五经营企业的显成本、隐成本、会计利润和经济利润。

10. 已知生产函数为 $Q=\min\{L, 4K\}$。问：

（1）当产量 $Q=32$ 时，L 与 K 的值分别是多少？

（2）如果生产要素的价格分别为 $P_L=2$，$P_K=5$，则生产 100 单位产量的最小成本是多少？

七、论述题

1. 试画图从短期总成本曲线推导长期总成本曲线，并说明长期总成本曲线的经济含义。

2. 试画图从短期平均成本曲线推导长期平均成本曲线，并说明长期平均成本曲线的经济含义。

3. 试画图从短期边际成本曲线推导长期边际成本曲线，并说明长期边际成本曲线的经济含义。

第三部分 精编习题参考答案

一、名词解释

1. 机会成本：指生产者所放弃的使用相同的生产要素在其他生产用途中所能得到的最高收入。

2. 显（性）成本：指厂商在生产要素市场上购买或租用所需要的生产要素的实际支出。

3. 隐（性）成本：指厂商自己所拥有的且被用于该企业生产过程的那些生产要素的总价格。

4. 经济利润：指企业的总收益和总成本之间的差额，简称企业利润。这里总成本是显成本和隐成本之和。

5. 正常利润：指厂商对自己所提供的企业家才能的报酬支付。

6. 规模经济：在企业生产扩张的开始阶段，厂商由于扩大生产规模而使经济效益得到提高，产品的平均成本下降，也就是说，厂商产量增加的倍数大于成本增加的倍数。

7. 规模不经济：在生产扩张到一定的规模之后，厂商继续扩大生产规模，就会使经济效益下降，产品的平均成本上升，也就是说，厂商产量增加的倍数小于成本增加的倍数。

8. 外在经济：由于厂商生产活动所依赖的外界环境改善，个别厂商生产商品的成本下降、收益增加的现象。

9. 外在不经济：由于厂商生产活动所依赖的外界环境恶化，个别厂商生产商品的成本上升、收益下降的现象。

10. 等成本线：指在既定的成本和既定的生产要素价格条件下生产者可以购买到的两种生产要素的各种不同数量组合的轨迹。

11. 边际成本：厂商增加一单位产量所增加的成本。

12. 扩展线：不同的等产量曲线与不同的等成本线相切，形成一系列不同的生产均衡点，这些生产均衡点的轨迹就是扩展线。

13. 干中学：指工人、工程技术人员和生产管理者等从经验中获得生产技能和知识，从而降低长期生产成本。

14. 沉没成本：已经支付而且无法回收的成本。

二、单项选择题

1. D 2. A 3. A 4. C 5. B 6. B 7. A 8. B 9. B 10. D 11. A 12. C 13. D 14. A 15. D 16. A 17. C 18. C 19. B 20. D 21. A 22. A 23. B 24. A 25. B 26. B 27. C 28. A 29. A 30. B 31. C 32. D 33. A 34. B 35. A 36. B 37. B 38. B 39. C 40. C 41. B 42. C 43. A 44. A

45. A 46. C 47. C 48. C 49. B 50. A

三、多项选择题

1. BDE 2. BD 3. BCE 4. AB 5. BC 6. BD 7. BC 8. AD 9. ABC 10. AB 11. ABCD 12. ACD 13. ABC

四、判断题

1. (×)，经济学分析中所说的短期是指生产者来不及调整全部生产要素的数量的时期。

2. (×)，在短期内，至少一种生产要素的数量不能调整。

3. (√)。

4. (√)，在长期中无所谓固定成本与可变成本之分，一切成本都可变。

5. (×)，短期总成本曲线存在等于不变成本的正截距，不是从原点出发。长期总成本曲线是从原点出发向右上方倾斜的一条曲线。

6. (√)。

7. (×)，在进行多方案决策时，某一方案的机会成本是指决策者为采取该方案而放弃的所有其他方案中最大的利益。

8. (√)，长期平均成本实际上就是平均可变成本，因为一切成本都是可变成本。

9. (×)，在经济学中，企业的生产成本要从机会成本的角度来理解。

10. (×)，当边际成本递增时，若边际成本大于平均成本，则平均成本递增，若边际成本小于平均成本，则平均成本递减。

11. (√)。

12. (×)，*LAC* 曲线的上升是由规模不经济引起的。

13. (√)。

14. (×)，在总收益等于总成本时，经济利润为零，厂商的正常利润大于零。

15. (×)，对于稀缺的、有多种用途的资源的配置，机会成本才有意义。

16. (×)，固定成本不随产出变化而变化，因而 *AFC* 随产出增加而递减。

17. (×)，一般随着产量的增加，边际成本先减后增。

18. (×)，*LAC* 曲线是 *SAC* 曲线的包络线。*LAC* 曲线的下降部分与 *SAC* 曲线的最低点的左边相切，*LAC* 曲线的上升部分与 *SAC* 曲线的最低点的右边相切。

19. (×)，在每一产量水平短期总成本一般大于长期总成本，有时二者相等。

20. (×)，如果产量减少到零，短期内总成本将大于零，因为还存在不变成本。

21. (×)，企业运用生产要素 A 和 B 生产商品 X，如果 $MP_A=20$，$MP_B=9$，$P_A=4$，$P_B=3$，企业就应该增加 A 的使用量，因为$\frac{MP_A}{P_A}=5>\frac{MP_B}{P_B}=3$。

22. (√)。

23. (×)，某厂商每年从企业的总收入中取出一部分作为自己所提供生产要素的报酬，这部分资金被视为隐成本。

24. (×)，经济学中短期和长期的划分是以生产要素是否可调整为依据的。

25. (×)，长期成本不区分长期固定成本和长期可变成本，因为在长期全部生产要素的数量都是可以调整的。

26. (√)。

27. (×)，不随着产量变动而变动的成本称为不变成本。

28. (√)。

29. (×)，随着产量的增加，平均固定成本一直下降。

30. (×)，边际成本低于平均成本时平均成本下降。

31. (√)。

32. (×)，长期总成本曲线是各种产量上最低短期总成本变动的轨迹。

33. (×)，长期边际成本曲线呈 U 形的原因一定不是边际效用递减规律。

34. (×)，固定成本在所有产量上都是相同的。平均固定成本在所有产量上都是不同的。

35. (√)。

36. (×)，厂商产量增加的倍数大于成本增加的倍数，即为规模报酬递增，属于规模经济的一种情况，但不属于外在经济，外在经济是由于外部条件改善而使企业平均成本下降的现象。

37. (×)，长期总成本曲线、长期平均成本曲线分别是短期总成本曲线、短期平均成本曲线的包络线。但长期边际成本曲线不是短期边际成本曲线的包络线，长期边际成本曲线是对应短期边际成本的连线。

38. (√)。

39. (√)。

40. (√)。

41. (×)，厂商在既定产量下实现最小成本的两要素最优组合原则，与在既定成本下实现产量最大化的两要素最优组合原则，是相同的。

42. (√)。

五、简答题

1. **解答：**该人参加计算机培训班的机会成本应该包括他为了参加学习所放弃的打工收入和学习所需的费用。但应该注意生活费用不应包括在学习费用中，因为他不参加培训班也需要这笔生活费用（假定他无论是参加培训还是打工，生活费用都一样）。因此，机会成本就是 2 000 元+2 000 元+200 元=4 200 元。

2. **解答：**因为平均成本 *SAC* 是平均固定成本 *AFC* 和平均可变成本 *AVC* 之和。当 *AVC* 达到最小值后开始上升时，*AFC* 仍在下降。只要 *AFC* 下降的幅度大于 *AVC* 上升的幅度，*SAC* 就会继续下降；只有当 *AVC* 上升的幅度和 *AFC* 下降的幅度相等时，*SAC* 才达到最小值。故 *AVC* 曲线总是比 *SAC* 曲线先达到最低点，也就是说，*SAC* 曲线的最低点总是在 *AVC* 曲线的最低点的右侧（见图 5－14)。

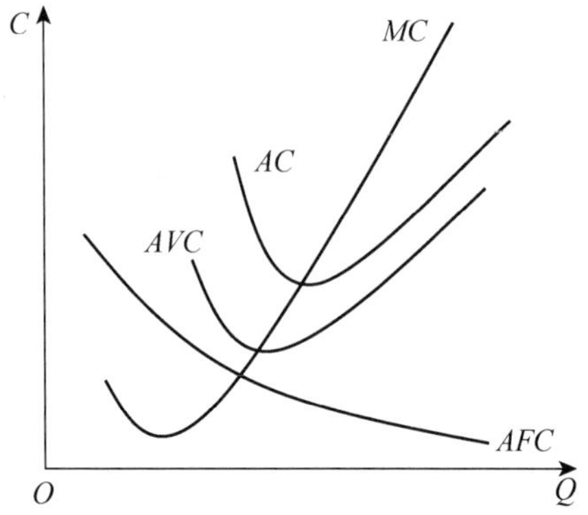

图 5-14

3. **解答：** 生产函数反映的是生产要素的投入量与产品的最大产出量之间的技术关系，成本函数反映的是产量与最低成本之间的经济关系。成本函数的确定，就是给定产量下的最低成本的确定，给定生产函数就可以推导出相应的成本函数。

假定生产函数为 $Q=f(L,K)$，成本方程为 $TC=wL+rK$，根据厂商均衡条件 $\frac{MP_L}{w}=\frac{MP_K}{r}$，求出 K 和 L 的关系式（或者构造一个拉格朗日成本函数，分别对 L、K、λ 求偏导数并使之等于零，得出 K 和 L 的关系式），将 L 和 K 代入生产函数分别得出 L 和 K 与产量 Q 的关系，把 L 和 K 与产量 Q 的关系代入成本方程即可得到成本函数。

4. **解答：** 因为 $MC(Q)=TC'(Q)=TVC'(Q)=w\cdot\frac{\mathrm{d}L}{\mathrm{d}Q}=w\cdot\frac{1}{MP_L}$，所以 MC 是 MP_L 货币化后的倒数，MP_L 与 MC 呈对偶关系。MP_L 递减，MC 递增；MP_L 递增，MC 递减。MP_L 达到最大值时，MC 达到最小值；MP_L 的顶点对应 MC 的最低点；MP_L 先增后减，呈倒 U 形。MC 先减后增，呈 U 形。MP_L 先上升达到最大值后下降的过程，必然导致 MC 先下降达到最小值后上升的过程。

5. **解答：** $AVC=\frac{TVC}{Q}=\frac{wL}{Q}=w\cdot\frac{L}{Q}=w\cdot\frac{1}{AP_L}$。

AVC 是 AP_L 货币化后的倒数。

6. **解答：** U 形的 MC 曲线与 U 形的 AC 曲线相交于 AC 曲线的最低点，与 U 形的 AVC 曲线相交于 AVC 曲线的最低点。在 AC 曲线的下降段，MC 曲线低于 AC 曲线；在 AC 曲线的上升段，MC 曲线高于 AC 曲线。类似地，在 AVC 曲线的下降段，MC 曲线低于 AVC 曲线；在 AVC 曲线的上升段，MC 曲线高于 AVC 曲线。此外，对于产量变化，边际成本 MC 要比平均成本 AC 和平均可变成本 AVC 敏感得多，即不管是下降还是上升，MC 曲线的变动都快于 AC 曲线和 AVC 曲线。

7. **解答：** 在图 5-15 中，有一条等成本线 AB 和三条等产量曲线 Q_1、Q_2 和 Q_3。等成本线 AB 的位置和斜率取决于既定的成本量 C 和两要素的价格之比 $\frac{w}{r}$。由图中可见，唯一的等成本线 AB 与其中一条等产量曲线 Q_2 相切于 E 点，该点就是生产的均衡点。它表示：在既定成本条件下，厂商应该按照 E 点的生产要素组合进行生产，即劳动投入量和资本投入量分别为 OL_1 和 OK_1，这样，厂商就会获得最大的产量。

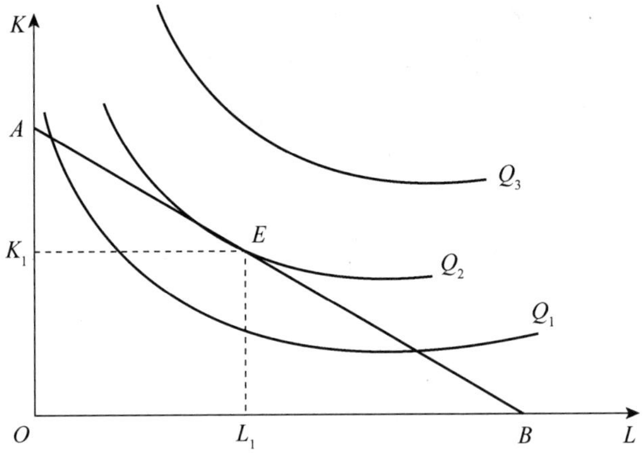

图 5-15 产量最大化

8. **解答：**在图 5-16 中，有一条等产量曲线 Q 和三条等成本线 AB、$A'B'$和 $A''B''$。唯一的等产量曲线 Q 代表既定的产量。三条等成本线具有相同的斜率（即表示两要素的价格是既定的），但代表三个不同的成本量，其中，等成本线 AB 代表的成本大于等成本线 $A'B'$，等成本线 $A'B'$代表的成本大于等成本线 $A''B''$。唯一的等产量曲线 Q 与其中一条等成本线 $A'B'$相切于 E 点，这就是生产的均衡点或最优要素组合点。它表示：在既定的产量条件下，生产者应该选择 E 点的要素组合（OL_1，OK_1），才能实现最小的成本。

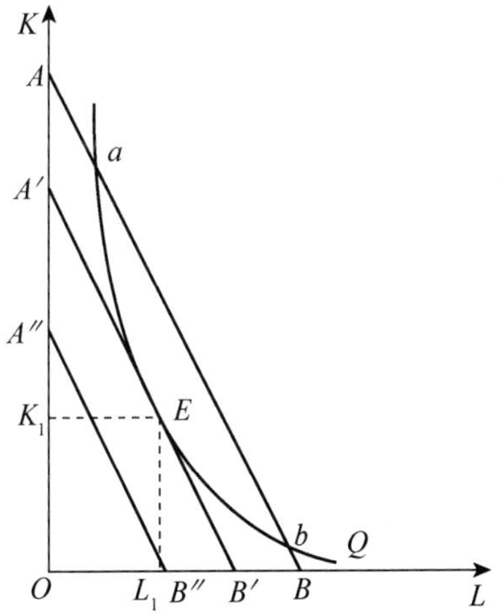

图 5-16 成本最小化

9. **解答：**当 $MRTS_{LK}>\frac{w}{r}$时，意味着$\frac{MP_L}{w}>\frac{MP_K}{r}$，企业应该增加劳动的投入，减少资本的投入；当 $MRTS_{LK}<\frac{w}{r}$时，意味着$\frac{MP_L}{w}<\frac{MP_K}{r}$，企业应该减少劳动的投入，增加资本的投入。

六、计算题

1. **解答：**由企业的平均成本函数 $AC=160/Q+5-3Q+2Q^2$ 可得总成本函数为

$STC=AC\cdot Q=160+5Q-3Q^2+2Q^3$。

所以，边际成本函数为：$MC=STC'=5-6Q+6Q^2$。

2. **解答**：（1）已知需求函数为 $Q=6\,750-50P$，可得反需求函数为：$P=\dfrac{6\,750-Q}{50}$。所以：

$$TR=P\cdot Q=\frac{6\,750-Q}{50}\cdot Q=135Q-\frac{Q^2}{50}\qquad MR=TR'=135-Q/25$$
$$TC=12\,000+0.025Q^2$$
$$MC=TC'=0.05Q$$

因为利润最大化的条件是 $MC=MR$，即 $135-\dfrac{Q}{25}=0.05Q$，解得 $Q=1\,500$。将 $Q=1\,500$ 代入反需求函数得 $P=135-Q/50=105$。

（2）$\pi=TR-TC=105\times1\,500-12\,000-0.025\times1\,500^2=89\,250$。

3. **解答**：两工厂的产量共为 40，即 $Q_1+Q_2=40$，所以有 $Q_1=40-Q_2$，将此式代入总成本函数得：$TC=2(40-Q_2)^2+Q_2^2-(40-Q_2)Q_2$。

总成本函数对 Q_2 求导得：$MC(Q_2)=-4(40-Q_2)+2Q_2-40+2Q_2=8Q_2-200$。

当 $MC(Q_2)=0$ 时，$Q_2=25$，此时总成本达到极小值，$TC=700$。对应的第一个工厂的产量 $Q_1=40-Q_2=15$。

4. **解答**：（1）由题意知 $L=900$，代入生产函数可得：$Q=L^{\frac{1}{2}}\cdot W^{\frac{1}{2}}=900^{\frac{1}{2}}\cdot W^{\frac{1}{2}}=30\cdot W^{\frac{1}{2}}$。所以：

当 $Q=150$ 时，$W=25$ 小时；

当 $Q=300$ 时，$W=100$ 小时；

当 $Q=450$ 时，$W=225$ 小时。

（2）王的成本函数为 $TC=12W$。

由（1）可知 $Q=30W^{\frac{1}{2}}$，即 $W=\dfrac{Q^2}{900}$。所以 $TC=\dfrac{12Q^2}{900}$，进而可得边际成本函数为：$MC(Q)=TC'(Q)=\dfrac{24}{900}\cdot Q=\dfrac{2}{75}\cdot Q$。所以：

当 $Q=150$ 时，$MC=4$；

当 $Q=300$ 时，$MC=8$；

当 $Q=450$ 时，$MC=12$。

5. **解答**：短期中 K 的投入量不变，为 16，因此，有短期生产函数 $Q=4A^{1/4}L^{1/4}$。

厂商短期中实现生产均衡的条件为 $MP_A/P_A=MP_L/P_L$。

将已知条件代入上式得：$A^{-3/4}L^{1/4}=A^{1/4}L^{-3/4}$，整理得 $A=L$。

所以，可以将生产函数写为 $Q=4A^{1/2}$，$A=Q^2/16=L$。

因此，短期生产的总成本函数为：$STC=A\cdot P_A+L\cdot P_L+K\cdot P_K=\dfrac{Q^2}{16}\times1+\dfrac{Q^2}{16}\times1+2\times16=\dfrac{Q^2}{8}+32$。

平均成本函数为：$SAC=\frac{STC}{Q}=\frac{Q}{8}+\frac{32}{Q}$。

总可变成本函数为：$TVC=\frac{Q^2}{8}$。

平均可变成本函数为：$AVC=\frac{TVC}{Q}=\frac{Q}{8}$。

边际成本函数为：$SMC=STC'(Q)=\frac{Q}{4}$。

6. **解答**：（1）企业家坐飞机的机会成本为：200＋50×2＝300（美元）；而坐汽车的机会成本为：100＋50×12＝700（美元）。

（2）家庭妇女坐飞机的机会成本为：200＋5×2＝210（美元）；坐汽车的机会成本为：100＋5×12＝160（美元）。

显然，正确的选择应该是乘坐机会成本最小的交通工具。所以，企业家应选择坐飞机，家庭妇女应选择坐汽车。

7. **解答**：（1）根据最优生产要素组合的条件：$\frac{MP_L}{P_L}=\frac{MP_K}{P_K}$，得：$\frac{12L^{-\frac{1}{2}}K^{\frac{2}{3}}}{1}=\frac{16L^{\frac{1}{2}}K^{-\frac{1}{3}}}{2}$，从而得到 $2L=3K$，此即为劳动与资本的最优组合。

（2）短期成本函数由下列条件决定：

$$\begin{cases}Q=f(L, K)\\ C=P_LL+P_K\end{cases}$$

整理可得：$\begin{cases}Q=24L^{\frac{1}{2}}\times 27^{\frac{2}{3}}\\ C=L+2\times 27\end{cases}$

解得：$C=\left(\frac{Q}{216}\right)^2+54$。

（3）厂商的长期成本函数由下列条件决定：

$$\begin{cases}Q=f(L, K)\\ C=P_LL+P_KK\\ \frac{MP_L}{P_L}=\frac{MP_K}{P_K}\end{cases}$$

整理可得：$\begin{cases}Q=24L^{\frac{1}{2}}K^{\frac{2}{3}}\\ C=L+2K\\ 2L=3K\end{cases}$

从生产函数和最优组合这两个方程求得 $L=\frac{Q^{\frac{6}{7}}}{6\,144^{\frac{2}{7}}}$ 和 $K=\frac{2}{3}\frac{Q^{\frac{6}{7}}}{6\,144^{\frac{2}{7}}}$，将其代入成本方程，得到厂商的成本函数为：

$$C=\frac{7}{3\times 6\ 144^{\frac{2}{7}}}Q^{\frac{6}{7}}$$

8. **解答：**（1）资本的价格 $P_K=500/50=10$。

生产者均衡的条件为 $MP_K/P_K=MP_L/P_L$，即 $0.5\times\frac{2}{3}\times L^{\frac{1}{3}}K^{-\frac{1}{3}}=\frac{0.5\times\frac{1}{3}\times L^{-\frac{2}{3}}K^{\frac{2}{3}}}{5}$。整理得 $L=K$。代入生产函数，得 $Q=0.5L^{1/3}L^{2/3}=0.5L$。

所以，劳动的投入函数 $L=L(Q)=2Q$。

（2）将 $L(Q)=2Q$ 代入成本等式，可得 $C=5L+10K=10Q+20Q=30Q$。由此得出：

总成本函数为：$TC=30Q$；

平均成本函数为：$AC=TC/Q=30$；

边际成本函数为：$MC=TC'(Q)=30$。

（3）资本的投入量 $K=50$，生产者均衡时 $L=K=50$，产量 $Q=0.5L=25$。

此时总成本 $TC=25\times 30=750$，总收益 $TR=P\cdot Q=100\times 25=2\ 500$。最大利润$=TR-TC=1\ 750$。

9. **解答：**显成本＝13 000＋5 000＋21 000＝39 000（元）；

隐成本＝5 000＋15 000＝20 000（元）；

总收益＝110×400＝44 000（元）；

会计利润＝总收益－显成本＝44 000－39 000＝5 000（元）；

经济利润＝总收益－(显成本＋隐成本)＝44 000－39 000－20 000＝－15 000（元）。

10. **解答：**（1）因为生产函数为 $Q=\min\{L,4K\}$，所以有 $Q=L=4K$。当 $Q=32$ 时，$L=32$，$K=8$。

（2）由（1）可知 $Q=L=4K$，当 $Q=100$ 时，求得 $L=100$，$K=25$。

因为 $P_L=2$，$P_K=5$，所以成本为 $TC=LP_L+KP_K=100\times 2+25\times 5=325$。

七、论述题

1. **解答：**要点如下：

（1）所谓长期总成本函数 $LTC(Q)$ 是指在其他条件不变的前提下，在每一个产量水平上，通过选择最优生产规模所达到的生产该产量的最小成本。这便是我们推导长期总成本 LTC 曲线，并进一步推导长期平均成本 LAC 曲线和长期边际成本 LMC 曲线的基础。此外，还要指出，任何一个生产规模，都可以用短期成本曲线（如 STC 曲线、SAC 曲线和 SMC 曲线）来表示。

（2）根据（1），我们推导长期总成本 LTC 曲线的方法是：LTC 曲线是无数条 STC 曲线的包络线，如图 5－17 所示。LTC 曲线表示：例如，在 Q_1 的产量水平，厂商只有选择以 STC_1 曲线所代表的最优生产规模进行生产，才能将生产成本降到最低，即相当于 aQ_1 的高度。同样，当产量水平分别为 Q_2 和 Q_3 时，则必须分别选择相应的由 STC_2 曲线和 STC_3 曲线所代表的最优生产规模进行生产，以达到各自的最低生产成本，即分别为 bQ_2 和 cQ_3 的高度。

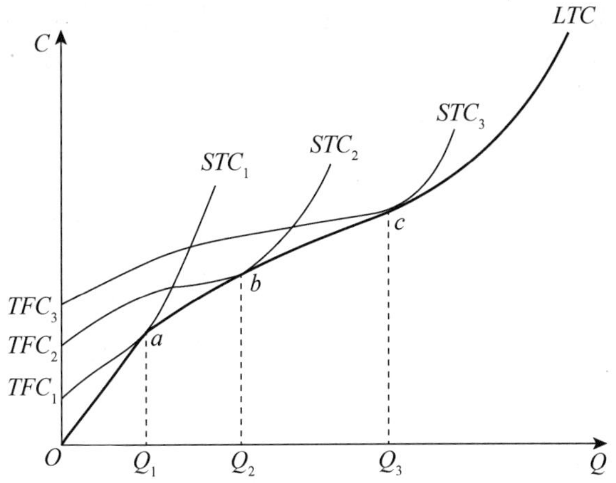

图 5-17 短期总成本曲线和长期总成本曲线

由此可得长期总成本 LTC 曲线的经济含义为：LTC 曲线表示长期内厂商在每一个产量水平上由最优生产规模所带来的最小生产总成本。

(3) 最后，还要指出的是，图中三条短期总成本曲线 STC_1、STC_2 和 STC_3 的纵截距是不同的，且 $TFC_1<TFC_2<TFC_3$，而 STC 曲线的纵截距表示相应的工厂规模的总固定成本 TFC，所以，图中 STC_1 曲线所代表的生产规模小于 STC_2 曲线所代表的，STC_2 曲线所代表的生产规模又小于 STC_3 曲线所代表的。

在长期内，所有成本都是可变的。LTC 曲线始于原点，不存在 LTC 曲线与纵坐标的截距 TFC，而 STC 曲线存在其与纵坐标的截距 TFC。

2. **解答：** 要点如下：(1) 根据推导长期成本曲线（包括 LTC 曲线、LAC 曲线和 LMC 曲线）的基本原则，我们推导长期平均成本 LAC 曲线的方法是：LAC 曲线是无数条 SAC 曲线的包络线，如图 5-18 所示。LAC 曲线表示：例如，在 Q_1 的产量水平，厂商应该选择以 SAC_1 曲线所代表的最优生产规模进行生产，这样才能将生产的平均成本降到最低，即相当于 aQ_1 的高度。同样，在产量分别为 Q_2、Q_3 时，则应该分别选择以 SAC_4 曲线和 SAC_7 曲线所代表的最优生产规模进行生产，相应的最低平均成本分别为 bQ_2 和 cQ_3。

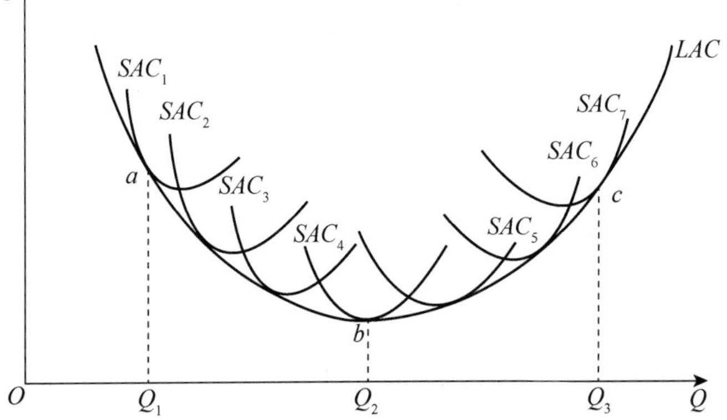

图 5-18 短期平均成本曲线和长期平均成本曲线

由此可得长期平均成本曲线的经济含义：LAC 曲线表示长期内厂商在每一个产量水平上通过选择最优生产规模所实现的最小的平均成本。LAC 曲线上的每一点都是与 SAC 曲线的切点。LAC 曲线是 SAC 曲线的包络线，但 LAC 曲线不是全部 SAC 曲线最低点的连线。该曲线上的每一点都是与厂商所能选择的与不同产量水平相对应的最佳工厂规模相联系的。

(2) LAC 曲线的 U 形特征是由长期生产的内在经济和内在不经济所决定的。进一步地，在 LAC 曲线的最低点，如图中的 b 点，LAC 曲线与相应的代表最优生产规模的 SAC 曲线相切在该 SAC 曲线的最低点。而在 LAC 曲线最低点的左边，LAC 曲线与多条代表生产不同产量水平的最优生产规模的 SAC 曲线均相切在 SAC 曲线最低点的左边；相反，在 LAC 曲线最低点的右边，LAC 曲线与相应的 SAC 曲线均相切在 SAC 曲线最低点的右边。此外，企业的外在经济将使 LAC 曲线的位置下移，而企业的外在不经济将使 LAC 曲线的位置上移。

3. **解答：**从推导 LTC 曲线的图中可得：在每一个产量 Q_i 上，由于 LTC 曲线与相应的 STC_i 曲线相切，即这两条曲线的斜率相等，故有 $LMC(Q_i)=SMC_i(Q_i)$。由此，我们便可推导出 LMC 曲线，如图 5-19 所示。在图中，例如，当产量为 Q_1 时，厂商选择的最优生产规模由 SAC_1 曲线和 SMC_1 曲线代表，且在 Q_1 时有 SMC_1 曲线与 LMC 曲线相交于 a 点，表示 $LMC(Q_1)=SMC_1(Q_1)$。同样地，在产量分别为 Q_2 和 Q_3 时，厂商选择的最优生产规模分别由 SAC_2、SMC_2 曲线和 SAC_3、SMC_3 曲线所代表，且在 b 点有 $LMC(Q_2)=SMC_2(Q_2)$，在 c 点有 $LMC(Q_3)=SMC_3(Q_3)$。

长期边际成本曲线的经济含义：LMC 曲线表示的是厂商在长期内增加一单位产量所引起的最低总成本的增量。

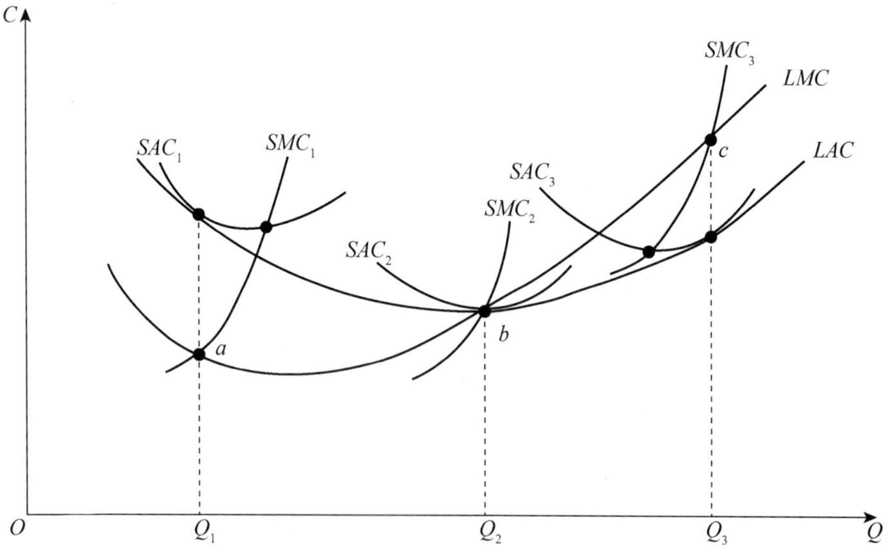

图 5-19

第六章

完全竞争市场

第一部分　课后习题详解

一、简答题

1. 请区分完全竞争市场条件下单个厂商的需求曲线、单个消费者的需求曲线以及市场的需求曲线。

解答： 单个厂商的需求曲线用来表示单个厂商所面临的在每一价格水平下市场对其产品的需求量。单个完全竞争厂商的需求曲线是由市场均衡价格出发的一条水平线，如图6-1中的 D_F 直线，而市场的均衡价格取决于市场的需求曲线 D_M 与供给曲线 S，单个完全竞争厂商只是该价格的接受者。

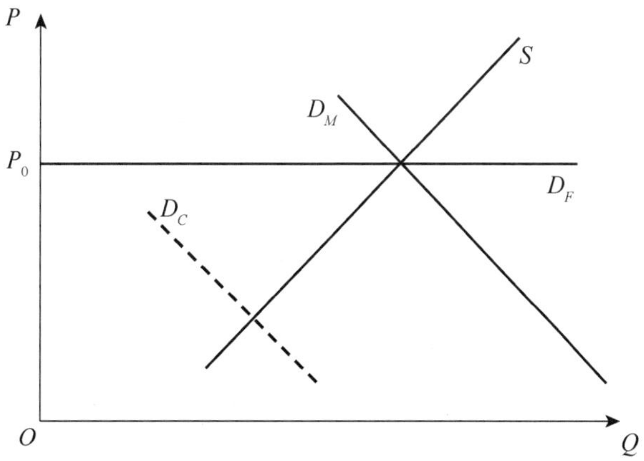

图 6-1　三种需求曲线

单个消费者的需求曲线产生于消费者追求效用最大化的行为。利用单个消费者追求效用最大化行为的消费者的价格—消费曲线可以推导出单个消费者的需求曲线 D_C，单个消费者的需求曲线一般是向右下方倾斜的。把单个消费者的需求曲线水平加总，便可以得到市场的需求曲线，市场需求曲线一般也是向右下方倾斜的。

单个厂商的需求曲线和单个消费者的需求曲线，两者之间没有直接的联系。

2. 为什么完全竞争厂商是“市场价格的接受者”？既然如此，完全竞争市场的价格还会变化吗？

解答： 由于在完全竞争市场中，厂商们生产和销售的产品是完全无差异的、同质的，又由于在完全竞争市场上有很多消费者和很多厂商，每一个行为主体的供求量占总供求量的比例很小，故经济行为主体对市场价格水平都不会产生影响，所以，厂商不是价格的制定者和影响者，完全竞争厂商是市场价格的接受者，接受某种商品的供给和需求所决定的市场价格。

完全竞争厂商是市场价格的接受者，并不是说完全竞争市场的价格是一成不变的。事实上，在市场供求力量的相互作用下，完全竞争市场的价格是经常变化的，这种变化受供求规律支配，作为市场价格的接受者，完全竞争厂商对市场价格变化是无能为力的。

3. 你认为花钱做广告宣传是完全竞争厂商获取更大利润的营销手段吗？

解答： 不是。首先，因为在完全竞争市场条件下，每一个消费者和生产者都具有完全的信息，所以，不需要广告宣传。其次，由于所有的厂商生产的产品都是完全无差异的，所以，一般不会有一个厂商去为市场上所有相同的产品做广告。最后，在完全竞争市场条件下，每一个厂商所占的市场份额都非常小，而所面临的又是无数的消费者，这样一来，每一个厂商都认为在既定的市场价格下总可以卖出它的所有产品，所以，也不需要做广告。

4. 完全竞争厂商的短期供给曲线与短期生产的要素合理投入区间之间有什么联系？

解答： 参考图 6-2，完全竞争厂商短期生产函数和短期成本函数之间的相互关系是

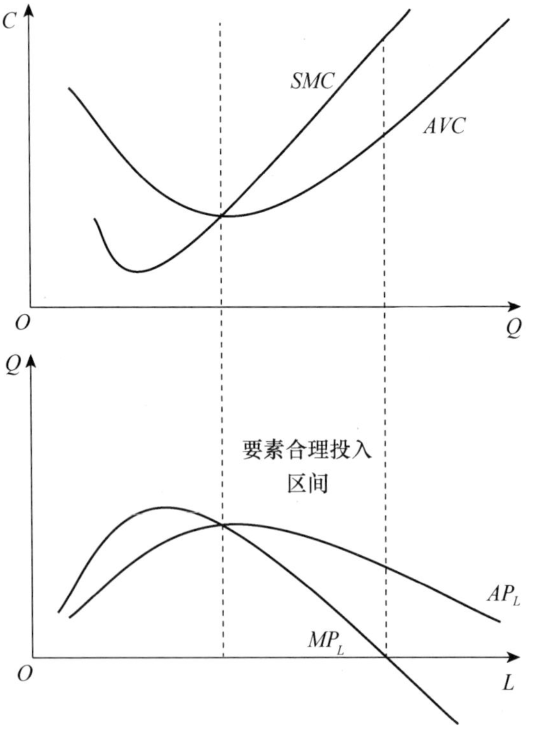

图 6-2 成本与产量曲线关系图

$SMC=w\cdot\frac{1}{MP_L}$，$AVC=w\cdot\frac{1}{AP_L}$。这两个公式可以分别理解为：在厂商短期生产的要素合理投入区间中呈下降趋势的 MP 曲线，对应着厂商 SMC 曲线的上升段；厂商短期生产的要素合理投入区间的起点，即 MP_L 曲线交于 AP_L 曲线的最高点，对应着 SMC 曲线交于 AVC 曲线的最低点。

完全竞争厂商的短期供给曲线是等于和大于 AVC 的 SMC 曲线。SMC 无限大，即 MP_L 接近零时，厂商也不会生产。所以完全竞争厂商的短期供给曲线与短期生产的要素合理投入区间相对应。起点对应于 AP_L 曲线和 MP_L 曲线的交点即 AP_L 的最高点，终点对应于 $MP_L=0$，在短期生产的要素合理投入区间中 MP_L 曲线呈下降状。换言之，如果完全竞争厂商处于短期生产的要素合理投入区间，那么，这同时也意味着该厂商的生产定位于短期供给曲线上。当然，也可以反过来说，如果完全竞争厂商的生产位于短期供给曲线上，那么，这同时也表示该厂商的生产一定处于短期生产的要素合理投入区间。

二、计算题

1. 已知某完全竞争行业中单个厂商的短期成本函数为 $STC=0.1Q^3-2Q^2+15Q+10$。

（1）求当市场上产品的价格为 $P=55$ 时，厂商的短期均衡产量和利润。

（2）当市场价格下降为多少时，厂商必须停产？

（3）求厂商的短期供给函数。

解答：（1）完全竞争市场上单个厂商的 $MR=P$，所以 $MR=P=55$，根据短期成本函数可得 $SMC=STC'(Q)=0.3Q^2-4Q+15$。

短期均衡时 $SMC=MR$，即 $0.3Q^2-4Q+15=55$，$3Q^2-40Q-400=0$。解得 $Q=20$ 或 $Q=-20/3$（舍去）。

利润 $\pi=PQ-STC=55\times20-(0.1\times8\,000-2\times400+15\times20+10)=790$。

（2）厂商处于停止营业点时，$P=AVC$，且在 AVC 的最低点。

$AVC=TVC/Q=(0.1Q^3-2Q^2+15Q)/Q=0.1Q^2-2Q+15$，在 AVC 处于最低点时，有 $AVC'(Q)=0.2Q-2=0$，求得 $Q=10$。此时 $P=AVC_{\min}=0.1\times100-2\times10+15=5$。

（3）短期供给函数为 $P=SMC=0.3Q^2-4Q+15$（取 $P>5$ 或 $Q>10$ 的一段）。

具体求解为：

$$\begin{cases}\dfrac{4+\sqrt{1.2P-2}}{0.6}, & P\geqslant5\\ 0, & P<5\end{cases}$$

2. 某完全竞争厂商的短期边际成本函数 $SMC=0.6Q-10$，总收益函数为 $TR=38Q$，且已知产量 $Q=20$ 时总成本 $STC=260$。

求该厂商利润最大化时的产量和利润。

解答：短期厂商利润最大化条件为 $MR=SMC$，$MR=TR'(Q)=38$，即 $38=0.6Q-10$，解得 $Q=80$。

$SMC=0.6Q-10$，$STC=\int SMC(Q)\mathrm{d}Q=\int(0.6Q-10)\mathrm{d}Q=0.3Q^2-10Q+TFC$，

把 $Q=20$ 时，$STC=260$ 代入上式得 $260=0.3\times20^2-10\times20+TFC$，求得 $TFC=340$，所以 $STC=0.3Q^2-10Q+340$。

最大利润为 $TR-STC=38\times80-0.3\times6\,400+10\times80-340=1\,580$。

该厂商利润最大化时的产量 $Q=80$，利润为 1 580。

3. 假定某完全竞争行业内单个厂商的短期总成本函数为 $STC=Q^3-8Q^2+22Q+90$，产品的价格为 $P=34$。

（1）求单个厂商实现利润最大化时的产量和利润量。

（2）如果市场供求变化使得产品价格下降为 $P=22$，那么，厂商的盈亏状况将如何？如果亏损，亏损额是多少？（保留整数部分。）

（3）在（2）的情况下，厂商是否还会继续生产？为什么？

解答：（1）$SMC(Q)=3Q^2-16Q+22$，$MR=34$，由利润最大化条件 $SMC=MR$ 得：

$$3Q^2-16Q+22=34$$

解得：$Q=6$，$Q=-\frac{2}{3}$（舍去）。

$$\pi=TR-STC=34\times6-(6^3-8\times6^2+22\times6+90)=54$$

（2）$\pi=TR-STC=22Q-(Q^3-8Q^2+22Q+90)=-Q^3+8Q^2-90$，令 $\pi'(Q)=0$ 得：$-3Q^2+16Q=0$，解得 $Q=\frac{16}{3}\approx5$。代入利润量公式，得

$$\pi=TR-STC\approx PQ-Q\times SAC=22\times5-5\times25=-15$$

此时厂商出现亏损，亏损额为 15。

（3）$TVC=Q^3-8Q^2+22Q$，所以 $AVC=Q^2-8Q+22$。当 $Q=5$ 时，有：$AVC(5)=25-40+22=7$。

由于 $SAC=25>P=22>AVC=7$，厂商处于短期亏损还继续生产的状态。此时亏损还继续生产的原因为：(a) 可以弥补部分不变成本。此时生产一单位产品可以弥补 $22-7=15$ 单位平均不变成本，生产 5 单位少亏损 $15\times5=75$，亏损额为 15，若不生产，亏损额为全部不变成本 90。(b) 生产可以维持机器设备正常运转。(c) 生产可以维持劳动力队伍。(d) 生产可以维持市场份额。(e) 生产可能有机会转亏为盈，东山再起。

4. 假定某完全竞争厂商的短期总成本函数为 $STC=0.04Q^3-0.4Q^2+8Q+9$，产品的价格 $P=12$。求该厂商实现利润最大化时的产量、利润量和生产者剩余。

解答：利润量 $\pi(Q)=TR-STC=12Q-(0.04Q^3-0.4Q^2+8Q+9)=-0.04Q^3+0.4Q^2+4Q-9$。

令 $\pi'(Q)=0$ 得：$-0.12Q^2+0.8Q+4=0$，解得 $Q_1=10$，$Q_2=-\frac{10}{3}$（舍去）。

利润量 $\pi=-0.04\times10^3+0.4\times10^2+4\times10-9=31$

生产者剩余 $PS=PQ-TVC=12\times10-(0.04\times10^3-0.4\times10^2+8\times10)=40$

5. 已知某完全竞争的成本不变行业中单个厂商的长期总成本函数为 $LTC=Q^3-12Q^2+40Q$。试求：

（1）当市场商品价格是 $P=100$ 时，厂商实现 $MR=LMC$ 时的产量、平均成本和利润。

（2）该行业长期均衡时的价格和单个厂商的产量。

（3）市场的需求函数为 $Q=660-15P$ 时，行业长期均衡时的厂商数量。

解答：（1）厂商的边际成本函数为：$LMC=LTC'(Q)=3Q^2-24Q+40$；边际收益为：$MR=P=100$。厂商实现 $MR=LMC$ 时有 $3Q^2-24Q-60=0$，解得：$Q=10$ 或 $Q=-2$（舍去）。

此时，$LAC=Q^2-12Q+40=20$；利润 $\pi=(P-LAC)Q=800$。

（2）长期均衡时，LAC 为最低点。$LAC'=2Q-12=0$，所以 $Q=6$ 对应 LAC 的最低点。此时 LAC 的最小值为：$LAC(6)=36-12\times6+40=4$，即该行业长期均衡时的价格为 4，单个厂商的产量为 6。

（3）成本不变行业长期均衡时价格过 LAC 最低点，厂商按照价格等于 4 供给商品。所以市场需求为 $Q=660-15\times4=600$，则厂商数量为 $600/6=100$。

6. 已知某完全竞争的成本递增行业的长期供给函数 $LS=5\,500+300P$。试求：

（1）当市场需求函数为 $D=8\,000-200P$ 时，市场的长期均衡价格和均衡产量。

（2）当市场需求增加、市场需求函数为 $D=10\,000-200P$ 时，市场的长期均衡价格和均衡产量。

（3）比较（1）、（2），说明市场需求变动对成本递增行业的长期均衡价格和均衡产量的影响。

解答：（1）该行业的长期均衡条件为 $D=LS$，即 $8\,000-200P=5\,500+300P$，解得：$P=5$。

把 $P=5$ 代入 $LS=5\,500+300P$ 或 $D=8\,000-200P$，解得：$Q=7\,000$。

（2）同理，根据 $D=LS$，有 $10\,000-200P=5\,500+300P$，解得：$P=9$。

把 $P=9$ 代入 $LS=5\,500+300P$ 或 $D=10\,000-200P$，解得：$Q=8\,200$。

（3）市场需求增加使成本递增行业的长期均衡价格提高，均衡产量提高。

7. 已知某完全竞争市场的需求函数为 $D=6\,300-400P$，短期市场供给函数为 $SS=3\,000+150P$；单个企业在 LAC 曲线最低点的价格为 6，产量为 50；单个企业的成本规模不变。

（1）求市场的短期均衡价格和均衡产量。

（2）判断（1）中的市场是否同时处于长期均衡，求行业内的厂商数量。

（3）如果市场的需求函数变为 $D'=8\,000-400P$，短期供给函数变为 $SS'=4\,700+150P$，求市场的短期均衡价格和均衡产量。

（4）判断（3）中的市场是否同时处于长期均衡，并求行业内厂商数量。

（5）判断该行业属于什么类型。

（6）需要新加入多少企业，才能提供由（1）到（3）所增加的行业总产量？

解答：（1）当市场处于短期均衡时有 $D=SS$，所以，$6\,300-400P=3\,000+150P$，解得：$P=6$。

把 $P=6$ 代入 $Q=SS=3\,000+150P$，求得 $Q=3\,900$。

（2）当市场处于长期均衡时，$P=LAC_{\min}=6$，这说明该市场处于长期均衡；行业内厂商数量为 $3\,900/50=78$ 个。

（3）由 $D'=SS'$ 得 $8\,000-400P=4\,700+150P$，解得 $P=6$。

把 $P=6$ 代入 $Q=SS'=4\,700+150P$，求得 $Q=5\,600$。

（4）市场仍处于长期均衡，此时 $P=LAC_{\min}=6$，厂商数量为 $5\,600/50=112$ 个。

（5）该行业属于成本不变行业，长期供给曲线是一条水平线。

（6）需新加入 $112-78=34$ 个企业，才能提供由（1）到（3）所增加的行业总产量。

8. 在一个完全竞争的成本不变行业中单个厂商的长期成本函数为 $LTC=Q^3-40Q^2+600Q$，该市场的需求函数为 $Q^d=13\,000-5P$。求：

（1）该行业的长期供给曲线。

（2）该行业实现长期均衡时的厂商数量。

解答：（1）完全竞争厂商的长期供给曲线是一条与长期平均成本曲线最低点相切的水平线。

先求长期平均成本曲线的最低点：$LAC=LTC/Q=Q^2-40Q+600$。

由 $LAC'(Q)=2Q-40=0$，得 $Q=20$ 时 $LAC_{\min}=200$，此时单个厂商实现长期均衡，产量为 $Q=20$，价格为 $P=200$。

因此，该行业的长期供给曲线为 $P=200$。

（2）行业实现长期均衡时 $Q^s=Q^d=13\,000-5\times200=12\,000$。

单个厂商的供给量为 20，因此厂商数量 $N=12\,000/20=600$。

9. 已知完全竞争市场上单个厂商的长期成本函数为 $LTC=Q^3-20Q^2+200Q$，市场的产品价格为 $P=600$。

（1）该厂商实现利润最大化时的产量、平均成本和利润各是多少？

（2）该行业是否处于长期均衡？为什么？

（3）该行业处于长期均衡时每个厂商的产量、平均成本和利润各是多少？

（4）判断（1）中的厂商是处于规模经济阶段还是处于规模不经济阶段。

解答：（1）完全竞争厂商的边际收益为 $MR=P=600$；单个厂商的边际成本 $MC=3Q^2-40Q+200$。

实现利润最大化的条件为 $MR=MC$，即 $600=3Q^2-40Q+200$，解得 $Q=20$ 或$Q=-20/3$（舍去）。

此时对应的平均成本 $LAC=LTC/Q=Q^2-20Q+200=20\times20-20\times20+200=200$。

利润 $\pi=TR-LTC=600\times20-(20^3-20\times20^2+200\times20)=8\,000$。

（2）完全竞争行业处于长期均衡时利润为 0，现在厂商的利润大于零，因此没有实现长期均衡。

（3）当行业处于长期均衡时，价格等于长期平均成本的最小值。

$LAC=LTC/Q=Q^2-20Q+200$，$LAC'(Q)=2Q-20=0$ 时 LAC 出现极值，即 $Q=10$ 时实现长期均衡。此时每个厂商的产量为 10。

平均成本 $LAC=10^2-20\times10+200=100$，利润 $\pi=(P-LAC)Q=(100-100)\times10=0$。

（4）$Q=10$ 对应 LAC 曲线的最低点，（1）中厂商的产量 $Q=20$，位于 LAC 曲线最低点的右边，LAC 曲线上升，厂商处于规模不经济阶段。

10. 假定某完全竞争行业有 100 个相同的厂商，单个厂商的短期总成本函数为 $STC=Q^2+6Q+20$。

（1）求市场的短期供给函数。

（2）假定市场的需求函数为 $Q^d=420-30P$，求该市场的短期均衡价格和均衡产量。

（3）假定政府对每一单位商品征收 1.6 元的销售税，那么，该市场的短期均衡价格和均衡产量是多少？消费者和厂商各自负担多少税收？

解答：（1）根据已知可得，该厂商的 $SMC=2Q+6$，$AVC=Q+6$。显然，只要 $Q>0$，总有 $SMC>AVC$，所以，该厂商的短期供给函数是 $P=2Q+6$。整理得 $Q^s=0.5P-3$。由于该行业内有 100 个厂商，故市场的短期供给函数为 $Q^s=50P-300$。

（2）由市场均衡条件为 $Q^s(P)=Q^d(P)$，得 $420-30P=50P-300$，解得该市场的短期均衡价格为 $P=9$，均衡产量为 $Q=50P-300=150$。

（3）由于政府对每一单位商品征收 1.6 元的销售税，故市场的短期供给函数改变为 $Q=50(P-1.6)-300=50P-380$。再由市场均衡条件为 $Q^s(P)=Q^d(P)$，得 $420-30P=50P-380$，解得征税后该市场的短期均衡价格为 $P=10$，均衡产量为 $Q=50P-380=120$。

政府对每一单位商品征收 1.6 元的销售税，其中，消费者承担 $10-9=1$（元），生产者承担 $1.6-1=0.6$（元）。对于生产者而言，原来无税时销售一单位商品得到的消费者净支付价格是 9 元，而征税条件下销售一单位商品得到的消费者支付价格是 10 元，但它必须缴纳销售税 1.6 元，所以，厂商纳税后得到的实际净支付价格是 $10-1.6=8.4$（元）。与无销售税的情况相比，厂商每销售一单位商品承担的单位税收为 $9-8.4=0.6$（元）。

11. 假定某完全竞争市场的需求函数为 $Q^d=68-4P$，行业的短期供给函数为 $Q^s=-12+4P$。

（1）求该市场的短期均衡价格和均衡产量。

（2）在（1）的条件下，该市场的消费者剩余、生产者剩余和社会总福利分别是多少？

（3）假定政府对每一单位商品征收 2 元的销售税，那么，该市场的短期均衡价格和均衡产量是多少？此外，消费者剩余、生产者剩余和社会总福利的变化又分别是多少？

解答：（1）市场均衡条件为 $Q^s(P)=Q^d(P)$，即 $-12+4P=68-4P$，解得该市场的短期均衡价格为 $P=10$，均衡产量为 $Q=68-4P=28$。

（2）如图 6－3 所示，在（1）的条件下，市场均衡点为 $N(28, 10)$，需求曲线与纵轴的交点为 $A(0, 17)$，供给曲线与纵轴的交点为 $E(0, 3)$，此时有：

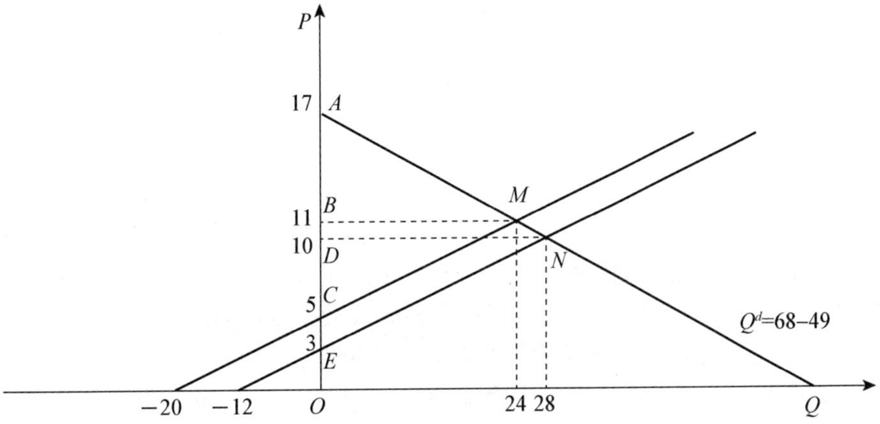

图 6－3

$$消费者剩余CS为三角形AND的面积=\frac{1}{2}\times 28\times(17-10)=98$$

$$生产者剩余PS为三角形DNE的面积=\frac{1}{2}\times 28\times(10-3)=98$$

$$社会总福利TS为三角形ANE的面积=\frac{1}{2}\times 28\times(17-3)=196$$

（3）政府对每一单位商品征收 2 元的销售税，则 $Q^s=-12+4(P-2)=-20+4P$，由 $Q^s(P)=Q^d(P)$ 得 $-20+4P=68-4P$，解得市场的短期均衡价格 $P=11$ 和均衡产量 $Q=24$。在（1）的条件下，市场均衡点为 $M(24,\ 11)$，需求曲线与纵轴的交点为 $A(0,\ 17)$，供给曲线与纵轴的交点为 $C(0,\ 5)$，此时有：

$$消费者剩余CS为三角形ABM的面积=\frac{1}{2}\times 24\times(17-11)=72$$

$$生产者剩余PS为三角形BMC的面积=\frac{1}{2}\times 24\times(11-5)=72$$

政府税收所得 $=24\times 2=48$

社会总福利 TS = 消费者剩余 + 生产者剩余 + 政府税收所得 $=72+72+48=192$

消费者剩余变化为 $72-98=-26$，生产者剩余变化为 $72-98=-26$，均减少了 26。社会总福利变化为 $192-196=-4$，减少了 4。

二、 论述题

1. 为什么完全竞争厂商的短期供给曲线是 SMC 曲线上等于和大于 AVC 曲线最低点的部分？

解答：（1）厂商的供给曲线所反映的函数关系为 $Q^s=f(P)$，也就是说，厂商供给曲线应该表示在每一个价格水平上厂商愿意而且能够提供的产量。

（2）利用图 6-4 对完全竞争厂商短期均衡的分析，我们可以很清楚地看到，SMC 曲线上的各个均衡点，如 E_1、E_2 点，恰恰都表示了在每一个相应的价格水平上厂商实现利润最大化、愿意提供的产量，如当价格为 P_1 时，厂商的供给量为 Q_1。于是，完全竞争厂商的短期供给曲线与 SMC 曲线重合。但是，在 AVC 曲线最低点以下 SMC 曲线的部分，如 E_3 点，由于 $AR<AVC$，厂商生产不仅会亏损全部不变成本，部分可变成本也得不到补偿，不生产比生产好。所以，完全竞争厂商的短期供给曲线是 SMC 曲线上等于和大于 AVC 曲线最低点的那一部分。如图 6-4 所示。

（3）需要强调的是，由（2）所得到的完全竞争厂商的短期供给曲线的斜率为正，它表示厂商短期生产的供给量与价格呈同方向的变化；此外，短期供给曲线上的每一点都表示在相应的价格水平上可以给该厂商带来最大利润或最小亏损的最优产量。

2. 画图说明完全竞争厂商长期均衡的形成及其条件。

解答：要点如下：（1）在长期，完全竞争厂商是通过对全部生产要素的调整来实现 $MR=LMC$ 的利润最大化的均衡条件的。在这里，厂商在长期内对全部生产要素的调整表

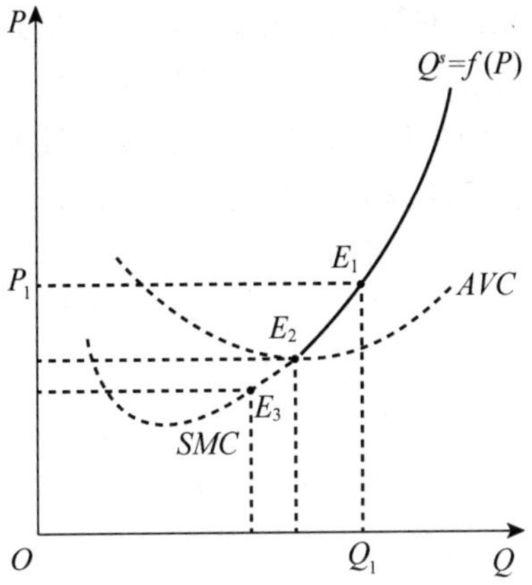

图 6－4

现为两个方面：一方面表现为自由地进入或退出一个行业；另一方面表现为对最优生产规模的选择。下面以图 6－5 加以说明。

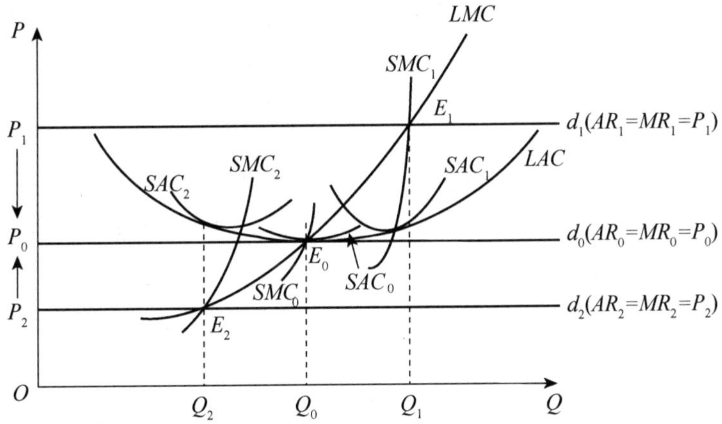

图 6－5

（2）关于进入或退出一个行业。在图 6－5 中，当市场价格较高，为 P_1 时，厂商选择的产量为 Q_1，从而在均衡点 E_1 实现利润最大化的均衡条件 $MR=LMC$。在均衡产量 Q_1，有 $AR>LAC$，厂商获得最大的利润，即 $\pi>0$。由于每个厂商的 $\pi>0$，于是，就有新的厂商进入该行业的生产中，导致市场供给增加，市场价格 P_1 开始下降，直至市场价格下降到使得单个厂商的利润消失即 $\pi=0$ 为止，从而实现长期均衡。如图 6－5 所示，完全竞争厂商的长期均衡点 E_0 对应长期平均成本 LAC 曲线的最低点，市场的长期均衡价格 P_0 也等于 LAC 曲线最低点的高度。

相反，当市场价格较低，为 P_2 时，厂商选择的产量为 Q_2，从而在均衡点 E_2 实现利润最大化的均衡条件 $MR=LMC$。在均衡产量 Q_2，有 $AR<LAC$，厂商是亏损的，即 $\pi<0$。由于每个厂商的 $\pi<0$，于是，行业内原有厂商的一部分就会退出该行业的生产，导致市场供给减少，市场价格 P_2 开始上升，直至市场价格上升到使得单个厂商的亏损消失即 $\pi=0$ 为止，从而在长期平均成本 LAC 曲线的最低点 E_0 实现长期均衡。

（3）关于对最优生产规模的选择。通过在（2）中的分析，我们已经知道，当市场价

格分别为 P_1、P_2 和 P_0 时，相应的利润最大化的产量分别是 Q_1、Q_2 和 Q_0。接下来的问题是，在厂商将长期利润最大化的产量分别确定为 Q_1、Q_2 和 Q_0 以后，它必须为每一个利润最大化的产量选择一个最优的生产规模，以确实保证每一产量的生产成本都是最低的。于是，如图 6－5 所示，当厂商利润最大化的产量为 Q_1 时，它选择的最优生产规模用 SAC_1 曲线和 SMC_1 曲线表示；当厂商利润最大化的产量为 Q_2 时，它选择的最优生产规模用 SAC_2 曲线和 SMC_2 曲线表示；当厂商实现长期均衡且产量为 Q_0 时，它选择的最优生产规模用 SAC_0 曲线和 SMC_0 曲线表示。在图 6－5 中，我们只标出了 3 个产量水平 Q_1、Q_2 和 Q_0，实际上，任何一个利润最大化的产量水平，都必然对应一个生产该产量水平的最优生产规模。这就是说，在每一个产量水平上厂商对最优生产规模的选择，都是该厂商实现利润最大化进而实现长期均衡的一个必要条件。

（4）综上所述，完全竞争厂商的长期均衡发生在 LAC 曲线的最低点。此时，厂商的生产成本降到了长期平均成本的最低点，商品的价格也等于最低的长期平均成本。由此，完全竞争厂商长期均衡的条件是：$MR=LMC=SMC=LAC=SAC$，其中，$MR=AR=P$。此时，单个厂商的利润为零。

3. 利用图说明完全竞争市场的福利最大化，并利用图分析价格管制和销售税的福利效应。

解答：（1）经济学家指出，完全竞争市场实现了福利最大化，即总剩余最大化。总剩余等于市场的消费者剩余与生产者剩余的总和。在此，利用图来分析完全竞争市场的福利。在图 6－6 中，E 是完全竞争市场的均衡点，均衡价格和均衡数量分别为 P^* 和 Q^*；市场的消费者剩余为图中浅色阴影部分的面积，市场的生产者剩余为图中深色阴影部分的面积，市场的总剩余为消费者剩余和生产者剩余之和，即图中全部阴影部分的面积。

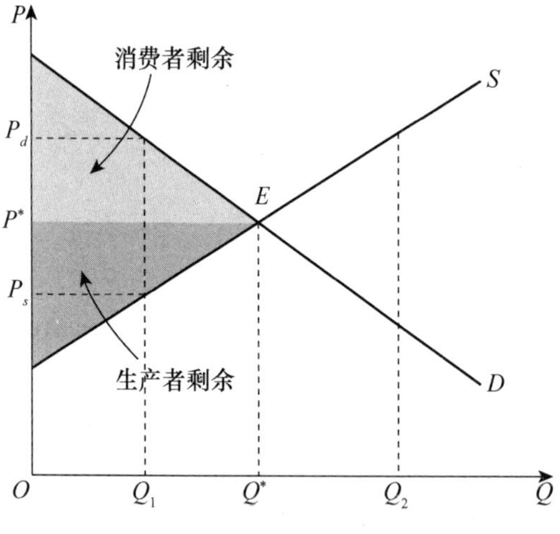

图 6－6　完全竞争市场的总剩余

图 6－6 中的总剩余表示完全竞争市场的均衡实现了福利最大化。原因在于：在任何小于 Q^* 的数量上，譬如在 Q_1 的数量上，市场的总剩余都不是最大的，因为可以通过增加交易量来增加福利。具体地看，在 Q_1 的数量上，由需求曲线可知消费者愿意支付的最高价格 P_d 高于市场的均衡价格 P^*，所以，消费者是愿意增加这一单位商品的购买的，并由此获得更多的消费者剩余；与此同时，由供给曲线可知生产者能够接受的最低价格 P_s 低于市场的均衡价格 P^*，所以，生产者也是愿意增加这一单位商品的销售的，并由此

获得更多的生产者剩余。所以，在自愿互利的交易原则下，只要市场的交易量小于均衡数量 Q^*，市场的交易数量就会增加，并在交易过程中使得买卖双方的福利都增加，市场的总福利也由此增大。这一交易数量扩大的过程会一直持续到均衡的交易数量 Q^* 实现为止，市场的总福利也就达到了不可能再增大的地步，即不可能在一方利益增大而另一方利益不受损的情况下来增加市场的总剩余。也就是说，完全竞争市场均衡实现了福利最大化。反过来，在任何大于 Q^* 的数量上，譬如在 Q_2 的数量上，情况又会如何呢？事实上，Q_2 的交易数量是不可能发生的。原因很简单：在 Q_2 的数量上，消费者愿意支付的最高价格低于市场的均衡价格 P^*，生产者能够接受的最低价格高于市场的均衡价格 P^*，或者说供给价格高于需求价格，在此产量下，市场成交量为零。所以，自愿互利的市场交易最后达到的均衡数量为 Q^*，相应的均衡价格为 P^*，完全竞争市场的均衡实现了最大的福利。总之，完全竞争市场的交易实现了最大的福利，或者说，完全竞争市场机制的运行是有效的。

（2）下面分析价格管制的福利效应。

①价格管制之最高限价的福利效应。在图 6－7 中，在无价格管制时，市场的均衡价格和均衡数量分别为 P^* 和 Q^*，消费者剩余为三角形 GP^*E 的面积，生产者剩余为三角形 P^*FE 的面积。假定政府认为价格水平 P^* 过高并实行了最高限价政策，规定市场的最高价格为 P_0。于是，在低价格水平 P_0，生产者的产量减少到 Q_1，消费者的需求量增加到 Q_2，供给短缺的现象发生。在最高限价政策下，消费者和生产者各自的损益和总剩余变化分析如下。

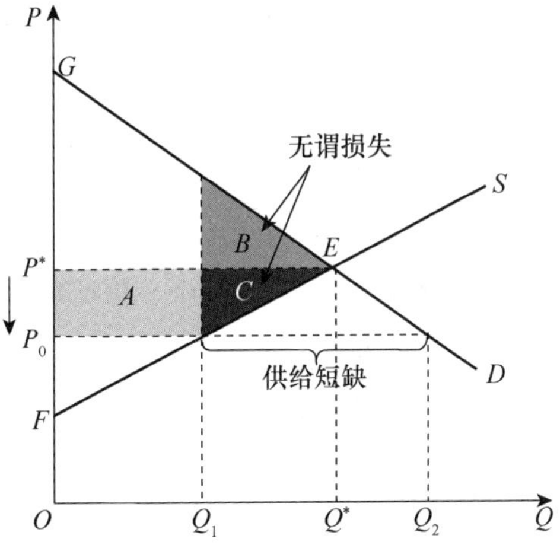

图 6－7　最高限价福利分析图

首先看消费者。由于厂商的供给数量只有 Q_1，所以，消费者只能购买到 Q_1 数量的商品，一部分原有消费者将买不到商品。其中，对仍能买到商品的消费者来说，他们的消费者剩余由于商品价格的下降而增加了，其增加量为矩形面积 A；对没有买到商品的原有消费者来说，他们的消费者剩余的损失为三角形面积 B。总体来说，市场上消费者剩余的变化量为 $A-B$。

然后看生产者。由于厂商的供给数量只有 Q_1，这意味一部分原有生产者将退出生产。其中，对继续生产的厂商而言，它们的生产者剩余由于商品价格的下降而减少了，其损失

为矩形面积 A；对退出生产的厂商而言，它们的生产者剩余的损失为三角形面积 C。总体来说，市场上生产者剩余的变化量为 $-A-C$。

最后，分析市场总剩余的变化。市场总剩余的变化量等于市场上消费者剩余的变化量加生产者剩余的变化量，即为 $(A-B)+(-A-C)=-B-C$。其中，由降价导致的生产者剩余的损失（$-A$）转化为消费者剩余的增加（A）；最高限价导致了市场总剩余的损失（$-B-C$），经济学中，把这两个三角形 B 和 C 构成的面积称为无谓损失。

进一步考虑，如果政府实行最高限价的目的是更多地顾及消费者的福利，那么，在图 6－7 中可见，市场上消费者剩余的增加量 A 大于损失量 B。总的说来，消费者的福利增加了，即政府的目的达到了。但是，如果消费者的需求是缺乏弹性的，消费者对价格下降可能无法作出充分的回应，那么，就会出现另一种局面（见图 6－8）。在图 6－8 中，陡峭的需求曲线表示消费需求对价格的变化是缺乏弹性的，于是，市场上消费者剩余的损失 B 大于生产者剩余的增加量 A，这样的最高限价既减少了生产者剩余，又减少了消费者剩余，这无疑是很糟糕的。

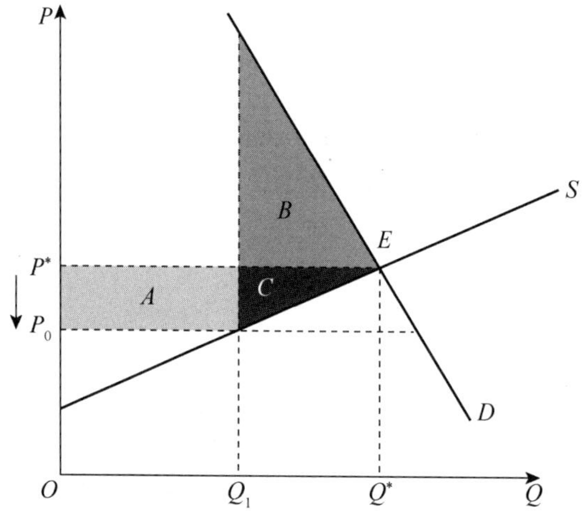

图 6－8　需求价格缺乏弹性的最高限价的福利分析

②价格管制之最低限价的福利效应。在图 6－9 中，假定政府实行最低限价政策，将价格由均衡价格水平 P^* 提高到 P_0，即将最低价格定为 P_0。于是，受价格上升的影响，

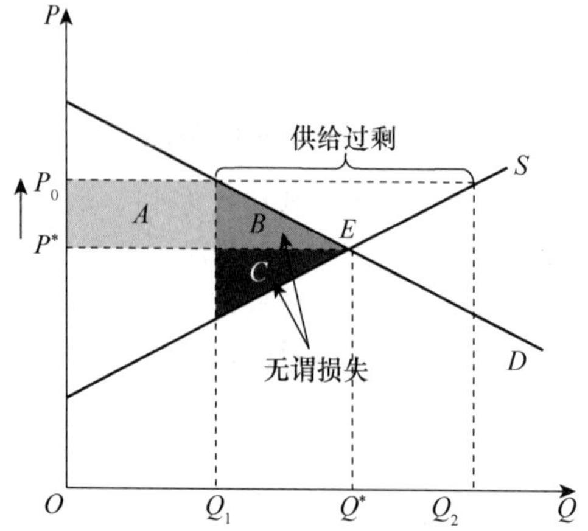

图 6－9　最低限价福利分析图

消费者的需求量减少到 Q_1，生产者的供给量增加到 Q_2，供给过剩的现象发生。假定生产者的销售量取决于需求量，那么，生产者实际提供的产量只能是 Q_1。这就是说，一部分原有生产者将不得不退出生产，一部分原有消费者将买不到商品。

首先看消费者。在高价位继续购买商品的消费者的剩余损失为矩形面积 A，买不到商品的原有消费者的消费者剩余损失为三角形面积 B，总的消费者剩余的变化量为 $-A-B$。然后看生产者。在高价位继续生产的厂商的剩余增加量为矩形面积 A，退出生产的原有厂商的剩余损失为三角形面积 C，总的生产者剩余的变化量为 $A-C$。最后，市场总剩余的变化量等于 $(-A-B)+(A-C)=-B-C$。其中，由提价导致的消费者剩余的损失（$-A$）转化为生产者剩余的增加（A），这也反映了政府实行最低限价的目的往往更多地是顾及生产者的福利；与前面的最高限价一样，最低限价导致的市场无谓损失也是 $B+C$。

下面，我们对最高限价和最低限价的福利效应做一个综合分析。仔细分析可以发现，虽然这两种限价政策对价格调控的方向是相反的，但是，它们都使得市场交易量减少。具体地看，最高限价导致需求量 Q_2 大于供给量 Q_1（即供给短缺）；最低限价导致供给量 Q_2 大于需求量 Q_1（即供给过剩）。于是，根据市场交易的短边决定原则，最高限价下的市场交易量取决于小的供给量 Q_1（因为消费者只能购买到 Q_1 数量的商品），最低限价下的市场交易量取决于小的需求量 Q_1（因为销售量通常总是等于需求量）。很清楚，这两种限价政策都使市场交易量由 Q^* 减少为 Q_1。如前所述，只有当完全竞争市场的交易达到均衡产量 Q^* 时，市场福利才是最大的；在任何小于 Q^* 的市场交易量，譬如 Q_1 处，市场福利都不是最大的，或者说，偏离 Q^* 的任何数量的重新配置都会减少总剩余。

由于两种限价政策都使市场交易量由 Q^* 减少到 Q_1，它们限制了市场的交易，从而导致了福利损失。事实上，在产量 Q_1 到 Q^* 的范围，消费者愿意支付的最高价格都大于生产者能够接受的最低价格，双方进行自愿交易是互利的。但是，限价政策使得这部分交易无法实现，要么是生产者因为价格过低而只愿意提供 Q_1 数量的商品，要么是消费者因为价格过高而只愿意购买 Q_1 数量的商品，于是，市场交易规模只能是 Q_1，它小于 Q^*。正因为如此，经济学家指出，这两种价格管制都由于限制了市场机制的有效运行而导致了三角形的无谓损失，即图 6-7 和图 6-9 中阴影部分的面积 B 与 C。

最后需要指出，各国政府在一定时期都会采取限价政策，这些政策的实行往往是根据经济形势的需要和为了实现一些经济目标，这都是必要的。但是，在实行限价政策时，需要考虑到这些政策可能带来的不良影响，包括对市场效率和福利的影响，综合权衡利弊，合理设计，以收到好的政策效果。

（3）税收的福利效应。

以销售税为例。譬如说，对每一单位商品征收 t 元的销售税，那么，我们会思考以下问题：商品价格是否也上涨 t 元呢？销售税最终由谁来承担呢？是由消费者还是由生产者来承担？销售税的福利效应又是如何？下面来分析和回答这些问题。

我们以从量税来分析销售税的影响。从量税是每销售一单位商品计征一定货币量的税收。在图 6-10 中，无从量税时均衡价格和均衡数量分别为 P^* 和 Q^*；假定政府对销售每一单位商品征收 t 元的从量税。因为是征收销售从量税，这便使得消费者支付的买价高于生产者得到的净价格，两者之间的差额刚好等于需要上缴的销售每一单位商品的从量税额 t 元。这种关系在图中表现为：在消费者的需求曲线和生产者的供给曲线之间打进了一个垂直的"楔子"，其高度就是单位商品的从量税额 t，即消费者支付的买价为 P_d，生产者得到的净价格是 P_s，P_d 和 P_s 之间的垂直距离就是单位商品的税额 t。由这个基本分析框架出发，可以进一步分析销售税的福利效应。

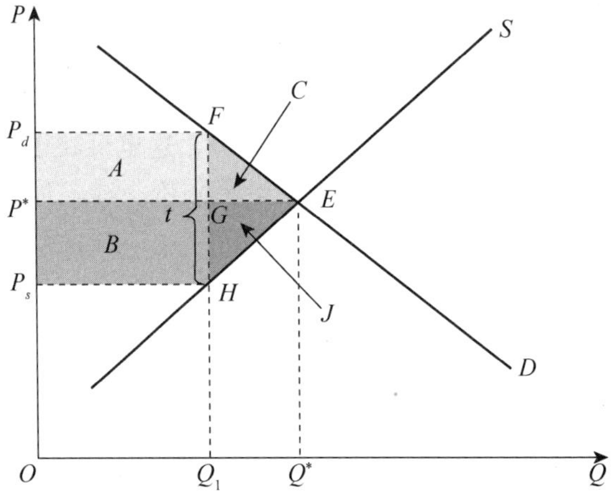

图 6-10　税收的福利效应

首先，销售税导致商品价格上升，从而使得消费者对商品的需求减少，进而使得生产者的供给也随之减少。在图中表现为，销售税使得商品价格由 P^* 上升到 P_d，消费者的需求量和生产者的供给量都由 Q^* 减少到 Q_1。尤其是，商品价格上升的幅度小于单位商品的从量税额，即 $(P_d-P^*)<t$。这就是说，尽管单位商品的从量税额为 t，但商品价格的上涨幅度通常总是小于 t。

其次，销售税是由消费者和生产者共同承担的。由图可见，由于征收从量税，消费者支付的商品价格由 P^* 上升到 P_d，多支付的部分相当于 FG，这就是消费者承担的单位商品的税收额；生产者得到的净价格由 P^* 减少为 P_s，减少的部分相当于 GH，这就是生产者承担的单位商品的税收额；两者之和就是单位商品的税额，即 $FG+GH=t$。

在以上分析的基础上，我们进一步分析销售税的福利效应。由于销售税导致的价格上升和需求量及供给量的减少，消费者和生产者的剩余都减少，消费者剩余的损失为矩形面积 A 加三角形面积 C，即消费者剩余的变化量为 $-A-C$，生产者剩余的损失为矩形面积 B 加三角形面积 J，即生产者剩余的变化量为 $-B-J$。政府由于销售税增加了财政收入，其获得的销售税总额等于单位商品的从量税额乘以销售量，即 $(P_d-P_s)\cdot Q_1=t\cdot Q_1$，等于图中两个矩形面积之和 $A+B$。考虑到政府的税收收入通常用于社会公共项目的支出，可被视为社会福利，于是，从市场整体的角度看，福利变化量＝消费者剩余的变化量＋生产者剩余的变化量＋政府的销售税收入 $=(-A-C)+(-B-J)+(A+B)=-C-J$。具体地看，在消费者剩余的损失 $(-A-C)$ 和生产者剩余的损失 $(-B-J)$ 中，$-A-B$ 转化为政府收入 $A+B$，而余下的 $-C-J$ 则代表无谓损失。所以，销售税最终导致了市场福利的减少。

第二部分　精编习题

一、名词解释

1. 完全竞争市场　2. 总收益　3. 边际收益
4. 平均收益　5. 收支相抵点　6. 停止营业点
7. 成本不变行业　8. 成本递增行业　9. 生产者剩余
10. 成本递减行业　11. 行业

二、单项选择题

1. 在完全竞争市场中企业的需求曲线是一条（　　）。
A. 向下倾斜的直线　B. 向上倾斜的直线
C. 向下倾斜的曲线　D. 等于既定市场价格的水平线

2. 在完全竞争市场中，企业是商品价格的（　　）。
A. 制定者　B. 接受者　C. 找寻者　D. 改变者

3. 在完全竞争市场上，厂商短期均衡的条件是（　　）。
A. $P=AVC$　B. $P=STC$　C. $P=SMC$　D. $P=SAC$

4. 在完全竞争市场中企业的平均成本曲线与边际成本曲线的交点即平均成本曲线的最低点被称为（　　）。
A. 收支相抵点　B. 停止营业点
C. 扭亏为盈点　D. 收益最高点

5. 假定完全竞争行业内某厂商在目前产量水平上的边际成本＝平均成本＝平均收益＝1元，则该厂商（　　）。
A. 肯定只得到正常利润　B. 肯定没得到最大利润
C. 它是否得到最大利润无法确定　D. 一定亏损

6. 完全竞争市场的厂商总收益曲线的斜率（　　）。
A. 固定不变　B. 经常变动
C. 等于1　D. 等于0

7. 完全竞争市场的需求曲线是一条（　　）。
A. 向下倾斜的直线　B. 向上倾斜的直线
C. 向下倾斜的曲线　D. 水平线

8. 完全竞争市场是指（　　）。
A. 市场参与者的购销量只占整个市场交易量的极小一部分
B. 市场参与者只能接受价格，而不能影响价格
C. 交易的商品是同质的
D. 以上全对

9. 在 $MR=MC$ 的均衡产量上，完全竞争市场中的企业（　　）。
A. 必然得到最大的利润
B. 不可能亏损
C. 必然得到最小的亏损
D. 若盈利，则利润最大；若亏损，则亏损最小
10. 为使收益最大化，完全竞争市场中的厂商按照（　　）来销售产品。
A. 低于市场价格的价格　　B. 高于市场价格的价格
C. 市场价格　　D. 略低于距它最近的竞争对手的价格
11. 完全竞争厂商在不盈不亏状态下，其（　　）。
A. $MR=MC=AR=AC$　　B. $TR=TC$
C. A 和 B　　D. 会计利润为零
12. 如果完全竞争市场中的厂商在短期均衡产量上，AR 小于 SAC，但大于 AVC，则厂商（　　）。
A. 亏损，立即停产　　B. 亏损，但继续生产
C. 亏损，但生产不生产都可以　　D. 不亏损
13. 在完全竞争市场中，厂商短期生产的最低条件是（　　）。
A. $SAC=AR$　　B. $AVC<AR$ 或 $AVC=AR$
C. $AVC>AR$ 或 $AVC=AR$　　D. $SMC=MR$
14. 在完全竞争市场中，企业的主要竞争策略是（　　）。
A. 广告促销　　B. 降价促销
C. 涨价盈利　　D. 降低成本
15. 在一般情况下，完全竞争市场中的厂商得到的价格若低于（　　）就停止营业。
A. 平均成本　　B. 平均可变成本
C. 边际成本　　D. 平均固定成本
16. 一个完全竞争市场中的企业的需求曲线是水平线的原因为（　　）。
A. 它的产量只占行业全部产量的一个很小的份额
B. 它生产了所在行业的绝大部分产品
C. 它对价格有较大程度的控制
D. 它能够把它的产品与所在行业的其他企业的产品区分开来
17. 在完全竞争市场中，长期而言，已知某厂商的产量是 500，总收益是 500，总成本是 800，总不变成本是 200，边际成本是 1，按照利润最大化原则，它应该（　　）。
A. 增加产量　　B. 停止生产
C. 减少产量　　D. 以上任一措施都可采取
18. 完全竞争市场的厂商短期供给曲线是（　　）。
A. $AVC>SMC$ 中的那部分 AVC 曲线
B. $SAC>SMC$ 中的那部分 SAC 曲线
C. $SMC\geqslant AVC$ 中的那部分 SMC 曲线
D. $SMC\geqslant SAC$ 中的那部分 SMC 曲线
19. 图 6－11 是完全竞争市场中企业的短期均衡图，以下说法正确的是（　　）。

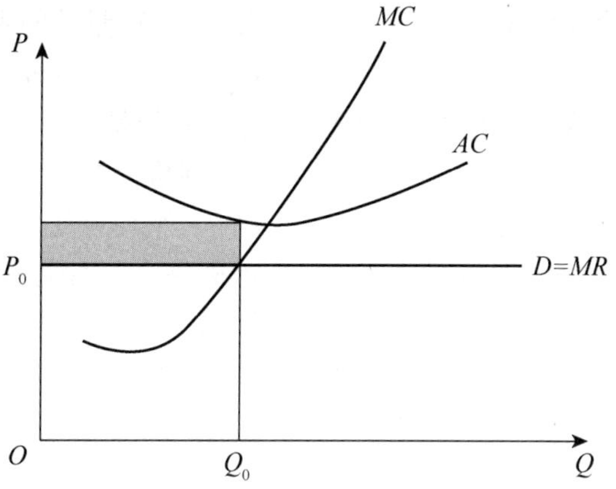

图 6 - 11

A. 利润小于零，继续生产
B. 利润小于零，无法判定是否停产
C. 利润小于零，一定停产
D. 利润大于零

20. 在完全竞争市场中行业的长期供给曲线取决于（　　）。
A. *SAC* 曲线最低点的轨迹
B. *SMC* 曲线最低点的轨迹
C. *LAC* 曲线最低点的轨迹
D. *LMC* 曲线最低点的轨迹

21. 完全竞争企业在长期均衡状态下，在成本不变的行业中，产量的增加量（　　）。
A. 完全来自新企业　　B. 完全来自原有企业
C. 要么来自原有企业，要么来自新企业　　D. 部分来自新企业，部分来自原有企业

22. 在完全竞争市场中生产要素的价格和数量变化方向相同，则该行业是（　　）。
A. 成本不变行业　　B. 成本递增行业
C. 成本递减行业　　D. 以上任何一个

23. 对一个完全竞争企业来说，平均收益曲线（　　）。
A. 和企业的需求曲线一样，边际收益曲线在企业的需求曲线之下
B. 在企业的需求曲线之上，边际收益曲线在企业的需求曲线之下
C. 在企业的需求曲线之上，边际收益曲线与企业的需求曲线相同
D. 和边际收益曲线都与企业的需求曲线相同

24. 如果一个完全竞争企业生产的产量使价格等于平均总成本，那么该企业（　　）。
A. 将停止营业　　B. 收支相抵
C. 仍然会获得经济利润　　D. 处于经济亏损状态

25. 在短期中，完全竞争市场中的企业所能出现的最大经济亏损是（　　）。
A. 零　　B. 其总成本
C. 其总可变成本　　D. 其总固定成本

26. 如果价格高于平均可变成本，一个完全竞争企业的供给曲线就是（　　）。

A. 在市场价格处的水平线　　B. 在零产量处的垂线
C. 和边际成本曲线一样　　D. 和平均成本曲线一样

27. 长期中，完全竞争市场中企业会发生的最大亏损是（　　）。
A. 零　　B. 其总成本
C. 其可变成本　　D. 其平均可变成本

28. 在技术进步引起完全竞争行业新的长期均衡时，下列说法不正确的是（　　）。
A. 价格将降低　　B. 行业产量将增加
C. 企业利润将增加　　D. 行业中所有的企业都采用了新技术

29. 总利润达到最大是在（　　）。
A. $TR=TC$ 处
B. TR 曲线和 TC 曲线平行且 TC 超过 TR 处
C. TR 曲线和 TC 曲线平行处
D. TR 曲线和 TC 曲线平行且 TR 超过 TC 处

30. 在任何市场中，厂商的平均收益曲线都可以由（　　）。
A. 它的产品供给曲线表示　　B. 它的产品需求曲线表示
C. 行业产品供给曲线表示　　D. 行业产品需求曲线表示

31. 下列行业中最接近完全竞争市场模式的是（　　）。
A. 卷烟　　B. 自来水　　C. 汽车　　D. 水稻

32. 完全竞争市场成本不变行业的长期供给曲线（　　）。
A. 是水平直线　　B. 自左向右上倾斜
C. 垂直于横轴　　D. 自左向右下倾斜

33. 完全竞争市场成本递增行业的长期供给曲线（　　）。
A. 是水平直线　　B. 自左向右上倾斜
C. 垂直于横轴　　D. 自左向右下倾斜

34. 完全竞争市场成本递减行业的长期供给曲线（　　）。
A. 是水平直线　　B. 自左向右上倾斜
C. 垂直于横轴　　D. 自左向右下倾斜

35. 完全竞争企业在当前产量上边际收益大于边际成本，它应该（　　）。
A. 保持产量不变　　B. 增加产量
C. 减少产量　　D. 以上均可

36. 在完全竞争市场中企业实现短期均衡时，其利润（　　）。
A. 大于零　　B. 等于零
C. 小于零　　D. 以上都可能

37. 在完全竞争市场中企业实现长期均衡时，其经济利润（　　）。
A. 大于零　　B. 等于零
C. 小于零　　D. 以上都可能

38. 在完全竞争市场中企业长期均衡时（　　）。
A. 可以获得超额利润　　B. 可以获得正常利润
C. 可以获得经济利润　　D. 无法获得利润

39. 完全竞争市场实现长期均衡时（ ）。

A. 企业的数量不再变化
B. 企业的数量会减少
C. 企业的数量会增加
D. 企业数量的变化情况不确定

40. 完全竞争厂商在短期均衡时若面临（ ）情形，生产和不生产是一样的。

A. 价格等于平均成本
B. 价格等于平均可变成本
C. 价格等于平均固定成本
D. 价格等于零

41. 在完全竞争市场中，企业平均可变成本的最低点被称为（ ）。

A. 收支相抵点
B. 停止营业点
C. 扭亏为盈点
D. 收益最高点

42. 企业实现利润最大化的条件是（ ）。

A. $MR=MP$
B. $MR=MC$
C. $MR=MU$
D. $MR=AC$

43. 完全竞争行业的长期供给曲线是一条（ ）。

A. 向上倾斜的曲线
B. 向下倾斜的曲线
C. 水平线
D. 以上都有可能

44. 完全竞争行业的短期供给曲线是一条（ ）。

A. 向上倾斜的曲线
B. 向下倾斜的曲线
C. 水平线
D. 以上都有可能

三、多项选择题

1. 完全竞争市场的特征是（ ）。

A. 市场上有无数的买者和卖者
B. 资源完全自由流动
C. 商品同质
D. 信息充分

2. 在完全竞争市场中企业短期均衡时利润可能（ ）。

A. 大于零
B. 小于零
C. 等于零
D. 无法计算

3. 在完全竞争市场中企业长期均衡的条件有（ ）。

A. $MR=LMC$
B. $MR=LAC$
C. $P=LAC$
D. $P=MR$
E. $P=SMC$

4. 当 $P<AC$，企业亏损时（ ）。

A. 企业停止生产
B. 企业是否继续生产不能一概而论
C. 当 $0<P<AC$ 时会继续生产
D. 当 $0<P<AVC$ 时会停止生产
E. 当 $0<P<AC$ 时会停止生产

5. 完全竞争市场在短期实现均衡的条件是（ ）。

A. $MR=SMC$
B. $MR=AR$
C. $P=AR$
D. $MR=SMC=P=AR$
E. $P\geqslant AVC$

6. 完全竞争企业的长期调整是通过（ ）进行的。

A. 企业规模的变动　　B. 企业成本结构的变动
C. 企业数目的变动　　D. 生产要素价格的变动

7. 在完全竞争市场中，商品的价格（　　）。
A. 不能变动　　B. 可以变动
C. 由市场的供给和需求决定　　D. 由企业决定

8. 在完全竞争市场中，市场的需求曲线和企业的需求曲线（　　）。
A. 重合，是同一条线
B. 不重合
C. 前者是向下倾斜的直线，后者是水平线
D. 不同，前者是水平线，后者是向下倾斜的直线

9. 在完全竞争市场中，厂商边际成本曲线在平均可变成本以上的部分（　　）。
A. 是厂商的需求曲线
B. 是厂商的供给曲线
C. 是厂商的总收益曲线
D. 代表厂商在不同价格水平下将提供的产品数量

10. 如果完全竞争市场处于长期均衡状态，那么所有的厂商（　　）。
A. 都采用完全相同的生产工艺　　B. 都具有同一的最低平均成本
C. 都能获得相同的正常利润　　D. 都能获得相同的经济利润

11. 当完全竞争市场实现长期均衡时（　　）。
A. 每个厂商的显成本和隐成本都得到补偿　　B. 每个厂商的经济利润都为零
C. 行业中没有任何厂商再进出　　D. 每个厂商的会计利润都为零

12. 完全竞争市场中的厂商在停止营业点（　　）。
A. $P=AVC$　　B. $TR=TVC$
C. 企业总损失等于 TFC　　D. $MR=MC$

13. 完全竞争市场（　　）。
A. 只有竞争，没有垄断　　B. 竞争与垄断并存，但竞争远远大于垄断
C. 是纯粹的竞争市场　　D. 是资源配置效率最高的市场

14. 图 6－12 是完全竞争市场中的曲线，以下说法正确的是（　　）。

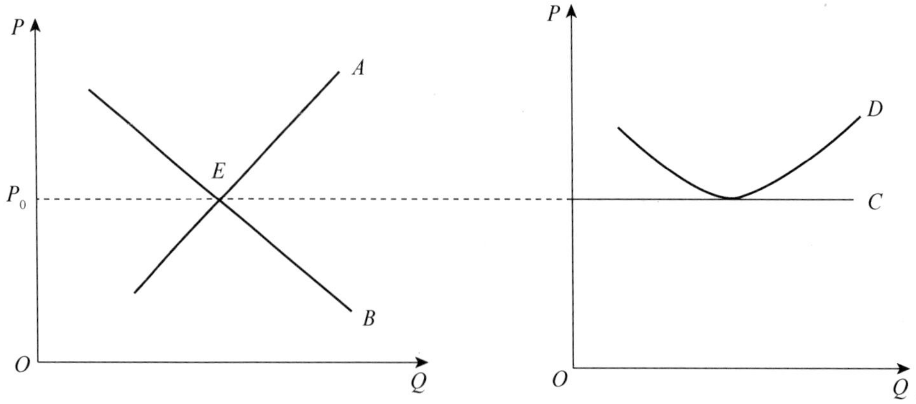

图 6－12

A. C 是市场的需求曲线，D 是企业的平均成本曲线
B. A 是市场的供给曲线，B 是市场的需求曲线
C. B 是市场的需求曲线，C 是企业的需求曲线
D. 左图代表市场，右图代表企业

15. 图 6－13 是完全竞争市场中企业实现均衡的一种情况，以下说法正确的是（ ）。

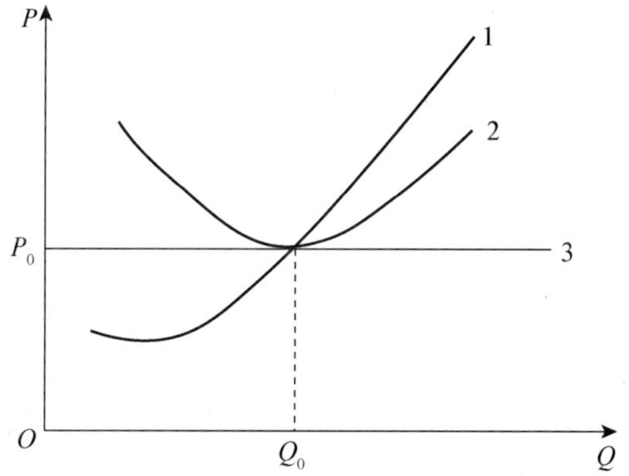

图 6－13

A. 1 是平均成本曲线，2 是边际成本曲线
B. 2 是平均成本曲线，3 是企业的需求曲线
C. 1 是边际成本曲线，3 是边际收益曲线
D. 企业收支相抵，经济利润为零。

16. 完全竞争市场中企业的需求曲线同时也是（ ）。
A. 商品价格线
B. 边际成本曲线
C. 边际收益曲线
D. 平均收益曲线

17. 生产者剩余是（ ）。
A. 消费者愿意支付的最高价格和实际支付的价格的差额
B. 生产者实际接受的价格和愿意接受的最低价格之间的差额
C. 生产者的福利
D. 其大小在图像上表示为价格线以下、供给曲线以上以及纵轴所围成的区域的面积

18. 完全竞争市场中行业的短期供给曲线（ ）。
A. 向上倾斜
B. 向下倾斜
C. 由行业内所有厂商的短期供给曲线水平加总得到
D. 是一条水平线

19. 完全竞争市场中的厂商在某一产量水平上，其平均成本达到了最小值，则（ ）。

A. 厂商的经济利润为零　　B. 厂商获得了最小利润
C. 厂商获得了最大利润　　D. 边际成本等于平均成本

四、判断题

1. 在一个完全竞争行业中，没有一个企业能对物品的市场价格有任何重要的影响。（　）
2. 在一个完全竞争行业中，对于进入该行业不存在限制。（　）
3. 一个完全竞争行业中的企业所面临的需求曲线是完全无弹性的，需求曲线是一条垂线。（　）
4. 完全竞争企业的目标是收益最大化。（　）
5. 完全竞争行业的 AR 曲线和 MR 曲线与需求曲线是相同的。（　）
6. 如果 $MR>MC$，企业就可以通过减少其产量来增加利润。（　）
7. 在长期中，完全竞争的企业可能有经济亏损，但在短期中不会。（　）
8. 如果企业的经济利润为零，就实现了收支相抵。（　）
9. 如果价格低于 AVC，企业就会停止生产。（　）
10. 在 $P>AVC$ 时，完全竞争企业的供给曲线和 MR 曲线相同。（　）
11. 所有完全竞争企业都可以在短期均衡时实现利润最大化。（　）
12. 在完全竞争市场可以把每个企业的供给曲线水平相加而得出行业短期供给曲线。（　）
13. 在长期均衡时，完全竞争行业中的每个企业的经济利润都为零。（　）
14. 新企业进入一个完全竞争行业会提高价格并增加每个企业的利润。（　）
15. 在长期均衡时，完全竞争行业中的每个企业都选择了与最低 LAC 相一致的工厂规模。（　）
16. 在完全竞争市场中，各企业产品的质量是没有差别的。（　）
17. 完全竞争市场的参与者都能左右商品价格。（　）
18. 完全竞争厂商的边际收益与市场价格相同。（　）
19. 完全竞争市场是效率最低的市场。（　）
20. 完全竞争市场的需求曲线是一条水平线。（　）
21. 完全竞争市场中企业的需求曲线和平均收益曲线以及平均成本曲线重合。（　）
22. 当边际成本和边际收益相等时，总是达到利润最大或亏损最小。（　）
23. 如果完全竞争市场中价格低于平均成本，企业应该停产。（　）
24. 完全竞争市场在现实中是不存在的。（　）
25. 完全竞争市场中企业的短期供给曲线是 SAC 曲线的一部分。（　）
26. 完全竞争市场中企业的总收益曲线斜率为 1。（　）
27. 完全竞争市场中企业短期最大亏损额度为总成本。（　）

五、简答题

1. 为什么利润最大化原则 $MC=MR$ 在完全竞争条件下可表达为 $MC=P$？

2. 为什么完全竞争的企业不能收取高于市场价格或低于市场价格的价格？

3. 为什么在完全竞争的行业中实现了长期均衡时，经济利润为零？

4.“虽然很高的固定成本会是厂商亏损的原因，但永远不会是厂商关门的原因。”你同意该说法吗？

5.“在长期均衡点，完全竞争市场中每个厂商的利润都为零。因而，当价格下降时，所有这些厂商都无法经营。”这句话对吗？

6. 如果一完全竞争行业的规模报酬不变，你能否认为该行业的长期供给曲线有着完全的弹性？

7. 利润最大化的原则是什么？为什么？

8. 完全竞争市场形成的条件是什么？

9. 完全竞争企业短期停产会有多大的损失？请说明原因。

10. 请分析在短期生产中追求利润最大化的厂商一般会面临哪几种情况。

11. 画图说明完全竞争厂商短期均衡的形成及其条件。

12. 为什么完全竞争厂商和行业的短期供给曲线都向右上方倾斜？完全竞争行业的长期供给曲线也向右上方倾斜吗？

13. 为什么说在长期均衡状态中，长期利润最大化与最优的短期利润最大化是一致的？

六、计算题

1. 已知完全竞争市场的需求函数和供给函数分别为 $Q_D=50\ 000-2\ 000P$ 和 $Q_S=40\ 000+3\ 000P$，求：

（1）市场均衡价格和产量。

（2）厂商的需求函数。

2. 假定完全竞争厂商的短期成本函数为 $STC=2Q^3-24Q^2+120Q+400$。求：

（1）当产品市场价格为 120 时，厂商利润最大化时的产量和利润。

（2）平均成本函数和总可变成本函数。

（3）厂商短期将继续经营（停止营业点）的最低产品市场价格。

（4）厂商的短期供给曲线。

3. 假定某成本不变行业厂商的长期成本函数都是 $LTC=Q^3-4Q^2+8Q$。

（1）求行业的长期供给函数。

（2）假设行业的需求函数为 $Q_D=2\ 000-100P$，试求行业均衡价格、均衡产量和厂商的个数。

4. 假设在完全竞争行业中有许多相同的厂商，代表性厂商 LAC 曲线的最低点的值为 6 美元，产量为 500 单位；当工厂的产量为 550 单位产品时，各厂商的 SAC 为 7 美元；还知市场需求函数与供给函数分别是：$Q_D=80\ 000-5\ 000P$，$Q_S=35\ 000+2\ 500P$。

（1）求市场均衡价格，并判断该行业是处于长期均衡还是短期均衡，为什么？

（2）在长期均衡时，该行业有多少个厂商？

（3）如果市场需求函数发生变动，变为 $Q'_D=95\ 000-5\ 000P$，试求行业和厂商的新的短期均衡价格及产量。厂商在新的均衡点上，盈亏状况如何？

5. 假设企业面临的生产函数为：$Q=f(x_1, x_2)=[\min\{x_1, 2x_2\}]^{\frac{1}{2}}$，并且 w_1 和 w_2 分别是投入品 x_1 和 x_2 的价格。

（1）求企业的成本函数。

（2）在完全竞争市场中，如果两种投入品的价格都是 1，生产 Q 单位产品的边际成本是多少？当产品的价格是 P 时，这个企业将会生产多少单位产品？每单位产品的成本是多少？

（3）如果市场是充分竞争的，且 $P=48$，两种投入品的价格均是 1，这个企业将会生产多少单位产品？这个企业的经济利润是多少？

（4）求企业的边际成本函数和供给函数。

6. 某行业有三个企业。假设这三个企业的供给函数分别为：$S_1(P)=P$，$S_2(P)=P-5$ 和 $S_3(P)=2P$。

（1）求整个行业的供给曲线。

（2）如果市场需求函数是 $D(P)=15$，求出市场均衡价格和市场供给量。每个企业的产出水平各为多少？

第三部分　精编习题参考答案

一、名词解释

1. 完全竞争市场：是一种竞争不受任何阻碍和干扰的市场结构。该市场必须具备的条件有：市场上有大量的买者和卖者，每一个厂商提供的产品都是同质的，所有资源均具有完全的流动性，信息是完全的。

2. 总收益：指厂商按一定价格出售一定量产品时所获得的全部收入。

3. 边际收益：指厂商增加一单位产品销售所获得的总收入的增量。

4. 平均收益：指厂商在平均每一单位产品销售上所获得的收入。

5. 收支相抵点：当厂商在利润最大化的均衡点所决定的均衡产量上，平均收益等于平均成本时，厂商的利润为零，但厂商的正常利润大于零，该均衡点就是厂商的收支相抵点。

6. 停止营业点：当厂商在利润最大化的均衡点所决定的均衡产量上，平均收益等于平均可变成本时，厂商可以继续生产，也可以不生产，该均衡点就是厂商的停止营业点。

7. 成本不变行业：是指行业的产量变化所引起的生产要素需求的变化，不对生产要素的价格产生影响。

8. 成本递增行业：是指行业的产量增加所引起的生产要素需求的增加，会导致生产要素的价格上升。

9. 生产者剩余：是指厂商在提供一定数量的某种产品时实际接受的总支付和愿意接受的最小总支付之间的差额。

10. 成本递减行业：是指行业的产量增加所引起的生产要素需求的增加，会导致生产要素的价格下降。

11. 行业：指为同一个商品市场生产和提供商品的所有厂商的总体。

二、单项选择题

1. D　2. B　3. C　4. A　5. A　6. A　7. A　8. D　9. D　10. C　11. C　12. B　13. B　14. D　15. B　16. A　17. B　18. C　19. B　20. C　21. A　22. B　23. D　24. B　25. D　26. C　27. A　28. C　29. D　30. D　31. D　32. A　33. B　34. D　35. B　36. D　37. B　38. B　39. A　40. B　41. B　42. B　43. D　44. A

三、多项选择题

1. ABCD　2. ABC　3. ABCDE　4. BD　5. ADE　6. AC　7. BC　8. BC　9. BD　10. BCD　11. ABC　12. ABCD　13. ACD　14. BCD　15. BCD　16. ACD　17. BCD　18. AC　19. ACD

四、判断题

1. (√)，在一个完全竞争行业中，价格由市场供求决定，厂商是价格的接受者。没有一个企业能对物品的市场价格有任何重要的影响。

2. (√)，在一个完全竞争行业中，任何企业进出该行业都是自由的，对于进入该行业不存在限制。

3. (×)，一个完全竞争行业中的企业所面临的需求曲线是完全弹性的，需求曲线平行于价格轴。

4. (×)，完全竞争企业的目标是利润最大化。

5. (√)，完全竞争行业的 AR 曲线和 MR 曲线与需求曲线是重合的，也可以说是相同的。

6. (×)，如果 $MR>MC$，企业就可以通过增加其产量来增加利润。

7. (×)，在长期中，完全竞争的企业基本没有经济亏损，但在短期中会。

8. (√)。

9. (√)，如果价格低于 AVC，企业就会停止生产，因为生产还要损失可变成本，不生产则不会，所以停产更好。

10. (×)，在短期，在 $P>AVC$ 时，完全竞争企业的供给曲线和 MC 曲线相同。

11. (√)，所有完全竞争企业都可以在短期均衡时实现利润最大化，按照 $MR=SMC$，即使亏损，也可以说是利润最大化，不能再大了。

12. (√)。

13. (√)。

14. (×)，新企业进入一个完全竞争行业，价格还等于 LAC 最低点，经济利润一般为零。

15. (√)。

16. （√）。

17. （×），完全竞争市场的单个参与者都不能左右商品价格。

18. （√）。

19. （×），一般认为完全竞争市场是效率最高的市场。

20. （×），完全竞争市场的需求曲线是一条向右下方倾斜的线，完全竞争市场中厂商的需求曲线是一条水平线。

21. （×），完全竞争市场中企业的需求曲线和平均收益曲线以及边际收益曲线重合。

22. （√）。

23. （×），如果完全竞争市场中价格低于平均可变成本，企业应该停产。

24. （√）。

25. （×），完全竞争市场中企业的短期供给曲线是 SMC 曲线的一部分。

26. （×），完全竞争市场中企业的总收益曲线斜率为常数。

27. （×），完全竞争市场中企业短期最大亏损额度为总不变成本。

五、简答题

1. **解答：**在完全竞争条件下，在一定时期，对于单个厂商不管产量如何变动，单位产品的价格始终不变，每个厂商按照市场决定的价格都能卖出自己生产的产品，单个厂商的需求曲线是一条水平线，因此，$TR=P\cdot Q$，P 为常数，$MR=P$。由于利润最大化原则是 $MC=MR$，所以利润最大化原则在完全竞争条件下可表达为 $MC=P$。

2. **解答：**一个完全竞争行业的企业哪怕只收取比市场价格略高一点的价格，它的产品就会完全卖不出去。因此，它不能收取高于市场价格的价格；它可以按市场价格销售它想销售的产品量，在生产量等于销售量的情况下，降价会减少总收益，因此，它也不会收取比市场价格低的价格。

3. **解答：**在一个完全竞争的行业中，存在经济利润就会吸引新企业加入，这就会使行业的供给曲线向右移动，引起市场价格下降和企业利润减少。只要存在经济利润，就会存在这种变动趋势。同样，经济亏损的存在使企业退出该行业，这就会使行业的供给曲线向左移动，引起市场价格上升和企业亏损减少。只要存在经济亏损，就会存在这种变动趋势。因此，在长期中企业的经济利润一般为零。

4. **解答：**同意。生产成本太高可能是厂商亏损的原因，但是没有投入也不会有产出；高投入若能带来高产出，企业会获得高利润。

在短期，不管固定成本有多高，只要销售收益能补偿可变成本，厂商总可以营业。高的固定成本代表着大的生产规模，只要产量和销量也大，AFC 进而 SAC 也会相应降低，所以短期很高的固定成本不会是厂商关门的原因；在长期，一切成本都是可变的，就不存在固定成本高不高的问题了。因此，无论在短期还是长期，高固定成本都不会是厂商关门的原因。

5. **解答：**这句话是正确的。行业长期均衡是经过长期竞争形成的，当行业处于长期均衡状态时，留存下来的厂商都具有相同的最好的经济效率，即最低的成本，厂商正好盈亏平衡，只能获得正常利润，如果不是这样，该行业就没有处于长期均衡状态。

当价格下降时，所有这些厂商都会亏损，进而无法长期在这个低价位上经营。

但是亏损会使部分企业退出该行业，这就会使行业的供给曲线向左移动，引起市场价格上升和企业亏损减少。只要存在经济亏损，就会存在这种变动趋势。因此，市场会调整达到一种新的均衡点。若由于客观原因，长期价格无法上升到 AC 以上，则厂商会全部退出这个行业。

6. **解答：**不能如此认为，因为规模报酬不变意味着产出变动比例等于生产要素数量的变动比例，分析的是要素数量和产出数量之间的关系，没有涉及生产要素价格。若生产要素价格不变，属于成本不变行业，则该行业的长期供给曲线是平行于横轴的直线，具有完全弹性。

假定该行业属于成本递增行业，生产要素的供给曲线向右上方倾斜，即要素供给增加时，要素价格从而单位产品成本会上升，则该行业产品需求量增加从而对要素的需求增加时，要素价格从而产品成本会上升，行业供给曲线会向上倾斜，尽管这时行业的规模报酬不变。

若行业的规模报酬不变，且属于成本递减行业，则该行业的长期供给曲线向右下方倾斜，长期供给曲线并不具有完全弹性。

7. **解答：**利润最大化的原则是 $MR=MC$。因为利润 $\pi=TR-TC$，利润取最大值的条件是：$\mathrm{d}\pi/\mathrm{d}Q=0$ 及 $\mathrm{d}^2\pi/\mathrm{d}Q^2<0$，而 $\mathrm{d}\pi/\mathrm{d}Q=\mathrm{d}TR/\mathrm{d}Q-\mathrm{d}TC/\mathrm{d}Q=MR-MC$。

令 $\mathrm{d}\pi/\mathrm{d}Q=0$ 得 $MR=MC$。由这些可得出结论：厂商要使其利润达到最大，必须满足 $MR=MC$ 这个条件，且当 $MR=MC$ 时，利润的二阶导数小于零。

这是因为当 $MR>MC$ 时，扩大产量可以增加利润，随着产出的增加，MR 下降，MC 上升，当两者相等时，利润达到最大；当 $MR<MC$ 时，表明增加产量只会使亏损增加，而如果减产，就可以使 MR 上升，MC 下降，从而使利润增加，同样在 MR 和 MC 相等之处利润达到最大。

8. **解答：**完全竞争市场必须具备以下四个条件：

第一，市场上有大量的买者和卖者。每个人都是市场价格的接受者。

第二，市场上每一个厂商提供的商品都是同质的。商品是完全无差别的。

第三，所有资源具有完全的流动性。任何一种资源都可以及时地投向能获得最大利润的生产，并及时从亏损的生产中退出。

第四，信息是完全的。市场上的每一个买者和卖者都掌握与自己的经济决策有关的一切信息。

9. **解答：**通常假定，在短期中，完全竞争企业停产的损失就等于全部的固定成本。

这是因为，在短期中，完全竞争企业（其他企业同样如此）的生产要素有所谓的“固定要素”和“可变要素”的区分。由“固定要素”引起“固定成本”，由“可变要素”引起“可变成本”。停产后固定成本支出依然存在，而对“可变要素”的投入随着企业停产就会停止，所以在短期中，完全竞争企业停产的损失就等于全部的固定成本，不会有“可变成本”损失。

10. **解答：**在短期生产中，厂商根据 $MR=SMC$ 这一利润最大化或亏损最小化的原则进行生产。在实现 $MR=SMC$ 原则的前提下，厂商可以获得利润即 $\pi>0$，也可以收支平衡即 $\pi=0$，也可以亏损即 $\pi<0$，其盈亏状况取决于厂商的生产技术、成本以及市场需求情况。当 $\pi>0$ 和 $\pi=0$ 时，厂商会继续进行生产，这是毫无疑问的。但是，当 $\pi<0$ 时，则需要进一步分析厂商是否应该继续生产这一问题。

需要指出的是，认为在 $\pi<0$ 即亏损情况下，厂商一定会停产以避免亏损，是错误的判断。其关键是，在短期生产中厂商有固定成本。因此，正确的答案是：在短期生产亏损的情况下，如果 $TR>TVC$（即 $AR>AVC$），则厂商就应该继续生产。这样，总收益在弥补总可变成本以后，还可以弥补一部分固定成本。也就是说，生产比不生产强。如果 $TR=TVC$（即 $AR=AVC$），则对厂商来说生产与不生产都得到一样的结果，即全部固定成本得不到任何弥补。如果 $TR<TVC$（即 $AR<AVC$），则厂商就应该停产。因为在 $TR<TVC$ 的情况下还坚持生产，连总可变成本都得不到弥补，就更谈不上对固定成本的弥补了。

综上所述，任何追求利润最大化的厂商在短期生产中都会面临五种典型的情况，第一种情况为 $\pi>0$，厂商继续生产。第二种情况为 $\pi=0$，厂商也继续生产。第三种情况为 $\pi<0$，但 $TR>TVC$，则厂商继续生产。第四种情况为 $\pi<0$，但 $TR=TVC$，则厂商生产与不生产都一样。第五种情况为 $\pi<0$，且 $TR<TVC$，则厂商停产。

11. **解答**：要点如下：

(1) 短期内，完全竞争厂商是在给定的价格和给定的生产规模下，通过对产量的调整来实现 $MR=SMC$ 的利润最大化的均衡条件的。具体分析如图 6-14 所示。

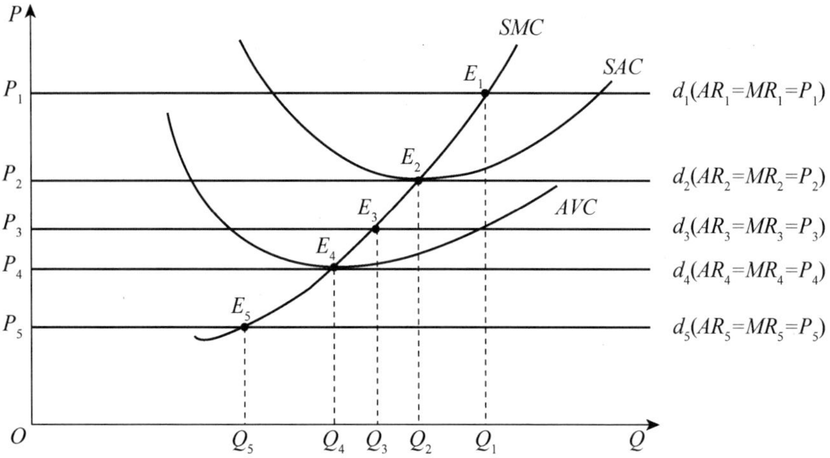

图 6-14

(2) 首先，关于 $MR=SMC$。厂商先根据 $MR=SMC$ 的利润最大化的均衡条件来决定产量。如在图 6-14 中，在价格依次为 P_1、P_2、P_3、P_4 和 P_5 时，厂商根据 $MR=SMC$ 的原则，依次选择的最优产量为 Q_1、Q_2、Q_3、Q_4 和 Q_5，相应的利润最大化的均衡点依次为 E_1、E_2、E_3、E_4 和 E_5。

(3) 然后，关于 AR 和 SAC 的比较。在（2）的基础上，厂商从（2）中所选择的产量出发，通过比较该产量水平上的平均收益 AR 与短期平均成本 SAC 的大小，来确定自己所获得的最大利润量或最小亏损量。在图 6-14 中，如果厂商在 Q_1 的产量水平上，则厂商有 $AR>SAC$，即 $\pi>0$；如果厂商在 Q_2 的产量水平上，则厂商有 $AR=SAC$，即 $\pi=0$；如果厂商在 Q_3、Q_4 或 Q_5 的产量水平上，则厂商均有 $AR<SAC$，即 $\pi<0$。

(4) 最后，关于 AR 和 AVC 的比较。如果厂商在（3）中是亏损的，即 $\pi<0$，那么，亏损时的厂商就需要通过比较该产量水平上的平均收益 AR 和平均可变成本 AVC 的大小，

来确定自己在亏损的情况下是否仍要继续生产。在图 6－14 中，当亏损时的产量为 Q_3 时，厂商有 $AR>AVC$，于是，厂商继续生产，因为此时生产比不生产强；当亏损时的产量为 Q_4 时，厂商有 $AR=AVC$，于是，厂商生产与不生产都是一样的；而当亏损时的产量为 Q_5 时，厂商有 $AR<AVC$，于是，厂商必须停产，因为此时不生产比生产强。

（5）综合以上分析，可得完全竞争厂商短期均衡的条件是：$MR=SMC$，其中，$MR=AR=P$。而且，在短期均衡时，厂商的利润可以大于零，也可以等于零或者小于零。

12. **解答：**完全竞争厂商的短期供给曲线是厂商 SMC 曲线上大于与等于 AVC 曲线最低点的部分。完全竞争厂商根据利润最大化原则 $P=SMC$，在不同的价格水平选择相应的最优产量，这一系列的价格和最优产量组合的轨迹，构成了厂商的短期供给曲线。由于 SMC 曲线上大于和等于 AVC 曲线最低点的部分是向右上方倾斜的，所以，完全竞争厂商的短期供给曲线是向右上方倾斜的。完全竞争行业的短期供给曲线由行业内所有厂商的短期供给曲线水平加总得到，所以，行业的短期供给曲线也是向右上方倾斜的。

完全竞争行业的长期供给曲线的形状并不一定是向右上方倾斜的。在长期生产中，完全竞争行业可以区分为成本不变行业、成本递减行业和成本递增行业三种类型，相应的完全竞争条件下行业的长期供给曲线可以分别表现为一条水平线、向右下方倾斜、向右上方倾斜。

13. **解答：**这是因为，一方面，如果短期利润最大化产量不等于长期利润最大化产量，则从长期来看，企业就没有实现利润的最大化，因而，必须进一步调整，直至调整到与长期的利润最大化产量相等。这意味着，在长期均衡状态中，企业选定的短期利润最大化产量一定等于长期利润最大化产量。另一方面，长期利润最大化产量也必须等于最优的短期利润最大化产量。这是因为，所谓的长期利润最大化产量，就是在所有的短期利润最大化产量中，选择一个最优的产量，这就是所谓的“最优的短期利润最大化产量”。

六、计算题

1. **解答：**（1）市场均衡时 $Q_D=Q_S$，即 $50\,000-2\,000P=40\,000+3\,000P$，解得均衡价格 $P=2$，市场的均衡产量 $Q=Q_D=Q_S=40\,000+3\,000\times2=46\,000$。

（2）完全竞争市场中，厂商的需求曲线由市场的均衡价格决定，故厂商的需求函数为 $P=2$。

2. **解答：**（1）由短期成本函数可得 $SMC=6Q^2-48Q+120$，产品市场价格为 120 时，$MR=P=120$。

厂商利润最大化时 $MR=SMC$，即 $6Q^2-48Q+120=120$，解得 $Q=8$。

利润 $\pi=120\times8-(2\times8^3-24\times8^2+120\times8+400)=112$。

（2）平均成本函数为：$SAC=\dfrac{STC}{Q}=\dfrac{2Q^3-24Q^2+120Q+400}{Q}=2Q^2-24Q+120+400/Q$。

总可变成本函数为：$TVC=2Q^3-24Q^2+120Q$。

（3）厂商继续经营的最低产品市场价格等于平均可变成本的最小值。

$$AVC=\frac{TVC}{Q}=2Q^2-24Q+120$$

$AVC'(Q)=4Q-24=0$

解得 $Q=6$，$P=AVC(6)=2Q^2-24Q+120=2\times36-24\times6+120=48$。

（4）由完全竞争市场均衡条件 $P=SMC$ 得：$SMC=6Q^2-48Q+120=P$。从而厂商的短期供给曲线为 $P=\begin{cases}6Q^2-48Q+120, & P\geqslant48 \text{ 或 } Q\geqslant6。\\ 0, & P<48 \text{ 或 } Q<6\end{cases}$

对（4）的回答可以到此结束，也可以详细分解如下：

$$Q=\frac{48\pm\sqrt{48^2-4\times6\times(120-P)}}{2\times6}$$
$$=\frac{48\pm\sqrt{24P-576}}{12}=\frac{24\pm\sqrt{6P-144}}{6}$$

由利润最大化的二阶条件可知，$MR'-SMC'<0$，$MR'=0$，因此 $SMC'>0$，$12Q-48>0$，$Q>4$。

所以 $Q=\dfrac{24+\sqrt{6P-144}}{6}$，舍去 $Q=\dfrac{24-\sqrt{6P-144}}{6}$。

从而短期供给曲线为 $Q=\begin{cases}\dfrac{24+\sqrt{6P-144}}{6}, & P\geqslant48\\ 0, & P<48\end{cases}$。

3. **解答**：（1）已知 $LTC=Q^3-4Q^2+8Q$，则 $LAC=Q^2-4Q+8$，欲求 LAC 的最小值，只要令 $LAC'(Q)=0$，即 $2Q-4=0$，得 $Q=2$。

这就是说，每个厂商的产量为 $Q=2$ 时，长期平均成本最低，其长期平均成本为：$LAC=2^2-4\times2+8=4$。当价格 P 等于长期平均成本 4 时，厂商既不进入，也不退出，即整个行业处于均衡状态。

故行业长期供给函数即供给曲线是水平的，行业的长期供给函数为 $P=4$。

（2）已知行业的需求曲线为 $Q_D=2\,000-100P$，而行业的供给函数为 $P=4$，把 $P=4$ 代入 $Q_D=2\,000-100P$ 中可得：$Q_D=2\,000-100\times4=1\,600$。

由于每个厂商的长期均衡产量为 2，若厂商有 n 个，则供给量 $Q_S=2n$。行业处于长期均衡状态时，$Q_D=Q_S$，即 $1\,600=2n$，所以 $n=800$。故整个行业均衡价格为 4，均衡产量为 1 600，厂商有 800 个。

4. **解答**：（1）已知市场需求函数与供给函数分别为：$Q_D=80\,000-5\,000P$ 和 $Q_S=35\,000+2\,500P$，市场均衡时 $Q_D=Q_S$，即 $80\,000-5\,000P=35\,000+2\,500P$，所以市场均衡价格 $P=6$ 美元，这与代表性厂商 LAC 曲线最低点的值（6 美元）相等。故该行业处于长期均衡状态。

（2）长期均衡价格 $P=6$ 美元时，长期均衡产量 $Q_S=Q_D=80\,000-5\,000\times6=50\,000$（单位），而长期均衡时每个厂商的产量为 500 单位，故该行业的厂商数为 $n=50\,000/500=100$，即该行业有 100 个厂商。

（3）新的需求函数为 $Q'_D=95\,000-5\,000P$，但供给函数仍为 $Q_S=35\,000+2\,500P$。新的市场均衡时 $Q'_D=Q_S$，即 $95\,000-5\,000P=35\,000+2\,500P$，因而新的市场均衡价格 $P=8$ 美元（也即行业短期均衡价格），行业短期均衡产量为：$Q'_D=Q_S=35\,000+2\,500\times$

$8=55\ 000$。在短期，厂商数不会变动，故仍是100个，因此，在新的均衡中，厂商产量$Q/n=55\ 000/100=550$。从题中假设知道，当产量为550单位时，厂商的SAC为7美元。可见，在短期均衡中价格大于平均成本，厂商有盈利，利润为$\pi=(P-SAC)Q=(8-7)\times 550=550$（美元）。

5. **解答：**（1）企业进行最优生产时，有$Q=\sqrt{x_1}=\sqrt{2x_2}$，所以$x_1=Q^2$，因此$TC(Q)=Q^2(w_1+0.5w_2)$。

（2）两种投入品的价格都是1，所以$TC(Q)=1.5Q^2\Rightarrow MC(Q)=3Q$。当产品的价格是$P$时，在完全竞争市场条件下，企业根据$P=MC$决定产量。$P=3Q\Rightarrow Q=\dfrac{P}{3}$，$AC=\dfrac{1.5Q^2}{Q}=1.5Q$。

（3）利用上题的结论，把$P=48$代入$Q=\dfrac{P}{3}$，求得$Q=\dfrac{48}{3}=16$，$\pi=P\cdot Q-TC=48\times 16-1.5\times 16^2=768-384=384$。

（4）$TC(Q)=(w_1+0.5w_2)Q^2\Rightarrow MC(Q)=2(w_1+0.5w_2)Q$。

供给曲线$P=MC(Q)=2(w_1+0.5w_2)Q\Rightarrow Q=\dfrac{P}{2(w_1+0.5w_2)}$。

6.（1）如图6-15所示，当价格小于或等于5时，企业2不会生产。所以行业供给曲线为：

$$S(P)=\begin{cases}S_1(P)+S_3(P)=P+2P=3P, & 0<P\leqslant 5, S\leqslant 15\\ S_1(P)+S_2(P)+S_3(P)=P+(P-5)+2P=4P-5, & P>5, S>15\end{cases}$$

OA段供给曲线可以表示为$P=\dfrac{Q_S}{3}$，AB段供给曲线可以表示为$P=\dfrac{Q_S}{4}+\dfrac{5}{4}$。

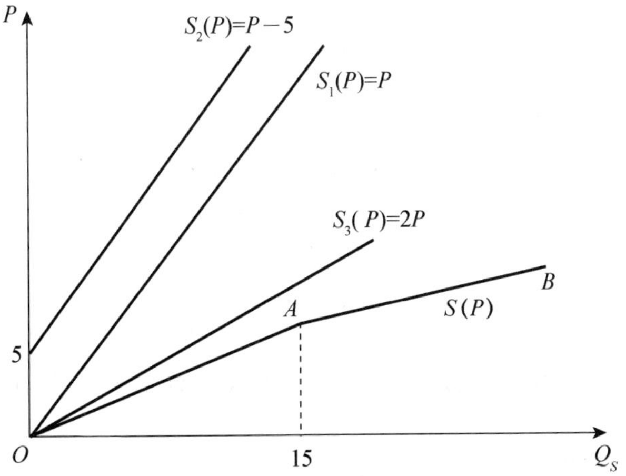

图6-15 行业供给曲线的合成

（2）由$S(P)=D(P)=15=3P$可得，市场均衡价格和市场供给量分别为5和15，供给量分别为$S_1(P)=P=5$，$S_2(P)=P-5=0$，$S_3(P)=2P=10$。

第七章
不完全竞争市场

第一部分　课后习题详解

一、简答题

1. 根据图 7-1 中某垄断厂商的线性需求曲线 d 和相应的边际收益曲线 MR，试求：

(1) A 点所对应的 MR 值。

(2) B 点所对应的 MR 值。

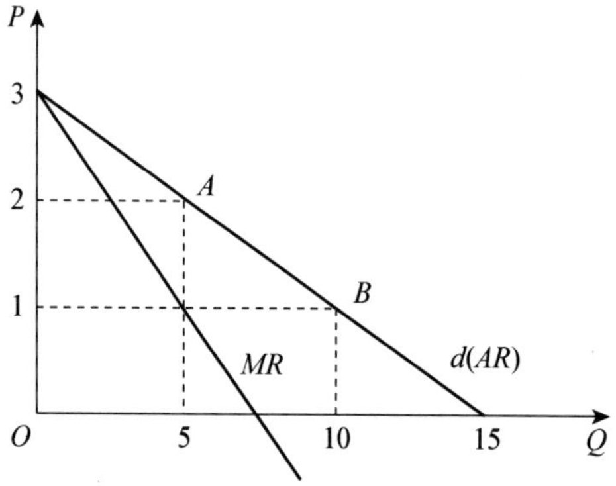

图 7-1

解答：由图 7-1 可知需求曲线 d 为 $P=-\frac{1}{5}Q+3$，$TR=P\cdot Q=-\frac{1}{5}Q^2+3Q$，所以，$MR=TR'(Q)=-\frac{2}{5}Q+3$。

(1) A 点 ($Q=5$，$P=2$) 的 MR 值为：$MR(5)=-\frac{2}{5}Q+3=1$。

(2) B 点 ($Q=10$，$P=1$) 的 MR 值为：$MR(10)=-\frac{2}{5}Q+3=-1$。

本题也可以用 $MR=P(1-\frac{1}{e_d})$ 求得：

$e_{dA}=2$，$P_A=2$，则 $MR=P(1-\frac{1}{e_{dA}})=2\times(1-\frac{1}{2})=1$。

$e_{dB}=\frac{1}{2}$，$P_B=1$，则 $MR=P(1-\frac{1}{e_{dB}})=1\times(1-\frac{1}{0.5})=-1$。

2. 图 7-2 是某垄断厂商的长期成本曲线、需求曲线和收益曲线。试在图中标出：

(1) 长期均衡点及相应的均衡价格和均衡产量。

(2) 长期均衡时代表最优生产规模的 SAC 曲线和 SMC 曲线。

(3) 长期均衡时的利润量。

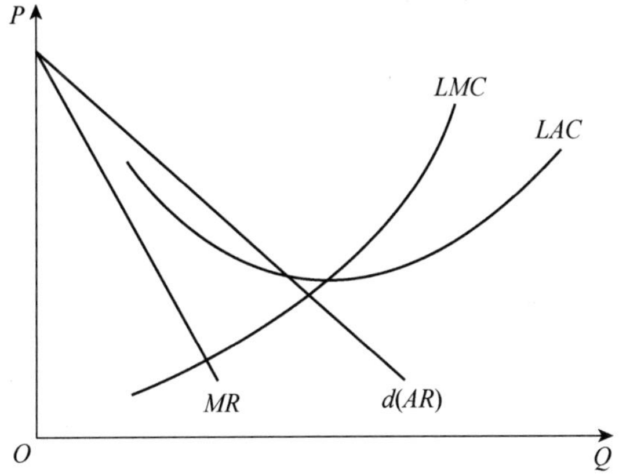

图 7-2

解答：(1) 如图 7-3 所示，长期均衡点为 E 点，因为在 E 点有 MR=LMC。由 E 点出发，均衡价格为 P_0，均衡数量为 Q_0。

(2) 长期均衡时代表最优生产规模的 SAC 曲线和 SMC 曲线如图 7-3 所示。在 Q_0 的产量上，SAC 曲线和 LAC 曲线相切；SMC 曲线和 LMC 曲线相交，且同时与 MR 曲线相交。

(3) 长期均衡时的利润量由图 7-3 中阴影部分的面积表示，即：$\pi=[AR(Q_0)-SAC(Q_0)]\cdot Q_0$。

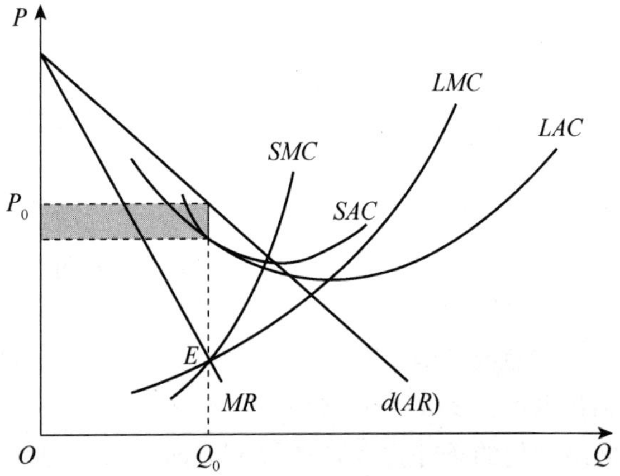

图 7-3

3. 为什么垄断厂商实现 $MR=MC$ 的利润最大化均衡时，总有 $P>MC$？你是如何理解这种状态的？

解答：在完全竞争市场条件下，由于厂商的 $MR=P$，所以完全竞争厂商利润最大化的原则 $MR=MC$ 可以改写为 $P=MC$。这就是说，完全竞争厂商的产品价格等于产品的边际成本。

而在垄断市场条件下，由于垄断厂商的 MR 曲线的位置低于其 d 需求曲线的位置，即在每一产量水平上都有 $P>MR$，又由于垄断厂商是根据利润最大化原则 $MR=MC$ 来决定产量水平的，所以，在每一个产量水平上均有 $P>MC$。这就是说，垄断厂商的产品价格高于产品的边际成本。而且，在 MC 曲线给定的条件下，垄断厂商的 d 需求曲线以及相应的 MR 曲线越陡峭，即厂商的垄断程度越强，由利润最大化原则 $MR=MC$ 所决定的价格水平 P 高出边际成本 MC 的幅度就越大。

鉴于在垄断市场上产品价格 $P>MC$，经济学家提出了一个度量厂商垄断程度的指标：勒纳指数。勒纳指数可以由 $MR=P(1-\frac{1}{e_d})=MC$ 推导出，$MR=P(1-\frac{1}{e_d})=MC$，整理得，勒纳指数为：$\frac{1}{e_d}=\frac{P-MC}{P}$。显然，$P-MC$ 与 e_d 呈反方向变动关系。市场越缺乏弹性，垄断程度越强，d 需求曲线和 MR 曲线越陡峭，$P-MC$ 的数值就越大，勒纳指数也就越大。

二、计算题

1. 已知某垄断厂商的短期总成本函数为 $STC=0.1Q^3-6Q^2+140Q+3\,000$，反需求函数为 $P=150-3.25Q$。

求：该垄断厂商的短期均衡产量与均衡价格。

解答：根据反需求函数可得：$TR=P(Q)\cdot Q=(150-3.25Q)\cdot Q=150Q-3.25Q^2$，进而可得边际收益为 $MR=TR'(Q)=150-6.5Q$。

根据短期总成本函数可得短期边际成本 $SMC=STC'(Q)=0.3Q^2-12Q+140$。

垄断厂商短期利润最大化的条件为 $MR=MC$，即 $150-6.5Q=0.3Q^2-12Q+140$，解得：$Q_1=20$，$Q_2=-\frac{5}{3}$（舍去），代入反需求函数可得 $P=150-3.25\times20=85$。

2. 已知某垄断厂商的短期总成本函数为 $STC=0.6Q^2+3Q+2$，反需求函数 $P=8-0.4Q$。

（1）求该厂商实现利润最大化时的产量、价格、收益和利润。

（2）求该厂商实现收益最大化时的产量、价格、收益和利润。

（3）比较（1）和（2）的结果。

解答：（1）根据反需求函数可得：$TR=P\cdot Q=8Q-0.4Q^2$，即 $MR=8-0.8Q$。

根据短期总成本函数可得：$SMC=1.2Q+3$。

垄断厂商短期利润最大化的条件为 $MR=SMC$，即 $8-0.8Q=1.2Q+3$，解得：$Q=2.5$，$P=7$，$TR=17.5$，$\pi=TR-TC=4.25$。

（2）总收益函数为：$TR=8Q-0.4Q^2$。

$MR=8-0.8Q$，当 $MR=0$，即 $Q=10$ 时，TR 取得最大值，$TR=40$。此时，$P=8-0.4Q=4$。把 $Q=10$，$P=4$ 代入利润等式可得 $\pi=TR-TC=40-(60+30+2)=-52$。

（3）由（1）和（2）可见，收益最大化并不意味着利润最大化，利润最大化是收益和成本两个变量共同起作用的结果。

3. 已知某垄断厂商的反需求函数为 $P=100-2Q+2\sqrt{A}$，总成本函数为 $TC=3Q^2+20Q+A$，其中，A 表示厂商的广告支出。

求：该厂商实现利润最大化时 Q、P 和 A 的值。

解答：厂商的目标函数 $\pi=TR-TC=P\cdot Q-TC=-5Q^2+80Q+2\sqrt{A}\cdot Q-A$。

由利润 π 最大化可得：

$$\begin{cases}\partial\pi/\partial Q=80-10Q+2\sqrt{A}=0\\ \partial\pi/\partial A=Q/\sqrt{A}-1=0\end{cases}$$

解得：$Q=10$，$A=100$。将结果代入反需求函数得：$P=100-20+20=100$。

4. 已知某垄断厂商利用一个工厂生产一种产品，其产品在两个分割的市场出售，它的成本函数为 $TC=0.5Q^2+7Q$，两个市场的需求函数分别为 $Q_1=30-0.5P_1$，$Q_2=100-2P_2$。

（1）求当该厂商实行三级价格歧视时，它追求利润最大化前提下的两市场各自的销售量、价格，以及厂商的总利润。

（2）求当该厂商在两个市场上实行统一的价格时，它追求利润最大化前提下的销售量、价格，以及厂商的总利润。

（3）比较（1）和（2）的结果。

解答：（1）由第一个市场的需求函数 $Q_1=30-0.5P_1$ 可知，该市场的反需求函数为 $P_1=60-2Q_1$，总收益为 $TR_1=P_1Q_1=60Q_1-2Q_1^2$，边际收益函数为 $MR_1=TR_1'(Q)=60-4Q_1$。

同理，由第二个市场的需求函数 $Q_2=100-2P_2$ 可知，该市场的反需求函数为 $P_2=50-0.5Q_2$，总收益为 $TR_2=P_2Q_2=50Q_2-0.5Q_2^2$，边际收益函数为 $MR_2=TR'_2(Q)=50-Q_2$。

厂商在两个分割的市场出售产品，其生产产品的边际成本函数为：

$$MC=TC'(Q)=Q+7=Q_1+Q_2+7$$

厂商实行三级价格歧视时利润最大化的原则为 $MR_1=MR_2=MC$。

根据 $MR_1=MC$ 得：$60-4Q_1=Q_1+Q_2+7$，整理得：$Q_2=53-5Q_1$。

根据 $MR_2=MC$ 得：$50-Q_2=Q_1+Q_2+7$，整理得：$Q_1=43-2Q_2$。

所以，联立方程组为：

$$\begin{cases}Q_2=53-5Q_1\\ Q_1=43-2Q_2\end{cases}$$

解得厂商在两个市场上的销售量分别为：$Q_1=7$，$Q_2=18$。将产量代入反需求函数，可得两个市场的价格分别为：$P_1=46$，$P_2=41$。

在实行三级价格歧视时厂商的总利润为：

$$\begin{aligned}\pi &=(TR_1+TR_2)-TC=P_1Q_1+P_2Q_2-0.5(Q_1+Q_2)^2-7(Q_1+Q_2)\\ &=322+738-312.5-175=572.5\end{aligned}$$

（2）厂商在两个市场上实行统一的价格时，$P_1=P_2$，所以市场需求函数 $Q=Q_1+Q_2=(30-0.5P)+(100-2P)=130-2.5P$，从而可求出市场反需求函数为 $P=52-0.4Q$，利润函数为：$\pi=P\cdot Q-TC=52Q-0.4Q^2-0.5Q^2-7Q=-0.9Q^2+45Q$。

令 $\pi'(Q)=-1.8Q+45=0$，解得 $Q=25$。

将 $Q=25$ 代入市场反需求函数 $P=52-0.4Q$，得 $P=42$。

把 $P=42$ 代入 $Q_1=30-0.5P_1$，$Q_2=100-2P_2$ 得：$Q_1=9$，$Q_2=16$。

于是，厂商的利润为：

$$\pi=P\cdot Q-TC=42\times25-0.5\times25^2-7\times25=562.5$$

所以，当该垄断厂商在两个市场上实行统一的价格时，追求利润最大化的厂商的总销售量为 $Q=25$，价格为 $P=42$，总的利润为 $\pi=563$。

（3）比较以上（1）和（2）的结果可知，该垄断厂商实行三级价格歧视比厂商在两个市场实行统一定价所获得的利润多。

垄断厂商实行三级价格歧视，$P_1=46>P_2=41$，原因是同质商品在缺乏弹性的市场索要的价格高于相对富有弹性的市场上此商品的价格。

对于 $Q_1=30-0.5P_1$，$e_{d1}=-\dfrac{dQ}{dP}\cdot\dfrac{P}{Q}=-(-0.5)\cdot\dfrac{P}{30-0.5P}=\dfrac{P}{60-P}$；

对于 $Q_2=100-2P_2$，$e_{d2}=-\dfrac{dQ}{dP}\cdot\dfrac{P}{Q}=-(-2)\cdot\dfrac{P}{100-2P}=\dfrac{P}{50-P}$。

可见在每一价格水平上，第一个市场的消费者对商品的需求价格弹性小于第二个市场的消费者对商品的需求价格弹性，所以第一个市场此商品的销售价格高。

5. 假定某垄断厂商生产两种相关联的产品，其中任何一种产品需求量的变化都会影响另一种产品的价格，这两种产品的市场需求函数分别为 $P_1=120-2Q_1-0.5Q_2$，$P_2=100-Q_2-0.5Q_1$。这两种产品的生产成本函数是互相独立的，分别是 $TC_1=50Q_1$，$TC_2=0.5Q_2^2$。求该垄断厂商关于每一种产品的产量和价格。

解答：一个垄断厂商生产两种相关联的产品，不同于竞争行为的古诺双寡头模型。Q_1 和 Q_2 是影响一个厂商利润的自变量，求出该垄断厂商的利润函数 $\pi(Q_1, Q_2)$，然后对其求偏导，此题可解。

$$\begin{aligned}\text{利润函数 }\pi &=\pi_1+\pi_2=P_1Q_1-TC_1+P_2Q_2-TC_2\\ &=120Q_1-2Q_1^2-0.5Q_1Q_2-50Q_1+100Q_2-Q_2^2-0.5Q_1Q_2-0.5Q_2^2\\ &=70Q_1-2Q_1^2-Q_1Q_2+100Q_2-1.5Q_2^2\end{aligned}$$

由 $\pi'(Q_1)=0$ 和 $\pi'(Q_2)=0$ 得方程组为：

$$\begin{cases}Q_1=100-3Q_2\\ Q_2=70-4Q_1\end{cases}\text{，解得}\begin{cases}Q_1=10\\ Q_2=30\end{cases}$$

所以 $P_1=120-2\times10-0.5\times30=85$，$P_2=100-30-0.5\times10=65$。

6. 假定某垄断厂商生产一种产品，其总成本函数为 $TC=0.5Q^2+10Q+5$，市场的反需求函数为 $P=70-2Q$。

(1) 求该厂商实现利润最大化时的产量、产品价格和利润量。

(2) 如果要求该垄断厂商遵从完全竞争厂商利润最大化的原则，那么，该厂商的产量、产品价格和利润量又是多少？

(3) 试比较 (1) 和 (2) 的结果，你可以得出什么结论？

解答：(1)$\pi=TR-TC=70Q-2Q^2-0.5Q^2-10Q-5=-2.5Q^2+60Q-5$。

令 $\pi'(Q)=-5Q+60=0$，解得：$Q=12$，$P=70-2Q=70-24=46$。

所以，利润量 $\pi=46\times12-72-120-5=355$。

(2) 如果垄断厂商遵从完全竞争原则 $P=MC$，得：$70-2Q=Q+10$，解得：$Q=20$，那么，该厂商实现利润最大化时产品价格 $P=70-2Q=70-40=30$。

所以，利润量 $\pi=30\times20-(200+200+5)=195$。

(3) 如果要求该垄断厂商遵从完全竞争原则，那么，该厂商实现利润最大化时的产量扩大，产量由 12 扩大到 20，产品价格降低，产品价格由 46 降为 30，利润量由 355 减少为 195，消费者剩余增加。所以垄断行为一般对厂商有利，对消费者不利。

7. 已知其垄断竞争厂商的长期总成本函数为 $LTC=0.001Q^3-0.51Q^2+200Q$；如果该产品的生产集团内的所有厂商都按相同的比例调整价格，那么，每个厂商的份额需求曲线 D 为 $P=238-0.5Q$。求：

(1) 该厂商长期均衡时的产量与价格。

(2) 该厂商长期均衡时主观需求曲线 d 上的需求的价格点弹性值。(保留整数部分。)

(3) 如果该厂商的主观需求曲线 d 是线性的，推导该厂商长期均衡时的主观需求函数。

解答：(1) 由厂商的总收益函数 $TR=PQ=238Q-0.5Q^2$，可得 $AR=238-0.5Q$。

由长期总成本函数 $LTC=0.001Q^3-0.51Q^2+200Q$，可得 $LAC=0.001Q^2-0.51Q+200$。

垄断竞争厂商的长期均衡条件为：$LAR=LAC$，代入相关参数可得：

$$0.001Q^2-0.51Q+200=238-0.5Q$$

解得 $Q_1=-190$（舍去），$Q_2=200$。将 $Q=200$ 代入份额需求函数可得：$P=238-100=138$。

(2) LAC 曲线在均衡点 (200，138) 的切线斜率是 $k=(LAC)'=0.002Q-0.51=-0.11$。

所以，$\mathrm{d}Q/\mathrm{d}P=1/k=-100/11$，$e_d=-\dfrac{\mathrm{d}Q}{\mathrm{d}P}\cdot\dfrac{P}{Q}\approx6$。

(3) 由 (2) 知 $P-138=-0.11(Q-200)$，即 $P=-0.11Q+160$。

8. 在某垄断竞争市场，代表性厂商的长期总成本函数为 $LTC=5Q^3-200Q^2+2\,700Q$，反需求函数为 $P=2\,200A-100Q$。

求长期均衡时代表性厂商的产量和产品价格，以及 A 的数值。

解答：由已知条件得：

$$LMC=15Q^2-400Q+2\,700$$

$$LAC=5Q^2-200Q+2\,700$$
$$TR=PQ=(2\,200A-100Q)Q=2\,200AQ-100Q^2$$
$$MR=2\,200A-200Q$$

由于垄断竞争厂商长期均衡时有 $MR=LMC$，且有 $LAC=P$（因为 $\pi=0$），故得以下方程组：

$$\begin{cases}2\,200A-200Q=15Q^2-400Q+2\,700\\5Q^2-200Q+2\,700=2\,200A-100Q\end{cases}$$

解得 $Q=10$，$A=1$。

将 Q、A 的值代入反需求函数 $P=2\,200A-100Q$，得 $P=1\,200$。

9. 某寡头行业有两个厂商，厂商 1 的成本函数为 $C_1=8Q_1$，厂商 2 的成本函数为 $C_2=0.8Q_2^2$，该市场的需求函数为 $P=152-0.6Q$。

求该寡头市场的古诺模型解。

解答：厂商 1 的利润函数为：

$$\begin{aligned}\pi_1=TR_1-C_1=P\cdot Q_1-C_1&=[152-0.6(Q_1+Q_2)]Q_1-8Q_1\\&=144Q_1-0.6Q_1^2-0.6Q_1Q_2\end{aligned}$$

厂商 1 利润最大化的一阶条件为：$\frac{\partial\pi_1}{\partial Q_1}=144-1.2Q_1-0.6Q_2=0$。

由此得厂商 1 的反应函数为：$Q_1(Q_2)=120-0.5Q_2$。

同理，厂商 2 的利润函数为：

$$\begin{aligned}\pi_2&=TR_2-C_2=P\cdot Q_2-C_2=[152-0.6(Q_1+Q_2)]Q_2-0.8Q_2^2\\&=152Q_2-0.6Q_1Q_2-1.4Q_2^2\end{aligned}$$

厂商 2 利润最大化的一阶条件为：$\frac{\partial\pi_2}{\partial Q_2}=152-0.6Q_1-2.8Q_2=0$。

由此得厂商 2 的反应函数为：$Q_2(Q_1)=\frac{152}{2.8}-\frac{0.6}{2.8}Q_1$。

联立以上两个反应函数，构成以下方程组：

$$\begin{cases}Q_1=120-0.5Q_2\\Q_2=\frac{152}{2.8}-\frac{0.6}{2.8}Q_1\end{cases}$$

解得古诺解为：$Q_1=104$，$Q_2=32$。

10. 某寡头行业有两个厂商，厂商 1 为领导者，其成本函数为 $C_1=13.8Q_1$，厂商 2 为追随者，其成本函数为 $C_2=20Q_2$，该市场的反需求函数为 $P=100-0.4Q$。

求该寡头市场的斯塔克伯格模型解。

解答：先考虑追随型厂商 2，其利润函数为：

$$\begin{aligned}\pi_2&=TR_2-C_2=P\cdot Q_2-C_2=[100-0.4(Q_1+Q_2)]Q_2-20Q_2\\&=80Q_2-0.4Q_1Q_2-0.4Q_2^2\end{aligned}$$

其利润最大化的一阶条件为：$\frac{\partial \pi_2}{\partial Q_2}=80-0.4Q_1-0.8Q_2=0$。

其反应函数为：$Q_2=100-0.5Q_1$。　　(1)

再考虑领导型厂商 1，其利润函数为：

$$\pi_1=TR_1-C_1=P\cdot Q_1-C_1=[100-0.4(Q_1+Q_2)]Q_1-13.8Q_1$$

将追随型厂商 2 的反应函数即式（1）代入领导型厂商 1 的利润函数，于是有

$$\pi_1=[100-0.4(Q_1+100-0.5Q_1)]Q_1-13.8Q_1=46.2Q_1-0.2Q_1^2$$

厂商 1 利润最大化的一阶条件为：

$$\frac{\partial\pi_1}{\partial Q_1}=46.2-0.4Q_1=0$$

解得 $Q_1=115.5$。

将 Q_1 的值代入厂商 2 的反应函数即式（1），得：

$$Q_2=100-0.5Q_1=100-0.5\times115.5=42.25$$

最后，将 $Q_1=115.5$，$Q_2=42.25$ 代入反需求函数，得市场价格 $P=100-0.4\times(115.5+42.25)=36.9$。

所以，此题的斯塔克伯格解为：

$$Q_1=115.5\quad Q_2=42.25\quad P=36.9$$

11. 某寡头厂商的广告对其需求的影响为 $P=88-2Q+2\sqrt{A}$，对其成本的影响为 $C=3Q^2+8Q+A$，式中，A 为广告费用。

（1）求在无广告的情况下，利润最大化时的产量、价格和利润。

（2）求在有广告的情况下，利润最大化时的产量、价格、广告费用和利润。

（3）比较（1）与（2）的结果。

解答：（1）若无广告，即 $A=0$，则厂商的利润函数为：

$$\begin{aligned}\pi(Q)&=P(Q)Q-C(Q)=(88-2Q)Q-(3Q^2+8Q)\\&=88Q-2Q^2-3Q^2-8Q=80Q-5Q^2\end{aligned}$$

令 $\frac{\mathrm{d}\pi(Q)}{\mathrm{d}Q}=0$，有 $\frac{\mathrm{d}\pi(Q)}{\mathrm{d}Q}=80-10Q=0$，解得 $Q^*=8$ 且 $\frac{\mathrm{d}^2\pi(Q)}{\mathrm{d}Q^2}=-10<0$。

所以，利润最大化时的产量 $Q^*=8$，$P^*=88-2Q=88-2\times8=72$，$\pi^*=80Q-5Q^2=80\times8-5\times8^2=320$。

（2）若有广告，即 $A>0$，则厂商的利润函数为：

$$\begin{aligned}\pi(Q,A)&=P(Q,A)Q-C(Q,A)=(88-2Q+2\sqrt{A})Q-(3Q^2+8Q+A)\\&=88Q-2Q^2+2Q\sqrt{A}-3Q^2-8Q-A=80Q-5Q^2+2Q\sqrt{A}-A\end{aligned}$$

令 $\frac{\partial\pi(Q,A)}{\partial Q}=0$，$\frac{\partial\pi(Q,A)}{\partial A}=0$，有

$$\begin{cases}\dfrac{\partial\pi(Q,\ A)}{\partial Q}=80-10Q+2\sqrt{A}=0\\ \dfrac{\partial\pi(Q,\ A)}{\partial A}=QA^{-\frac{1}{2}}-1=\dfrac{Q}{\sqrt{A}}-1=0\Rightarrow Q=\sqrt{A}\end{cases}$$

解以上方程组得：$Q^*=10$，$A^*=100$。且 $\dfrac{\partial^2\pi(Q,\ A)}{\partial Q^2}=-10<0$，$\dfrac{\partial^2\pi(Q,\ A)}{\partial A^2}=-\dfrac{1}{2}QA^{-\frac{3}{2}}<0$。所以，$Q^*=10$，$A^*=100$ 是有广告情况下利润最大化的解。

将 $Q^*=10$，$A^*=100$ 分别代入需求函数和利润函数，有

$$P^*=88-2Q+2\sqrt{A}=88-2\times10+2\sqrt{100}=88$$

$$\pi^*=80Q-5Q^2+2Q\sqrt{A}-A=80\times10-5\times10^2+2\times10\sqrt{100}-100=400$$

（3）比较以上（1）与（2）的结果可知，此寡头厂商在有广告的情况下，由于支出 $A^*=100$ 的广告费，相应的价格水平由原先无广告时的 $P^*=72$ 上升为 $P^*=88$，相应的产量水平由原来无广告时的 $Q^*=8$ 上升为 $Q^*=10$，相应的利润由原来无广告时的 $\pi^*=320$ 增加为 $\pi^*=400$。

12. 假定某寡头市场有两个厂商生产同种产品，市场的反需求函数为 $P=100-Q$，两厂商的成本函数分别为 $TC_1=20Q_1$，$TC_2=0.5Q_2^2$。

（1）假定两厂商按古诺模型行动，求两厂商各自的产量和利润量，以及行业的总利润量。

（2）假定两厂商联合行动组成卡特尔，追求共同利润最大化，求两厂商各自的产量和利润量，以及行业的总利润量。

（3）比较（1）与（2）的结果。

解答：（1）假定两厂商按古诺模型行动，$P=100-Q_1-Q_2$，则

厂商 1 的利润函数 $\pi_1=TR_1-TC_1=100Q_1-Q_1Q_2-Q_1^2-20Q_1=80Q_1-Q_1Q_2-Q_1^2$

厂商 2 的利润函数 $\pi_2=TR_2-TC_2=100Q_2-Q_1Q_2-Q_2^2-0.5Q_2^2$

$$=100Q_2-Q_1Q_2-1.5Q_2^2$$

由 $\pi_1'(Q_1)=0$ 和 $\pi_2'(Q_1)=0$ 得方程组为：

$$\begin{cases}Q_1=100-3Q_2\\ Q_2=80-2Q_1\end{cases}$$

解方程组得 $Q_1=28$，$Q_2=24$，所以有：

$P=100-28-24=48$

厂商 1 的利润量 $\pi_1=TR_1-TC_1=48\times28-20\times28=784$

厂商 2 的利润量 $\pi_2=TR_2-TC_2=48\times24-0.5\times24^2=864$

行业的总利润量 $\pi=784+864=1\ 648$

（2）假定两厂商联合行动组成卡特尔，等同于一个垄断厂商追求利润最大化，Q_1 和 Q_2 是影响此厂商利润的自变量，最大化卡特尔的利润函数 $\pi(Q_1,\ Q_2)$ 即可。

$$
\begin{aligned}
\pi &= \pi_1+\pi_2=P_1Q_1-TC_1+P_2Q_2-TC_2 \\
&=(100-Q_1-Q_2)Q_1-20Q_1+(100-Q_1-Q_2)Q_2-0.5Q_2^2 \\
&=80Q_1-Q_1^2+100Q_2-1.5Q_2^2-2Q_1Q_2
\end{aligned}
$$

由$\frac{\partial\pi}{\partial Q_1}=0$和$\frac{\partial\pi}{\partial Q_2}=0$得方程组为：

$$
\begin{cases}
40-Q_2-Q_1=0 \\
100-2Q_1-3Q_2=0
\end{cases}
$$

解方程组得 $Q_1=20$，$Q_2=20$，所以有：

$P=100-20-20=60$

$\pi_1(Q_1)=P_1Q_1-TC_1=60\times20-20\times20=800$

$\pi_2(Q_1)=P_2Q_2-TC_2=60\times20-0.5\times20^2=1\,000$

行业的总利润量 $\pi=\pi_1+\pi_2=1\,800$

（3）比较（1）与（2）的结果可知，假定两厂商联合行动组成卡特尔，产品价格由 48 上涨为 60，而每个厂商产量都减少了；单个厂商的利润和行业总利润量都增加了，消费者剩余减少了。所以卡特尔勾结一般对厂商有利，对消费者不利。

13. 假定某寡头厂商面临一条弯折的需求曲线，产量在 0～30 单位范围内时需求函数为 $P=60-0.3Q$，产量超过 30 单位时需求函数为 $P=66-0.5Q$；该厂商的短期总成本函数为 $STC=0.005Q^3-0.2Q^2+36Q+200$。

（1）求该寡头厂商利润最大化的均衡产量和均衡价格。

（2）假定该厂商成本增加，导致短期总成本函数变为 $STC=0.005Q^3-0.2Q^2+50Q+200$，求该寡头厂商利润最大化的均衡产量和均衡价格。

（3）对以上（1）和（2）的结果作出解释。

解答：（1）根据题意，该厂商面临一条弯折的需求曲线，由 $60-0.3Q=66-0.5Q$ 可以求出两条需求曲线的交点位置，解得交点对应的产量为 $Q=30$，价格为 $P=51$。

求产量在 0～30 单位范围内时的边际收益函数：

$$TR=PQ=60Q-0.3Q^2,\ MR=TR'(Q)=60-0.6Q$$

求产量超过 30 单位时的边际收益函数：

$$TR=PQ=66Q-0.5Q^2,\ MR=TR'(Q)=66-Q$$

由此可得，在 $Q=30$ 时，边际收益的上限 $MR=60-0.6Q=42$，边际收益的下限 $MR=66-Q=36$，所以，在产量为 30 单位时，边际收益曲线间断部分的范围为 36～42。

由厂商的总成本函数求得厂商的边际成本函数 $SMC=0.015Q^2-0.4Q+36$，当 $Q=30$ 时有 $SMC(30)=0.015\times30^2-0.4\times30+36=37.5$。

根据厂商利润最大化的原则 $MR=SMC$，由于 $SMC=37.5$ 处于边际收益曲线间断部分的范围之内，所以，该寡头厂商的产量和价格分别仍然为 $Q=30$，$P=51$。

（2）假定厂商成本增加，导致总成本函数变为 $STC=0.005Q^3-0.2Q^2+50Q+200$，于是，当 $Q=30$ 时，有 $SMC=0.015Q^2-0.4Q+50=0.015\times30^2-0.4\times30+50=51.5$，

它高于边际收益曲线间断部分的上端点 42，边际成本曲线与 $MR=60-0.6Q$ 相交。

此时根据厂商利润最大化的原则 $MR=SMC$，得 $60-0.6Q=0.015Q^2-0.4Q+50$，整理得 $0.015Q^2+0.2Q-10=0$，求得 $Q=20$，$P=60-0.3Q=60-0.3\times20=60-6=54$。

（3）由以上分析可知，只要在 $Q=30$ 时 SMC 的值处于边际收益曲线间断部分 36～42 的范围之内，寡头厂商的产量和价格就总是分别为 $Q=30$，$P=51$，这就是弯折的需求曲线所解释的寡头市场的价格刚性现象。

只有边际成本曲线发生较大的变化，致使在 $Q=30$ 时 SMC 的值超出了边际收益曲线间断部分 36～42 的范围，寡头市场的均衡产量和均衡价格才会发生变化。这就是（2）中的情况，由于寡头厂商成本大幅上升，产量由 30 下降为 20，价格由 51 上升为 54，它打破了寡头市场的价格刚性状态。

三、论述题

1. 试述古诺模型的主要内容和结论。

解答：古诺模型的前提假设：（1）市场上只有 A、B 两个厂商生产和销售相同的产品；（2）它们的生产成本都为零；（3）它们共同面临的市场需求曲线是线性的，A、B 两个厂商都准确地了解市场的需求曲线；（4）A、B 两个厂商都是在已知对方产量的情况下，各自确定能够给自己带来最大利润的产量，即每个厂商都是消极地以自己的产量去适应对方已确定的产量。

分析过程：因为成本为零，收益最大则利润最大，所以厂商利润最大化的产量应为市场份额的一半。在图 7－4 中，D 曲线为两个厂商共同面临的线性的市场需求曲线。由于生产成本为零，故图中无成本曲线。在第一轮，A 厂商首先进入市场。由于生产成本为零，所以，厂商的收益就等于利润。A 厂商面临市场需求曲线 D，将产量定为市场总容量的$\frac{1}{2}$，即产量为 $OQ_1=\frac{1}{2}O\bar{Q}$，将价格定为 OP_1，从而实现了最大的利润，其利润量相当于图中矩形 OP_1FQ_1 的面积（从几何意义上讲，该矩形是直角三角形 $O\bar{P}\bar{Q}$ 中面积最大的内接矩形）。然后，B 厂商进入市场。B 厂商准确地知道 A 厂商在本轮留给自己的市场容量为 $Q_1\bar{Q}=\frac{1}{2}O\bar{Q}$，B 厂商也按相同的方式行动，生产它所面临的市场容量的$\frac{1}{2}$，即产量为$\frac{1}{4}O\bar{Q}$。此时，市场价格下降为 OP_2，B 厂商获得的最大利润相当于图中矩形 Q_1HGQ_2 的面积。而 A 厂商的利润因价格的下降而减少为矩形 OP_2HQ_1 的面积。

在第二轮，A 厂商知道 B 厂商在本轮中留给它的市场容量为$\frac{3}{4}O\bar{Q}$。为了实现最大的利润，A 厂商将产量定为自己所面临的市场容量的$\frac{1}{2}$，即产量为$\frac{3}{8}O\bar{Q}$。与上一轮相比，A 厂商的产量减少了$\frac{1}{8}O\bar{Q}$。然后，B 厂商再次进入市场。A 厂商在本轮留给 B 厂商的市场容量为$\frac{5}{8}O\bar{Q}$，于是，B 厂商生产自己所面临的市场容量的$\frac{1}{2}$的产量，即产量为$\frac{5}{16}O\bar{Q}$。

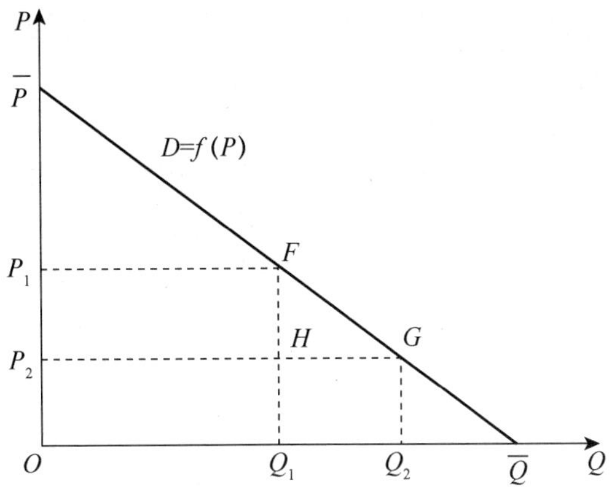

图 7-4　古诺模型

与上一轮相比，B 厂商的产量增加了$\frac{1}{16}O\bar{Q}$。

在这样轮复一轮的过程中，A 厂商的产量会逐渐地减少，B 厂商的产量会逐渐地增加，最后，达到 A、B 两个厂商的产量都相等的均衡状态为止。

A 厂商的均衡产量为：$O\bar{Q}(\frac{1}{2}-\frac{1}{8}-\frac{1}{32}-\cdots)=\frac{1}{3}O\bar{Q}$；

B 厂商的均衡产量为：$O\bar{Q}(\frac{1}{4}+\frac{1}{16}+\frac{1}{64}+\cdots)=\frac{1}{3}O\bar{Q}$。

所以在均衡状态中，A、B 两个厂商的产量都为市场总容量的$\frac{1}{3}$，即每个厂商的产量都为$\frac{1}{3}O\bar{Q}$，行业的总产量为$\frac{2}{3}O\bar{Q}$。

由此可以得到双头古诺模型的推论，即令寡头厂商的数量为 m，则可以得到如下的一般结论：

每个寡头的均衡产量＝市场总容量$\times\frac{1}{1+m}$；行业的均衡产量＝市场总容量$\times\frac{m}{1+m}$。

2. 弯折的需求曲线模型是如何解释寡头市场上的价格刚性现象的？

解答：基本假设条件是：(1) 如果一个寡头厂商提高价格，行业中的其他寡头厂商都不会跟着改变自己的价格，因而提价的寡头厂商的销售量的减少是很多的；(2) 如果一个寡头厂商降低价格，行业中的其他寡头厂商都会将价格下降到相同的水平，以避免销售份额的减少，因而该寡头厂商的销售量的增加是很有限的。

分析过程：在以上假设条件下可推导出寡头厂商的弯折的需求曲线。如图 7-5 有某寡头厂商的一条 dd 需求曲线和一条 DD 需求曲线，dd 需求曲线表示该寡头厂商变动价格而其他寡头厂商保持价格不变时该寡头厂商的需求状况，DD 需求曲线表示行业内所有寡头厂商都以相同方式改变价格时该厂商的需求状况。假定开始时的市场价格为 dd 需求曲线和 DD 需求曲线的交点 B 所决定的 P_0，那么，根据该模型的基本假设条件，该垄断厂商由 B 点出发，提价所面临的需求曲线是 dd 需求曲线上的 dB 段，降价所面临的需求曲线是 DD 需求曲线上的 BD 段，于是这两段共同构成的该寡头厂商的需求曲线为 dBD。

显然，这是一条弯折的需求曲线，折点是 B 点。这条弯折的需求曲线表示该寡头厂商从 B 点出发，在各个价格水平所面临的市场需求量。

由弯折的需求曲线可以得到间断的边际收益曲线。图中与需求曲线 dB 段所对应的边际收益曲线为 MR_d，与需求曲线 BD 段所对应的边际收益曲线为 MR_D，两者结合在一起，便构成了寡头厂商的间断的边际收益曲线，其间断部分为垂直虚线 FG。

结论：利用间断的边际收益曲线，便可以解释寡头市场上的价格刚性现象。只要边际成本 SMC 曲线的位置变动不超出边际收益曲线的垂直间断范围，寡头厂商的均衡价格和均衡数量就不会发生变化。有的西方经济学家认为，虽然弯折的需求曲线模型为寡头市场较为普遍的价格刚性现象提供了一种解释，但是该模型并没有说明具有刚性的价格本身，如图 7－5 中的价格水平 P_0 是如何形成的。这是该模型的一个缺陷。

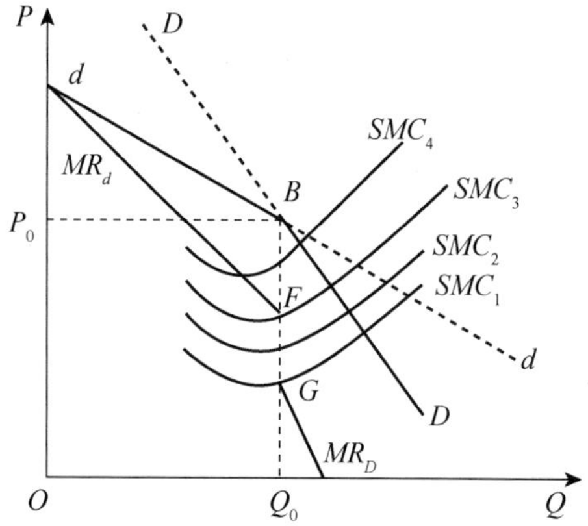

图 7－5　弯折的需求曲线

第二部分　精编习题

一、名词解释

1. 不完全竞争市场　　2. 垄断市场　　3. 价格歧视
4. 生产集团　　5. 非价格竞争　　6. 寡头市场
7. 纯粹寡头行业　　8. 差别寡头行业　　9. 自然垄断
10. 理想的产量　　11. 多余的生产能力

二、单项选择题

1. 为了使垄断产生，就应该（　　）。

A. 使某个行业的产品只有一个供给者

B. 使这种产品没有相近的替代品

C. 限制其他企业进入

D. 以上全对

2. 下列哪一种情况对单一价格垄断者是不正确的？（　　）。

A. 由于只有一个企业，企业的需求就是行业的需求

B. 由于存在替代品，需求是缺乏弹性的

C. 平均收益曲线是需求曲线

D. 边际收益小于价格

3. 为了增加一单位产品的销售，单一价格垄断者必须降价，不是仅增加的这一单位产品要降价，而是所有产品都要降价。其原因是（　　）。

A. 边际收益小于平均收益　　B. 垄断者从未降价

C. 垄断者不能使利润最大化　　D. 边际成本曲线向右上方倾斜

4. 如果在某种产量水平处边际收益是负的，那么（　　）。

A. 价格必定是负的

B. 利润最大化的垄断者将增加产量

C. 在这种产量水平处需求弹性小于1

D. 在这种产量水平处需求必定是富有弹性的

5. 利润最大化的垄断者绝不会达到的产量水平是（　　）。

A. 在这种产量水平处会产生经济亏损

B. 这时边际收益小于价格

C. 这时平均成本大于边际成本

D. 在其需求曲线的缺乏弹性区间

6. 在下列（　　）条件下，垄断者将不再经营。

A. 有经济亏损

B. 由于政府管制不能使利润最大化

C. 价格低于平均可变成本

D. 利润最大化的产量水平对应需求富有弹性的区间

7. 垄断厂商的供给曲线（　　）。

A. 是平均总成本以上的边际成本曲线

B. 是平均可变成本之上的边际成本曲线

C. 是边际收益曲线向右上方倾斜的那一部分

D. 不存在

8. 垄断厂商的总收益函数为 $TR=100Q-Q^2$，总成本函数为 $TC=10+6Q$，则厂商利润最大化时（　　）。

A. 产量为47，价格为53　　B. 产量为53，价格为47

C. 产量为43，价格为57　　D. 产量为57，价格为43

9. 如果在需求曲线某一点上的需求的价格弹性 $e_d=5$，商品的价格 $P=6$，则相应的边际收益 MR 为（　　）。

A. 7.5　　B. 4.8　　C. 1　　D. 24

10. 在垄断厂商处于短期均衡时，垄断厂商可以（　　）。

A. 亏损　　B. 利润为零

C. 获得利润　　D. 上述情况都可能存在

11. 一般在垄断厂商的短期均衡产量上可以有（　　）。

A. P 大于 LAC　　B. P 小于 LAC

C. P 等于最小的 LAC　　D. 以上情况都可能存在

12. 斯威齐需求曲线模型的假定有（　　）。

A. 行业内寡头厂商们之间是完全竞争的

B. 行业内寡头厂商们之间是有勾结的

C. 行业内某个寡头厂商提价时，其他寡头厂商都会仿效

D. 行业内某个寡头厂商降价时，其他寡头厂商都会仿效

13. 下列不能成为进入一个垄断行业的壁垒的是（　　）。

A. 垄断利润　　B. 立法

C. 专利权　　D. 资源控制

14. 以下最不可能成为垄断者的是（　　）。

A. 一个小镇上唯一的医生　　B. 饮料公司

C. 某地区的电力公司　　D. 某地区的自来水公司

15. 下列对垄断企业和完全竞争企业的描述中，不正确的是（　　）。

A. 都试图最大化利润

B. 都把产量确定在边际收益等于边际成本的那一点

C. 都面对着一条具有完全弹性的需求曲线

D. 如果边际成本超过边际收益，都将减少生产

16. 对一个垄断企业而言，销售额外一单位产品的边际收益等于（　　）。

A. 这额外一单位产品的售价

B. 因所有其他产品以新的更低的价格出售而造成的收益损失

C. 这额外一单位产品的售价减去因所有其他单位商品以新的更低的价格出售而造成的收益损失

D. 这额外一单位产品的售价减去支付给生产这一单位产品的工人的工资

17. 对一个垄断企业而言，边际收益小于价格，是因为（　　）。

A. 为了销售更多的数量，企业必须降低所有单位的价格

B. 它不能控制价格

C. 在市场价格下，企业可以销售它希望销售的任意数量

D. 它的产量只占市场总产量的一个很小的份额

18. 垄断厂商拥有控制市场的权力，这意味着（　　）。

A. 垄断厂商面对一条向下倾斜的需求曲线

B. 如果它的产品增加一单位，则全部产品的销售价格都必须降低

C. 垄断厂商的边际收益曲线低于其需求曲线

D. 以上都正确

19. 一个垄断企业面对的需求曲线是（　　）。

A. 市场需求曲线

B. 完全无弹性的，因为只有一个销售者

C. 具有完全弹性的，因为只有一个销售者

D. 其弹性比行业需求曲线的弹性小

20. 一垄断者如果有一线性需求函数，总收益增加时（　　）。

A. 边际收益为正值且递增　　B. 边际收益为正值且递减

C. 边际收益为负值　　D. 边际收益为零

21. 在垄断厂商的需求曲线是直线的时候，其边际收益曲线的斜率是需求曲线斜率的（　　）。

A. 2倍　　B. 1/2　　C. 1倍　　D. 4倍

22. 垄断厂商的价格与收益的关系是（　　）。

A. 降低价格会减少总收益

B. 提高价格会增加总收益

C. 提高价格未必增加总收益，降低价格未必减少总收益

D. 以上都不对

23. 垄断厂商利润最大时（　　）。

A. $P=MR=MC$　　B. $P>MR>AR$

C. $P>MR=MC$　　D. $P>MC=AC$

24. 垄断厂商达到长期均衡的条件是（　　）。

A. $MR=MC$，$AR=AC$　　B. $MR=SMC=LMC$

C. $MR=SMC=LMC=SAC$　　D. $MR=SMC=LMC=SAC=LAC$

25. 垄断厂商如果处于（　　）。

A. 长期均衡，一定处于短期均衡　　B. 长期均衡，不一定处于短期均衡

C. 短期均衡，一定处于长期均衡　　D. 以上都不是

26. 在竞争性市场和垄断市场中，厂商将扩大其产出水平的情况是（　　）。

A. 价格低于边际成本　　B. 价格高于边际成本

C. 边际收益低于边际成本　　D. 边际收益高于边际成本

27. 一个追求利润最大化的垄断企业发现在目前的产量水平下，边际收益等于10元，边际成本等于14元，该产量的价格由供给曲线决定。它怎样做才能增加利润？（　　）

A. 降低价格，产量不变　　B. 增加产量

C. 降低价格　　D. 提高价格，减少产量

28. 一个垄断厂商在长期中一直获得经济利润，原因是（　　）。

A. 该厂商的生产比竞争性市场的厂商更有效率

B. 其他厂商无法进入该行业与其竞争

C. 政府和垄断厂商之间必定串谋来维持一个高价格

D. 垄断厂商的需求曲线富有弹性，从而使其获得更多的收益

29. 当成本相同时，垄断厂商和竞争性厂商一致的是（　　）。

A. 利润最大化的目标　　B. 产出水平

C. 长期当中的经济利润　　D. 生产的有效率

30. 对一个垄断企业而言，边际收益小于价格，因此利润最大化的结果是（　　）也小于价格。

A. 平均收益　　B. 边际成本
C. 总收益　　D. 总成本

31. 如果垄断者的长期平均成本超过市场价格，厂商将（　　）。
A. 停留在这一营业水平上，因为它使资本得到了一个正常报酬
B. 停留在这一营业水平上，尽管其固定成本没有得到补偿
C. 歇业并清理资产
D. 暂时停业

32. 垄断竞争厂商的长期均衡与短期均衡的唯一区别是长期均衡多一个条件，即（　　）。
A. $AR=P$
B. 厂商的主观需求曲线和长期平均成本曲线相切
C. $MR=MC$
D. 主观需求曲线与实际需求曲线相交

33. 在斯威齐模型（即弯折的需求曲线模型）中，拐点左右两边的需求弹性是（　　）。
A. 左边弹性大，右边弹性小　　B. 左边弹性小，右边弹性大
C. 左边弹性与右边弹性没法比较　　D. 以上都不对

34. 垄断市场一般具有的特征是（　　）。
A. 整个行业的产品只有一个供给者　　B. 这种产品没有相近的替代品
C. 其他企业进入极为困难或不可能　　D. 以上全对

35. 如果一个价格歧视垄断厂商对学生收取低价格，那么，它（　　）。
A. 相信学生的需求是富有弹性的　　B. 相信学生的需求是缺乏弹性的
C. 想使学生的需求曲线移动　　D. 相信学生的购买能力强

36. 如果一个企业实行完全价格歧视，下列几项中不能出现的是（　　）。
A. 它的边际收益曲线是需求曲线
B. 它将使产量达到边际成本与需求曲线相交处
C. 它会使经济利润>0
D. 边际收益小于价格

37. 以下都是垄断的特征，其中（　　）不是垄断竞争行业的特征。
A. 企业面临着向右下方倾斜的需求曲线
B. 企业以利润最大化为目标
C. 有进入障碍
D. 企业生产有差别的产品

38. 以下都是垄断竞争的特征，其中（　　）不是完全竞争的特征。
A. 有许多企业　　B. 企业生产差别产品
C. 企业以利润最大化为目标　　D. 自由进入

39. 在长期中，一个垄断竞争企业生产的产量要使价格等于（　　）。
A. 边际成本　　B. 边际收益
C. 平均可变成本　　D. 平均总成本

40. 下面都是垄断竞争的特征，其中（　　）不是寡头的特征。

A. 每个企业都面临着向右下方倾斜的需求曲线

B. 企业以利润最大化为目标

C. 一个企业的销售量对其他企业没有什么影响

D. 在该行业中不止一个企业

41. 弯折的需求曲线模型的假定有（　　）。

A. 行业内寡头厂商们之间是有勾结的

B. 行业内某个寡头厂商提价时，其他寡头厂商不会仿效

C. 行业内某个寡头厂商降价时，其他寡头厂商都会仿效

D. B与C

42. 垄断厂商的总收益与价格同时下降的前提条件是（　　）。

A. $e_d>1$　　B. $e_d<1$

C. $e_d=1$　　D. $e_d=0$

43. 垄断厂商产品的需求弹性 $e_d=1$ 时，（　　）。

A. 总收益最小　　B. 总收益最大

C. 总收益递增　　D. 总收益递减

44. 在完全竞争市场上，如果一个企业使它的产品价格高于市场价格，那么它将失去（　　）；在不完全竞争市场上，企业提价将失去（　　）。

A. 它的全部顾客；它的部分顾客　　B. 它的部分顾客；它的全部顾客

C. 它的全部顾客；它的全部顾客　　D. 它的部分顾客；它的部分顾客

45. 如果市场价格超过平均成本，边际收益大于边际成本，垄断厂商多卖1单位时（　　）。

A. 对总利润没有影响，但会缩小边际收益和边际成本之间的差额

B. 总利润会减少

C. 厂商总收益会减少，其数额等于 $P-AC$

D. 总利润会增加，并缩小边际收益和边际成本之间的差额

46. 垄断厂商的平均收益曲线为直线时，边际收益曲线也是直线。边际收益曲线与横轴的截距为平均收益曲线与横轴的截距的（　　）。

A. 2倍　　B. 12倍　　C. $\frac{1}{2}$　　D. 4倍

47. 被称为不完全竞争的市场结构包括（　　）。

A. 垄断与垄断竞争

B. 寡头与垄断

C. 垄断、寡头与垄断竞争

D. 完全竞争与垄断竞争

48. 一个垄断企业以15元的价格销售10单位的产品，以16元的价格销售9单位的产品，则与第10单位相伴随的 MR 是（　　）。

A. 6元　　B. 1元　　C. 15元　　D. 150元

49. 市场需求增加时，垄断厂商会（　　）。

A. 增加产量以增加经济利润　　B. 增加产量以提高价格

C. 降低产量以增加边际成本　　D. 减少产量以降低价格

50. 若一个管理机构对一个垄断厂商的限价正好使经济利润消失，则价格要等于（　　）。

A. 平均总成本　　B. 边际成本　　C. 边际收益　　D. 平均可变成本

51. 关于集中率阐述不正确的是（　　）。

A. 衡量给定数量的企业控制的市场份额

B. 一个给定的行业的集中率越大，该行业的竞争性越弱

C. 一个给定的行业的集中率越大，企业提高产品价格使它的销售量下降得越多

D. 一个给定的行业的集中率越大，企业提高产品价格使它的销售量下降得越少

E. 一个给定的行业的集中率越大，该行业的一般企业面对的需求曲线的价格弹性越小

F. 一个给定的行业的集中率越大，该行业的一般企业的边际收益与价格的差额越大

G. 一个给定的行业的集中率越大，该行业只有很少数量的企业的可能性越大

52. 在短期，寡头厂商（　　）。

A. 无盈亏　　B. 取得最大利润

C. 发生亏损　　D. 以上任何一种情况都可能出现

三、多项选择题

1. 为了便于垄断产生，垄断企业应该（　　）。

A. 封锁经济技术信息　　B. 限制其他企业进入

C. 使产品只有一个供给者　　D. 使产品没有相近的替代品

2. 造成垄断厂商短期亏损的原因可能是（　　）。

A. 既定的生产规模过大　　B. 既定的生产规模成本过高

C. 厂商所面临的市场需求过小　　D. 市场竞争太强

3. 垄断厂商的均衡如图 7－6 所示，在 Q_1 处厂商（　　）。

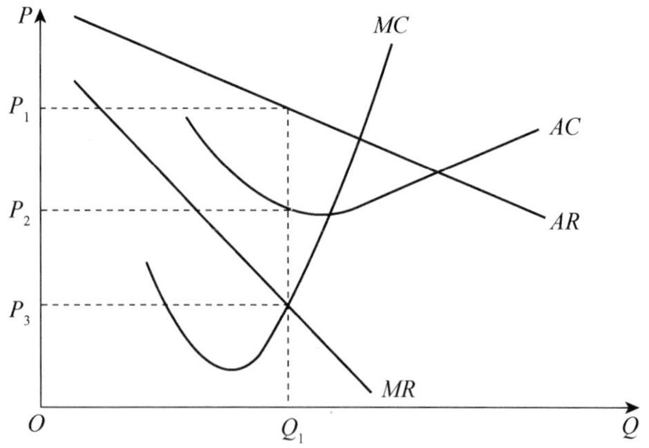

图 7－6

A. 获得最大利润
B. 价格确定在 P_1
C. 价格确定在 P_2
D. 利润等于（P_1-P_2）Q_1
E. 价格确定在 P_3

4. 处于短期均衡的垄断竞争厂商，一般会按（　　）的方式生产。
A. 边际成本等于主观需求曲线对应的边际收益
B. 平均成本等于实际价格
C. 主观需求曲线与实际需求曲线的交点
D. 主观需求曲线与平均成本曲线的交点
E. 主观需求曲线与平均可变成本曲线的切点

5. 在垄断竞争厂商处于长期均衡时，（　　）。
A. 价格高于 LAC
B. 主观需求曲线的弹性小于实际需求曲线
C. 价格高于边际成本
D. 边际成本等于主观需求曲线对应的边际收益
E. 超额利润等于 0

6. 超额利润（　　）。
A. 是一种机会成本
B. 能为垄断厂商在长期内获得
C. 等于（$P-AC$）$\cdot Q$
D. 能为完全竞争厂商在长期内获得
E. 为完全竞争厂商留在该行业所必需

7. 按竞争与垄断的程度，我们将市场分为（　　）。
A. 垄断市场
B. 垄断竞争市场
C. 寡头市场
D. 完全竞争市场
E. 营销市场

8. 寡头市场必须具备的条件是（　　）。
A. 市场上有很多生产者和消费者
B. 行业中厂商生产的产品可以是有差别的，也可以是无差别的
C. 进入市场的障碍较小
D. 进入市场存在比较大的障碍
E. 市场中厂商数量较少

9. 价格歧视分为（　　）。
A. 一级价格歧视
B. 二级价格歧视
C. 五级价格歧视
D. 三级价格歧视
E. 四级价格歧视

10. 一般来说，垄断存在的缺点是（　　）。
A. 缺乏效率
B. 缺乏公平
C. 与完全竞争或垄断竞争相比，产品价格高，产量低
D. 与完全竞争或垄断竞争相比，产品价格低，产量高
E. 利润低

11. 一个垄断竞争的市场结构必须具备的条件是（　　）。

A. 市场上有很多生产者和消费者　　B. 行业中厂商生产的产品是有差别的

C. 行业中厂商生产的产品是无差别的　　D. 进入市场的障碍较少

12. 关于寡头厂商的供给曲线论述正确的是（　　）。

A. 寡头厂商面临的供给曲线向右下方倾斜

B. 寡头厂商的均衡产量和均衡价格之间不存在一一对应关系

C. 寡头厂商的均衡产量和均衡价格之间存在一一对应关系

D. 不存在寡头厂商和行业的具有规律性的供给曲线

E. 存在寡头厂商和行业的具有规律性的供给曲线

13. 已知一垄断企业的成本函数为 $TC=5Q^2+20Q+1\,000$，产品的需求函数为 $Q=140-P$，利润最大化时的产量、价格分别是（　　）。

A. $P=130$　　B. $Q=130$

C. $Q=10$　　D. $P=10$

E. $Q=400$

14. 价格歧视的基本条件包括（　　）。

A. 厂商了解市场的消费者具有不同的偏好

B. 市场需求曲线应接近平行于价格轴

C. 消费者必须能被有效分离

D. 不同的消费群体或不同的销售市场是互相隔离的

E. 以上答案均正确

15. 以下属于三级价格歧视的有（　　）。

A. 商品在富人区的价格高于在贫民区的价格

B. 同种产品的国内市场和国外市场的价格差别

C. 黄金时间和非黄金时间的收费差别

D. 水价按照使用量的不同征收

E. 某产品在促销阶段实施买十送一的策略

16. 以下满足垄断竞争厂商的长期均衡的条件有（　　）。

A. $MR=LMC$　　B. $MR=SMC$

C. $AR=LAC$　　D. $AR=SAC$

E. $LAC=SAC$

四、判断题

1. 垄断总可以获得经济利润。（　　）

2. 当一个企业对同一种物品向一个消费者集团收取的价格高于另一个消费者集团，或者实行“数量折扣”（即大量购买收取低价格）时，就存在价格歧视。（　　）

3. 如果垄断厂商实行完全价格歧视，它就可以获得所有消费者剩余。（　　）

4. 为了对不同消费者集团实行价格歧视，垄断者就应该向需求富有弹性的消费者集团收取高价格。（　　）

5. 对学生等特定群体实行不同价格折扣的企业不能实现利润最大化。（　）

6. 如果一个垄断厂商实行完全的价格歧视，它的产量水平应该是在边际成本曲线与需求曲线相交之点。（　）

7. 价格歧视只适用于那些不能转手出售的物品。（　）

8. 价格歧视越完全，垄断厂商均衡条件越接近完全竞争市场厂商的均衡条件。（　）

9. 比较单一价格垄断与完全竞争就可以知道，消费者所损失的全部消费者剩余都由垄断者占有了。（　）

10. 斯塔克伯格模型中每个厂商的决策变量都是产量，每个厂商都是通过选择自己最优的产量实现各自的最大利润的。（　）

11. 完全价格歧视并不会引起实际损失，因为垄断者获得了消费者所失去的全部消费者剩余。（　）

12. 一个寡头在决定是否降价之前一定要考虑到其他企业可能作出的反应。（　）

13. 如果卡特尔的一个成员在其他成员仍遵守协议的产量水平时自己增加产量，就可以暂时增加利润。（　）

14. 垄断行业由于有规模经济与范围经济，可以比竞争行业产量更高，价格更低。（　）

15. 垄断对社会有百害而无一利，所以，各国都反对垄断。（　）

16. 低集中率表明了低竞争程度。（　）

17. 在垄断竞争行业中，每个企业都面临着向右下方倾斜的需求曲线。（　）

18. 如果双寡头厂商完全勾结，它们就可以共同获得与一个垄断者情况下同样多的利润。（　）

19. 垄断竞争与完全竞争的关键差别是前一种情况下存在产品差别。（　）

20. 如果垄断竞争中的企业获得了经济利润，我们就可以预期，由于新企业进入，每个企业的需求曲线都将向左移动。（　）

21. 如果厂商在现有产量水平处 $MR>MC$，那么，增加产量就可以增加利润或减少亏损。（　）

22. 自然垄断产生的原因之一是规模经济。（　）

23. 在现实中大多数垄断不受政府机构的管制。（　）

24. 对于单一价格垄断者来说，$AR=P$。（　）

25. 对于单一价格垄断者来说，MR 曲线在需求曲线之下，这是因为为了多销售一单位产品，价格就要下降，这种价格必定低于前一单位产品的价格。（　）

26. 以利润最大化为目标的单一价格垄断者所生产的产量只能在其需求曲线富有弹性的区间之内。（　）

27. 垄断企业的供给曲线是其 MC 曲线。（　）

28. 完全竞争企业与垄断竞争企业的差别之一是后者可以影响产品的价格。（　）

29. 对于单一价格垄断来说，在利润最大化的产量处价格低于边际收益。（　）

30. 垄断总可以获得正常利润。（　）

31. 垄断与垄断竞争的关键差别是后一种情况下存在自由进入。（　）

32. 在长期均衡时，垄断竞争行业的企业的产量大于长期平均成本曲线最低点的产量。（　）

五、简答题

1. 为什么竞争行业的产量总大于处于单一价格垄断时同一行业的产量？

2. 成为垄断者的厂商可以任意定价，这种说法对吗？

3. 垄断厂商一定能保证获得超额利润吗？如果在最优产量处亏损，它在短期内会继续生产吗？在长期内又会怎样？

4. 某历史古迹公园的门票实行价格歧视，国内游客的门票为 20 元，国外游客的门票为 50 元，试用经济理论分析：

（1）为什么实行价格歧视。

（2）在怎样的条件下，实行这种政策才能有效。

5. 试阐明公用事业公司在高峰时期如何定价才能减少所需要的厂房设备。

6. 为什么垄断厂商实行二级价格歧视比实行一级价格歧视要容易？

7. 简述伯特兰模型的主要内容。

8. 按西方经济学家的看法，能否说“产品差别越大，则产品价格差别就越大”？

9. 为什么当商品的需求价格弹性较高时，垄断竞争厂商之间多进行非价格竞争而较少进行价格竞争？

10. 为什么垄断厂商不会在其需求曲线的需求价格点弹性小于 1 的部分生产？

11. 简述价格歧视的前提条件及分类。

12. 简述垄断市场的特征。

13. 简述垄断市场形成的主要原因。

14. 图示垄断厂商短期收支相抵的图形、条件以及长期均衡的图形、条件。

15. 为什么垄断厂商的需求曲线是向右下方倾斜的？请解释相应的 TR 曲线、AR 曲线和 MR 曲线的特征及其相互关系。

16. 试述垄断竞争厂商的两条需求曲线的含义及其相互关系。

17. 试述垄断市场、垄断竞争市场和寡头市场都不存在具有规律性的厂商的供给曲线的原因。

18. 试比较不同市场组织的经济效率。

19. 图示完全竞争厂商与垄断竞争厂商长期均衡的区别。

20. 画图说明垄断厂商短期均衡和长期均衡的形成及其条件。

21. 列表比较完全竞争市场、垄断竞争市场、寡头市场、垄断市场四个市场长期均衡时经济变量的特点。

22. 寡头企业与完全竞争企业、垄断企业、垄断竞争企业最主要的区别是什么？

六、计算题

1. 垄断厂商的成本函数为 $TC=Q^2-3Q$，反需求函数为 $P=12-4Q$。

（1）试求该垄断厂商利润最大化时的产量、价格。

（2）若政府限价，使产量与完全竞争时的产量水平一样，限价应为多少？

（3）若政府对每单位产品征收产品税 3 单位，新的均衡点如何？

2. 已知某垄断厂商利用一个工厂生产一种产品，两地出售，成本函数为 $TC=Q^2+40Q$，需求函数分别为 $Q_1=12-0.1P_1$，$Q_2=20-0.4P_2$。

（1）求当该厂商实行三级价格歧视时，它追求利润最大化前提下的两个市场各自的销售量、价格，以及厂商的总利润。

（2）求当该厂商在两个市场上实行统一的价格时，它追求利润最大化前提下的两个市场各自的销售量、价格以及厂商的总利润。

（3）比较（1）和（2）的结果。

3. 两个寡头厂商的行为遵循古诺模型，它们都生产一同质产品，其市场需求函数为 $Q=900-10P$。

（1）若两厂商的生产成本都为零，均衡时厂商的产量和价格为多少？

（2）若两厂商的生产成本都不为零，成本函数分别为 $TC_1=0.1Q_1^2+30Q_1$ 和 $TC_2=0.2Q_2^2+30Q_2$，则均衡时厂商的产量和价格又为多少？

4. 某公司面对以下两段需求曲线：

$P=25-0.25Q$　当产量为 0～20 时

$P=35-0.75Q$　当产量超过 20 时

该公司的总成本函数为 $TC=200+5Q+0.25Q^2$。

（1）求该公司所属行业的市场结构类型。

（2）求该公司的最优产量和价格。

（3）如果总成本函数改为 $TC=20+8Q+0.25Q^2$，求最优产量和价格。

5. 一垄断厂商生产某产品的总成本函数为 $TC=\frac{1}{3}Q^3-30Q^2+1\,000Q$，利润最大时的总产量为 48。产品在第一个市场的需求函数为 $P_1=1\,100-13Q_1$，第二个市场在均衡价格处的需求弹性为 3。试求该厂商的纯利润。

第三部分　精编习题参考答案

一、名词解释

1. 不完全竞争市场：相对于完全竞争市场而言，除完全竞争市场以外的所有的或多或少带有一定垄断因素的市场都称为不完全竞争市场，分为三种类型：垄断市场、垄断竞争市场、寡头市场。

2. 垄断市场：指整个行业只有唯一的厂商的市场组织。

3. 价格歧视：指以不同的价格销售同一产品。

4. 生产集团：在垄断竞争理论中把市场上大量的生产非常接近的同种产品的厂商的总和称为生产集团。

5. 非价格竞争：指厂商通过改进产品品质、精心设计商标和包装、改善售后服务以及进行广告宣传等手段，来扩大自己产品的市场份额的行为。

6. 寡头市场：指少数几个厂商控制整个市场的产品的生产和销售的市场组织。

7. 纯粹寡头行业：生产同质产品的寡头行业。

8. 差别寡头行业：生产差别产品的寡头行业。

9. 自然垄断：有些行业的生产具有这样的特点：生产的规模经济效益需要在一个很大的产量范围和相应的巨大的资本设备的生产运行水平上才能得到充分体现，以至于整个行业的产量只有由一个企业来生产时才有可能达到这样的生产规模。而且，只要发挥这一企业在这一生产规模上的生产能力，就可以满足整个市场对该种产品的需求。在这类产品的生产中，行业内总会有某个厂商凭借雄厚的经济实力和其他优势，最先达到这一生产规模，从而垄断整个行业的生产和销售。这就是自然垄断。

10. 理想的产量：西方经济学家一般把完全竞争企业在长期平均成本 LAC 曲线最低点上的产量称作理想的产量。

11. 多余的生产能力：实际产量与理想的产量之间的差额。

二、单项选择题

1. D 2. B 3. A 4. C 5. D 6. C 7. D 8. A 9. B 10. D 11. D 12. D 13. A 14. B 15. C 16. C 17. A 18. D 19. A 20. B 21. A 22. C 23. C 24. B 25. A 26. D 27. D 28. B 29. A 30. B 31. C 32. B 33. A 34. D 35. A 36. D 37. C 38. B 39. D 40. C 41. D 42. B 43. B 44. A 45. D 46. C 47. C 48. A 49. A 50. A 51. C 52. D

三、多项选择题

1. ABCD 2. ABC 3. ABD 4. AC 5. CDE 6. BC 7. ABCD 8. BDE 9. ABD 10. ABC 11. ABD 12. BD 13. AC 14. ACD 15. ABC 16. ABCDE

四、判断题

1. (×)，长期经营的垄断企业一般都应该获得经济利润。短期来看各种利润情况都有可能，包括亏损。

2. (√)。

3. (√)。

4. (×)，为了对不同消费者集团实行价格歧视，垄断者就应该向需求缺乏弹性的消费者集团收取高价格。

5. (×)，对学生等特定群体实行不同价格折扣的企业可以实现更大利润。

6. (√)，如果一个垄断厂商实行完全的价格歧视，它的产量水平应该是在边际成本曲线与需求曲线相交之点，即实现 $P=MC$。

7. (√)。

8. (√)。

9. (×)，比较单一价格垄断与完全竞争就可以知道，消费者所损失的消费者剩余只有一部分被垄断者占有。

10. (√)。

11. (√)。

12. (√)。

13. (√)。

14. (√)，垄断行业由于有规模经济与范围经济，可以比竞争行业产量更高，价格更低。但是为了获得垄断利润，厂商会限制产量，提高价格。

15. (×)，垄断对社会有利有弊，传统理论认为弊大于利，所以，各国都反对垄断。

16. (×)，低集中率表明了高竞争程度、低垄断程度。

17. (√)。

18. (√)。

19. (√)。

20. (√)，如果垄断竞争中的企业获得了经济利润，我们就可以预期，由于新企业进入，消费者对每个企业提供的商品的需求数量都会减少，造成每个企业的需求曲线都将向左移动。

21. (√)。

22. (√)。

23. (×)，在现实中大多数垄断受政府机构的管制。

24. (√)，对于单一价格垄断者来说，$AR=P$。$AR=P$ 是很多市场普遍存在的规律。

25. (√)。

26. (√)。

27. (×)，垄断企业的供给曲线不存在。

28. (√)。

29. (×)，对于单一价格垄断来说，在利润最大化的产量处价格高于边际收益。

30. (×)，长期经营的垄断企业一般都应该获得经济利润，正常利润大于零。短期来看各种利润情况都有，包括正常利润小于零。

31. (√)。

32. (×)，在长期均衡时，垄断竞争行业的企业的产量小于长期平均成本曲线最低点的产量。

五、简答题

1. **解答：**竞争行业的产量水平对应行业 MC 曲线与行业需求曲线的交点，产量为 Q_2，如图 7－7 所示。单一价格垄断者的产量水平对应行业 MC 曲线与垄断者 MR 曲线的交点，产量为Q_1。由于MR曲线在需求曲线之下，所以垄断时的产量水平低于竞争时的产量水平。

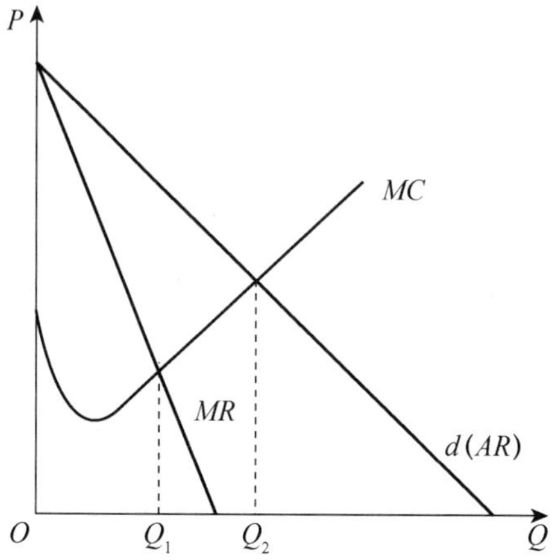

图 7-7

2. **解答**：这种说法不完全正确。从理论上讲，垄断者是价格的制定者，其产品没有替代品，其他厂商无法进入垄断行业，该厂商是产品的唯一供给者。然而实际上，如果垄断厂商的产品定价过高，购买量就会下降，从而使TR和利润下降，垄断厂商能确定的最高价格是消费者愿意支付的最高价格，超过这个价格，消费者的购买量为零。同时，其他厂商如果看到有丰厚的利润，会羡慕不已，尽管无替代品，但相似的替代品总会被生产出来，因而垄断厂商如果定价过高，会使自己的产品失去销路，市场被相似替代品夺去，国家也会对垄断厂商的定价加以控制。有些国家会通过制定反垄断法，规定最高限价，以及用税收等办法对垄断加以控制。

3. **解答**：垄断厂商并不一定能获得超额利润，能否获得超额利润，主要取决于社会需求。如果该产品的需求者能接受垄断厂商制定的大于AC的价格，那么该厂商能获得超额利润。如果该产品的需求者只能接受$P<AC$的价格，那么该厂商会发生亏损。出现亏损后该厂商在短期既有可能继续生产，也有可能停止生产。在短期内，若产品价格低于SAC，但只要还高于AVC的最低点，生产就会继续进行下去。但只要$P<AVC$，则该厂商将会停止生产，如不停止生产，损失会更大，不仅会损失全部固定成本，而且可变成本的一部分也无法弥补。在长期内，垄断厂商可以建立最适当的工厂规模来生产最好的长期产量。它还可通过做广告、提高服务质量等扩大产品的需求量，使需求曲线向右上方移动，当然，这样也会增加产品的成本。如果垄断厂商经过综合考虑，发现即使采取这些可能的措施仍会亏损，在长期就会停止生产。

4. **解答**：（1）实行价格歧视政策能使公园获得更多的利润。如果对国外游客也收取和国内游客同样的价格，则公园的收入就会减少。

（2）要使这种政策有效，必须具备以下条件：

第一，必须是垄断市场。该公园具有的景观全国仅此一家，没有第二个与它竞争。即使收取高一点的价格，外国人也不会放弃到此一游。

第二，必须能够把不同市场或市场的各个部分有效地分割开来。公园可以根据国籍、肤色、语言的不同来区分本国人和外国人，对他们收取差别价格。

第三，各个消费者必须有不同的需求价格弹性，而厂商也了解消费者不同的需求价格弹性。来本国旅游的外国人需求价格弹性可能比较低，因此公园可以对其索要高价。

5. **解答：** 公用事业公司生产的是不可贮存的劳务，它们的产品生产后即被消费掉，因此必须有足以满足消费者高峰需求的厂房设备。为提供高峰服务所增加的成本通常占到一个公用事业公司总投资的很大部分。为了减少高峰时期所需的厂房设备，可以采取价格歧视政策。在高峰时期收取较高的价格，在非高峰时期收取较低的价格。如长途电话服务，每天 19:30 至第二天 07:30 的收费通常比白天的低。这样，一方面高峰时期所需生产能力的成本被转嫁到了在高峰时期需要服务的消费者身上；另一方面减少了高峰时期的需求量，将一些需求从高峰时期转向非高峰时期。

6. **解答：** 一级价格歧视是垄断者确切知道消费者购买商品所愿意支付的价格，对每个消费者索取的价格都不一样。也就是垄断者把消费者面临的需求曲线看成是自己的边际收益曲线，使 $MR=MC$，攫取全部消费者剩余。二级价格歧视是根据不同消费数量段制定差别价格，只是攫取了消费者剩余的一部分。一级价格歧视只有在垄断者面临少数消费者以及当垄断者机灵到足以发现消费者愿意支付的最高价格时，才可能实行。而二级价格歧视对比较容易度量消费数量的商品实行，如水、电、气、手机流量等。故实行二级价格歧视要比实行一级价格歧视容易。

7. **解答：** 伯特兰模型是法国经济学家伯特兰于 1883 年提出的寡头厂商之间的价格竞争模型。该模型假定：两寡头厂商生产和销售同质产品，两厂商的边际成本均恒等于 $MC>0$，且固定成本均为零；两厂商的决策变量是价格，它们同时选择价格以最大化各自的利润。

（1）伯特兰模型中厂商的需求曲线。

在伯特兰的价格竞争模型中，两厂商的产品是同质的，因此，只要任何一方的产品价格低于对方的产品价格，消费者就会去购买低价位的同种产品；低价位的厂商将获得整个市场需求，而高价位的厂商的市场需求只能是零，当然，如果两厂商制定相同的价格水平，那么，它们将平分市场需求。具体地，厂商 1 所面临的需求曲线为：

$$D_1(P_1,P_2)=\begin{cases} D(P_1,P_2), & \text{如果 } P_1<P_2 \\ D(P_1,P_2)/2, & \text{如果 } P_1=P_2 \\ 0, & \text{如果 } P_1>P_2 \end{cases}$$

其中 $D_1(P_1,\ P_2)$ 为厂商 1 的需求函数。$D(P_1,\ P_2)$ 为市场需求函数。厂商 2 的需求函数与厂商 1 相同。

（2）均衡条件及评析。

厂商将价格作为变量，追求利润最大化，为了不失去市场需求，竞争的结果是 $P_1=P_2=MC$。价格等于边际成本，两个厂商平分市场份额，厂商的利润为零，与完全竞争市场中厂商的均衡条件相同，行业的总产量是社会福利最优的产量。

8. **解答：** 可以这样说。因为西方经济学家认为，产品差别造成了垄断，从而垄断厂商才能按不同价格出售不同质的产品。如果产品没有差别，则价格就不能有差别，否则，生产者会失去市场。如果产品有差别，生产者就可以在价格上也有差别。这样的价格差别并不会使生产者丧失市场，因为有差别的产品能满足人们的不同需要。产品差别越大，满足人们不同需要的程度也越大，从而产品价格差别就越大。

9. **解答：**垄断竞争厂商的产品之间有较大的替代性，因而其需求价格弹性较高，需求曲线接近水平线。当某个垄断竞争厂商提高价格时，如果其他厂商不跟着提价，它的销售市场会缩小，利润反而减少；反之，当某个垄断竞争厂商降价时，如果其他厂商也跟着降价，它的销售量只会稍有增加。因此，垄断竞争厂商之间一般不愿意进行价格竞争，而宁肯进行非价格竞争（包括改进品质、包装，做广告等）。

10. **解答：**因为垄断厂商的 $MR=P(1-\frac{1}{e_d})$，当 $e_d<1$ 时，$MR<0$，TR 处于下降阶段，减少产量可以使总收益增加。另外，厂商按照 $MC=MR$ 的原则确定产量和价格，当 $e_d<1$ 时，$MR<0$，而 MC 不可能为负值，故均衡产量和价格不可能由 MC 曲线和为负值的 MR 曲线的交点来决定，因此，追求利润最大化的垄断厂商不会在其需求曲线的需求价格点弹性小于 1 的部分生产（见图 7－8）。

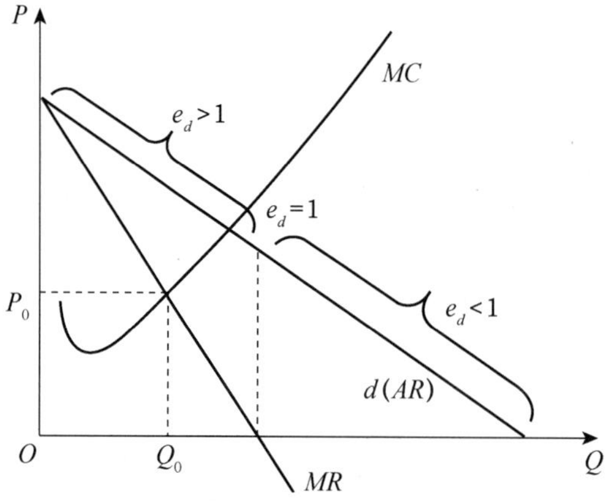

图 7－8

11. **解答：**价格歧视的前提条件为：（1）市场的消费者具有不同的偏好，生产者了解消费者的偏好和需求价格弹性。（2）不同的消费者群体或不同的消费市场是相互隔离的。

价格歧视是指以不同的价格销售同一产品。价格歧视可以分为三类：一级价格歧视指厂商对每一单位产品都按消费者所愿意支付的最高价格出售；二级价格歧视是对不同的消费数量段规定不同的价格；三级价格歧视指垄断厂商对同一产品在不同的市场上（或对不同的消费群体）收取不同的价格。

12. **解答：**（1）市场上只有唯一的厂商生产和销售商品。

（2）该厂商生产和销售的商品没有任何相近的替代品。

（3）其他任何厂商进入该行业都极为困难或不可能。

（4）垄断厂商是商品价格的制定者，一般实行价格歧视。

13. **解答：**（1）技术垄断；（2）资源垄断；（3）政府特许；（4）自然垄断。

14. **解答：** 垄断厂商短期收支相抵的条件为 $SMC=MR$，$SAC=AR$（见图 7-9）。

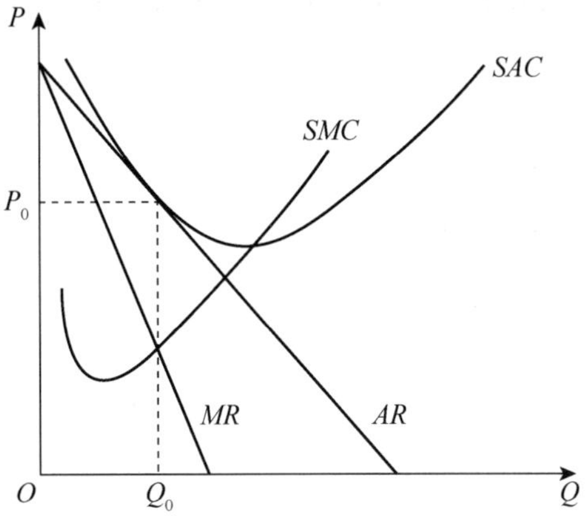

图 7-9　垄断厂商短期收支相抵（$\pi=0$）

垄断厂商的长期均衡条件为 $MR=LMC=SMC$，$LAC<AR$（见图 7-10）。

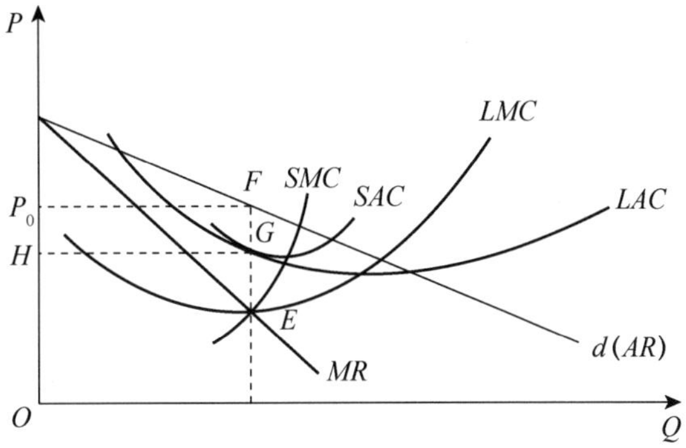

图 7-10　垄断厂商长期均衡（π＝矩形 P_0HGF 的面积>0）

15. **解答：** 由于垄断市场中只有一个厂商，所以，市场的需求曲线就是垄断厂商所面临的需求曲线，它是一条向右下方倾斜的曲线。向右下方倾斜的垄断厂商的需求曲线表示：垄断厂商可以用减少销售量的办法来提高市场价格，也可以用增加销售量的办法来压低市场价格。即垄断厂商可以通过改变销售量来控制市场价格，垄断厂商的销售量与市场价格呈反方向变动关系。

厂商所面临的需求状况直接影响厂商的收益，这便意味着厂商的需求曲线的特征将决定厂商的收益曲线的特征。垄断厂商的需求曲线是向右下方倾斜的，其相应的平均收益 AR 曲线、边际收益 MR 曲线和总收益 TR 曲线的一般特征如图 7-11 所示：第一，由于 $AR(Q)=TR(Q)/Q=P(Q)$，厂商的平均收益 AR 总是等于商品的价格 P，所以，垄断厂商的 AR 曲线和需求曲线 d 重叠，都是同一条向右下方倾斜的曲线。第二，由于 AR 曲线是向右下方倾斜的，而 $MR=TR'(Q)=\mathrm{d}P/\mathrm{d}Q\cdot Q+P(Q)$，且 $\mathrm{d}P/\mathrm{d}Q<0$，所以 MR 在 $P(Q)$ 即需求曲线的下方，且 MR 曲线也向右下方倾斜。第三，由于每一销售量上的边际收益 MR 值就是相应的总收益 TR 曲线的斜率，$MR=TR'(Q)=\mathrm{d}P/\mathrm{d}Q\cdot Q+P(Q)=P(\mathrm{d}P/\mathrm{d}Q\cdot Q/P+1)=P(1-1/e_d)$。所以在图中，当 $e_d>1$，$MR>0$ 时，

TR 曲线的斜率为正，TR 递增；当 $e_d<1$，$MR<0$ 时，TR 曲线的斜率为负，TR 递减；当 $e_d=1(OQ_0=Q_0D)$，$MR=0$ 时，TR 曲线达到最大值点。TR 随着产量的增加先增后减。

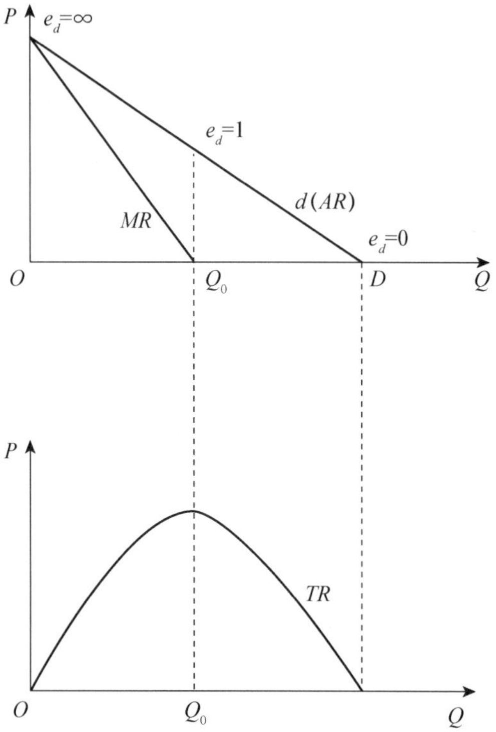

图 7－11

16. **解答：**d 需求曲线表示在垄断竞争生产集团内的某个厂商改变产品价格，而其他厂商的产品价格都保持不变时，该厂商的产品价格和销售量之间的关系。D 需求曲线表示在垄断竞争生产集团内的某个厂商改变产品价格，且集团内的其他所有厂商也使产品价格发生相同变化时，该厂商的产品价格和销售量之间的关系。

d 需求曲线和 D 需求曲线的一般关系为：第一，当垄断竞争生产集团内的所有厂商都以相同方式改变产品价格时，整个市场价格的变化会使得单个垄断竞争厂商的 d 需求曲线的位置沿着 D 需求曲线发生平移。第二，由于 d 需求曲线表示单个垄断竞争厂商单独改变价格时所预期的产量，D 需求曲线表示每个垄断竞争厂商在每一市场价格水平实际所面临的市场需求量，所以，d 需求曲线和 D 需求曲线相交意味着垄断竞争市场的供求相等状态。第三，d 需求曲线的弹性大于 D 需求曲线，即前者较之于后者更平坦。

17. **解答：**垄断市场、垄断竞争市场和寡头市场的厂商的均衡产量和价格之间不存在一一对应关系，所以不存在具有规律性的供给曲线。具体分析参考高鸿业主编的《西方经济学》（微观部分・第八版）第 242 页至第 243 页的内容。

18. **解答：**西方经济学家通过对不同市场条件下厂商的长期均衡状态的分析得出结论：完全竞争市场的经济效率最高，垄断竞争市场较高，寡头市场较低，垄断市场最低。

可见，市场的竞争程度越高，则经济效率越高；反之，市场的垄断程度越高，则经济效率越低。其具体分析如下。

在完全竞争市场条件下，厂商的需求曲线是一条水平线，而且，厂商的长期利润为零，在完全竞争厂商处于长期均衡时，水平的需求曲线相切于 LAC 曲线的最低点；产品的均衡价格最低，它等于最低的生产的平均成本；产品的均衡产量最高。在不完全竞争市场条件下，厂商的需求曲线是向右下方倾斜的。厂商的垄断程度越高，需求曲线越陡峭；垄断程度越低，需求曲线越平坦。在垄断竞争市场上，厂商的长期利润为零，在垄断竞争厂商处于长期均衡时，向右下方倾斜的、相对比较平坦的需求曲线相切于 LAC 曲线的最低点的左边；产品的均衡价格比较低，它等于平均成本；产品的均衡产量比较高。在垄断市场上，厂商在长期内获得利润，所以，在垄断厂商处于长期均衡时，向右下方倾斜的、相对比较陡峭的需求曲线与 LAC 曲线相交；产品的均衡价格最高，且大于生产的平均成本；产品的均衡产量最低。垄断厂商若肯放弃一些利润，价格就可以下降一些，产量就可以增加一些。在寡头市场上，厂商的需求曲线不太确定。一般认为，寡头市场是与垄断市场比较接近的市场组织，在长期均衡时，寡头厂商的产品的均衡价格比较高，产品的均衡产量比较低。

除此之外，西方经济学家认为，一个行业在长期均衡时是否实现了价格等于长期边际成本即 $P=LMC$，也是判断该行业是否实现了有效的资源配置的一个条件。商品的市场价格 P 通常被看成是商品的边际社会价值，商品的长期边际成本 LMC 通常被看成是商品的边际社会成本。当 $P=LMC$ 时，商品的边际社会价值等于商品的边际社会成本，它表示资源在该行业得到了有效的配置。倘若不是这样，当 $P>LMC$ 时，商品的边际社会价值大于商品的边际社会成本，它表示相对于该商品的需求而言，该商品的供给是不足的，应该有更多的资源转移到该商品的生产中来，以使这种商品的供给增加，价格下降，最后使该商品的边际社会价值等于该商品的边际社会成本，这样，社会的境况就会变得好一些。在完全竞争市场，在厂商的长期均衡点上有 $P=LMC$，它表明资源在该行业得到了有效配置。在不完全竞争市场，在不同类型的厂商的长期均衡点上都有 $P>LMC$，它表示资源在行业生产中的配置是不足的。尤其在垄断市场，独家厂商所维持的低产高价，往往使得资源配置不足的现象更为突出。以上是西方经济学家在不同市场组织的经济效率比较问题上的基本观点。

19. **解答：**如图 7－12 所示。（1）均衡条件不同：完全竞争厂商长期均衡的条件为：$MR=LMC=AR=LAC=P$；垄断竞争厂商长期均衡的条件为：$MR=LMC<AR=LAC$。

（2）经济效率不同：完全竞争厂商的经济效率高于垄断竞争厂商，完全竞争厂商在 LAC 曲线最低点进行生产，垄断竞争厂商在 LAC 曲线最低点左边进行生产，没有达到 LAC 曲线的最低点。

（3）消费者剩余不同：完全竞争厂商带来的消费者剩余大于垄断竞争厂商带来的消费者剩余，因为相对于完全竞争厂商，垄断竞争厂商生产的产品低产高价。

（4）需求曲线的弹性不同：完全竞争厂商的需求曲线的弹性无穷大，需求曲线平行于价格轴。垄断竞争厂商的需求曲线的弹性小于完全竞争厂商的需求曲线的弹性，需求曲线向右下方倾斜。

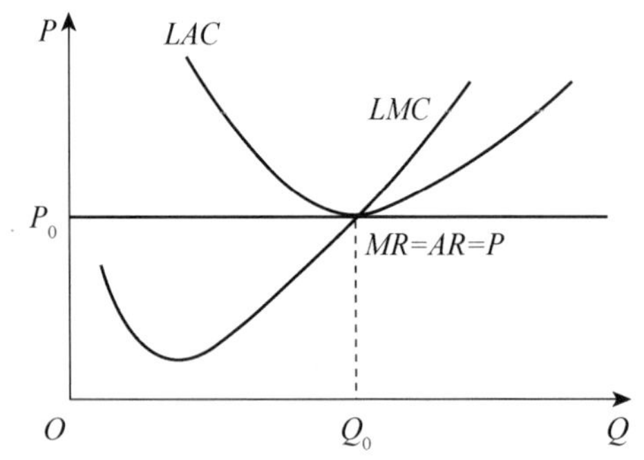

(a) 完全竞争厂商的长期均衡

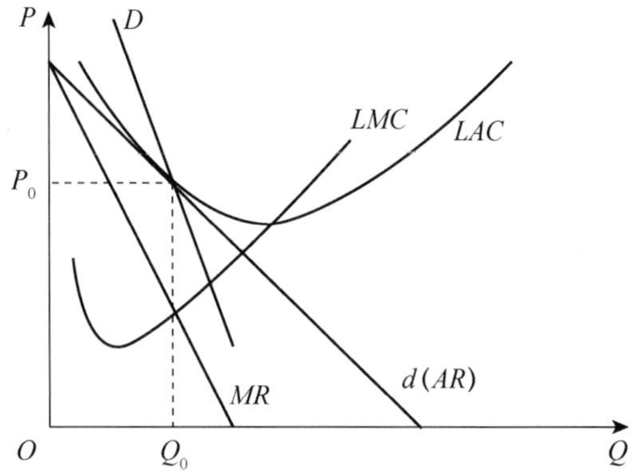

(b) 垄断竞争厂商的长期均衡

图 7－12

20. **解答：**(1) 关于垄断厂商的短期均衡。

垄断厂商在短期内是在给定的生产规模下，通过产量和价格的调整来实现 $MR=SMC$ 的利润最大化原则的。

如图 7－13 所示，垄断厂商根据 $MR=SMC$，将产量和价格分别调整到 Q_0 和 P_0。在均衡产量 Q_0 上，垄断厂商可以盈利，即 $\pi>0$，如图 7－13（a）所示，$AR>SAC$，其最大利润相当于图中阴影部分的面积；垄断厂商也可能亏损，如图 7－13（b）所示，此时 $AR<SAC$，其最大的亏损相当于图中阴影部分的面积。在亏损的场合，垄断厂商需要根据 AR 与 AVC 的比较来决定是否继续生产：当 $AR>AVC$ 时，继续生产；当 $AR<AVC$ 时，必须停产；当 $AR=AVC$ 时，处于生产和不生产的临界点。由此，可得垄断厂商短期均衡的条件是 $MR=SMC$。其利润可以大于、小于或等于零。

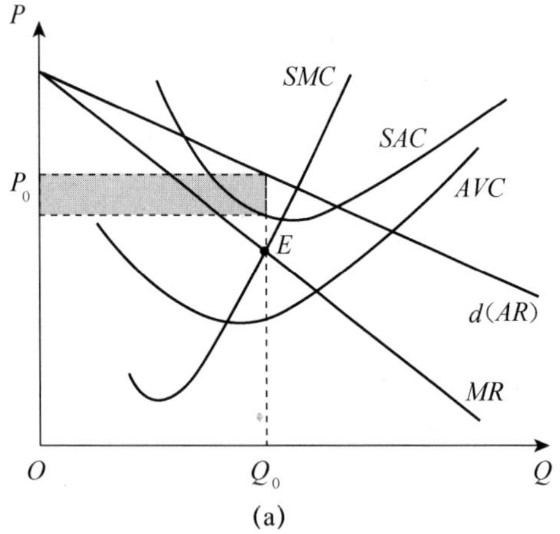

(a)

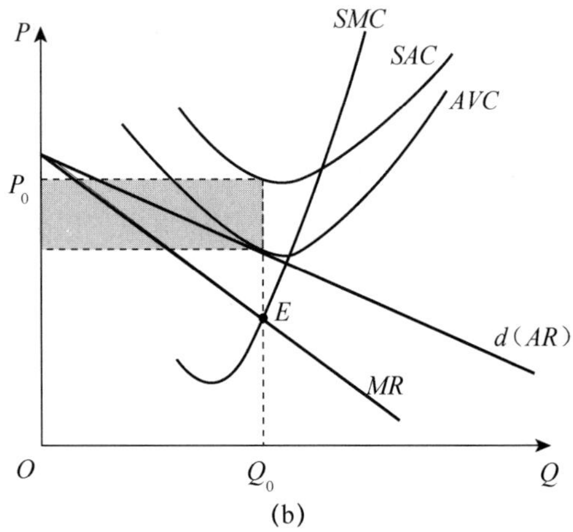

(b)

图 7－13　垄断厂商的短期均衡

(2) 关于垄断厂商的长期均衡。

在长期，垄断厂商是根据 $MR=LMC$ 的利润最大化原则来确定产量和价格的，而且，垄断厂商还通过选择最优生产规模来达到长期均衡产量。所以，垄断厂商在长期可以获得比短期更大的利润。

如图 7－14 所示，在市场需求状况和厂商生产技术条件给定的情况下，先假定垄断厂商处于短期生产状态（生产规模给定），以 SAC 曲线和 SMC 曲线代表。然后根据 $MR=SMC$ 的短期利润最大化原则，短期均衡产量和价格分别为 Q_1 和 P_1，由此获得的短期利润为图中较小的阴影部分 P_1ABH 的面积。再假定垄断厂商处于长期生产状态，则它根据 $MR=LMC$ 的长期利润最大化原则确定的长期均衡产量和价格分别为 Q_2 和 P_2。这样接下来垄断厂商调整全部生产要素的数量，选择的最优生产规模由 SAC_2 曲线和 SMC_2 曲线代表，以生产长期均衡产量 Q_2。由此，垄断厂商获得的长期利润相当于图中较大的阴影部分 IP_2FG 的面积。显然，由于垄断厂商在长期可以选择最优的生产规模，而在短期只能在给定的规模下生产，所以，垄断厂商的长期利润总是大于短期利润。此外，在垄断市场上，即使是长期，也总假定不可能有新厂商加入，从而垄断厂商就可以长期保持其高额的垄断利润。由此可得垄断厂商长期均衡的条件是 $MR=SMC=LMC$，且 $\pi>0$。

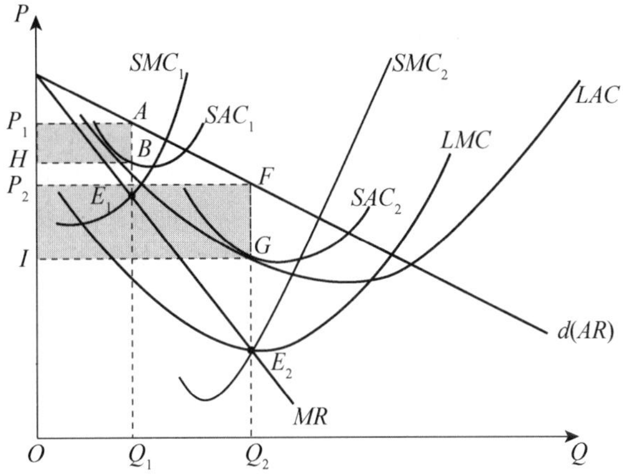

图 7－14　垄断厂商的长期均衡

21. **解答：** 完全竞争市场、垄断竞争市场、寡头市场、垄断市场四个市场长期均衡时经济变量的特点如表 7－1 所示。

表 7－1

序号	观测点	完全竞争市场	垄断竞争市场	寡头市场	垄断市场
1	厂商数量	非常多	很多	几个	唯一
2	产品差异程度	无差异（同质）	相互具有替代性的差别产品	有差异或无差异	唯一且无替代品
3	对价格的控制程度	没有（价格接受者）	有一些（价格影响者）	相当大程度（价格控制者）	价格制定者
4	进入行业的难易程度	很容易	比较容易	比较困难	很困难，几乎不可能
5	需求曲线斜率的绝对值	小	较小	较大	很大
6	需求价格弹性	大	较大	较小	很小

续表

序号	观测点	完全竞争市场	垄断竞争市场	寡头市场	垄断市场
7	价格	$P=AC=MC$	$P=AC>MC$（P 小幅大于 MC）	$P>AC>MC$（P 大于 MC 较多）	$P>AC>MC$（P 大幅大于 MC）
8	产量	LAC 最低点的产量	小于 LAC 最低点的产量	小于 LAC 最低点的产量	小于 LAC 最低点的产量
9	消费者剩余	最大	较大	较小	最小
10	生产者剩余	零	较小	较大	最大
11	经济效率	一般认为最高	一般认为较高	一般认为较低	一般认为最低
12	代表产业	一些农产品	一些轻工业产品、零售业	钢铁、汽车、石油	公共事业
13	存在的普遍性	极少	最常见	较常见	较少
14	超额利润	无	无	通常有	鲜有

22. **解答：**在寡头市场中，企业行为的最重要的特点是企业间互相影响、相互依赖。这是因为，寡头是一些相对于市场来说规模巨大的企业。每个寡头企业的产量占企业集团所生产产品产量的一定比重，一个寡头企业的供给量会影响整个市场产品的供给量，从而影响产品价格和同一市场中的其他企业，因而这些其他企业必定会对该寡头企业的行为作出反应，这些其他企业的反应反过来会再一次地改变市场的状况，从而改变该寡头企业最初行动的效果。

完全竞争企业、垄断竞争企业和垄断企业则不同。完全竞争企业和垄断竞争企业由于规模非常小，单个企业的供给量占市场供给量的比重十分小，故在决定自己的行动时，没有必要考虑该行动对其他企业的影响，从而，没有必要考虑其他企业可能因此而有的反应；垄断企业由于在市场上“只此一家”，也没有必要考虑自己的行动对其他企业的影响。

六、计算题

1. **解答：**(1) 由厂商的需求函数可得：$TR=P\cdot Q=12Q-4Q^2$，$MR=\frac{\mathrm{d}TR}{\mathrm{d}Q}=12-8Q$。由成本函数可得 $MC=\frac{\mathrm{d}TC}{\mathrm{d}Q}=2Q-3$。

根据利润最大化原则 $MR=MC$，有 $12-8Q=2Q-3$，解得 $Q=1.5$。

将 $Q=1.5$ 代入反需求函数可得 $P=6$，因此，利润最大化时的产量和价格分别为 $Q=1.5$，$P=6$。

(2) 完全竞争时，均衡状态为 $P=MC$，即 $12-4Q=2Q-3$，故 $Q=2.5$。

将 $Q=2.5$ 代入反需求函数可得 $P=2$，因此，限价应为 $P=2$。

(3) 征税相当于增加了 MC，故新的均衡条件为：$MR=MC+3$，即 $12-8Q=(2Q-3)+3$，得 $Q=1.2$。

把 $Q=1.2$ 代入反需求函数可得 $P=7.2$，则新的均衡产量为 1.2，均衡价格为 7.2。

2. **解答：**（1）由第一个市场的需求函数 $Q_1=12-0.1P_1$ 可知，该市场的反需求函数为 $P_1=120-10Q_1$，总收益为 $TR_1=P_1Q_1=120Q_1-10Q_1^2$，边际收益函数为 $MR_1=120-20Q_1$。

同理，由第二个市场的需求函数 $Q_2=20-0.4P_2$ 可知，该市场的反需求函数为 $P_2=50-2.5Q_2$，总收益为 $TR_2=P_2Q_2=50Q_2-2.5Q_2^2$，边际收益函数为 $MR_2=50-5Q_2$。

此外，厂商生产的边际成本函数 $MC=TC'(Q)=2Q+40=2Q_1+2Q_2+40$。

该厂商实行三级价格歧视时利润最大化的原则可以写为 $MR_1=MR_2=MC$。于是：

关于第一个市场，根据 $MR_1=MC$，有：$120-20Q_1=2Q_1+2Q_2+40$，即：

$$22Q_1+2Q_2=80 \tag{a}$$

关于第二个市场，根据 $MR_2=MC$，有：$50-5Q_2=2Q_1+2Q_2+40$，即：

$$2Q_1+7Q_2=10 \tag{b}$$

由以上（a）、（b）两个方程可解得厂商在两个市场上的销售量分别为：$Q_1=3.6$，$Q_2=0.4$。将产量代入反需求函数，可得两个市场的价格分别为：$P_1=84$，$P_2=49$。

在实行三级价格歧视的时候厂商的总利润为：

$$\begin{aligned}\pi &=(TR_1+TR_2)-TC\\ &=P_1Q_1+P_2Q_2-(Q_1+Q_2)^2-40(Q_1+Q_2)\\ &=84\times3.6+49\times0.4-4^2-40\times4=146\end{aligned}$$

（2）当该厂商在两个市场上实行统一的价格时，市场需求函数 $Q=Q_1+Q_2=(12-0.1P)+(20-0.4P)=32-0.5P$，则市场反需求函数为 $P=64-2Q$，市场的边际收益函数为 $MR=64-4Q$。

根据利润最大化原则即该统一市场的 $MR=MC$，有 $64-4Q=2Q+40$，解得 $Q=4$。

将 $Q=4$ 代入市场反需求函数 $P=64-2Q$，得 $P=56$。

于是，厂商的利润为：

$$\pi=P\cdot Q-TC=56\times4-(4^2+40\times4)=48$$

所以，当该垄断厂商在两个市场上实行统一的价格时，它追求利润最大化的销售量为 $Q=4$，价格为 $P=56$，总的利润为 $\pi=48$。

（3）比较以上（1）和（2）的结果，即对该垄断厂商实行三级价格歧视和在两个市场上实行统一价格的两种做法相比较，可以清楚地看到，它在两个市场上实行三级价格歧视时所获得的利润大于在两个市场上实行统一价格时所获得的利润（因为 $146>48$）。这一结果表明对垄断厂商来说实行三级价格歧视要比不这样做更为有利可图。

3. **解答：**（1）根据假设条件，从产品的市场需求函数 $Q=900-10P$ 可得：当 $P=0$ 时，$Q=900$。根据古诺模型，两个厂商利润最大时的产量 $Q=Q_1+Q_2=300+300=600$，将 Q 的值代入市场需求函数，得价格 $P=30$。

（2）若厂商的生产成本不为零，我们根据厂商追求利润最大化的原则求厂商的均衡产量和价格。从 $Q=900-10P$ 可得 $P=90-0.1Q$，而 $Q=Q_1+Q_2$，所以，$P=90-0.1Q_1-0.1Q_2$。对于厂商 1 来说：

$$TR_1=PQ_1=(90-0.1Q_1-0.1Q_2)Q_1=90Q_1-0.1Q_1^2-0.1Q_1Q_2$$
$$TR_2=PQ_2=(90-0.1Q_1-0.1Q_2)Q_2=90Q_2-0.1Q_2^2-0.1Q_1Q_2$$

两厂商的利润函数分别为：

$$\pi_1=TR_1-TC_1=90Q_1-0.1Q_1^2-0.1Q_1Q_2-0.1Q_1^2-30Q_1$$
$$\pi_2=TR_2-TC_2=90Q_2-0.1Q_2^2-0.1Q_1Q_2-0.2Q_2^2-30Q_2$$

利润最大时有：

$$\begin{cases}\dfrac{\partial\pi_1}{\partial Q_1}=60-0.4Q_1-0.1Q_2=0\\[2ex]\dfrac{\partial\pi_2}{\partial Q_2}=60-0.1Q_1-0.6Q_2=0\end{cases}$$

解得 $Q_1=130.43$，$Q_2=78.26$，$Q=Q_1+Q_2=208.69$，$P=69.13$。

4. **解答**：(1) 该行业属于斯威齐模型中的寡头行业。

(2) 该公司的边际成本函数为：$MC=5+0.5Q$。

第一阶段需求曲线的边际收益函数为 $MR_1=25-0.5Q$，根据 $MR=MC$，$Q=20$，满足条件。$P=25-0.25Q=25-0.25\times20=20$。

第二阶段需求曲线的边际收益函数为 $MR_2=35-1.5Q$，根据 $MR=MC$，$Q=15$，不满足条件。

(3) 此时 $MC=8+0.5Q$。当 $MR_1=MC$ 时，$Q=17$，满足条件。$P=25-0.25Q=25-0.25\times17=20.75$。

当 $MR_2=MC$ 时，$Q=13.5$，不满足条件。

5. **解答**：$MC=Q^2-60Q+1\,000$，当 $Q=48$ 时，$MC=424$。

总收益函数为 $TR_1=P_1Q_1=(1\,100-13Q_1)Q_1=1\,100Q_1-13Q_1^2$，边际收益函数为 $MR_1=TR_1'=1\,100-26Q_1$。

根据均衡条件 $MR_1=MR_2=MC$，得 $1\,100-26Q_1=424$，所以 $Q_1=26$，$Q_2=48-26=22$。$MR_2=P_2(1-\frac{1}{e_d})=P_2(1-\frac{1}{3})=\frac{2}{3}P_2$，又 $MR_2=MC$，得 $\frac{2}{3}P_2=424$，$P_2=636$，$P_1=1\,100-13\times26=762$，所以可得：

$$TR_1=P_1Q_1=762\times26=19\,812$$
$$TR_2=P_2Q_2=636\times22=13\,992$$
$$TR=TR_1+TR_2=33\,804$$
$$TC=\frac{1}{3}\times48^3-30\times48^2+1\,000\times48=15\,744$$
$$\pi=TR-TC=33\,804-15\,744=18\,060$$

第八章

生产要素价格的决定

第一部分　课后习题详解

一、简答题

1. 说明生产要素理论在微观经济学中的地位。

解答：第一，从商品的角度分析，微观经济学可以分为“产品”理论和“生产要素”理论两个部分，前者讨论产品的价格和数量的决定，后者讨论生产要素的价格和数量的决定。

第二，产品理论和生产要素理论是相互联系的。特别是，产品理论离不开生产要素理论，否则就不完全。这是因为：首先，在推导产品需求曲线时，假定消费者的收入水平为既定的，但并未说明收入水平是如何决定的；其次，在推导产品供给曲线时，假定生产要素的价格为既定的，但并未说明生产要素的价格是如何决定的。上述两个不完全性可以概括为缺乏对生产要素价格和使用量决定的解释。为了弥补这个不足，需要研究生产要素市场。因此，生产要素理论可以被看成是产品理论的自然延伸和发展。

第三，在西方经济学中，产品理论通常被看成是“价值”理论，生产要素理论通常被看成是“分配”理论。产品理论加上生产要素理论，或者价值理论加上分配理论，这样才构成了整个微观经济学的一个相对完整的体系。

2. 试述完全竞争厂商及市场在存在和不存在行业调整情况下的要素需求曲线。

解答：第一，在完全竞争条件下，厂商对要素的需求曲线向右下方倾斜，即随着要素价格的下降，厂商对要素的需求量将增加。

第二，在完全竞争市场，如果不考虑某厂商所在行业中其他厂商的调整，则该厂商的要素需求曲线就恰好与其边际产品价值曲线重合。这是一条向右下方倾斜的曲线。随着要素价格的下降，各厂商对要素的需求量将增加。

由于不存在行业调整，完全竞争厂商的要素需求曲线与边际产品价值曲线重合，市场的要素需求曲线就是市场上所有要素的边际产品价值曲线的简单加总。

第三，完全竞争厂商的要素需求若存在行业调整，那么，要素价格的变化引起所有其他厂商的要素需求量和要素使用量及产量的变动。在完全竞争条件下，单个厂商的产量变动不会影响产品价格，但全体厂商的产量变动将改变产品的市场价格。产品价格使厂商 n 的边际产品价值曲线发生改变，从而厂商 n 的要素需求曲线也不再等于其边际产品价值曲线。这是因为随着要素价格的变化，如果整个行业所有厂商都调整自己的要素使用量从而都改变自己的产量，则产品的市场价格会发生变化。产品价格的变化会反过来使每一个厂商的边际产品价值曲线都发生变化。在这种情况下，厂商的要素需求曲线叫做“行业调整曲线”。行业调整曲线仍然向右下方倾斜，但比边际产品价值曲线要陡峭一些。

厂商的要素需求曲线 d_n 如图 8－1 所示。

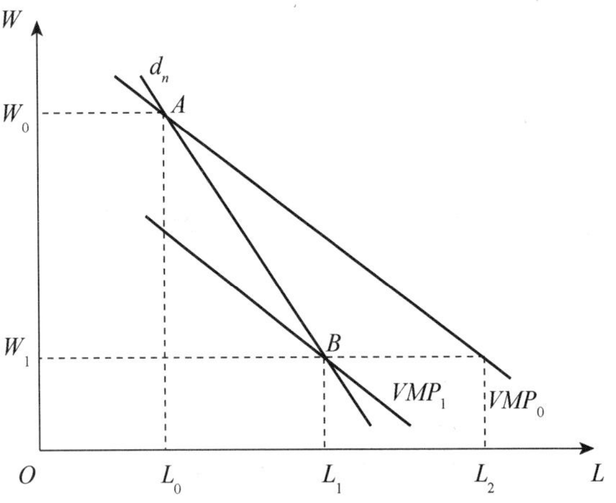

图 8－1

市场的要素需求曲线：假定完全竞争要素市场中包含 n 个厂商，每个厂商经过行业调整后的要素需求曲线分别为 d_1，d_2，…，d_n，整个市场的要素需求曲线 D 可以看成是所有这些厂商的要素需求曲线的简单水平相加，$D=\sum_{i=1}^{n} d_i$ 。

二、计算题

1. 设一厂商使用的可变要素为劳动 L，其生产函数为：

$$Q=-0.01L^3+L^2+38L$$

式中，Q 为每日产量，L 是每日投入的劳动小时数，所有市场（劳动市场及产品市场）都是完全竞争的，单位产品价格为 0.10 美元，小时工资为 5 美元，厂商要求利润最大化。问厂商每天要雇用多少小时劳动？

解答：(1) 由题设，$Q=-0.01L^3+L^2+38L$，$P=0.10$，$W=5$，当厂商利润最大时，有 $W=VMP_L=P\cdot MP_L=P\cdot\frac{\mathrm{d}Q}{\mathrm{d}L}$。

代入相关参数可得：$5=0.10\times(-0.03L^2+2L+38)$，整理得：$(3L-20)(L-60)=0$，解得 $L_1=60$，$L_2=\frac{20}{3}$。

因为 $MP'_L=-0.06L+2$，$MP'_L(60)=-1.6<0$，$L_1=60$ 满足利润最大化条件。

$MP_L'(\frac{20}{3})=1.6>0$，$L_2=\frac{20}{3}$不满足利润最大化条件，应该舍去。所以厂商每天应该投入 60 小时劳动。

2. 已知劳动是唯一的可变要素，生产函数为 $Q=A+10L-5L^2$，产品市场是完全竞争的，劳动价格为 W，试说明：

(1) 厂商对劳动的需求函数。

(2) 厂商对劳动的需求量与工资反方向变化。

(3) 厂商对劳动的需求量与产品价格同方向变化。

解答：(1) 根据题意，产品市场为完全竞争市场。由于生产要素价格确定，劳动价格为 W，所以要素市场也是完全竞争的。

由厂商的生产函数为 $Q=A+10L-5L^2$ 可得 $MP_L=10-10L$。

把 $MP_L=10-10L$ 代入完全竞争市场厂商使用要素的原则 $VMP=MP_L\times P=W$，得：

$$(10-10L)\cdot P=W$$

由此可得厂商对劳动的需求函数：$L=1-\frac{W}{10P}$。

(2) 根据厂商对劳动要素的需求函数 $L=1-\frac{W}{10P}$，求得：$\frac{\partial L}{\partial W}=-\frac{1}{10P}<0$，即厂商对劳动的需求量与工资量反方向变化。

(3) 同时由 $L=1-\frac{W}{10P}$求得：$\frac{\partial L}{\partial P}=\frac{W}{10P^2}>0$，即厂商对劳动的需求量与产品价格同方向变化。

3. 某完全竞争厂商雇用一个劳动日的价格为 10 元，其生产情况如表 8-1 所示。当产品价格为 5 元时，它应雇用多少个劳动日？

表 8-1

劳动日数	3	4	5	6	7	8
产出数量	6	11	15	18	20	21

解答：该厂商的边际产量及边际产品价值如表 8-2 所示。

表 8-2

劳动日数 L	产出数量 Q	边际产量 MP	产品价格 P	$VMP=P\cdot MP$	日工资 W
3	6	—	5	—	10
4	11	5	5	25	10
5	15	4	5	20	10
6	18	3	5	15	10
7	20	2	5	10	10
8	21	1	5	5	10

对于追求最大利润的完全竞争厂商来说，当 $VMP>W$ 时，它必须增加使用劳动量，当 $VMP<W$ 时，它又必将减少使用劳动量，只有当 $VMP=W$ 时，达到均衡，厂商获得

最大利润。由表中可看出当 $L=7$ 时，$VMP=W=10$，故该厂商应雇用 7 个劳动日。

4. 某劳动市场的供求曲线分别为 $D_L=4\,000-50W$，$S_L=50W$。请问：

（1）均衡工资为多少？

（2）假如政府对工人提供的每单位劳动征税 10 美元，则新的均衡工资为多少？

（3）实际上对单位劳动征收的 10 美元税收由谁支付？

（4）政府征收到的税收总额为多少？

解答：（1）均衡时，$D_L=S_L$，即 $4\,000-50W=50W$，得均衡工资 $W=40$（美元）。

（2）政府对工人提供的每单位劳动课以 10 美元的税收，则劳动供给曲线变为：

$$S'_L=50(W-10)$$

由 $S'_L=D_L$，即 $50(W-10)=4\,000-50W$，得征税后的均衡工资 $W=45$（美元）。

（3）征税后，厂商购买每单位劳动要支付的工资变为 45 美元，而不是征税前的 40 美元。两者之间的差额为 5 美元，5 美元是厂商为每单位劳动支付的税收额。工人提供每单位劳动得到 45 美元，但有 10 美元税收交给政府，仅能留下 35 美元。工人实际得到的单位工资与征税前相比也少了 5 美元。这 5 美元就是他们实际支付的税款。因此，厂商和工人恰好平均承担了政府征收的 10 美元税款。

（4）征税后的均衡劳动雇用量为：$50(W-10)=50\times(45-10)=1\,750$。

政府征收到的税收总额为：$10\times1\,750=17\,500$（美元）。

5. 某消费者的效用函数为 $U=lY+l$，其中，l 为闲暇，Y 为收入（他以固定的工资率出售其劳动所获得的收入）。求该消费者的劳动供给函数。他的劳动供给曲线是不是向上倾斜的？

解答：设该消费者拥有的固定时间为 L。一部分留作自用，即闲暇为 l，其余部分为工作时间，工资率用 W 表示，则收入 $Y=W(L-l)$。因此 $U=lY+l=lW(L-l)+l=(WL+1)l-Wl^2$。

令 $\frac{\mathrm{d}U}{\mathrm{d}l}=WL+1-2Wl=0$，则 $2Wl=WL+1$，$l=\frac{WL+1}{2W}$。

此时 $U''=-2W<0$，W 满足总效用 U 最大，则劳动供给函数为：

$$S=L-l=L-\frac{WL+1}{2W}=\frac{WL-1}{2W}=0.5L-\frac{1}{2W}$$

在上述供给函数中，L 是正值，因而当 W 上升时，工作时间会增加，即劳动供给曲线是向上倾斜的。

6. 一厂商生产某产品，其单价为 15 元，月产量为 200 单位，产品的平均可变成本为 8 元，平均不变成本为 5 元。试求准租金和经济利润。

解答：准租金 $R=TR-TVC=P\cdot Q-AVC\cdot Q=(P-AVC)Q$

$=(15-8)\times200=1\,400$（元）

经济利润 $\pi=TR-TC$

$=TR-(TVC+TFC)=P\cdot Q-(AVC+AFC)Q$

$=(P-AVC-AFC)Q=(15-8-5)\times200=400$（元）

三、论述题

1. 试述消费者的要素供给原则。

解答：第一，要素供给者（消费者）遵循的是效用最大化原则，即作为“要素供给”的资源的边际效用要与作为“保留自用”的资源的边际效用相等。

第二，要素供给的边际效用等于要素供给的边际收入与收入的边际效用的乘积。

第三，自用资源的边际效用是效用增量与自用资源增量之比的极限值，即增加一单位自用资源所带来的效用增量。所以要素供给满足：

$$\frac{\mathrm{d}U}{\mathrm{d}L_{自用}}=\frac{\mathrm{d}U}{\mathrm{d}Y}\cdot\frac{\mathrm{d}Y}{\mathrm{d}L_{他用}}$$

2. 如何从要素供给原则推导要素供给曲线？

解答：要素供给量一般随着要素价格的上升而增加，即要素供给曲线向右上方倾斜。下面以劳动这一要素为例，说明这一结论。根据要素供给原则：“要素供给”的边际效用等于“保留自用”的边际效用。“劳动供给”的边际效用为$\frac{\mathrm{d}U}{\mathrm{d}L_{劳动}}=\frac{\mathrm{d}U}{\mathrm{d}Y}\cdot\frac{\mathrm{d}Y}{\mathrm{d}L_{劳动}}$。劳动供给的边际收入即要素价格，这里假定为工资率$W$。因此，$\frac{\mathrm{d}U}{\mathrm{d}L_{劳动}}=W\cdot\frac{\mathrm{d}U}{\mathrm{d}Y}$。如果劳动者“保留自用”的资源（实指闲暇）用$L_{闲暇}$表示，则闲暇的边际效用为$\frac{\mathrm{d}U}{\mathrm{d}L_{闲暇}}$。于是，劳动者供给要素的效用最大化条件为：$\frac{\mathrm{d}U}{\mathrm{d}L_{闲暇}}=W\cdot\frac{\mathrm{d}U}{\mathrm{d}Y}$，或$\frac{\mathrm{d}U}{\mathrm{d}L_{闲暇}}\Big/\frac{\mathrm{d}U}{\mathrm{d}Y}=W$，即闲暇的边际效用与劳动收入的边际效用之比等于工资率（劳动价格）。

显然，收入的边际效用一定时，工资率W与闲暇的边际效用同方向变动，而闲暇的边际效用与闲暇数量反方向变动，故闲暇数量与工资率W反方向变动，又因为劳动供给数量与闲暇数量反方向变动，所以劳动供给数量与工资率W同方向变动，劳动供给一般随工资率上升而增加。

3. 劳动供给曲线为什么向后弯曲？

解答：第一，劳动者一定时期支配的时间既定，劳动供给和闲暇需求此消彼长；劳动的价格即工资也可以被看做是闲暇的价格。于是，劳动供给量随工资变化的关系即劳动供给曲线可以用闲暇需求量随闲暇价格变化的关系即闲暇需求曲线来说明。如：劳动供给量随工资上升而下降对应闲暇需求量随工资上升而上升。

第二，闲暇价格变化造成闲暇需求量变化有两个原因，即替代效应和收入效应。由于替代效应，闲暇需求量与闲暇价格变化方向相反，劳动供给与工资同方向变动。由于收入效应，闲暇需求量与闲暇价格变化方向相同，劳动供给与工资反方向变动。

第三，当工资即闲暇价格较低时，闲暇价格变化的收入效应较小，收入效应小于替代效应。劳动供给与工资同方向变动。而当工资增加到超过一定数量时，闲暇价格变化的收入效应超过替代效应。闲暇需求量随闲暇价格上升而上升，即劳动供给量随工资上升而下降，劳动供给与工资反方向变动。

4. 土地的供给曲线为什么垂直?

解答：有人可能认为：自然供给的土地是固定不变的，它不会随着土地价格和地租的变化而变化，所以土地的供给曲线是垂直的。这里主要从以下角度进行分析：

第一，土地供给曲线垂直并非因为一定时期自然赋予的土地数量是固定不变的。

第二，土地供给曲线垂直是因为假定土地只有一种用途即生产性用途，而没有自用用途，或者自用用途很微小，可以忽略不计。

第三，任意一种资源，如果只能（或假定只能）用于某种用途，而无其他用处，则该资源对该种用途的供给曲线就是垂直于数量轴的垂线。

5. 试述资本的供给曲线。

解答：第一，储蓄可以增加资本量，资本的数量是可变的，因此，资本供给问题，即如何确定最优的资本拥有量的问题，可以归结为确定最优储蓄量的问题。

第二，资源所有者进行储蓄是为了将来能够得到更多的收入，从而有可能在将来进行更多的消费。所以，既定收入如何在消费和储蓄之间分配的问题，又可以看成是在现在消费和未来消费之间进行选择的问题。一般随着利率的提高，资源所有者会放弃现在消费而增加未来消费（即储蓄），从而供给曲线向右上方倾斜。

第三，利率对资本供给的影响也存在替代效应和收入效应。当利率上升，替代效应大于收入效应时，资本供给增加，当利率上升很多，替代效应小于收入效应时，资本供给减少，从而资本供给曲线也可能向后弯曲。

6. “劣等土地上永远不会有地租”这一说法对吗?

解答：这一说法不对。

根据西方经济学，地租产生的根本原因在于土地的稀少，供给不能增加；如果给定了不变的土地供给，则地租产生的直接原因就是对土地的需求曲线右移。土地需求曲线右移是因为土地的边际生产力提高或对土地产品（如粮食）的需求增加从而产品价格提高。如果假定技术不变，则地租就因土地产品价格的上升而产生，且随着产品价格的上涨而不断上涨，租用劣等土地也会产生超额利润，超额利润形成地租。从另一个角度分析，随着人类生产、生活活动的繁荣，中等、优等土地已不能满足人类的需求，劣等土地也被人类争先租用，不仅存在地租，而且地租还不断上涨。马克思把劣等土地也要交纳的地租称为绝对地租。

7. 为什么说西方经济学的生产要素理论是庸俗的分配论?

解答：根据西方经济学的生产要素理论，要素所有者是按照要素的贡献大小得到要素的报酬的。这就从根本上否定了在资本主义社会中存在着剥削。除此之外，西方经济学的生产要素理论还存在如下一些具体的缺陷。

（1）西方经济学的生产要素理论建立在边际生产率的基础之上。然而，在许多情况下，边际生产率却难以成立。例如，资本代表一组形状不同、功能各异的实物，缺乏一个共同的衡量单位，从而也找不到资本的边际生产率；这样边际生产率分配论赖以成立的边际产量决定要素价格的说法就无从建立。

（2）西方经济学的生产要素理论不是一个完整的理论，因为它只给出了在一定的社会条件下各种人群或阶级得到不同收入的理由，而没有说明这种分配制度和社会制度形成的原因。

(3) 其否定劳动价值论，按此分配会出现资本所有权对劳动所有权的剥削，造成广大劳动者越来越贫困，使社会两极分化。

(4) 按照边际生产率分配论，资本家的利息是节欲或等待而承受的负效应。而事实证明节欲或等待是创造不出任何东西的，投资或投资的多寡根本与节欲或等待无关。

8. 我们知道，完全竞争厂商的要素使用原则是 $MP \cdot P=W$。这里，P 和 W 分别是产品和要素的价格，MP 是要素的边际产品。试说明，在卖方垄断条件下，上述要素使用原则会发生哪些变化。

解答： 产品市场上利润最大化要求任何经济活动的“边际收益”和“边际成本”都相等，同一原则也适用于生产要素使用量的决定。在要素市场上，厂商使用要素的一般原则为：边际收益产品 MRP＝边际要素成本 MFC，也就是增加使用一单位生产要素所带来的总收益的增加量（MRP）恰好等于增加使用一单位生产要素所引起的总成本的增加量（MFC）。理由是：若 $MRP>MFC$，表示最后一单位要素投入所增加的收益大于它所带来的成本，意味着继续增加要素投入量可以使总利润增加；反之，$MRP<MFC$ 表示最后一单位生产要素投入所增加的收益小于它所带来的成本，从而总利润较前减少。所以，厂商使用生产要素实现利润最大化的原则是 $MRP=MFC$。在完全竞争市场上 $MRP=MR(Q) \cdot MP(L)$，$MR(Q)$ 被确定为不变的 P，$MRP=MR(Q) \cdot MP(L)$ 被简化为 $MP \cdot P$，MFC 被确定为不变的 W，所以完全竞争厂商的要素使用原则是 $MP \cdot P=W$。

卖方垄断厂商在要素市场上是完全竞争者，但在产品市场上是垄断者，则其使用要素的收益是 $R=R(Q(L))$，对 L 求导可得 $\frac{\mathrm{d}R}{\mathrm{d}L}=\frac{\mathrm{d}R}{\mathrm{d}Q} \cdot \frac{\mathrm{d}Q}{\mathrm{d}L}$，即边际收益产品 $MRP=MR \times MP_L$，表示卖方垄断厂商增加一单位劳动投入所增加的收益。由于要素市场是完全竞争的，因而卖方垄断厂商使用要素的边际成本仍是要素的价格 W，从而卖方垄断厂商使用要素的原则可以表示为 $MRP=MR \times MP_L=W$。

9. 我们知道，在产品市场上，垄断卖方的产品供给曲线是不存在的。试说明，在要素市场上，垄断买方的要素需求曲线也不存在。

解答： 在产品市场上，垄断卖方企业由于产量与价格不存在一一对应关系，故产品供给曲线是不存在的。

完全竞争厂商的要素需求曲线实际上又是边际产品价值曲线，故二者重合，二者重合的条件要求当要素价格变化时，要素需求量是沿着一条既定的边际产品价值曲线而变化的。这就要求，当要素价格变化时，要素的边际产品价值曲线不得随之改变；或者更进一步说，它的两个组成部分即要素的边际产品曲线和产品价格不得随之改变。否则，要素的需求曲线必将脱离其边际产品价值曲线。所以，这依赖于两个潜在假定。第一，要素的边际产品曲线不受要素价格变化的影响（即局限于讨论只有一种生产要素的情况）。第二，产品价格不受要素价格变化的影响（局限于讨论只有一个厂商进行生产调整）。一旦扩大到考虑使用多种生产要素或者多个厂商调整行为，就不能再用边际产品价值曲线代表要素需求曲线。

在买方垄断的情况下，厂商使用生产要素的原则为 $VMP=MFC$，垄断厂商根据这一原则来确定其要素使用量。如图 8－2 所示，由于 VMP 和 MFC 在 E 点相交，要素需求量

相应为 L_0，同时要素的价格由 $W(L)$ 曲线所决定，即图中的 W_0，即当要素价格为 W_0 时，垄断买方的要素需求量为 L_0。

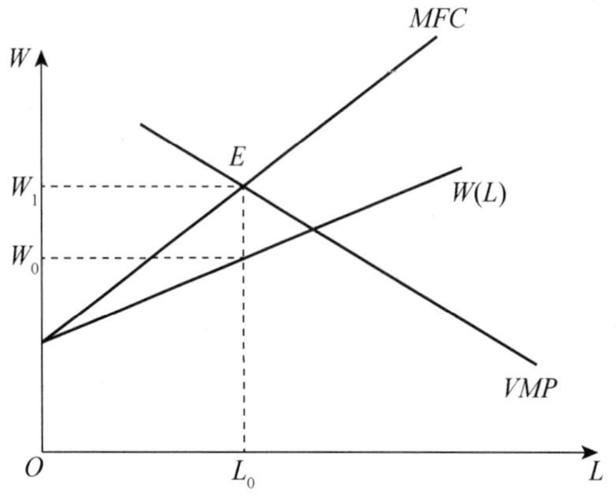

图 8-2

当要素市场为不完全竞争市场（产品市场则可以为完全竞争或垄断市场）时，我们通过改变要素价格来确定不同的要素需求量这个办法行不通。例如在图 8-2 中我们任意确定一个要素价格 W，只要它不等于 W_0，就不存在对应于该价格的最优要素使用量，因为在该要素价格上，厂商不可能找到某个要素量 L，使要素使用原则 $VMP=MFC$ 得到满足，事实上，在这种情况下，要素价格不可能不等于 W_0。因为假如一开始要素价格为 W_0，则垄断买主为了利润最大化仍然决定雇用要素量 L_0。一旦决定雇用要素量 L_0，则根据要素供给曲线，垄断买主就总能支付正好等于 W_0 的要素价格。因此，$VMP=MFC$ 条件只能决定一对要素价格和要素需求量，无法找到一组要素需求量与要素价格的一一对应点，所以垄断买主的要素需求曲线不存在。

10. 为什么说租金或地租是经济租金的一种特例？

解答：租金指供给数量固定不变的一般资源的服务价格，地租是租用土地的租金，租金是一般化的地租。

经济租金是指如果厂商要使生产要素留在该企业，支付的报酬必须超过它们转移到其他行业所能获得的最大报酬，即超过其机会成本的部分就是经济租金。经济租金就是不影响要素供给的要素收入。经济租金的大小取决于要素供给曲线的形状，供给曲线越陡峭，经济租金部分就越大。当供给曲线垂直时，全部要素收入均变为经济租金，它恰好等于租金或地租。在另一个极端上，如果供给曲线成为水平的，则经济租金完全消失。

所以，租金实际上是经济租金的一种特例，即要素供给曲线垂直时的经济租金，而经济租金则是更为一般的概念，它不仅适用于供给曲线垂直的情况，也适用于供给曲线不垂直的一般情况。

11. 图 8-3 是某消费者的长期消费决策示意图。试说明其中各个符号、各条曲线以及整个图形的含义。

解答：资源所有者的资本分配问题可以归结为如何将既定收入在消费和储蓄两方面进行分配的问题。资源所有者进行储蓄从而增加资本拥有量，能够得到更多的收入，从而有

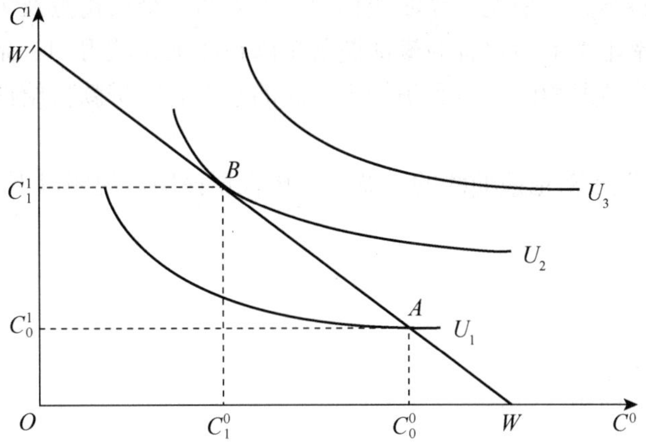

图 8-3

可能在将来进行更多的消费。这样一来，既定收入如何在消费和储蓄之间分配的问题，又可以看成在现在消费和未来消费之间的选择问题。于是我们面临的是所谓消费者的长期消费决策问题。

长期消费决策可以用序数效用论的无差异曲线工具进行分析。假定只有一种商品，只有今年和明年两个时期，并且消费者可以将商品借出或借入。在这些假定之下，长期消费决策可以用图 8-3 来说明。在图中，横轴 C^0 代表今年消费的商品量，纵轴 C^1 代表明年消费的商品量。U_1、U_2 和 U_3 是消费者的三条无差异曲线。无差异曲线在这里表示的是给消费者带来同等满足的今年消费的商品量和明年消费的商品量的各种组合，它与普通的无差异曲线的特征一样。

再来看预算线 $W'W$。假定消费者今年获得的资源的初始状态可以用图中的 A 点（C_0^0，C_0^1）表示，今年得到的商品量（或收入）为 C_0^0，明年将得到的商品量（或收入）为 C_0^1。显而易见，A 点是预算线上的一点。处于 A 点的消费者可以借出一部分他今年的商品，也可以借入一部分别人今年的商品。如果再假定他所面临的市场利率为 r，则他减少一单位商品的今年消费就可以增加（$1+r$）单位商品的明年消费。换句话说，预算线的斜率必为 $-(1+r)$，其中负号说明预算线是向右下方倾斜的。因此，预算线具备两个特点：第一，它必须经过初始状态点 A；第二，它的倾斜程度由市场利率 r 完全确定，随着 r 的上升而愈加陡峭。将这两个特点综合在一起，即得如下结论：随着利率的上升，预算线将绕着初始状态点 A 顺时针旋转；反之亦然。最后，如果消费者将明年的商品均提前到今年消费，则他今年可能有的最大消费就是：$W=C_0^0+\dfrac{C_0^1}{1+r}$，它由预算线与横轴的交点表示。该点决定了预算线与纵轴之间水平方向的距离。

消费者的均衡位置当然是在预算线与无差异曲线 U 的切点 B，即他的长期最优消费决策是：今年消费 C_1^0，明年消费 C_1^1。比较一下初始状态点 A 与均衡状态点 B 即知，处于 A 点的消费者尽管今年拥有的商品量为 C_0^0，却决定只消费其中的一部分即 C_1^0，而将剩余部分（$C_0^0-C_1^0$）储蓄起来，并按利率 r 借出去，从而能够在明年将消费从 C_0^1 提高到 C_1^1。

于是，由以上分析可知，给定一个市场利率 r，消费者今年有一个最优的储蓄量从而贷出量，如果进一步令利率变化，例如，设市场利率提高，则预算线将绕着初始状态点 A

顺时针旋转，从而将与另一条无差异曲线相切，得到另一个均衡点及另一个最优储蓄量和贷出量。将不同利率水平下消费者的最优储蓄量画在图上，就得到一条储蓄或贷款供给曲线。与劳动供给曲线情况相同，当利率处于很高的水平时，贷款供给曲线亦可能出现向后弯曲的现象。

12. 图 8－4 是关于洛伦兹曲线的示意图。试根据该图，说明以下各项的含义。

（1）45°线 OL。

（2）曲线 ODL。

（3）折线 OHL。

（4）不平等面积。

（5）完全不平等面积。

（6）基尼系数。

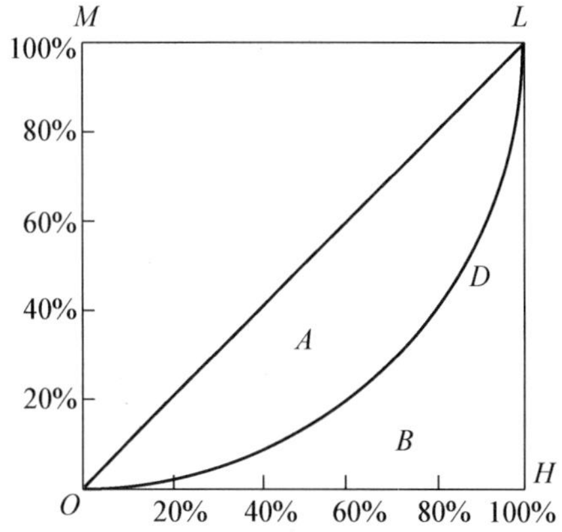

图 8－4

解答： 美国统计学家洛伦兹将一国总人口按收入由低到高排序，然后考虑收入最低的任意百分比人口所得到的收入百分比，最后，将这样得到的人口累计百分比和收入累计百分比的对应关系描绘在图形上，即得到洛伦兹曲线。图中横轴 OH 表示人口（按收入由低到高分组）的累计百分比，纵轴 OM 表示收入的累计百分比，ODL 为洛伦兹曲线。

（1）45°线 OL 表示任一人口百分比均等于其收入百分比，从而人口累计百分比等于收入累计百分比，收入分配完全平等。

（2）曲线 ODL 为洛伦兹曲线。它反映收入分配的不平等程度，弯曲程度越大，收入分配越不平等；反之亦然。

（3）折线 OHL 表示所有收入都集中在某个人手中，而其余人口均一无所获，收入分配达到完全不平等。

（4）不平等面积表示洛伦兹曲线与 45°线之间的部分，用 A 表示。

（5）完全不平等面积是折线洛伦兹曲线 OHL 与 45°线之间的面积。用 $A+B$ 表示。

（6）基尼系数：一个国家的收入分配既不是完全不平等的，也不是完全平等的，而是介于两者之间；不平等面积与完全不平等面积之比，称为基尼系数，是衡量一个国家贫富差距的标准。若设 G 为基尼系数，则：$G=\frac{A}{A+B}$，$0\leqslant G\leqslant 1$，国际通用的标准为基尼系数达到 0.4 是警戒线（见表 8-3）。

表 8-3 经济学界对不同基尼系数的规范分析

基尼系数	收入分配规范分析
小于 0.2	绝对平等
0.2～0.3	比较平等
0.4	警戒线
0.3～0.4	基本合理
0.4～0.5	差距较大
0.5 以上	差距悬殊

第二部分 精编习题

一、名词解释

1. 边际产品价值　2. 边际收益产品　3. 平均要素成本
4. 边际要素成本　5. 引致需求　6. 向后弯曲的劳动供给曲线
7. 租金　8. 准租金　9. 经济租金
10. 洛伦兹曲线　11. 基尼系数　12. 产量分配净尽定理

二、单项选择题

1. 假定在完全竞争的要素市场上生产要素价格、产品价格和产品的边际收益均等于 4 元，且此时厂商得到了最大利润，则生产要素的边际产量为（　　）。

A. 2　B. 1　C. 4　D. 不可确知

2. 已知生产要素的组合是 $15L$、$20K$ 和 $40W$，产量是 150，如果生产要素的组合变成 $15L$、$20K$ 和 $41W$，则产量增加到 155，由此可见（　　）。

A. 要素 L 的边际产量等于 5　B. 要素 K 的边际产量等于 5

C. 要素 W 的边际产量等于 5　D. 以上均不正确

3. 在产品市场（产品为 X）和要素市场（要素为 a、b）都是完全竞争的条件下，厂商获得利润最大化的条件是（　　）。

A. $\frac{MP_a}{P_a}=\frac{MP_b}{P_b}$　B. $P_X=MC_X$，且 MC_X 上升

C. $\frac{MP_a}{P_a}=\frac{MP_b}{P_b}=\frac{1}{MC_X}$　D. $\frac{MP_a}{P_a}=\frac{MP_b}{P_b}=\frac{1}{MC_X}=\frac{1}{P_X}$

4. 若某厂商在完全竞争的产品市场上经营，其生产要素中唯有 A 是可变要素，则该厂商对 A 要素的需求曲线可由（　　）推出。

A. MP 曲线　B. MC 曲线　C. VMP 曲线　D. MR 曲线

5. 生产要素的需求曲线之所以向右下方倾斜，是因为（　）。

A. 要素生产的产品的边际效用递减　B. 要素的边际收益产品递减

C. 要素参加的生产规模报酬递减　D. 以上都是

6. 完全竞争产品市场与不完全竞争产品市场两种条件下的生产要素的需求曲线相比，（　）。

A. 前者与后者重合　B. 前者比后者陡峭

C. 前者比后者平坦　D. 无法确定

7. 假设生产某种商品需要使用 A、B、C 三种生产要素，当 A 的投入量连续增加时，它的边际产量（　）。

A. 在技术条件及 B 和 C 的投入量不变时先增后降

B. 在技术条件不变但 B 和 C 的投入量同比例增加时下降

C. 在任何条件下都下降

D. A 和 B

8. 一厂商在完全竞争的劳动市场上购买劳动，但它垄断了市场产品的销售，当产量为 60 时，它获得了最大的利润，它面临的反需求函数为 $P=200-Q$，工资率为 1 200。它所雇用的最后一位工人的边际产量为（　）。（运用 $MR_Q \cdot MP_F=P_F$ 计算。）

A. 20 单位 Q　B. 15 单位 Q

C. 8.57 单位 Q　D. 35 单位 Q

9. 当工会要求垄断厂商提高工资时，工人就业的人数将（　）。

A. 增加　B. 不变　C. 减少　D. 以上都有可能

10. 假设一厂商在产品市场上是一垄断者，而在要素市场上是完全竞争者，现在已知反需求函数为 $P=100-5Q$，生产要素的价格为 100，生产要素的边际产量为 10，则此时的产品价格为（　）。（运用 $MR_Q \cdot MP_F=P_F$ 计算。）

A. 45　B. 55　C. 50　D. 4

11. 工资率的上升所导致的替代效应系指（　）。

A. 工作同样长的时间可以得到更多的收入

B. 工作较短的时间也可以得到同样的收入

C. 工人宁愿工作更长的时间，用收入带来的享受替代闲暇带来的享受

D. 工人宁愿增加闲暇时间，用闲暇替代劳动

12. 某工人在工资率为每小时 20 元时每周挣 800 元，在工资率为每小时 30 元时每周挣 1 000 元，由此可以断定（　）。

A. 收入效应起着主要作用

B. 替代效应起着主要作用

C. 收入效应和替代效应都没有发挥作用

D. 无法确定

13. 如果政府大力提倡用先进的机器来替代劳动，这将导致（　）。

A. 劳动供给曲线向右移动　B. 劳动需求曲线向右移动

C. 劳动供给曲线向左移动　D. 劳动需求曲线向左移动

14. 既要提高工资又要避免失业增加，在（　　）的情况下比较容易实现。

A. 劳动的需求富有弹性　　B. 劳动的供给富有弹性

C. 劳动产品的需求富有弹性　　D. 劳动产品的需求缺乏弹性

15. 如果对闲暇的需求增加，则（　　）。

A. 工资率会下降，劳动的雇佣量会减少

B. 工资率会下降，劳动的雇佣量会增加

C. 工资率会上升，劳动的雇佣量会减少

D. 工资率会上升，劳动的雇佣量会增加

16. 准租金（　　）。

A. 等于企业的总利润　　B. 比企业的总利润大

C. 比企业的总利润小　　D. 以上都有可能

17. 设有甲、乙两类工人，甲类工人要求的工资率为 250 元/月，乙类工人要求的工资率为 200 元/月。某厂商为了实现最大利润，必须雇用所有甲、乙两类工人，并支付每个工人 250 元/月的工资。由此可知，甲、乙两类工人得到的月经济租金（　　）。

A. 分别为 250 元、200 元　　B. 均为 250 元

C. 分别为 0 元、50 元　　D. 均为 50 元

18. 假定某球星的年薪为 8 万元，但他若从事其他职业，最多只能得到 2 万元，那么该球星所获得的经济租金为（　　）。

A. 6 万元　　B. 8 万元　　C. 2 万元　　D. 10 万元

19. 在以下基尼系数中，表明收入分配最不平均的是（　　）。

A. 0.35　　B. 0.5　　C. 0.42　　D. 0.7

20. 如果（　　），居民将增加他们的储蓄量。

A. 预期的未来收入小于现期收入，或利率下降

B. 预期的未来收入小于现期收入，或利率上升

C. 预期的未来收入大于现期收入，或利率下降

D. 预期的未来收入大于现期收入，或利率上升

21. 经济租金的含义是（　　）。

A. 使用一单位资本所支付的价格

B. 使用一亩土地所支付的价格

C. 一定量的某种生产要素的收益超过其在其他用途上可能得到的最大收入的部分

D. 一定量的某种生产要素的支付少于其在其他用途上可能得到的最小收入的部分

三、多项选择题

1. 生产要素的价格是（　　）。

A. 指购买一种生产要素在某段时间内所提供的服务所支付的代价

B. 购买生产要素本身（源泉）所需要支付的代价

C. 由供给和需求决定的

D. 由边际生产力决定的

2. 在完全竞争市场上，厂商对生产要素的需求量取决于（　　）。

A. 消费者对该要素所生产的产品的需求

B. 产品的市场价格

C. 要素的边际产量

D. 生产要素的价格

3. 如果厂商使用两种可变的生产要素 K 和 L，那么（　　）。

A. 随着 L 的价格的提高，厂商对 L 的长期需求曲线将向左下方移动

B. 在 K 的数量既定的条件下，厂商对 L 的长期需求曲线与 L 的边际收益产品曲线重合

C. 在 K 可变的条件下，相对于 L 的价格，厂商对 L 的长期需求曲线变得更加平坦

D. 对 L 的需求数量不受 K 的价格的影响

4. 生产要素的需求是一种（　　）。

A. 派生的需求　　B. 联合的需求

C. 对消费资料的需求　　D. 对生产资料和劳动的需求

5. 边际生产率分配论认为（　　）。

A. 总产值等于所有要素的报酬之和

B. 要素报酬取决于要素所生产的边际产量

C. 如果所有市场都是完全竞争的，那么资源配置就是有效率的

D. 以上说法都错误

6. 当要素 A 的供给价格弹性为零时（　　）。

A. 该要素的供给量是固定的且与该要素的价格无关

B. 该要素的均衡价格主要由需求曲线决定

C. 要素 A 的全部支付都为经济租金

D. 该要素的供给曲线平行于要素价格轴

7. 使地租不断上升的原因是（　　）。

A. 土地的边际产量递增　　B. 土地的供给不变，而需求日益增加

C. 土地的需求与供给同时增加　　D. 以上都对

8. 下列判断正确的是（　　）。

A. 厂商的短期经济利润大于零，其要素的准租金大于零

B. 经济租金属于长期分析，而准租金属于短期分析

C. 一种要素在短期内存在准租金不意味着长期中存在经济利润

D. 地租是对特定要素而言的，而经济利润是对厂商而言的

四、判断题

1. 分配理论实际上是价格理论在分配问题上的应用。（　　）

2. 生产要素的需求与产品的需求具有完全相同的特点。（　　）

3. 厂商对生产要素的需求取决于生产要素的边际产量。（　　）

4. 已知某种商品是 A、B、C 三种生产要素相结合的产物，当它们同时增加 1 单位时，该种商品的产量增加 3 单位。这表明生产要素的边际产量为 3。（　　）

5. 若某商品是 A、B、C 三种生产要素的产物，在保持 B 和 C 不变的前提下，增加 1 单位 A 使产量增加了 2 单位，那么这 2 单位产量是这 1 单位 A 生产出来的。（　）

6. 假定一个厂商同时在产品市场和劳动市场上具有垄断力量，那么，当它所支付的工资率等于增加最后一单位劳动给厂商带来的边际收益时，厂商才能获得最大利润。（　）

7. 若用某种生产要素所生产的商品的需求增加了，这种生产要素的需求曲线将向右移动。（　）

8. 一个完全竞争厂商在其最后雇用的那个工人所创造的产值大于其雇用的全体工人的平均产值时，必定没有实现最大的利润。（　）

9. 一个垄断厂商对劳动的需求曲线是向下倾斜的。（　）

10. 如果经济学家的市场是完全竞争的，对经济学家的市场需求是缺乏弹性的，那么经济学家供给的增加会导致全体经济学家收入的增加。（　）

11. 如果仅考虑劳动的替代效应，劳动供给曲线向右上方倾斜。（　）

12. 如果既考虑劳动的替代效应，又考虑劳动的收入效应，那么劳动供给曲线先向右上方倾斜，再向左上方倾斜。（　）

13. 任意一种资源，如果只能用于某种用途，而无其他用途，则该资源对该用途的供给曲线就一定是垂直的。（　）

14. 任意一种资源对其用途的供给曲线在其机会成本水平之上均是垂直的。（　）

15. 在一个竞争性的劳动市场上，如果最低工资高于均衡工资，必然引起劳动供不应求。（　）

五、简答题

1. 生产要素的需求有什么特性？

2. 买方垄断厂商的要素使用原则是什么？

3. 试述完全竞争厂商的要素使用原则。

4. 为什么中年人的储蓄比青年人要多？

5. 假定有两个行业：制造业和零售业。比较这两个行业的劳动需求的长期弹性的大小关系，并解释原因。

6. 试述完全竞争的要素市场上要素价格的决定。

7. 完全竞争厂商的要素使用原则与产品市场的利润最大化原则有何关系？

8. 试证明：当从工作和休闲中得到的边际效用恰好相等时，亦即当 $MU_W = MU_L$ 时，个人对时间的分配达到了最优。换句话说，他从这种时间分配中得到的效用达到了最大。

六、计算题

1. 已知企业的生产函数为 $Q=5L-L^2$，其中，L 为雇佣工人的数量。

（1）求企业劳动的合理投入区间。

（2）若企业生产的产品的价格 $P=5$，现行工资率 $W=15$，企业应雇用多少工人？

2. 假设某国的总生产函数为 $Q=AL^{rs}K^{1-rs}$。其中 Q 为国民收入，L、K 分别为劳动、资本的数量，r 为常数，s 为劳动力平均受教育年限。

（1）试导出劳动所得在国民收入中所占份额的表达式（即总产出中付给劳动的工资所占的份额）。

（2）显示劳动力平均受教育年限的增加对劳动所得份额的影响。

（3）说明实物资本的积累对劳动所得份额的影响。

3. 某产品市场和要素市场上的垄断者的生产函数为 $Q=2L$。如果产品的需求函数为 $Q=110-P$，公认的劳动供给函数为 $L=0.5W-20$，则为了谋求最大利润，该厂商应当生产多少产量？在该产量下，L、W 和 P 各是多少？

4. 假定一垄断厂商仅使用劳动 L 生产产品。产品按竞争市场中的固定价格 2 出售。生产函数为 $Q=6L+3L^2-0.02L^3$，劳动供给函数为 $W=60+3L$。求利润最大化时的 L、Q 和 W。

5. 庄稼收获后，农民需要决定卖粮食存钱还是存粮。假定农民预期一年后粮价将上涨 20%。（不考虑粮食质量的差异。）而存粮一年期间老鼠将吃掉 10%的粮食，银行存款的年利率是 10%。当预期的通货膨胀率为 5%时，农民将如何选择？通货膨胀率上升到什么水平时，农民将选择存钱？

第三部分　精编习题参考答案

一、名词解释

1. 边际产品价值：指在完全竞争市场上，厂商增加一单位要素使用所增加的收益，$VMP=MP_L \cdot \bar{P}$。

2. 边际收益产品：指厂商增加一单位要素使用所增加的收益，$MRP=MP_L \cdot MR(Q)$。

3. 平均要素成本：指厂商平均增加一单位要素购买所花费的成本。

4. 边际要素成本：指增加一单位要素使用所增加的成本，$MFC=[L \cdot W(L)]'=W(L)+L \cdot \frac{dW(L)}{dL}=MC(Q) \cdot MP(L)$。

5. 引致需求：由消费者对产品的直接需求所导致的厂商对生产要素的需求。

6. 向后弯曲的劳动供给曲线：当工资较低时，随着工资的上升，消费者被较高的工资吸引，减少闲暇，增加劳动供给量，在这个阶段，劳动的供给曲线向右上方倾斜，但当工资上涨到一定高度时，再继续增加工资，劳动供给量非但不会增加，反而会减少，于是，劳动的供给曲线开始向左上方弯曲。

7. 租金：供给数量固定的生产要素服务的价格。

8. 准租金：是对供给量暂时固定的生产要素的支付，即固定生产要素的收益。

9. 经济租金：等于要素收入与其机会成本之差。

10. 洛伦兹曲线：美国统计学家洛伦兹将一国总人口按收入由低到高排序，然后对任意累计百分比人口与对应收入的累计百分比的对应关系进行绘制所得到的曲线，如图 8-4 所示。

11. 基尼系数：如图 8－4 所示，基尼系数等于$\frac{A}{A+B}$，即不平等面积与完全不平等面积之比。

12. 产量分配净尽定理：在完全竞争条件下，如果规模报酬不变，则全部产品正好足够分配给各种生产要素，不多也不少。由于这个定理可以用数学上的欧拉定理加以证明，所以它也被称为欧拉定理。

二、单项选择题

1. B　2. C　3. D　4. C　5. B　6. C　7. A　8. B　9. D　10. B　11. C　12. A　13. D　14. D　15. C　16. B　17. C　18. A　19. D　20. B　21. C

三、多项选择题

1. ABC　2. ABCD　3. BC　4. ABD　5. ABC　6. ABCD　7. AB　8. ABCD

四、判断题

1. （√）。

2. （×），生产要素的需求与产品的需求具有不同的特点。生产要素的需求是引致需求、联合需求，目的是实现利润最大化。消费者对产品的需求是直接需求，很多时候是对单一产品的消费，目的是实现效用最大化。

3. （√），厂商对生产要素的需求取决于生产要素的边际产量。这是边际生产率分配论的观点。

4. （×），已知某种商品是 A、B、C 三种生产要素相结合的产物，当它们同时增加 1 单位时，该种商品的产量增加 3 单位。这表明生产要素的规模报酬为 3。边际产量指的是一种生产要素变化，其他生产要素不变，可变要素带来的产量的增量。

5. （×），若某商品是 A、B、C 三种生产要素的产物，在保持 B 和 C 不变的前提下，增加 1 单位 A 使产量增加了 2 单位，那么这 2 单位产量是可变要素的边际产量。它是不变要素和可变要素共同生产出来的。

6. （×），假定一个厂商同时在产品市场和劳动市场上具有垄断力量，那么，它所支付的工资率一般低于增加最后一单位劳动给厂商带来的边际收益。

7. （√），若用某种生产要素所生产的商品的需求增加了，这种生产要素的需求曲线将向右移动。边际生产力提高，在每一价格水平下需求增加。

8. （√）。

9. （√），一个垄断厂商对劳动的需求曲线是向下倾斜的。劳动者工资下降，劳动需求增多。

10. （×），如果经济学家的市场是完全竞争的，对经济学家的市场需求是缺乏弹性的，那么经济学家供给的增加会导致全体经济学家收入的下降。

11. （√）。

12. （√）。

13. （√）。

14. （√）。

15. （×），在一个竞争性的劳动市场上，如果最低工资高于均衡工资，必然引起劳动供过于求。

五、简答题

1. **解答：**与最终产品的需求相比，生产要素的需求有以下不同的特性：(1) 生产要素的需求是一种“派生的需求”。(2) 生产要素的需求又是一种“联合的需求”，即同时对多种生产要素的需求。(3) 需求者一般是厂商。供给者包括厂商和家庭。(4) 需求包括生产要素的全部产权、使用权或部分产权。

2. **解答：**(1) 厂商使用生产要素的原则是使用生产要素的“边际收益”和使用生产要素的“边际成本”相等。厂商使用要素的“边际收益”可以用边际收益产品 MRP 或边际产品价值 VMP（在完全竞争产品市场上）来表示，厂商使用要素的“边际成本”可以用边际要素成本 MFC 或要素的价格工资 W（在完全竞争的生产要素市场上）来表示，所以厂商使用要素的原则是 $MRP=MFC$。理由是：若 $MRP>MFC$，表示最后一单位要素投入所增加的收益大于它所带来的成本，意味着继续增加要素投入量可以使总利润有所增加；反之，$MRP<MFC$ 表示最后一单位要素投入所增加的收益小于它所带来的成本，从而总利润较前减少。所以，利润最大化原则是 $MRP=MFC$。

(2) 买方垄断厂商在要素市场上是垄断者，但在产品市场上是完全竞争者，故其使用要素的边际收益就等于要素的边际产品价值 VMP。但是由于厂商在要素市场上不再是完全竞争者，因此其使用要素 L 的边际成本不再是常数 W，而是随着 L 的变化而变化，根据要素的成本函数 $C[Q(L)]$，有 $MFC(L)=C'[Q(L)]=MC(Q)\cdot MP(L)$，或者 $MFC(L)=[L\cdot W(L)]'=W(L)+L\dfrac{dW(L)}{dL}$。所以，买方垄断厂商使用要素的原则可以表示成 $VMP=MFC$。

3. **解答：**(1) 完全竞争厂商是指，在产品市场和要素市场上都是完全竞争的，这时假定完全竞争厂商只使用一种生产要素，生产单一产品，追求最大利润。利润最大化要求任何经济活动的边际收益与边际成本都相等。

(2) ①完全竞争厂商使用要素的边际收益是边际产品价值（VWP），边际产品价值表示完全竞争厂商增加一单位生产要素所增加的收益。根据生产函数：$Q=Q(L)$，收益函数可写作：$R(L)=P\cdot Q(L)$。由于产品市场是完全竞争的，所以产品价格是保持不变的，对 L 求导可得：

$$\frac{dR(L)}{dL}=P\times\frac{dQ(L)}{dL}=P\times MP_L=VMP$$

②使用要素的边际成本是总成本 $C=WL$ 对 L 求导，即 $\dfrac{dC}{dL}=W$，由于要素市场是完全

竞争的，W 不随着 L 的变化而变化，是保持不变的。

③此时我们根据使用要素的边际收益等于边际成本，得 $VMP=W$ 即 $MP_L \times P=W$。这就是完全竞争厂商使用要素的原则，当上述原则被满足时，完全竞争厂商就达到了利润最大化。此时使用的要素数量为最优的要素数量。

也可以用以下数学方法推导上述要素使用原则。利润是要素 L 的函数，即 $\pi(L)=P\times Q(L)-W\times L$，为达到利润最大化，必须使 $\frac{\mathrm{d}\pi(L)}{\mathrm{d}l}=P\times\left[\frac{\mathrm{d}Q(L)}{\mathrm{d}L}\right]-W=0$，即 $VMP=W$。

所以，在完全竞争条件下，使用要素的边际收益等于"边际产品价值"（要素的边际产品和产品价格的乘积），而使用要素的边际成本等于"要素价格"。于是，完全竞争厂商使用要素的原则是：边际产品价值 VMP 等于要素价格 W。

4. **解答：**一般来说，当居民的现期收入大于其未来的预期收入时，该居民就会增加他的当期储蓄；当居民的现期收入小于其未来的预期收入时，该居民就会减少他的当期储蓄。对于青年人来讲，一般他们的现期收入较少，而他们未来的预期收入较多，因此青年人的储蓄较少，甚至负债消费；但是对于中年人来说，现期收入较多，而他们未来的预期收入较少，因此中年人的储蓄较多，既可以偿还青年时期的债务，又可以为老年支出做一定储蓄。

5. **解答：**制造业的弹性较大，因为在制造业中劳动和资本之间的替代比较容易，比如，当劳动的价格上升时，对于制造业厂商来说，它们可以减少对劳动的使用而增加对资本的使用，这样在长期中，对于制造业，长期劳动需求的弹性较大。而对于零售业，劳动和资本之间的替代比较难，比如，当劳动的价格上升时，对于零售业厂商来说，它们不能减少对劳动的使用而增加对资本的使用，这样在长期中，对于零售业，长期劳动需求的弹性较小。

6. **解答：**和产品价格决定一样，要素价格是整个要素市场上供给和需求达到均衡的结果，即由要素市场上的需求曲线与供给曲线的交点决定。在厂商面临完全竞争的产品市场时，厂商的要素需求曲线由 $VMP=MP\cdot P$ 曲线给出。又由于要素市场也是完全竞争的，因此厂商的要素供给曲线是一条水平线，其高度为要素价格，即厂商按既定价格可以购买任何数量的要素。$VMP=W$ 决定了厂商对要素的购买量。如图 8-5 所示，市场要素需求和要素供给决定了要素价格。

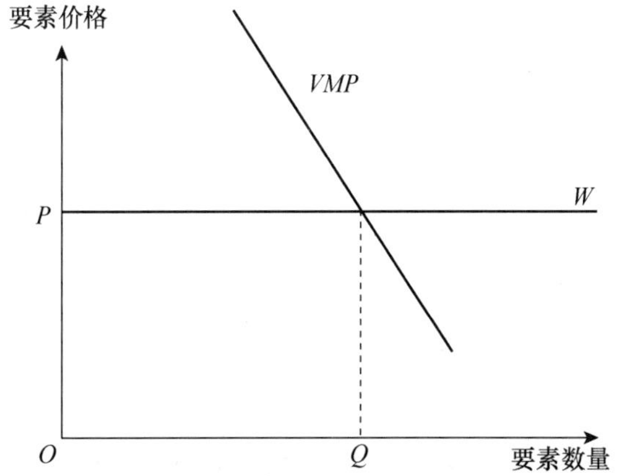

图 8-5

7. **解答**：从表面上看，企业在生产过程中似乎有两个不同的决策要做：第一，使用多少要素才能使利润达到最大；第二，生产多少产量才能使利润达到最大。

实际上，这两个问题是一回事。这是因为，在企业的要素需求和产品供给之间存在着一定的关系，二者之间的关系就是所谓的生产函数：$Q=Q(L)$。L 为企业使用的要素数量，Q 为使用要素 L 所生产的产品数量，它们通过生产函数而“一一对应”。

这样一来，我们就可以用两种不同的方式来讨论企业的生产决策：或者先求出利润最大化的要素需求量，然后再根据生产函数，由要素的需求量求出相应的产品供给量；或者先求出利润最大化的产品供给量，然后再根据生产函数，由产品的供给量求出相应的要素需求量。

在生产要素市场和产品市场上的利润最大化原则都是边际收益＝边际成本。在生产要素市场上，要素使用原则边际收益＝边际成本的自变量是生产要素的数量，$MR(L)=MC(L)$，在产品市场上利润最大化原则边际收益＝边际成本的自变量是产品数量，$MR(Q)=MC(Q)$。核心是投入生产要素，生产产品，实现利润最大化。

8. **解答**：设个人拥有的既定时间总量为 T，个人用于工作的时间为 L，则用于闲暇的时间为 $T-L$。于是，个人从工作中得到的效用为 $U_W(L)$，个人从休闲中得到的效用可以表示为 $U_L(T-L)$。他的总效用则为 $U(L)=U_W(L)+U_L(T-L)$。为了使总效用达到最大，总效用对 L 的一阶导数必须等于 0，即有：

$$\frac{\mathrm{d}U}{\mathrm{d}L}=\frac{\mathrm{d}U_W(L)}{\mathrm{d}L}+\frac{\mathrm{d}U_L(T-L)}{\mathrm{d}L}=\frac{\mathrm{d}U_W(L)}{\mathrm{d}L}+\frac{\mathrm{d}U_L(T-L)}{\mathrm{d}(T-L)}\cdot\frac{\mathrm{d}(T-L)}{\mathrm{d}(L)}$$
$$=\frac{\mathrm{d}U_W(L)}{\mathrm{d}L}-\frac{\mathrm{d}U_L(T-L)}{\mathrm{d}(T-L)}=0$$

即 $MU_W(L)=MU_L(T-L)$，从工作和休闲中得到的边际效用相等，总效用达到最大。

六、计算题

1. **解答**：(1) 由已知可得，$AP_L=5-L$，$MP_L=5-2L$。

合理投入区间由 $AP_L=MP_L$，$MP_L=0$ 决定，解得企业劳动的合理投入区间为 (0, 2.5)。

(2) $MP_L\cdot P=W$ 决定企业的雇佣工人数量，得 $(5-2L)\cdot 5=15$，解得 $L=1$。

2. **解答**：(1) 设 P 为一般物价水平，因劳动市场为完全竞争市场，故

$$W=VMP=P\cdot MP=P\cdot\frac{\mathrm{d}Q}{\mathrm{d}L}=P\cdot rs\cdot A\cdot L^{rs-1}\cdot K^{1-rs}$$

于是劳动所得的份额为：

$$P_L=\frac{WL}{PQ}=\frac{P\cdot rs\cdot A\cdot L^{rs-1}\cdot K^{1-rs}\cdot L}{P\cdot AL^{rs}\cdot K^{1-rs}}=rs$$

(2) $\frac{\partial P_L}{\partial s}=\frac{\partial (rs)}{\partial s}=r$，即劳动力平均受教育年限增加 1%，劳动所得份额将增加 r%。

(3) $\frac{\partial P_L}{\partial K}=\frac{\partial (rs)}{\partial K}=0$，即实物资本的积累对劳动所得份额没有影响。

3. **解答：** 由 $Q=110-P$，得 $P=110-Q$，$TR=PQ=110Q-Q^2$，$MR=\frac{\mathrm{d}TR}{\mathrm{d}Q}=110-2Q$。

由 $L=0.5W-20$ 得 $W=2(L+20)$，以及由 $Q=2L$，即 $L=0.5Q$，得 $TC=W\cdot L=2(L+20)\cdot L=2L^2+40L=2\times(\frac{Q}{2})^2+40\times\frac{Q}{2}=\frac{1}{2}Q^2+20Q$。所以，$MC=\frac{\mathrm{d}TC}{\mathrm{d}Q}=Q+20$。

为了谋求最大利润，有 $MR=MC$，即 $110-2Q=Q+20$。

于是，$Q=90/3=30$，$L=Q/2=30/2=15$。$W=2(L+20)=2\times(15+20)=70$，$P=110-Q=110-30=80$。

4. **解答：** 根据 $VMP_L=MFC_L$ 不难求得利润最大时的 L、Q 和 W 的值。

由 $Q=6L+3L^2-0.02L^3$，可得 $MP_L=\frac{\mathrm{d}Q}{\mathrm{d}L}=6+6L-0.06L^2$，进而 $VMP_L=P\cdot MP_L=2(6+6L-0.06L^2)=12+12L-0.12L^2$。

由 $C=W\cdot L=60L+3L^2$ 得 $MFC_L=60+6L$。

根据 $VMP_L=MFC_L$，即 $12+12L-0.12L^2=60+6L$，可得 $0.12L^2-6L+48=0$。

由于 $L_1=10$ 时，MFC 曲线在边际产量上升时和 VMP 曲线相交，所以舍去。理性的厂商将取 $L_2=40$。

因此，利润最大时 $L=40$，$Q=6L+3L^2-0.02L^3=3\,760$，$W=60+3\times40=180$。

5. **解答：** 假设农民现有价值 1 元的粮食。若他卖粮存钱，则一年后的收益为 $1+10\%=1.1$；若他存粮，粮食一年后的价值为 $(1+20\%)(1-10\%)(1+5\%)=1.134$，故农民将选择存粮。

设通货膨胀率为 π 时，农民将选择存钱，此时必有 $(1+10\%)\geqslant(1+20\%)(1-10\%)(1+\pi)$，解得 $\pi\leqslant1.85\%$。因此，当通货膨胀率小于等于 1.85%时，农民将选择存钱。

第九章

一般均衡论和福利经济学

第一部分　课后习题详解

一、简答题

1. 局部均衡分析与一般均衡分析的关键区别在什么地方？

解答：局部均衡分析是在外界条件不变的情况下，研究单个产品市场、单个要素市场存在的均衡。在这种研究中，单个市场商品的需求和供给仅仅被看成是其本身价格的函数，其他商品的价格则被假定不变，而这些不变价格的高低只影响所研究商品的供求曲线的位置。所得到的结论是，该市场的需求曲线和供给曲线共同决定了市场的均衡价格和均衡数量。

一般均衡分析要将所有相互联系的各个市场看成一个整体来加以研究。在一般均衡分析中，每一商品的需求和供给都不仅取决于该商品本身的价格，而且取决于所有其他商品的价格，每一商品的价格都不能单独地决定，而必须和其他商品价格联合决定。当整个经济的价格体系恰好是所有的商品供求相等时，市场就达到了一般均衡。

2. 试评论瓦尔拉斯的拍卖者假定。

解答：如果现行价格并不等于均衡值，如何通过价格的不断调整来确定均衡状态？为了解决这个问题，瓦尔拉斯假定在市场上存在一位“拍卖者”。该拍卖者的任务是寻找并确定能使市场供求一致的均衡价格。拍卖者寻找均衡价格的方法如下：首先，他随意报出一组价格，家户和厂商根据该价格申报自己的需求和供给。如果所有市场供求均一致，则他就将该组价格固定下来，家户和厂商就在此组价格上成交；如果供求不一致，则家户和厂商可以抽回自己的申报，而不在错误的价格上进行交易。拍卖者修正自己的价格，报出另一组价格。改变价格的具体做法是：当某个市场的需求大于供给时，就提高该市场的价格，反之，则降低其价格。这就可以保证新的价格比原先的价格更加接近均衡价格。如果新报出的价格仍然不是均衡价格，则重复上述过程，直到找到均衡价格为止。这就是瓦尔拉斯体系中达到均衡的所谓“试探过程”。此为瓦尔拉斯的拍卖者假定。

评价：(1) 在严格的假设条件下，这一过程可以实现。(2) 但若信息是不完全的，而且允许参与交易的人在非均衡价格下进行交易，那么就不能保证一切市场在同一时间达到均衡状态，从而也就不能保证一般均衡的实现。

3. 试说明福利经济学在西方微观经济学中的地位。

解答：福利经济学是前面各章的简要总结和最后发展，在以前的章节中学习了消费者理论、厂商理论、市场理论和分配理论，这一章运用这些理论进行分析，进一步探讨如何达到个体利益和社会福利最大化的问题，福利经济学从微观经济主体的行为及其相互联系的角度出发，考察一个社会全体成员的经济福利问题。具体来说，福利经济学从经济资源有效率的配置和国民收入在社会成员之间的分配这两个方面来研究一个国家实现最大社会经济福利所需具备的条件和国家为了增进社会福利应采取的政策措施。其在西方微观经济学中具有重要的地位。

4. 什么是帕累托最优？满足帕累托最优需要具备什么样的条件？

解答：对于一种特定的资源配置状态而言，不存在任何变动使得至少一个人的境况变好而没有使任何人的境况变坏，这种状态称为帕累托最优状态，又称经济效率。达到帕累托最优状态所必须满足的条件为：

交换的最优条件：消费者 A 和 B 消费 X 与 Y 两种商品要满足 $MRS_{XY}^{A}=MRS_{XY}^{B}$。

生产的最优条件：生产者 C 和 D 运用 L 与 K 两种要素生产两种商品要满足 $MRTS_{LK}^{C}=MRTS_{LK}^{D}$。

交换和生产的最优条件：边际替代率 MRS_{XY}＝边际转换率 MRT_{XY}。

5. 为什么说交换的最优条件加生产的最优条件不等于交换和生产的最优条件？

解答：因为交换的最优状态只说明消费是最有效率的，生产的最优状态只说明生产是最有效率的，两者的简单并列，只是说明消费和生产分开来看是各自独立地达到了最优状态，但并不能说明，当将交换和生产综合起来看时，也达到了最优状态。

6. 为什么完全竞争的市场机制可以导致帕累托最优状态？

解答：一般说来，消费者总是追求效用最大化，生产者总是追求利润最大化，这样，市场的完全竞争结构必将使经济社会达到帕累托最优状态，也就是说，完全竞争能够满足达到帕累托最优状态所需具备的三个条件。分别说明如下：

(1) 在完全竞争条件下，每种商品的价格在一定时期是既定不变的，对所有消费者来说都是相同的。消费者为了追求效用最大化，一定会使其消费的任何两种商品的边际替代率等于其价格比率。既然相同商品的价格对所有消费者都是等同的，那么，每一消费者购买并消费的任何两种商品的数量必使其边际替代率等于全体消费者所面对的共同的价格比率。因此，就所有消费者来说，任何两种商品的边际替代率必定相同。

用数学式子来表达：令 i 为第 i 个消费者，$i=1$，2，…，m，j、h 分别代表第 j、h 种商品，j，$h=1$，2，…，n，则对第 i 个消费者来说，消费均衡时有：$MRS_{jh}^{i}=\frac{P_j}{P_h}$，而 P_j、P_h 对所有的消费者都是相同的，故有 $MRS_{jh}^{1}=MRS_{jh}^{2}=\cdots=MRS_{jh}^{m}=\frac{P_j}{P_h}$，$j$，$h=1$，2，…，$n$。

(2) 在完全竞争条件下，任一生产要素的价格对任一商品的生产者都是相同的、既定不变的。而生产者为了追求最大利润，一定会使其使用的任何一组生产要素的边际技术替代率等于它们的价格比率。既然相同要素的价格对所有商品的生产者都是等同的，那么，每一生产者购买并使用的任何两种要素的数量必使其边际技术替代率等于全体生产者所面对的共同的价格比率。因此，就所有商品的生产来说，任何一组要素的边际技术替代率必定相同。

用数学式子来表达：令 j 为第 j 种商品，$j=1, 2, \cdots, n$，k、l 分别为第 k、l 种要素，$k, l=1, 2, \cdots, r$，则对第 j 种商品的生产来说，生产均衡时有：$MRTS_{kl}^{j}=\dfrac{P_k}{P_l}$，而 P_k、P_l 对任何商品的生产都是相同的，故有 $MRTS_{kl}^{1}=MRTS_{kl}^{2}=\cdots=MRTS_{kl}^{n}=\dfrac{P_k}{P_l}$，$k, l=1, 2, \cdots, r$。

（3）任何两种商品生产的边际转换率即为这两种商品的边际成本之比。每一消费者对任何两种商品的边际替代率都等于其价格比率。而在完全竞争条件下，任何商品的价格都等于其边际成本。因此，对任何两种商品来说，其生产的边际转换率必定等于任何消费者对这两种商品的边际替代率。

用数学式子来表达：由于商品 j、h 的边际转换率 $MRT_{jh}=\left|\dfrac{\Delta h}{\Delta j}\right|=\dfrac{MC_j}{MC_h}$，$j, h=1, 2, \cdots, n$，同时消费者均衡实现时有 $MRS_{jh}^{i}=\dfrac{P_j}{P_h}$，$i=1, 2, \cdots, m$，而在完全竞争条件下，$MC_j=P_j$，$MC_h=P_h$，$j, h=1, 2, \cdots, n$，故有：$MRT_{jh}=\dfrac{MC_j}{MC_h}=\dfrac{P_j}{P_h}=MRS_{jh}^{1}=MRS_{jh}^{2}=\cdots=MRS_{jh}^{i}=\cdots=MRS_{jh}^{m}$，$j, h=1, 2, \cdots, n$。

由此可见，完全竞争能够满足达到帕累托最优状态所需具备的三个条件。

7. 一般而言，生产可能性曲线为什么向右下方倾斜？为什么向右上方凸出？

解答：因为生产可能性曲线是由生产的契约曲线推导出来的，当沿着该曲线运动时，一种产出的增加必然伴随着另一种产出的减少，即在最优产出中，两种最优产出的变化是相反的，所以生产可能性曲线向右下方倾斜。

生产可能性曲线向右上方凸出可通过产品的边际转换率来说明。产品的边际转换率是生产可能性曲线的斜率的绝对值，而产品的边际转换率是递增的。也就是说，生产可能性曲线斜率的绝对值递增，所以其向右上方凸出。

为什么产品的边际转换率是递增的呢？原因在于要素的边际生产力递减。为方便起见，我们将生产的埃奇渥斯盒状图中的两种生产要素 L 和 K“捆”在一起，看成一种要素，比如称它为（$L+K$）要素，并假定该要素在产品 X 和 Y 生产上的边际生产力是递减的。通过减少产出 X，可以“释放”出一部分要素（$L+K$），而释放出的这部分要素（$L+K$）可以用来生产 Y。

假设生产可能性曲线上有 c 点与 e 点两点，对应于 c 点的是较多的 X 和较少的 Y，对应于 e 点的则正好相反，是较多的 Y 和较少的 X。只要证明 c 点的边际转换率大于 e 点的边际转换率即可。

c 点的产品的边际转换率大于 e 点可能有如下两个原因：第一，在 c 点减少一单位 X 所释放出的要素（$L+K$）要比在 e 点同样减少一单位 X 所释放出的要素多；第二，在 c

点释放出的每一单位要素（$L+K$）所生产的 Y 要比在 e 点释放出的每一单位要素所生产的 Y 多。如果假定要素（$L+K$）的边际生产力递减，则上述两个原因就都存在。因此，一方面，要素（$L+K$）在 c 点上生产 X 的边际生产力要小于在 e 点上的情况，即与 e 点相比，在 c 点上生产一单位 X 需要用更多的要素（$L+K$），这意味着，在 c 点上减少一单位 X 生产所释放出的要素（$L+K$）较多；另一方面，要素（$L+K$）在 c 点上生产 Y 的边际生产力要大于在 e 点上的情况，即与 e 点相比，在 c 点上每一单位要素（$L+K$）生产的 Y 要更多。由此可见，由于要素（$L+K$）的边际生产力递减，在较高的 X 产出水平从而较低的 Y 产出水平上，一方面减少一单位 X 所释放出的要素较多，另一方面所释放出的每一要素生产 Y 的边际生产力也较高，故 X 产品替换 Y 产品的边际转换率也较大。

上述推理可以用符号简单推导如下。首先将产品的边际转换率公式稍稍变动为：

$$MRT_{XY}=\left|\frac{\mathrm{d}Y}{\mathrm{d}X}\right|=\left|\frac{\mathrm{d}Y}{\mathrm{d}(L+K)}\cdot\frac{\mathrm{d}(L+K)}{\mathrm{d}X}\right|=\left|\frac{\dfrac{\mathrm{d}Y}{\mathrm{d}(L+K)}}{\dfrac{\mathrm{d}X}{\mathrm{d}(L+K)}}\right|$$

其中，（$L+K$）为单独一种要素；$\mathrm{d}Y/\mathrm{d}(L+K)$ 和 $\mathrm{d}X/\mathrm{d}(L+K)$ 分别为要素（$L+K$）生产 Y 和 X 的边际生产力。随着产出 X 的增加，从而产出 Y 的减少，$\mathrm{d}X/\mathrm{d}(L+K)$ 减小，而 $\mathrm{d}Y/\mathrm{d}(L+K)$ 增大，从而

$$MRT_{XY}=\left|\frac{\mathrm{d}Y}{\mathrm{d}X}\right|=\left|\frac{\mathrm{d}Y}{\mathrm{d}(L+K)}\cdot\frac{\mathrm{d}(L+K)}{\mathrm{d}X}\right|$$

即产品的边际转换率 MRT 增大。这就证明了边际转换率递增从而生产可能性曲线向右上方凸出这条性质。

8. 阿罗的不可能性定理说明了什么问题？

解答：阿罗认为社会福利函数理论是不可能成立的，这被称为阿罗的不可能性定理。他认为在非独裁情况下，已知社会所有成员的偏好次序，通过一定程序把所有个人偏好次序合为单一的社会的偏好次序并确定最优的生产、交换、分配是不可能实现的。这说明西方经济学不能彻底解决资源配置问题，市场即使能解决个体利益最大化问题，也不能解决公共福利最大化问题。

9. 如果对于生产者甲来说，以要素 L 替代要素 K 的边际技术替代率等于 3，对于生产者乙来说，以要素 L 替代要素 K 的边际技术替代率等于 2，那么有可能发生什么情况？

解答：会发生乙用 L 向甲交换 K。

例如，甲用 3 个 K 换乙 1 个 L，甲效用水平不变，乙增加了 1 个 K。此交换是帕累托改进，既定状态不是帕累托最优状态。

例如，乙用 1 个 L 换甲 2.5 个 K，在产量不变的情况下，乙增加了 $0.5K$，甲节约了 $0.5K$。此交换也是帕累托改进，既定状态不是帕累托最优状态。

总之，既定状态不是帕累托最优状态，存在帕累托改进。所以，生产者甲和乙会通过交换来调整 L 和 K 在两者之间的分配，直到 L 和 K 在两生产者之间的边际技术替代率相等，即 $MRTS_{LK}^{甲}=MRTS_{LK}^{乙}$。

10. 假定整个经济原来处于一般均衡状态，如果现在由于某种原因，商品 X 的市场

供给增加，试考察：

（1）X 的替代品市场和互补品市场会有什么变化？

（2）在生产要素市场上会有什么变化？

（3）收入的分配会有什么变化？

解答：（1）假定供给曲线向右上方倾斜，如果商品 X 的供给增加，按局部均衡分析，其价格将下降，供给量将增加。按一般均衡分析，商品 X 的价格下降，会提高对其互补品的需求，降低对其替代品的需求。这样，互补品的价格和数量将上升，替代品的价格和数量将下降。

（2）在商品市场上的上述变化也会影响到生产要素市场，因为它导致了生产商品 X 和其互补品的生产要素的需求增加，因此又引起了生产商品 X 和其互补品的要素价格和数量的上升。它同时又导致商品 X 的替代品的需求下降，因此又引起生产商品 X 的替代品的生产要素的价格和数量的下降。

（3）由于（2）中所述的变化，不同生产要素的收入及收入的分配也会发生变化。商品 X 及其互补品的投入要素的所有者因对其要素需求的增加，其收入便随着要素价格的上升而增加。商品 X 的替代品的投入要素的所有者因对其要素需求的减少，其收入便随着要素价格的下降而减少。这些变化转而又或多或少地影响包括商品 X 在内的所有最终商品的需求。

二、计算题

设某经济只有 a、b 两个市场。a 市场的需求和供给函数分别为 $Q_{da}=13-2P_a+P_b$ 和 $Q_{sa}=-4+2P_a$，b 市场的需求和供给函数分别为 $Q_{db}=20+P_a-P_b$ 和 $Q_{sb}=-5+4P_b$。

（1）试求当 $P_b=1$ 时，a 市场的局部均衡。

（2）试求当 $P_a=1$ 时，b 市场的局部均衡。

（3）（$P_a=1$，$P_b=1$）是否代表一般均衡？

（4）（$P_a=5$，$P_b=3$）是不是一般均衡价格？

（5）一般均衡价格和一般均衡产量为多少？

解答：（1）当 $P_b=1$ 时，a 市场的需求和供给函数化简为：

$$Q_{da}=14-2P_a$$
$$Q_{sa}=-4+2P_a$$

解之得均衡价格和均衡产量分别为 $P_a=4.5$，$Q_a=5$。此即为 $P_b=1$ 时 a 市场的局部均衡。

（2）当 $P_a=1$ 时，b 市场的需求和供给函数化简为：

$$Q_{db}=21-P_b$$
$$Q_{sb}=-5+4P_b$$

解之得均衡价格和均衡产量分别为 $P_b=5.2$，$Q_b=15.8$。此即为 $P_a=1$ 时 b 市场的局部均衡。

（3）将 $P_a=1$，$P_b=1$ 代入 a 市场的需求和供给函数得：

$$Q_{da}=13-2\times1+1=12$$
$$Q_{sa}=-4+2\times1=-2$$

由于 $Q_{da}\neq Q_{sa}$，故 a 市场没有达到均衡状态，从而（$P_a=1$，$P_b=1$）不能代表一般均衡。

（4）将（$P_a=5$，$P_b=3$）代入 a 市场的需求和供给函数得：

$$Q_{da}=13-2\times5+3=6$$
$$Q_{sa}=-4+2\times5=6$$

由于 $Q_{da}=Q_{sa}$，故 a 市场是均衡的；再将（$P_a=5$，$P_b=3$）代入 b 市场的需求和供给函数得：

$$Q_{db}=20+5-3=22$$
$$Q_{sb}=-5+4\times3=7$$

由于 $Q_{db}\neq Q_{sb}$，故 b 市场没有达到均衡状态，从而（$P_a=5$，$P_b=3$）不是一般均衡价格。

（5）为了求得 a、b 两个市场的一般均衡，首先令 a 市场的需求和供给相等，即 $Q_{da}=Q_{sa}$，即：$13-2P_a+P_b=-4+2P_a$，整理得：$P_b=-17+4P_a$。

再令 b 市场的需求和供给相等，即 $Q_{db}=Q_{sb}$，即 $20+P_a-P_b=-5+4P_b$，整理得：$P_b=5+0.2P_a$。

于是得到关于 P_a 和 P_b 的两个新方程，组成方程组：

$$P_b=-17+4P_a$$
$$P_b=5+0.2P_a$$

由此可解得：$P_a=\frac{110}{19}$，$P_b=\frac{117}{19}$。此即为 a、b 两个市场的一般均衡价格（读者可以将它们代入题中所给的需求和供给函数加以验证）。

将一般均衡价格 $P_a=\frac{110}{19}$ 和 $P_b=\frac{117}{19}$ 代入 a、b 两个市场的需求或供给函数可以求得：

$$Q_a=\frac{144}{19},\quad Q_b=\frac{373}{19}$$

此即为 a、b 两个市场的一般均衡产量。

2. 设某经济的生产可能性曲线满足如下的资源函数（或成本函数）：

$$c=(x^2+y^2)^{\frac{1}{2}}$$

式中，c 为参数。如果根据生产可能性曲线，当 $x=3$ 时，$y=4$，试求生产可能性曲线的方程。

解答：将（$x=3$，$y=4$）代入资源函数，可确定参数 c 为：

$$c=(3^2+4^2)^{\frac{1}{2}}=5$$

于是有：$(x^2+y^2)^{\frac{1}{2}}=5$，或者 $y=(25-x^2)^{\frac{1}{2}}$。

此即为过点（$x=3$，$y=4$）且满足题中所给资源函数的生产可能性曲线。

3. 设某经济的生产可能性曲线为

$$y=\frac{1}{2}(100-x)^{1/2}$$

试说明：

（1）该经济可能生产的最大数量的 x 和最大数量的 y。

（2）生产可能性曲线向右下方倾斜。

（3）生产可能性曲线向右上方凸出。

（4）边际转换率递增。

（5）点（$x=6$，$y=3$）的性质。

解答：（1）由题中所给的生产可能性曲线的方程可知：当 $x=0$ 时，$y=5$；当 $y=0$ 时，$x=100$。因此，该经济可能生产的最大数量的 x 和 y 分别为 100 和 5。

（2）由于题中所给的生产可能性曲线的斜率为：

$$\frac{\mathrm{d}y}{\mathrm{d}x}=-\frac{1}{2}x(100-x^2)^{-1/2}<0$$

故该生产可能性曲线是向右下方倾斜的。

（3）由于$\frac{\mathrm{d}^2y}{\mathrm{d}x^2}=-\frac{1}{2}x^2(100-x^2)^{-3/2}-\frac{1}{2}(100-x^2)^{-1/2}<0$，即负的生产可能性曲线的斜率是递减的——由较小的负数减小到较大的负数，这意味着，生产可能性曲线将变得越来越陡峭——向右上方凸出。

（4）根据定义，边际转换率是生产可能性曲线斜率的绝对值，即

$$MRT_{xy}=|\mathrm{d}y/\mathrm{d}x|$$

由于生产可能性曲线的斜率 $\mathrm{d}y/\mathrm{d}x$ 是递减的，即从较小的负数减小到较大的负数，故其绝对值$|\mathrm{d}y/\mathrm{d}y|$是递增的。这意味着，边际转换率也从较小的正数增大到较大的正数，即为边际转换率递增。

（5）当 $x=6$ 时，根据题中所给的生产可能性曲线的方程有 $y=4$。因此，点（$x=6$，$y=4$）是生产可能性曲线上的一点。比较该点与点（$x=6$，$y=3$）即可知，后者位于生产可能性曲线之内，因而是缺乏效率的。

4. 设 a、b 两个消费者消费 x、y 两种产品。两个消费者的效用函数均为 $u=xy$。消费者 a 消费的 x 和 y 的数量分别用 x_a 和 y_a 表示，消费者 b 消费的 x 和 y 的数量分别用 x_b 和 y_b 表示。$e(x_a=10, y_a=50, x_b=90, y_b=270)$ 是相应的埃奇渥斯盒状图中的一点。

（1）试确定：在 e 点处，消费者 a 的边际替代率。

（2）试确定：在 e 点处，消费者 b 的边际替代率。

（3）e 点满足交换的帕累托最优吗？

（4）如果不满足，应如何调整才符合帕累托改进的要求？

解答：(1) 由效用函数可得，(x 对 y 的) 边际替代率为：

$$MRS_{xy}=MU_x/MU_y=y/x$$

将消费者 a 的消费组合 ($x_a=10$，$y_a=50$) 代入上述的边际替代率公式得消费者 a 的边际替代率 $MRS_{xy}^a=y_a/x_a=\frac{50}{10}=5$。

(2) 将消费者 b 的消费组合 ($x_b=90$，$y_b=270$) 代入边际替代率公式得消费者 b 的边际替代率 $MRS_{xy}^b=y_b/x_b=\frac{270}{90}=3$。

(3) 由于 $MRS_{xy}^a=5\neq 3=MRS_{xy}^b$，即在 e 点 ($x_a=10$，$y_a=50$，$x_b=90$，$y_b=270$) 处，消费者 a 的边际替代率与消费者 b 的边际替代率不相等，故它不满足交换的帕累托最优。

(4) $MRS_{xy}^a=5$ 意味着，消费者 a 愿意放弃不多于 5 个单位的 y 来交换 1 个单位的 x；$MRS_{xy}^b=3$ 意味着，消费者 b 愿意放弃 1 个单位的 x 来交换不少于 3 个单位的 y。因此，如果消费者 a 用小于等于 5 个单位但大于等于 3 个单位的 y 交换 1 个单位的 x，消费者 b 用 1 个单位的 x 交换大于等于 3 个单位但小于等于 5 个单位的 y，则两个人中至少有一人的福利将得到提高。于是，实现帕累托改进的方式是：在交换比率 $3x\leqslant y\leqslant 5x$ 的限制范围内，消费者 a 的 y 与消费者 b 的 x 相交换，直到达到交换的帕累托最优状态为止。

5. 设 c、d 两个生产者拥有 l、k 两种要素。两个生产者的生产函数分别为：

$$Q=2k+3l+lk \qquad Q=20l^{1/2}k^{1/2}$$

生产者 c 使用的 l、k 的数量分别用 l_c、k_c 表示，生产者 d 使用的 l、k 的数量分别用 l_d、k_d 表示。两种要素的总量分别为 $\bar{l}$ 和 $\bar{k}$，即有

$$l_c+l_d=\bar{l} \qquad k_c+k_d=\bar{k}。$$

试确定：

(1) 生产者 c 的边际技术替代率。

(2) 生产者 d 的边际技术替代率。

(3) 用生产者 c 使用的 l_c、k_c 来表示的生产契约曲线。

(4) 用生产者 d 使用的 l_d、k_d 来表示的生产契约曲线。

解答：(1) 由生产者 c 的生产函数得相应的边际技术替代率为：

$$MRTS_{lk}^c=\left(\frac{\partial Q/\partial l}{\partial Q/\partial k}\right)_c=\frac{3+k}{2+l}=\frac{3+k_c}{2+l_c}$$

(2) 由生产者 d 的生产函数得相应的边际技术替代率为：

$$MRTS_{lk}^d=\left(\frac{\partial Q/\partial l}{\partial Q/\partial k}\right)_d=\frac{k}{l}=\frac{k_d}{l_d}=\frac{\bar{k}-k_c}{\bar{l}-l_c}$$

(3) 由上述两个生产者的边际技术替代率相等可得生产的帕累托最优条件为：

$$MRTS_{lk}^{c}=MRTS_{lk}^{d}\Rightarrow\frac{3+k_c}{2+l_c}=\frac{\bar{k}-k_c}{\bar{l}-l_c}$$

从而有：$k_c=\frac{2\bar{k}-3\bar{l}}{2+\bar{l}}+\frac{3+\bar{k}}{2+\bar{l}}l_c$。此即为用生产者 c 使用的 l_c、k_c 来表示的生产契约曲线。

（4）将 $l_c=\bar{l}-l_d$，$k_c=\bar{k}-k_d$ 代入上述生产的契约曲线，可得：

$$k_d=\frac{3+\bar{k}}{2+\bar{l}}l_d$$

此即为用生产者 d 使用的 l_d、k_d 来表示的生产契约曲线。

6. 设某经济只生产 x、y 两种产品。它们的生产函数分别为：

$$x=C_x^{1/2}\qquad y=\frac{1}{2}C_y^{1/2}$$

这里的 C_x、C_y 分别是用于生产 x、y 的资源（或成本）。全部资源的总量为 100。试求该经济的生产可能性曲线。

解答：根据生产函数 $x=C_x^{1/2}$，$y=\frac{1}{2}C_y^{1/2}$ 可得反生产函数：$C_x=x^2$，$C_y=4y^2$。把 $C_x=x^2$，$C_y=4y^2$ 代入预算约束条件 $C_x+C_y=100$ 得到生产可能性曲线方程为：$x^2+4y^2=100$，或者变形为：$y=\frac{1}{2}(100-x^2)^{1/2}$。

7. 设某经济的生产可能性曲线为

$$ax+by=c$$

式中，a、b 和 c 均大于 0。试回答：

（1）该经济可能生产的最大数量的 x 和最大数量的 y 分别是多少？

（2）该生产可能性曲线是向右下方倾斜的吗？

（3）该生产可能性曲线是向右上方凸出的吗？

（4）边际转换率是递增的吗？

（5）点（$x=b$，$y=c/b$）位于生产可能性曲线上吗？

解答：（1）根据生产可能性曲线方程可知，当 $x=0$ 时，$y=\frac{c}{b}$，当 $y=0$ 时，$x=\frac{c}{a}$。因此该经济可能生产的最大数量的 $x=\frac{c}{a}$，最大数量的 $y=\frac{c}{b}$。

（2）由 $ax+by=c$ 得 $y=\frac{c}{b}-\frac{a}{b}x$，生产可能性曲线的斜率 $\frac{\mathrm{d}y}{\mathrm{d}x}=-\frac{a}{b}<0$，所以该生产可能性曲线是向右下方倾斜的。

（3）由于 $\frac{\mathrm{d}^2y}{\mathrm{d}x^2}=0$，生产可能性曲线是直线，边际转换率为常数，因此该生产可能性曲线不是向右上方凸出的。

（4）边际转换率是生产可能性曲线斜率的绝对值，等于 $\frac{a}{b}$，边际转换率为常数，不是递增的。

（5）当 $x=b$ 时，根据生产可能性曲线方程 $ax+by=c$ 得 $y=\frac{c}{b}-a$。点（$x=b$，$\frac{c}{b}-a$）是生产可能性曲线上的一点，（$x=b$，$y=c/b$）不在生产可能性曲线上，而在生产可能性曲线的右上方，表示既定资源无法实现此产量组合。

8. 设某经济的生产可能性曲线为

$$(x+1)(y+1)=10$$

试说明：

（1）该经济可能生产的最大数量的 x 和最大数量的 y。

（2）生产可能性曲线的倾斜方向。

（3）生产可能性曲线的凹凸方向。

（4）边际转换率的变化方向。

（5）点（$x=3$，$y=1.5$）的性质。

解答：（1）根据生产可能性曲线方程可知，当 $x=0$ 时，$y=9$，当 $y=0$ 时，$x=9$。因此该经济可能生产的最大数量的 $x=9$，最大数量的 $y=9$。

（2）由 $(x+1)(y+1)=10$ 得 $y=\frac{10}{(x+1)}-1$，生产可能性曲线的斜率为：

$$\frac{\mathrm{d}y}{\mathrm{d}x}=-10(x+1)^{-2}<0$$

所以该生产可能性曲线是向右下方倾斜的。

（3）由于$\frac{\mathrm{d}^2y}{\mathrm{d}x^2}=20(x+1)^{-3}>0$，该生产可能性曲线的斜率递增，因此该生产可能性曲线凸向原点。

（4）边际转换率是生产可能性曲线斜率的绝对值，等于 $10(x+1)^{-2}$，边际转换率递减。

（5）当 $x=3$ 时，根据生产可能性曲线方程 $(x+1)(y+1)=10$ 得 $y=1.5$，因此（$x=3$，$y=1.5$）是生产可能性曲线上的一点，生产是有效率的。

9. 设某经济的生产可能性曲线和社会效用函数分别为

$$x^2+y^2=100 \qquad u=xy$$

$a(x=6$，$y=8)$、$b(x=8$，$y=6)$ 是生产可能性曲线上的两点。试回答：

（1）a 点是不是一般均衡点？

（2）如果不是，经济将向何方调整？

（3）b 点是不是一般均衡点？

（4）如果不是，经济将向何方调整？

解答：（1）在 a 点，生产可能性曲线斜率的绝对值是 $MRT_{xy}=\left|\frac{\mathrm{d}y}{\mathrm{d}x}\right|=x(100-x^2)^{-1/2}=\frac{3}{4}$。

由社会效用函数 $u=xy$ 求得社会无差异曲线斜率的绝对值 $MRS_{xy}^{S}=\left|\frac{\mathrm{d}y}{\mathrm{d}x}\right|=\frac{MU_x}{MU_y}=\frac{y}{x}=\frac{4}{3}$。$MRS_{xy}^{S}>MRT_{xy}$，所以 a 点不是一般均衡点。

（2）a 点不是一般均衡点，由于 $MRS_{xy}^{S}>MRT_{xy}$ 表明社会对 x 的主观评价高于它的机会成本，所以，社会将增加 x 产品的生产，减少 y 产品的生产。

（3）在 b 点，生产可能性曲线斜率的绝对值是 $MRT_{xy}=\left|\frac{\mathrm{d}y}{\mathrm{d}x}\right|=x(100-x^2)^{-1/2}=\frac{4}{3}$，由社会效用函数 $u=xy$ 求得社会无差异曲线斜率的绝对值 $MRS_{xy}^{S}=\left|\frac{\mathrm{d}y}{\mathrm{d}x}\right|=\frac{MU_x}{MU_y}=\frac{y}{x}=\frac{3}{4}$。$MRS_{xy}^{S}<MRT_{xy}$。所以 b 点不是一般均衡点。

（4）b 点不是一般均衡点，由于 $MRS_{xy}^{S}<MRT_{xy}$ 表明社会对 x 的主观评价低于它的机会成本，所以，社会将减少 x 产品的生产，增加 y 产品的生产。

10. 设某经济的生产可能性曲线和社会效用函数分别为

$$y=\frac{1}{2}(100-x^2)^{1/2} \qquad u=(xy)^{1/2}$$

试回答：

（1）相对价格（$P_x=1$，$P_y=4$）是不是一般均衡价格？

（2）如果不是，相对价格将如何调整？

解答：（1）根据生产可能性曲线可以求得 $MRT_{xy}=\left|\frac{\mathrm{d}y}{\mathrm{d}x}\right|=\frac{1}{2}x(100-x^2)^{-1/2}$，又因为生产的一般均衡条件 $MRT_{xy}=\frac{P_x}{P_y}$，所以得到 $\frac{1}{2}x(100-x^2)^{-1/2}=\frac{P_x}{P_y}=\frac{1}{4}$，解得 $x=2\sqrt{5}$。

把 $x=2\sqrt{5}$ 代入 $y=\frac{1}{2}(100-x^2)^{1/2}$，得 $y=2\sqrt{5}$，因此该经济体的均衡产出为 $x=2\sqrt{5}$，$y=2\sqrt{5}$。

根据此经济体的均衡产出（$x=2\sqrt{5}$，$y=2\sqrt{5}$）和相对价格（$P_x=1$，$P_y=4$），可以得到该经济体的消费可能性曲线 $xP_x+yP_y=x+4y=10\sqrt{5}$。

根据社会效用函数得到 $MRS_{xy}^{S}=\left|\frac{\mathrm{d}y}{\mathrm{d}x}\right|=\frac{MU_x}{MU_y}=\frac{y}{x}$，再运用消费的一般均衡条件 $MRS_{xy}=\frac{P_x}{P_y}$ 得到 $\frac{P_x}{P_y}=\frac{1}{4}=\frac{y}{x}$，代入消费可能性曲线 $xP_x+yP_y=x+4y=10\sqrt{5}$ 得到均衡消费量为：$x=5\sqrt{5}$，$y=\frac{5\sqrt{5}}{4}$。

在封闭经济情况下，由于最优消费 $x=5\sqrt{5}$，$y=\frac{5\sqrt{5}}{4}$ 不等于最优产出 $x=2\sqrt{5}$，$y=2\sqrt{5}$，故相对价格（$P_x=1$，$P_y=4$）不是一般均衡价格。

（2）由于在最优消费和最优产出组合中，x 的最优消费 $5\sqrt{5}$ 大于最优产出 $2\sqrt{5}$，故 x 的价格会上升，而 y 的最优消费$\frac{5\sqrt{5}}{4}$小于最优产出 $2\sqrt{5}$，故 y 的价格会下降，从而价格之比$\frac{P_x}{P_y}$将上升。

在开放经济情况下，当世界生产的相对价格同为（$P_x=1$，$P_y=4$）时，这个经济体的均衡产量、均衡消费量都不变，余缺通过进出口调节。

第二部分　精编习题

一、名词解释

1. 局部均衡　2. 一般均衡　3. 实证经济学
4. 规范经济学　5. 帕累托标准　6. 帕累托改进
7. 帕累托最优状态　8. 帕累托最优条件　9. 契约曲线
10. 生产可能性曲线　11. 效用可能性曲线　12. 社会福利函数
13. 社会无差异曲线　14. 阿罗的不可能性定理

二、单项选择题

1. 如果对于消费者甲来说，以商品 X 替代商品 Y 的边际替代率等于 3，对于消费者乙来说，以商品 X 替代商品 Y 的边际替代率等于 2，那么有可能发生（　　）。

A. 乙用 X 向甲交换 Y　B. 乙用 Y 向甲交换 X
C. 甲和乙不会交换商品　D. 以上均不正确

2. 生产的契约曲线上的点表示生产者（　　）。

A. 获得了最大利润
B. 支出了最小成本
C. 通过生产要素的重新配置提高了总产量
D. 以上均正确

3. 两种产品在两个人之间的分配，能被称为帕累托最优的条件为（　　）。

A. 不使某个人受损就不能使另一个人受益
B. 每个人都处在其消费的契约曲线上
C. 每个人都处在他的效用可能性曲线上
D. 包括以上所有条件

4. 在两个人（甲和乙）、两种商品（X 和 Y）的经济中，达到交换的全面均衡的条件为（　　）。

A. 对甲和乙，$MRT_{XY}=MRS_{XY}$　B. 对甲和乙，$MRS_{XY}=P_X/P_Y$
C. $MRS_{XY}^{甲}=MRS_{XY}^{乙}$　D. 上述所有条件

5. 在两种商品（X 和 Y）、两种生产要素（L 和 K）的经济中，达到生产的全面均衡的条件为（　　）。

A. $MRTS_{LK}=P_L/P_K$　　B. $MRTS_{LK}=MRS_{XY}$

C. $MRT_{XY}=MRS_{XY}$　　D. $MRTS_{LK}^X=MRTS_{LK}^Y$

6. 在两个人（A 和 B）、两种商品（X 和 Y）的经济中，生产和交换的全面均衡发生在（　　）时。

A. $MRT_{XY}=P_X/P_Y$

B. A 与 B 的 $MRS_{XY}=P_X/P_Y$

C. $MRS_{XY}^A=MRS_{XY}^B$

D. $MRT_{XY}=MRS_{XY}^A=MRS_{XY}^B$

7. 一个社会要达到最高的经济效率，得到最大的经济福利，进入帕累托最优状态，必须（　　）。

A. 满足交换的边际条件：$MRS_{XY}^A=MRS_{XY}^B$

B. 满足生产的边际条件：$MRTS_{LK}^X=MRTS_{LK}^Y$

C. 满足替代的边际条件：$MRS_{XY}=MRT_{XY}$

D. 同时满足上述三个条件

8. 生产可能性曲线是从下列哪条曲线导出的？（　　）。

A. 消费的契约曲线　　B. 效用可能性曲线

C. 社会福利曲线　　D. 生产的契约曲线

9. 在导出效用可能性曲线的过程中，我们（　　）做人际效用比较。

A. 总是　　B. 不　　C. 有时　　D. 经常

10. 导出下列哪一条曲线必须作出道德的或价值的判断？（　　）。

A. 转换曲线　　B. 消费的契约曲线

C. 社会福利曲线　　D. 效用可能性边界

11. 实证经济学（　　）。

A. 关注应该是什么　　B. 主要研究是什么、为什么、将来如何

C. 不能提供价值判断的依据　　D. 对事物进行价值判断

12. 一国生产可能性曲线以内的一点表示（　　）。

A. 通货膨胀　　B. 失业或者资源没有被充分利用

C. 该国技术水平提高　　D. 产品供求平衡

13.（　　）会导致生产可能性曲线向外移动。

A. 失业　　B. 通货膨胀

C. 有用性资源增加或技术进步　　D. 消费品生产增加，资本品生产下降

14. 在资源不变的情况下，如果原有的技术水平提高了，生产可能性曲线的位置将会（　　）。

A. 向左移动　　B. 向右移动

C. 不发生任何改变　　D. 不能确定

15. 规范经济学一般要解决的问题是（　　）。

A. 是什么的问题　　B. 应该怎么办的问题

C. 为什么的问题　　　　　　　　　D. 将来会如何的问题

16. 在福利经济学交换效率分析中，若运用埃奇渥斯盒状图模型，两个消费者为甲和乙，甲和乙的无差异曲线切点的连线一般称为（　　）。

A. 生产的契约曲线　　　　　　　　B. 收入—消费曲线

C. 交换的契约曲线　　　　　　　　D. 产品转换曲线

17. 在福利经济学生产效率分析中，若运用埃奇渥斯盒状图模型，两个生产者为甲和乙，甲和乙的等产量曲线切点的连线一般称为（　　）。

A. 生产的契约曲线　　　　　　　　B. 收入—消费曲线

C. 交换的契约曲线　　　　　　　　D. 产品转换曲线

18. 生产可能性曲线上各点与（　　）上的各点是一一对应的。

A. 生产的契约曲线　　　　　　　　B. 收入—消费曲线

C. 交换的契约曲线　　　　　　　　D. 产品转换曲线

19. 生产可能性曲线斜率的绝对值称为（　　）。

A. 边际转换率　　　　　　　　　　B. 边际替代率

C. 边际技术替代率　　　　　　　　D. 平均技术替代率

20. 在图 9-1 中，横轴 1 和纵轴 2 分别表示两个社会成员所得到的产出数量，即他们的收入。从 A 点到 B 点，效率和公平将发生什么变化？（　　）。

A. 分配随着效率的提高而改善

B. 分配随着效率的提高不变

C. 分配随着效率的提高而先改善后恶化

D. 分配随着效率的提高一直恶化

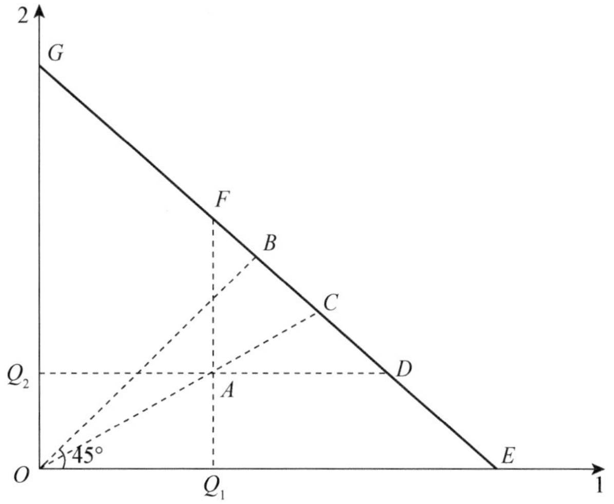

图 9-1

21. 对于图 9-1，从 A 点到 F 点，效率和公平将发生什么变化？（　　）。

A. 分配随着效率的提高而改善

B. 分配随着效率的提高不变

C. 分配随着效率的提高而先改善后恶化

D. 分配随着效率的提高一直恶化

三、多项选择题

1. 影响一种商品价格的因素有（　　）。
A. 该种商品的供给与需求
B. 其替代品市场的供给与需求
C. 其互补品市场的供给与需求
D. 生产该种商品所需生产要素的市场的供给与需求
2. 研究一般均衡要涉及的几个重大问题是一般均衡的（　　）。
A. 存在性　　B. 唯一性
C. 稳定性　　D. 最优性
3. 福利经济学主要研究的问题包括（　　）。
A. 生产要素在不同厂商间的最优分配
B. 产品在不同家庭间的最优分配
C. 宏观经济政策对经济增长的影响问题
D. 资源的最优配置问题
4. 衡量经济效率的标准一般有（　　）。
A. 生产者剩余和消费者剩余之和　　B. 帕累托最优状态
C. 一定投入，产出最大　　D. 一定产出，投入最小
5. 在福利经济学交换效率分析中，若运用埃奇渥斯盒状图模型，两个消费者为甲和乙，初始资源配置处于甲和乙无差异曲线的交点，可能存在的帕累托改进是（　　）。
A. 甲的效用提高，乙的效用不变　　B. 乙的效用提高，甲的效用不变
C. 甲和乙的效用都提高　　D. 甲和乙的效用都没有提高的可能
6. 在福利经济学生产效率分析中，若运用埃奇渥斯盒状图模型，两个生产者为甲和乙，初始资源配置处于甲和乙等产量曲线的切点，则若离开切点，可能出现的情况是（　　）。
A. 甲的产量下降，乙的产量不变　　B. 乙的产量下降，甲的产量不变
C. 甲和乙的产量都下降　　D. 甲和乙的产量都可能提高
7. 一般而言生产可能性曲线的两个特点是（　　）。
A. 向右下方倾斜　　B. 向右上方凸出
C. 向右上方倾斜　　D. 凹向右上方
8. 一般而言效用可能性曲线的特点有（　　）。
A. 向右上方倾斜　　B. 向右上方凸出
C. 向右下方倾斜　　D. 凹凸不定
9. 实现社会公平的收入再分配的具体措施有（　　）。
A. 税收政策　　B. 政府支出
C. 价格管制　　D. 重新分配产权
10. 平等化的效率损失包括（　　）。

A. 直接的效率损失　　B. 为了获得平等而支出的各种费用
C. 间接的效率损失　　D. 平等化带来的各种“反刺激”效应

11. 政府对雇主增加征收税收可能产生的结果有（　　）。
A. 增加雇主的支出　　B. 增加雇主对生产要素的需求
C. 减少生产要素所有者的收入　　D. 使经济增长减速

12. 政府对消费者增加征收所得税可能产生的结果有（　　）。
A. 劳动收入下降　　B. 通过储蓄和投资，未来获得的收入也下降
C. 闲暇的相对价格下降，闲暇增多　　D. 税收过重可能造成地下经济消失

13. 实现社会公平的措施包括（　　）。
A. 减少和消除不合理收入　　B. 促进机会均等
C. 支持某些人和行业的垄断性收入　　D. 实现生存权利和消灭贫困

14. 效率提高，对收入分配可能产生的影响为（　　）。
A. 收入分配状况改善　　B. 收入分配状况保持不变
C. 收入分配状况恶化　　D. 效率提高，一定会改善收入分配状况

四、判断题

1. 在纯交换经济的埃奇渥斯盒状图中，一般均衡状态表现为两个交易者无差异曲线的交点。（　　）

2. 瓦尔拉斯定律指经济中所有成员购买商品和劳务的支出一定等于出售它们所得到的收入。（　　）

3. 规范经济学试图回答“是什么”“为什么这样”的问题；而实证经济学试图回答“应当是什么”“应当怎么样”的问题。（　　）

4. 福利经济学本质上属于规范经济学。（　　）

5. 在有约束的条件下生产可能性曲线上的点是帕累托有效率的。（　　）

6. 在所有的市场结构中都将会达到帕累托最优状态。（　　）

7. 在完全竞争条件下，福利经济学第一定理和福利经济学第二定理均是成立的，且逻辑顺序互逆。（　　）

8. 通常条件下，公平与效率两个社会目标不可兼得，呈现置换（tradeoff）关系。（　　）

9. 帕累托最优指资源配置状态的改变至少使一个人的境况变好而没有使任何其他人的境况变坏的状态。（　　）

10. 交换与生产同时实现最优的帕累托条件为：$MRS_{XY}=MRT_{XY}$。（　　）

11. 一般而言，生产可能性曲线描述的是在一定的技术条件下和封闭的经济中一国可能生产的最大产量的组合，如果是在技术改进或经济开放从而利用外部资源的条件下，生产可能性曲线会向右移动。（　　）

12. 对失业和通货膨胀关系的历史数据的统计分析主要运用的是规范分析方法。（　　）

13. 任何一种商品的供给和需求实际上不仅取决于该商品本身的价格，还取决于许多其他商品的价格。（　　）

14. 一般均衡论是在一定的社会价值判断标准的条件下，研究整个经济的资源配置与个人福利的关系，以及与此有关的各种政策问题。（　）

15. 在交换的埃奇渥斯盒状图中的任意一点，如果它处在消费者 A 和 B 的两条无差异曲线的切点上，则它就不是帕累托最优状态，因为在这种情况下，总存在帕累托改进的余地，即总可以改变该状态，使至少一个人的境况变好而没有人的境况变坏。（　）

16. 在交换的埃奇渥斯盒状图中，无差异曲线相切时，商品的边际替代率是相等的，分配处于帕累托最优状态。（　）

17. 在交换的埃奇渥斯盒状图中，交换的契约曲线上的任何一点比该曲线上的其他点都要更好一些，因为根据帕累托标准，交换的契约曲线上的点是可比较的。（　）

18. 在交换的埃奇渥斯盒状图中，给定任何不在交换的契约曲线上的点，总存在比它更好的点，而这些点在交换的契约曲线上。（　）

19. 在交换的埃奇渥斯盒状图中，无差异曲线的所有切点的连线为交换的契约曲线。契约曲线上的所有点都是帕累托最优状态。（　）

20. 在交换的埃奇渥斯盒状图中，交换的契约曲线上的任意两点是可比较的，社会的分配偏好可以从帕累托最优状态集合中选择。（　）

21. 交换的帕累托最优状态的条件是两个消费者消费商品的边际替代率必须相等，即 $MRS_{XY}^{A}=MRS_{XY}^{B}$。（　）

22. 在生产的埃奇渥斯盒状图中的任意一点，如果它处在生产者 C 和 D 的两条等产量曲线的交点上，则它就是生产的帕累托最优状态。（　）

23. 在生产的埃奇渥斯盒状图中，不能说生产的契约曲线上的任何一点比该曲线上的其他点都要更好一些，因为根据帕累托标准，生产的契约曲线上的点是不可比较的。（　）

24. 在生产的埃奇渥斯盒状图中，对于给定任何不在生产的契约曲线上的点，总存在比它更好的点，而这些点在生产的契约曲线上。（　）

25. 交换的最优说明消费是最有效率的，生产的最优说明生产是最有效率的。两者的并列说明交换和生产综合起来看时也是最优的。（　）

26. 生产可能性曲线派生于产品转换曲线。（　）

27. 生产可能性曲线右上方的区域实际上是在目前条件下所不可能达到的区域，即所谓“生产不可能性”区域。（　）

28. 生产可能性曲线又是生产可能性区域的“边界”，故可叫做生产可能性边界。（　）

29. 效用可能性曲线派生于交换的契约曲线。（　）

30. 效用可能性曲线的左下方区域，是在既定的资源和技术条件下无法达到的，故可以看成是“效用不可能”区域。（　）

31. 效用可能性曲线的右上方区域，代表在既定的资源和技术条件下，经济没有达到它可能达到的最优效用水平组合，故是“无效率”区域。（　）

32. 社会福利函数的几何表达就是社会无差异曲线。（　）

33. 最大社会福利出现在效用可能性曲线与社会无差异曲线的切点上。（　）

34. 乘法型社会福利函数为直线型社会无差异曲线，指出社会福利等于社会所有成员的总效用。（　）

35. 加法型社会福利函数为双曲线型社会无差异曲线，指出社会福利与效用分配的平均程度呈同方向变动关系。（　）

36. 罗尔斯的社会福利函数对应 L 形社会无差异曲线，注重提高社会上境况最差的那些人的生活水平。（　）

五、简答题

1. 简述生产和交换的帕累托最优条件推导过程。
2. 如何理解福利经济学第一定理？
3. 如何理解福利经济学第二定理？

六、计算题

甲有 300 单位商品 X，乙有 200 单位商品 Y，二人的效用函数都是 $U(X, Y)=XY$，推导出所有满足帕累托最优条件的状态。二人通过交换达到帕累托最优，求出社会的价格体系，并求出交换后的结果。

七、论述题

请运用马克思主义经济理论评述西方经济学的一般均衡思想。

第三部分　精编习题参考答案

一、名词解释

1. 局部均衡：考察在外界条件不变的情况下单个产品市场、单个要素市场的均衡，即考虑把某个市场从相互联系的整个市场体系中分离出来单独研究。

2. 一般均衡：考察所有市场、市场参与者都相互联系的情况下，这些市场是如何同时达到均衡的，即一般均衡考虑了不同市场间的相互依存关系。

3. 实证经济学：根据一定的假设，分析经济体系是怎样运行的，为什么这样运行，以及预测人们的经济行为的后果，回答“是什么”的问题。

4. 规范经济学：试图从一定的社会价值判断标准出发，提出经济体系运行标准，以及怎样才能符合这些标准，回答“应当是什么”的问题。

5. 帕累托标准：在两人社会的两种资源配置状态（A 与 B 是任意两种状态）中的一种选择标准。如果两人中至少有一人认为 A 优（或劣）于 B，而没有人认为 A 劣（或优）于 B，则从社会的角度看，亦有 A 优（或劣）于 B；如果两人都认为 A 与 B 无差异，则从社会的角度看，亦有 A 与 B 无差异。这就是帕累托最优状态标准，简称帕累托标准。

6. 帕累托改进：利用帕累托标准，对资源配置状态的任意变化作出“好”与“坏”

的判断。如果既定的资源配置状态的改变使得至少有一个人的境况变好，而没有使任何人的境况变坏，则认为存在帕累托改进。

7. 帕累托最优状态：又称经济效率，对于一种特定的资源配置状态而言，不存在任何变动，使得至少一个人的境况变好，而没有使任何人的境况变坏，称为帕累托最优状态。也就是不存在帕累托改进的状态即为帕累托最优状态。

8. 帕累托最优条件：讨论达到帕累托最优状态所必须满足的条件，包括交换的最优条件、生产的最优条件以及交换和生产的最优条件。

9. 契约曲线：包括交换的契约曲线和生产的契约曲线，前者表示两种产品在两个消费者之间的所有最优分配状态的集合，后者表示两种要素在两个生产者之间的所有最优分配状态的集合。

10. 生产可能性曲线：亦称生产可能性边界，从生产的契约曲线导出的所有达到帕累托最优产出的集合的轨迹。曲线上任意一点都表示在既定要素数量和技术条件下一个社会可生产的两种产品的最大产出组合。

11. 效用可能性曲线：代表消费者所有最优效用水平组合的集合，说明了在一个消费者的效用水平给定之后，另一个消费者所可能达到的最大效用水平。

12. 社会福利函数：认为社会福利，即整个社会成员福利的总和是依存于一些自变量的一种函数，这些自变量包括社会所有成员购买的产品数量，提供的生产要素的数量，以及其他影响社会福利的因素，社会福利函数形式的一般表达为：$W=F(U_1, U_2, U_3, \cdots, U_n)$，其中$W$表示社会福利，$U_1$，$U_2$，$U_3$，…，$U_n$ 分别表示社会上所有个人的效用水平函数，而它们又是每个人消费产品的数量和提供的生产要素的函数。

13. 社会无差异曲线：给定一个社会福利水平值时，两个消费者之间的效用水平的关系，也就是带来相同福利水平的不同效用组合点的轨迹。

14. 阿罗的不可能性定理：对于社会福利函数理论，阿罗认为是不可能成立的，这被称为阿罗不可能性定理。他认为在非独裁情况下，已知社会所有成员的偏好次序，通过一定程序把所有个人偏好次序合为单一的社会的偏好次序并确定最优的生产、交换、分配是不可能实现的。

二、单项选择题

1. A 2. C 3. D 4. C 5. D 6. D 7. D 8. D 9. B 10. C 11. B 12. B 13. C 14. B 15. B 16. C 17. A 18. A 19. A 20. A 21. C

三、多项选择题

1. ABCD 2. ABCD 3. ABD 4. ABCD 5. ABC 6. ABC 7. AB 8. CD 9. ABCD 10. ABCD 11. ACD 12. ABC 13. ABD 14. ABC

四、判断题

1.（×）在纯交换经济的埃奇渥斯盒状图中，一般均衡状态表现为两个交易者无差异曲线的切点。

2. (√)。

3. (×) 规范经济学试图回答“应当是什么”“应当怎么样”的问题；而实证经济学试图回答“是什么”“为什么这样”的问题。

4. (√)。

5. (√)。

6. (×)，只有在完全竞争的市场结构中，在一定假设条件下理论上能够达到帕累托最优状态。

7. (√)。

8. (√)。

9. (×)，帕累托改进指资源配置状态的改变至少使一个人的境况变好而没有使任何其他人的境况变坏。

10. (√)。

11. (√)。

12. (×)，对失业和通货膨胀关系的历史数据的统计分析主要运用的是实证分析方法。

13. (√)，一般均衡论指出，任何一种商品的供给和需求实际上不仅取决于该商品本身的价格，还取决于许多其他商品的价格。

14. (×)，福利经济学是在一定的社会价值判断标准的条件下，研究整个经济的资源配置与个人福利的关系，以及与此有关的各种政策问题。

15. (×)，在交换的埃奇渥斯盒状图中的任意一点，如果它处在消费者 A 和 B 的两条无差异曲线的交点上，则它就不是帕累托最优状态，因为在这种情况下，总存在帕累托改进的余地，即总可以改变该状态，使至少一个人的境况变好而没有人的境况变坏。

16. (√)。

17. (×)，在交换的埃奇渥斯盒状图中，不能说交换的契约曲线上的任何一点比该曲线上的其他点都要更好一些，因为根据帕累托标准，交换的契约曲线上的点是不可比较的。

18. (√)，在交换的埃奇渥斯盒状图中，交换的契约曲线上的点比不在交换的契约曲线上的点好。

19. (√)。

20. (×)，在交换的埃奇渥斯盒状图中，交换的契约曲线上的任意两点是不可比较的，但社会的分配偏好可以从帕累托最优状态集合中选择。

21. (√)。

22. (×)，在生产的埃奇渥斯盒状图中的任意一点，如果它处在生产者 C 和 D 的两条等产量曲线的切点上，则它就是生产的帕累托最优状态。

23. (√)。

24. (√)。

25. (×)，交换的最优说明消费是最有效率的，生产的最优说明生产是最有效率的。两者的简单并列只能说明交换和生产单独看是最优的，综合起来看时，不一定也是最优的。

26. (×)，生产可能性曲线也叫产品转换曲线。生产可能性曲线派生于生产的契约曲线。

27. （√）。

28. （√）。

29. （√），效用可能性曲线派生于交换的契约曲线，代表一定时期经济资源给不同消费者能够带来的效用水平组合点的轨迹。

30. （×），效用可能性曲线的右上方区域，是在既定的资源和技术条件下无法达到的，故可以看成是“效用不可能”区域。

31. （×），效用可能性曲线的左下方区域，代表在既定的资源和技术条件下，经济没有达到它可能达到的最优效用水平组合，故是“无效率”区域。

32. （√），社会福利函数的几何表达就是社会无差异曲线。自变量都是不同消费者的效用量。

33. （√）。

34. （×），加法型社会福利函数为直线型社会无差异曲线，指出社会福利等于社会所有成员的总效用。

35. （×），乘法型社会福利函数为双曲线型社会无差异曲线，指出社会福利与效用分配的平均程度呈同方向变动关系。

36. （√）。

五、简答题

1. **解答：**①构造两要素及两个生产者埃奇渥斯盒状图。②加进两个生产者的等产量曲线。③由等产量曲线切点的轨迹可得生产的契约曲线。④生产的契约曲线上的点表示最优产出组合。⑤由生产的契约曲线推导出生产可能性曲线。⑥在生产可能性曲线上选任意一点，构造一个交换的埃奇渥斯盒状图。⑦加进两个消费者的无差异曲线。⑧由无差异曲线切点的轨迹可得交换的契约曲线。⑨交换的契约曲线上的任意一点都满足交换的帕累托最优。⑩但是交换的契约曲线上有一点的边际替代率 MRS＝生产可能性曲线上点的边际转换率 MRT。⑪此时，交换的契约曲线上这个点满足生产和交换的帕累托最优。

2. **解答：**福利经济学第一定理声称：在一定的条件下，任何的竞争性市场均衡都是帕累托最优的，或者说，任何的竞争性市场都将导致资源的帕累托有效配置。

关于这个定理，有两点需要注意。第一是它成立的条件，其中包括完全竞争、完全信息、没有外部性、没有规模经济等。如果没有这些条件，则定理的结论就不一定能够成立，或者说，市场机制就不一定能够导致资源的帕累托有效配置。第二是它的结论。即使所要求的条件都能够得到满足，根据福利经济学第一定理，所得到的结果也只是帕累托意义上的资源有效配置，即得到的是这样一种资源配置，对该配置的任何改变都不会使某个人的境况变好而不使其他人的境况变坏。但是，正如前面说过的，帕累托意义上的资源有效配置，并不一定就是真正意义上的“社会最优”，因为后者还要考虑许多其他因素，如收入的分配状况等。例如，帕累托有效配置并不一定意味着“公平”的收入分配。实际上，存在着无穷多种可能的帕累托有效配置，其中包括了极不公平的收入分配情况。如果竞争性的市场导致的是极不公平的帕累托有效配置，则它显然就不是社会真正需要的结果。

3. **解答**：福利经济学第二定理声称：在一定的条件（这些条件包括消费者的偏好和生产者的技术都具有凸性等）下，任何的帕累托有效配置都可以通过一套竞争性的市场价格以及某个恰当的收入分配状态来实现。

与第一定理相比，第二定理的政策含义要更强些，因为根据这个定理，政府可以在无穷多的帕累托有效配置中选择某个“社会最优”（如具有“公平分配”性质）的配置，并通过市场机制和某个恰当的收入分配状态来实现它——其中，那个恰当的收入分配状态可以通过改变初始的收入分配状态来达到。这里存在的问题是，由于政府不了解所有人的消费偏好和所有企业的生产函数等，故它并不一定知道以及即使知道了也不一定能够达到那个恰当的收入分配状态。

六、计算题

解答：(1) 设甲、乙两人的消费束分别为：(X_1, Y_1)，(X_2, Y_2)，题设的约束条件为：

$$\begin{cases} X_1+X_2=300 \\ Y_1+Y_2=200 \end{cases} \tag{a}$$

帕累托有效配置的条件是：甲、乙两人的无差异曲线相切，也就是边际替代率彼此相等，即$\frac{MU_{X_1}}{MU_{Y_1}}=\frac{MU_{X_2}}{MU_{Y_2}}$。于是我们有：

$$\frac{Y_1}{X_1}=\frac{Y_2}{X_2} \tag{b}$$

联立式 (a)、式 (b) 得：$\frac{Y_1}{X_1}=\frac{200-Y_1}{300-X_1}$，解得 $Y_1=\frac{2}{3}X_1$。

因此，所有满足帕累托最优状态的契约曲线为：$Y_1=\frac{2}{3}X_1$。

(2) 令 X 的价格为 1，Y 的价格为 P。甲有 300 单位商品 X，故甲的可支配收入是 300；乙有 200 单位商品 Y，故乙的可支配收入是 $200P$。

先求甲的效用最大化条件：

$$\max U_1(X_1,Y_1)=X_1Y_1$$
$$\text{s. t. } X_1+PY_1=300$$

根据$\frac{MU_{X_1}}{P_{X_1}}=\frac{MU_{Y_1}}{P_{Y_1}}$，得 $Y_1=\frac{X_1}{P}$，解得 $X_1=150$，$Y_1=\frac{150}{P}$。

另外，由 (1) 知道 $Y_1=\frac{2}{3}X_1$，所以 $Y_1=100$，$P=1.5$。

再求乙的效用最大化条件：

$$\max U_2(X_2,Y_2)=X_2Y_2$$
$$\text{s. t. } X_2+PY_2=200P$$

根据$\frac{MU_{X_2}}{P_{X_2}}=\frac{MU_{Y_2}}{P_{Y_2}}$，得$Y_2=\frac{X_2}{P}$，解得：$X_2=150$，$Y_2=100$。

也就是说，社会最终的价格体系为：X的价格为1，Y的价格为1.5。交换结果为：甲消费150单位的X，消费100单位的Y；乙也消费150单位的X，消费100单位的Y。

七、论述题

解答：一般均衡论将私有制作为制度前提，假设经济活动的当事人是自利的和完全理性的，试图证明靠市场机制的自发调节作用完全可以使整个市场实现均衡和稳定运行，在斯密的所谓“看不见的手”的引导下，个人追求私利的行为可以实现增进社会福利的社会目的。然而，用马克思主义观点来看这是根本做不到的，并且资本主义的现实经济生活也已证明了这一点，在当今的资本主义社会，随着科学技术的进步和社会生产力的不断发展，生产不断社会化。但是，由于生产资料的资本主义私有制或资本剥削雇佣劳动的制度，社会化的生产力变成了资本的生产力，变成了资本高效能地生产剩余价值、实现价值增殖、榨取剩余劳动的能力，从而使资本、生产资料、劳动产品越来越集中到少数资本家手里，越来越多的人陷入贫困。资本主义基本矛盾不可避免地尖锐化，突出地表现为生产无限扩大的趋势与劳动人民有支付能力的需求相对缩小之间的矛盾、个别企业内部生产的有组织性和整个社会生产的无政府状态之间的矛盾。这些矛盾使资本主义经济经常处在不平衡的运行状态，或者是通货膨胀，或者是经济衰退，并通过周期性的经济危机强制性地使严重失衡的供求关系恢复平衡。资本主义发展的历史和现实告诉人们，资本主义私有制是问题的症结所在，资本主义私有制决定了资本主义基本矛盾的存在，而资本主义基本矛盾发挥作用的必然结果是生产过剩的经济危机。因此，一般均衡论所描述的所有市场的供给和需求同时达到均衡状态完全是不切实际的幻想，也根本证明不了“看不见的手”使得个人追求私利的行为必然导致社会福利的增加和帕累托最优状态的实现。

实际上，在任何经济社会中，平衡都是相对的，不平衡是绝对的。供求关系总会因为彼此力量的消长而出现不平衡的情况。问题在于，建筑在生产资料私有制基础上的资本主义市场经济，只能通过经济危机这样的破坏生产力的方式强制地使已遭破坏的平衡关系恢复暂时的平衡。而在社会主义条件下，由于确立了生产资料公有制，可以通过统筹安排和科学的宏观调控手段而适时、自觉地实现供求关系的平衡。

第十章

博弈论初步

第一部分　课后习题详解

一、简答题

1. 什么是纳什均衡？纳什均衡一定是最优的吗？

解答：（1）所谓纳什均衡，是参与人的一种策略组合，在该策略组合上，任何参与人单独改变策略都不会得到好处。

（2）纳什均衡不一定是最优的。如果纳什均衡存在，纳什均衡可能是最优的，也可能不是最优的。例如，在存在多个纳什均衡的情况下，其中有一些纳什均衡就不是最优的；即使在纳什均衡是唯一的时，它也可能不是最优的，因为与它相对应的支付组合可能会小于与其他策略组合相对应的支付组合，如在囚徒困境博弈中。

2. 在只有两个参与人且每个参与人都只有两个策略可供选择的情况下，纯策略的纳什均衡最多可有几个？为什么？

解答：在只有两个参与人（如 A 和 B）且每个参与人都只有两个策略可供选择的情况下，纯策略的纳什均衡最多可有四个。例如，当 A 与 B 的支付矩阵可分别表示如下时，总的支付矩阵中所有四个单元格的两个数字均有下划线，从而，总共有四个纳什均衡。

$$A\text{ 的支付矩阵}=\begin{bmatrix}\underline{a_{11}} & \underline{a_{12}}\\ \underline{a_{21}} & \underline{a_{22}}\end{bmatrix}\qquad B\text{ 的支付矩阵}=\begin{bmatrix}\underline{b_{11}} & \underline{b_{12}}\\ \underline{b_{21}} & \underline{b_{22}}\end{bmatrix}$$

例如：$a_{11}=a_{12}=a_{21}=a_{22}$，$b_{11}=b_{12}=b_{21}=b_{22}$，就会得到以上四个纳什均衡。

具体事例为：$\begin{bmatrix}\underline{7},\ \underline{3} & \underline{7},\ \underline{3}\\ \underline{7},\ \underline{3} & \underline{7},\ \underline{3}\end{bmatrix}$。

3. 在只有两个参与人且每个参与人都只有两个策略可供选择的情况下，纯策略的纳什均衡可能有三个。试举一例说明。

解答：在只有两个参与人且每个参与人都只有两个策略可供选择的情况下，纯策略的纳什均衡可能有 4 个、3 个、2 个、1 个和 0 个五种情况，所以可能有 3 个。例如，当参与人 A 与 B 的支付矩阵可分别表示如下时，总的支付矩阵中恰好有三个单元格的两个数字均有下划线，从而，总共有三个纳什均衡。

$$\text{A 的支付矩阵}=\begin{bmatrix} \underline{a_{11}} & a_{12} \\ \underline{a_{21}} & \underline{a_{22}} \end{bmatrix} \qquad \text{B 的支付矩阵}=\begin{bmatrix} \underline{b_{11}} & b_{12} \\ \underline{b_{21}} & \underline{b_{22}} \end{bmatrix}$$

$$\text{A、B 共同的支付矩阵}=\begin{bmatrix} \underline{a_{11}},\ \underline{b_{11}} & a_{12},\ b_{12} \\ \underline{a_{21}},\ \underline{b_{21}} & \underline{a_{22}},\ \underline{b_{22}} \end{bmatrix}$$

具体事例为：$\begin{bmatrix} \underline{7},\ \underline{6} & 1,\ 5 \\ \underline{7},\ \underline{3} & \underline{2},\ \underline{3} \end{bmatrix}$。

4. 在只有两个参与人且每个参与人都只有两个策略可供选择的情况下，如何找到所有的纯策略纳什均衡？

解答：可使用条件策略下划线法。具体步骤如下：首先，把整个博弈的支付矩阵分解为两个参与人的支付矩阵；其次，在第一个（即位于整个博弈矩阵左方的）参与人的支付矩阵中，找出每一列的最大者，并在其下画线；再次，在第二个（即位于整个博弈矩阵上方的）参与人的支付矩阵中，找出每一行的最大者，并在其下画线；复次，将已经画好线的两个参与人的支付矩阵合并起来，得到带有下划线的整个博弈的支付矩阵；最后，在带有下划线的整个支付矩阵中，找到两个数字之下均画有线的支付组合。由该支付组合代表的策略组合就是博弈的纳什均衡。

5. 设有 A、B 两个参与人。对于参与人 A 的每个策略，参与人 B 的条件策略有没有可能不止一个？试举一例说明。

解答：对于参与人 A 的每个策略，参与人 B 的条件策略可能不止一个。例如，在如表 10－1 所示的二人同时博弈中，当参与人 A 选择上策略时，参与人 B 既可以选择左策略，也可以选择右策略，因为他此时选择这两个策略的支付是完全一样的。因此，对于参与人 A 的上策略，参与人 B 的条件策略有两个，即左策略和右策略。

表 10－1

		B的策略	
		左策略	右策略
A的策略	上策略	5，6	1，6
	下策略	7，1	2，3

6. 如果无论其他人选择什么策略，某个参与人都只选择某个策略，则该策略就是该参与人的绝对优势策略（简称优势策略）。试举一例说明某个参与人具有某个优势策略的情况。

解答：例如，在如表 10－2 所示的二人同时博弈中，无论参与人 A 是选择上策略还是选择下策略，参与人 B 总是选择左策略，因为他此时选择左策略的支付总是大于选择右策略。因此，在这一博弈中，左策略就是参与人 B 的绝对优势策略。同时下策略是 A 的绝对优势策略。

表 10-2

		B的策略	
		左策略	右策略
A的策略	上策略	5，4	1，3
	下策略	7，6	2，5

7. 混合策略博弈与纯策略博弈有什么不同?

解答： 在纯策略博弈中，所有参与人对策略的选择都是"确定"的，即总是以 100%的可能性来选择某个策略，而在混合策略博弈中，参与人则是以一定的可能性来选择某个策略，又以另外的可能性来选择另外一些策略。在这种情况下，参与人选择的就不再是原来的 100%的确定策略（如上策略或下策略），而是一个概率向量（如以某个概率选择上策略，以另外一个概率选择下策略）。纯策略博弈可以看成是混合策略博弈的一种特例。

8. 条件混合策略与条件策略有什么不同?

解答： 例如，在一个只包括参与人 A 与参与人 B 的二人同时博弈中，参与人 A 的条件策略是 A 在 B 选择某个既定策略时所选择的可以使其支付达到最大的策略。相应地，参与人 A 的条件混合策略是 A 在 B 选择某个既定的混合策略时所选择的可以使其期望支付达到最大的混合策略。

9. 混合策略纳什均衡与纯策略纳什均衡有什么不同?

解答： 在纯策略博弈中，纳什均衡是参与人的一种策略组合，在该策略组合上，任何参与人单独改变其策略都不会得到好处。

在混合策略博弈中，纳什均衡是参与人的一种概率向量组合，在该概率向量组合上，任何参与人单独改变其概率向量都不会得到好处。

10. 设某个纯策略博弈的纳什均衡是有限的。试问：相应的混合策略博弈的纳什均衡会是无限的吗? 试举一例说明。

解答： 当纯策略博弈的纳什均衡是有限的时，相应的混合策略博弈的纳什均衡既可能是有限的，也可能是无限的。例如，在只包括参与人 A 与 B 的二人同时博弈中，混合策略纳什均衡的"集合"可以是单位平面、三条线段、两条线段、一条线段、三个点、两个点和一个点，其中，前四种情况就意味着存在无限多个纳什均衡。

11. 在动态博弈中，纳什均衡与逆向归纳策略有什么不同?

解答： 与同时博弈一样，在序贯博弈即动态博弈中，纳什均衡也是指这样一些策略组合，在这些策略组合中，没有哪个参与人会单独改变自己的策略。同样，在序贯博弈中，纳什均衡也可能不止一个。在这种情况下，可以通过逆向归纳法对纳什均衡进行"精炼"，即从多个纳什均衡中排除那些不合理的纳什均衡，或者从众多的纳什均衡中进一步确定“更好”的纳什均衡。经由逆向归纳法的精炼而得到的纳什均衡就是所谓的逆向归纳策略。

二、论述题

1. 设某个纯策略博弈的纳什均衡不存在。试问：相应的混合策略博弈的纳什均衡会存在吗？试举一例说明。

解答： 在同时博弈中，纯策略的纳什均衡可能存在，也可能不存在，但相应的混合策略纳什均衡总是存在的。例如，在表 10－3 的二人同时博弈中，根据条件策略下划线法可知，由于没有一个单元格中两个数字之下均有下划线，故纯策略的纳什均衡不存在，但是，相应的混合策略纳什均衡却是存在的。

表 10－3

			B的策略	
			q_1	$1-q_1$
			左策略	右策略
A的策略	p_1	上策略	3，$\underline{6}$	$\underline{7}$，3
	$1-p_1$	下策略	$\underline{9}$，2	2，$\underline{8}$

首先，分别计算 A 与 B 的期望支付。

$$
\begin{aligned}
E_A &= 3p_1q_1+9q_1(1-p_1)+7(1-q_1)p_1+2(1-p_1)(1-q_1) \\
&= 3p_1q_1+9q_1-9p_1q_1+7p_1-7p_1q_1+2-2q_1-2p_1+2p_1q_1 \\
&= 7q_1-11p_1q_1+5p_1+2 \\
&= p_1(5-11q_1)+7q_1+2 \\
E_B &= 6p_1q_1+2q_1(1-p_1)+3(1-q_1)p_1+8(1-p_1)(1-q_1) \\
&= 6p_1q_1+2q_1-2p_1q_1+3p_1-3p_1q_1+8-8q_1-8p_1+8p_1q_1 \\
&= 9p_1q_1+8-5p_1-6q_1 \\
&= q_1(9p_1-6)-5p_1+8
\end{aligned}
$$

其次，分别计算 A 与 B 的条件混合策略。

$$
p_1=\begin{cases} 1 & q_1<5/11 \\ [0,1] & q_1=5/11 \\ 0 & q_1>5/11 \end{cases}
$$

$$
q_1=\begin{cases} 0 & p_1<2/3 \\ [0,1] & p_1=2/3 \\ 1 & p_1>2/3 \end{cases}
$$

最后，混合策略纳什均衡参见图 10－1 中的 e 点。

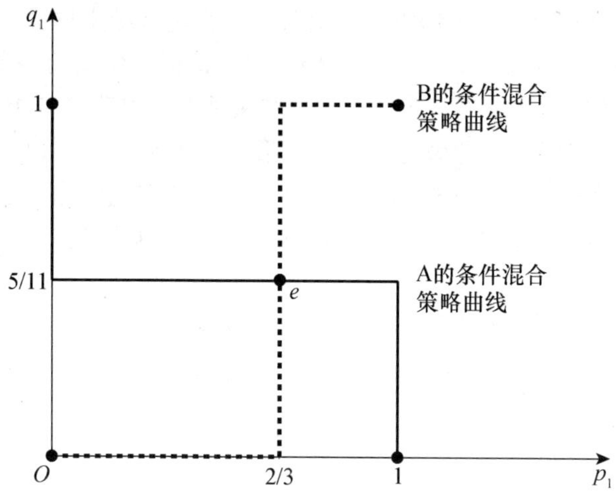

图 10 - 1

2. 在下面的博弈树模型中（见图 10 - 2），确定纳什均衡和逆向归纳策略。

解答： 纳什均衡和逆向归纳策略是同一个，即与支付向量（1，3）相应的策略组合（决策 1，决策 3）。

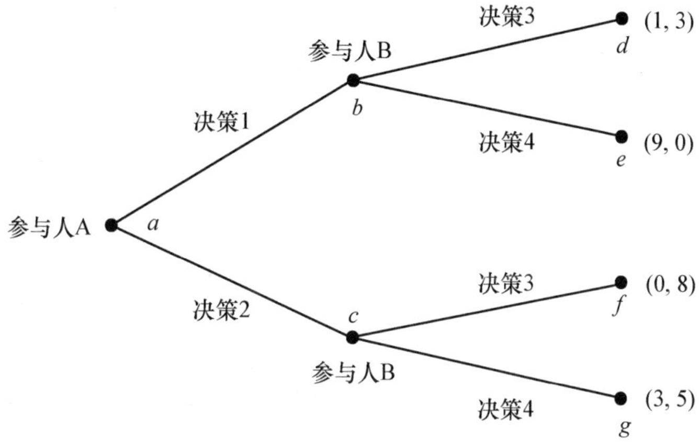

图 10 - 2

3. 用逆向归纳法确定下面的“蜈蚣博弈”（见图 10 - 3）的结果。在该博弈中，第 1 步是 A 决策：如果 A 决定结束博弈，则 A 得到支付 1，B 得到支付 0；如果 A 决定继续博弈，则博弈进入第 2 步，由 B 做决策。此时，如果 B 决定结束博弈，则 A 得到支付 0，B 得到支付 2；如果 B 决定继续博弈，则博弈进入第 3 步，又由 A 做决策。如此等等，直到最后，博弈进入第 9 999 步，由 A 做决策。此时，如果 A 决定结束博弈，则 A 得到支付 9 999，B 得到支付 0；如果 A 决定继续博弈，则 A 得到支付 0，B 得到支付 10 000。

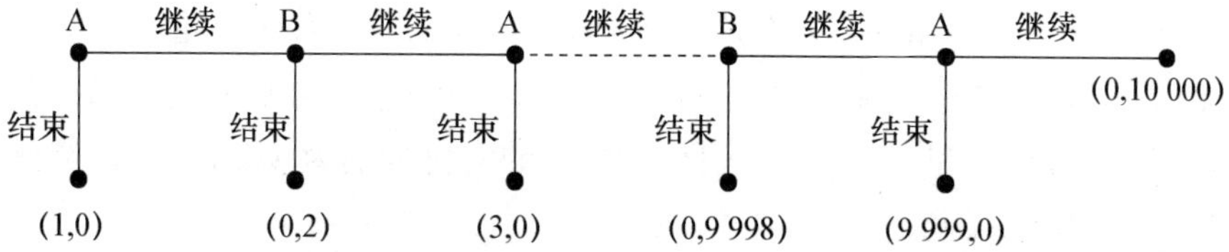

图 10 - 3

解答： 首先考虑第 9 999 步 A 的决策。此时，A 肯定会结束博弈——结束博弈 A 可以得到支付 9 999，否则只能得到 0。于是，我们可以把该博弈中最后一条水平线段删除。其次考虑第 9 998 步 B 的决策。此时，B 也肯定会结束博弈，结束博弈 B 可以得到 9 998，否则只能得到 0。于是，我们可以把该博弈中倒数第二条水平线段（以及它后面的最后一条垂直线段）也删除。这样倒推下来的结果是，任何一个人在轮到自己决策时都会决定结束博弈。因此，整个博弈的结果是：在第 1 步，A 就决定结束博弈，于是，A 得到 1，B 得到 0。

4. 在下面的情侣博弈中（见图 10－4），如果将第二个支付向量（0，0）改为（0，1.5），纳什均衡和逆向归纳策略会有什么变化？改为（0，1）呢？

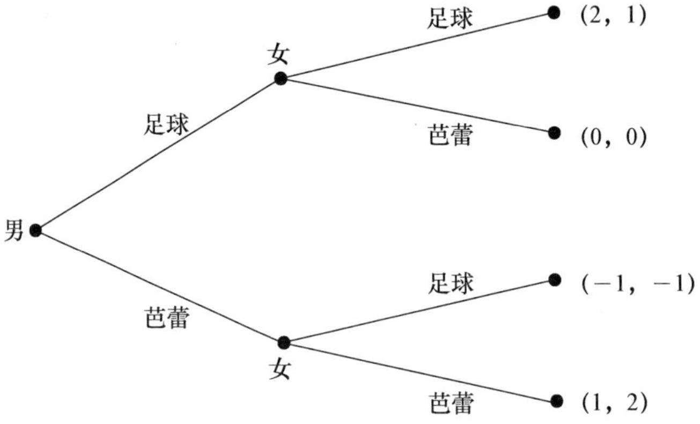

图 10－4

解答：（1）当第二个支付向量不变，仍然为（0，0）时，有两个纳什均衡，即（足球，足球）和（芭蕾，芭蕾），逆向归纳策略为（足球，足球）。

（2）将第二个支付向量由（0，0）改为（0，1.5）后，纳什均衡和逆向归纳策略都是（芭蕾，芭蕾）。

（3）如果将第二个支付向量改为（0，1），则纳什均衡仍然为（足球，足球）和（芭蕾，芭蕾），但逆向归纳法失效：当男方选择芭蕾时，女方也选择芭蕾，从而男方可得到支付 1，但是，当男方选择足球时，女方既可以选择足球，也可以选择芭蕾。如果女方选择足球，则男方可以得到更大的 2；如果女方选择芭蕾，则男方只能得到更小的 0。

5. 在只有两个参与人且每个参与人都有三个策略可供选择的情况下，纯策略的纳什均衡最多可有几个？

解答： 在只有两个参与人且每个参与人都只有三个策略可供选择的情况下，纯策略的纳什均衡最多可有 9 个。例如，当参与人 A 与 B 的策略不同，但各自的支付相同时，就有 9 个支付相同的纳什均衡。

6. 设有两个参与人 x 和 y。x 有两个纯策略 x_1 和 x_2，y 有两个纯策略 y_1 和 y_2。当 y 选择 y_1 和 y_2 时，x 选择 x_1 得到的支付分别为 x_{11} 和 x_{12}，选择 x_2 得到的支付分别为 x_{21} 和 x_{22}；当 x 选择 x_1 和 x_2 时，y 选择 y_1 得到的支付分别为 y_{11} 和 y_{21}，选择 y_2 得到的支付分别为 y_{12} 和 y_{22}。

（1）试给出相应的博弈矩阵。

（2）这种博弈矩阵的表示是唯一的吗？为什么？

解答：(1)x 的支付矩阵$=\begin{bmatrix} x_{11} & x_{12} \\ x_{21} & x_{22} \end{bmatrix}$　y 的支付矩阵$=\begin{bmatrix} y_{11} & y_{12} \\ y_{21} & y_{22} \end{bmatrix}$

x、y 共同的支付矩阵$=\begin{bmatrix} x_{11}, y_{11} & x_{12}, y_{12} \\ x_{21}, y_{21} & x_{22}, y_{22} \end{bmatrix}$

（2）这种博弈矩阵的表示不是唯一的。也可以表示为表 10－4 的形式。

表 10－4

		y 的策略	
		y_1 策略	y_2 策略
x 的策略	x_1 策略	x_{11}，y_{11}	x_{12}，y_{12}
	x_2 策略	x_{21}，y_{21}	x_{22}，y_{22}

7. 根据表 10－5 的二人同时博弈模型求：

（1）参与人 A 与 B 的期望支付。

（2）参与人 A 与 B 的条件混合策略。

（3）纳什均衡。

表 10－5

			B 的策略	
			q_1	$1-q_1$
			左策略	右策略
A 的策略	p_1	上策略	3，2	1，1
	$1-p_1$	下策略	0，0	2，3

解答：（1）分别计算 A 与 B 的期望支付：

$$\begin{aligned} E_A &= 3p_1q_1 + p_1(1-q_1) + 0(1-p_1)q_1 + 2(1-p_1)(1-q_1) \\ &= 3p_1q_1 + p_1 - p_1q_1 + 2 - 2q_1 - 2p_1 + 2p_1q_1 \\ &= 4p_1q_1 - p_1 - 2q_1 + 2 \\ &= p_1(4q_1 - 1) - 2q_1 + 2 \end{aligned}$$

$$\begin{aligned} E_B &= 2p_1q_1 + p_1(1-q_1) + 0(1-p_1)q_1 + 3(1-p_1)(1-q_1) \\ &= 2p_1q_1 + p_1 - p_1q_1 + 3 - 3q_1 - 3p_1 + 3p_1q_1 \\ &= 4p_1q_1 - 3q_1 - 2p_1 + 3 \\ &= q_1(4p_1 - 3) - 2p_1 + 3 \end{aligned}$$

（2）分别计算 A 与 B 的条件混合策略。

$$p_1 = \begin{cases} 0 & q_1 < 1/4 \\ [0, 1] & q_1 = 1/4 \\ 1 & q_1 > 1/4 \end{cases}$$

$$q_1=\begin{cases}0 & p_1<3/4\\ [0,\ 1] & p_1=3/4\\ 1 & p_1>3/4\end{cases}$$

（3）混合策略纳什均衡见图 10－5 中的原点、e_1 点和 e_2 点。

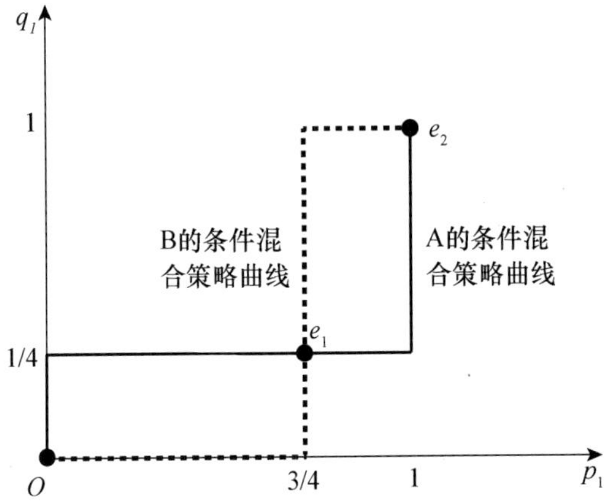

图 10－5

8. 根据表 10－6 的二人同时博弈模型求：

（1）参与人 A 与 B 的期望支付。

（2）参与人 A 与 B 的条件混合策略。

（3）纳什均衡。

表 10－6

			B 的策略	
			q_1	$1-q_1$
			左策略	右策略
A 的策略	p_1	上策略	3，0	2，1
	$1-p_1$	下策略	3，2	1，1

解答：（1）分别计算 A 与 B 的期望支付。

$$\begin{aligned}E_A&=3p_1q_1+2p_1(1-q_1)+3(1-p_1)q_1+(1-p_1)(1-q_1)\\&=3p_1q_1+2p_1-2p_1q_1+3q_1-3p_1q_1+1-p_1-q_1+p_1q_1\\&=-p_1q_1+p_1+2q_1+1\\&=p_1(1-q_1)+2q_1+1\end{aligned}$$

$$\begin{aligned}E_B&=0p_1q_1+p_1(1-q_1)+2(1-p_1)q_1+(1-p_1)(1-q_1)\\&=p_1-p_1q_1+2q_1-2p_1q_1+1-p_1-q_1+p_1q_1\\&=-2p_1q_1+q_1+1\\&=q_1(1-2p_1)+1\end{aligned}$$

（2）分别计算 A 与 B 的条件混合策略。

$$p_1=\begin{cases}1 & q_1<1\\ [0,\ 1] & q_1=1\end{cases}$$

$$q_1=\begin{cases}1 & p_1<1/2\\ [0,\ 1] & p_1=1/2\\ 0 & p_1>1/2\end{cases}$$

（3）如图 10－6 所示，实线 MBC 为 A 的条件混合策略曲线，虚线 $MDNC$ 为 B 的条件混合策略曲线。混合策略纳什均衡为：①图中的线段重合部分 MD 段，该段上的每一点都代表一个混合策略纳什均衡，即 $((p_1,\ 1-p_1),\ (q_1,\ 1-q_1))=(([0,\ 0.5],\ [0.5,\ 1]),\ (1,\ 0))$；②$C$ 点，即 $((p_1,\ 1-p_1),\ (q_1,\ 1-q_1))=((1,\ 0),\ (0,\ 1))$。

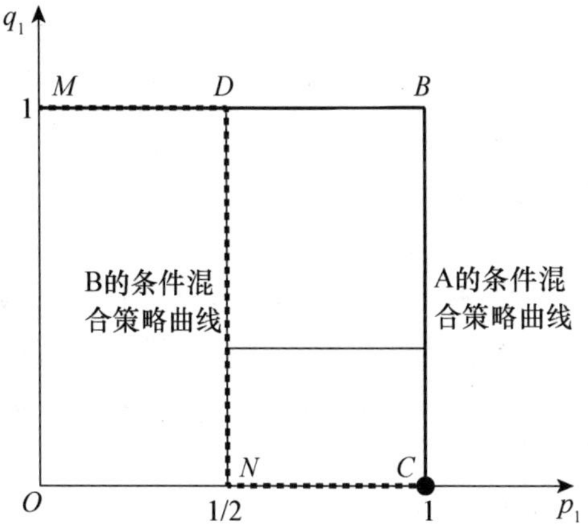

图 10－6

9. 根据图 10－7 的博弈树模型求：

（1）纳什均衡。

（2）逆向归纳策略。

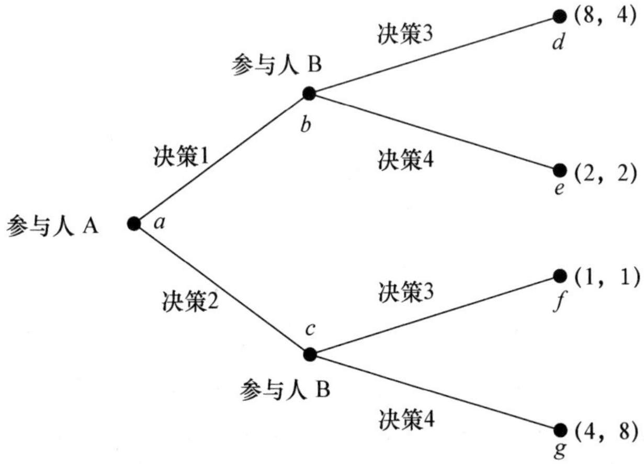

图 10－7

解答：（1）纳什均衡是（决策 1，决策 3），（决策 2，决策 4）。这个结论既可以通过下划线法得到（见表 10－7），也可以通过纳什均衡定义得到。若当前策略组合是 *d* 点的策略组合，参与人 A 选择决策 1 时，参与人 B 如果改变策略，由决策 3 改为决策 4，策略组合就会变为 *e* 点的策略组合，显然参与人 B 的支付会减少，因此参与人 B 不会改变策略。若当前策略组合是 *d* 点的策略组合，参与人 B 选择决策 3，参与人 A 也不会将决策 1 改变为决策 2。所以 *d* 点的（决策 1，决策 3）是纳什均衡。同理，*g* 点的（决策 2，决策 4）也是纳什均衡。

表 10－7

		B 的策略	
		决策 3	决策 4
A 的策略	决策 1	<u>8</u>，<u>4</u>	2，2
	决策 2	1，1	<u>4</u>，<u>8</u>

（2）逆向归纳策略是（决策 1，决策 3）。

逆向归纳法第一步，在 *d* 点和 *e* 点的策略组合中进行选择，删除 *e* 点的策略组合，选择 *d* 点的策略组合；在 *f* 点和 *g* 点的策略组合中进行选择，删除 *f* 点的策略组合，选择 *g* 点的策略组合。逆向归纳法第二步，在 *d* 点和 *g* 点的策略组合中进行选择。由于参与人 A 具有先动优势，参与人 A 选择决策 1，参与人 B 只能选择决策 3。所以 *d* 点的（决策 1，决策 3）是逆向归纳策略。

10. 根据图 10－8 的博弈树模型求：

（1）纳什均衡。

（2）逆向归纳策略。

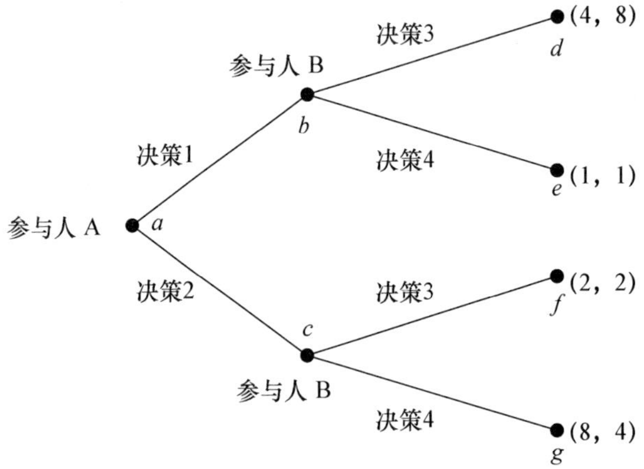

图 10－8

解答：（1）纳什均衡是（决策 1，决策 3），（决策 2，决策 4）。这个结论既可以通过下划线法得到（见表 10－8），也可以通过纳什均衡定义得到。若当前策略组合是 *d* 点的策略组合，参与人 A 选择决策 1 时，如果参与人 B 改变策略，由决策 3 改为决策 4，策略组合就会变为 *e* 点的策略组合，显然参与人 B 的支付会减少，因此参与人 B 不会改变策略。

若当前策略组合是 d，参与人B选择决策3，参与人A也不会将决策1改变为决策2。所以 d 点的（决策1，决策3）是纳什均衡。同理，g 点的（决策2，决策4）也是纳什均衡。

表 10-8

		B的策略	
		决策3	决策4
A的策略	决策1	4，8	1，1
	决策2	2，2	8，4

（2）逆向归纳策略是（决策2，决策4）。

逆向归纳法第一步，在 d 点和 e 点的策略组合中进行选择，删除 e 点的策略组合，选择 d 点的策略组合；在 f 点和 g 点的策略组合中进行选择，删除 f 点的策略组合，选择 g 点的策略组合。逆向归纳法第二步，在 d 点和 g 点的策略组合中进行选择，由于参与人A具有先动优势，参与人A选择决策2，参与人B只能选择决策4。所以 g 点的（决策2，决策4）是逆向归纳策略。

第二部分　精编习题

一、名词解释

1. 博弈论
2. 策略性环境
3. 策略性决策
4. 策略性行动
5. 参与人的策略
6. 参与人的支付
7. 条件优势策略
8. 纳什均衡
9. 混合策略
10. 期望支付
11. 条件混合策略
12. 静态博弈
13. 动态博弈
14. 囚徒困境
15. 占优策略
16. 占优策略均衡
17. 博弈均衡
18. 纳什均衡的精炼

二、单项选择题

1. 博弈的局中人从一个博弈中得到的结果被称为（　　）。

A. 策略　　B. 支付　　C. 决策　　D. 利润

2. 用囚徒困境来说明两个寡头企业的情况，它说明了（　　）。

A. 每个企业在做决策时，无须考虑竞争对手的反应

B. 一个企业制定的价格对其他企业没有影响

C. 企业为了避免最差的结果，将不能得到更好的结果

D. 一个企业制定的产量对其他企业的产量没有影响

3. 在博弈中实现纳什均衡意味着（　　）。

A. 参与人的行动是对称的　　B. 参与人不想改变现在的策略

C. 参与人的支付是一样的　　D. 参与人的策略是一样的

4. 在囚徒困境中（　　）。

A. 双方都依照自身利益行事，并同时考虑其他参与人的利益，导致了最好的选择

B. 双方合作，从而实现了最好的结果

C. 结果不定，因为每个囚犯都要考虑对方的反应

D. 双方都依照自己的最佳利益行事，从而导致了最不利的局面

5. 下列说法正确的是（　　）。

A. 纳什均衡一定是占优均衡

B. 只要博弈参与人可以事先达成一致，就一定可以实现占优均衡

C. 占优均衡中每个参与人都实现了效用最大化

D. 动态博弈分析不研究参与人决策和行动的先后顺序

6.（　　）不是所有博弈的共同内容。

A. 规则　　B. 勾结　　C. 策略　　D. 支付

7. 在下列哪一个条件之下，囚徒困境中的每个参与人都可以得到最好的结局？（　　）。

A. 自己交代而对方不交代　　B. 自己不交代而对方交代

C. 自己交代　　D. 都不交代

8. 在囚徒困境中，占优策略均衡是（　　）。

A. 双方都交代　　B. 双方都不交代

C. 一方交代，另一方不交代　　D. 双方沟通

9. 市场交易中普遍存在的讨价还价属于（　　）。

A. 完全信息静态博弈　　B. 完全信息动态博弈

C. 不完全信息静态博弈　　D. 不完全信息动态博弈

10.（　　）属于动态的寡头市场博弈模型。

A. 古诺模型　　B. 卡特尔模型

C. 斯塔克伯格模型　　D. 田忌-齐威王赛马模型

11. 一个企业采取的行动与另一个企业在前一个阶段采取的行动一致，这种策略是（　　）。

A. 合作策略　　B. 以牙还牙策略

C. 占优策略　　D. 规避策略

12. 如果一个博弈中纯策略是有限的，以有限纯策略为基础的混合策略的数量（　　）。

A. 等同于纯策略的数量　　B. 只有一个

C. 等于零　　D. 有无限个

三、多项选择题

1. 关于纳什均衡与占优策略均衡的关系，表述正确的有（　　）。

A. 占优策略均衡一定是纳什均衡

B. 纳什均衡不一定是占优策略均衡

C. 一个博弈中可能存在多个纳什均衡，但不存在占优策略均衡

D. 纳什均衡是有条件的占优策略均衡

2. 关于混合策略博弈和纯策略博弈的区别，表述正确的有（ ）。

A. 两个参与人“非此即彼”的策略称为“纯策略”，而若赋予这些纯策略一些概率向量，则这些概率向量称为“混合策略”

B. 纯策略博弈不涉及任何概率，是一定会作出的选择

C. 纯策略是混合策略博弈中概率为 1 的特殊情况，即选择该种策略的概率为 1，选择其他任何纯策略的概率为 0

D. 混合策略博弈要考虑具体参与人的每个选择的概率的大小，从而再作出判断

3. 研究博弈均衡涉及的主要问题是（ ）。

A. 存在性 B. 唯一性 C. 稳定性 D. 最优性

4. 根据博弈中所有参与人支付之和是否相等，博弈可以分为（ ）。

A. 零和博弈 B. 非零和博弈 C. 常和博弈 D. 非常和博弈

四、判断题

1. 一般地，在一个博弈中只有一个上策。（ ）

2. 囚徒困境说明个人的理性选择不一定是集体的理性选择。（ ）

3. 一个博弈中只能有一个纳什均衡。（ ）

4. 在动态博弈中先行动者总是占有优势。（ ）

5. 若一个博弈出现了皆大欢喜的结局，说明该博弈是一个合作的正和博弈。（ ）

6. 博弈中知道信息越多的一方越有利。（ ）

7. 在三个和尚没水喝的故事中，三个和尚都不去挑水是个囚徒困境。（ ）

8. 纳什均衡即任一博弈参与人单独改变策略都只能得到更小利益的策略组合。（ ）

9. 在一个博弈中如果存在多个纳什均衡，则不存在占优策略均衡。（ ）

10. 无限次重复博弈没有结束重复的确定时间。在有限次重复博弈中，存在最后一次重复正是破坏重复博弈中局中人利益和行为的相互制约关系，使重复博弈无法实现更高效率均衡的关键问题。（ ）

11. 博弈类型按局中人的多少分为单人博弈、双人博弈和多人博弈。（ ）

12. 零和博弈指参与博弈的各方在严格竞争下，一方的收益等于另一方的损失，博弈各方收益与损失之和恒为零，所以双方存在合作的可能性。（ ）

13. 纳什均衡是上策的集合，指在给定别人策略的情况下，博弈参与人总是选择利益相对较大的策略，并不保证结果是最好的。（ ）

14. 局中人总是以自己的利益最大化为目标选择自己的策略，并关注对方策略和利益的变化。（ ）

15. 纳什均衡是下策的集合，指在给定别人策略的情况下，没有人会改变自己的策略而减少自己的收益。（ ）

16. 在只有两个参与人且每个参与人都只有两个策略可供选择的情况下，纯策略的纳什均衡最多可有 3 个。（ ）

17. 设有 A、B 两个参与人。对于参与人 A 的每一个策略，参与人 B 的条件策略可能不止一个。（ ）

18. 如果无论其他人选择什么策略，某个参与人都只选择某个策略，则该策略就是该参与人的占优策略（简称优势策略）。（ ）

19. 在一个具体的博弈支付矩阵中，可能既不存在纯策略纳什均衡，也不存在混合策略纳什均衡。（ ）

20. 博弈论是研究在策略性环境中如何进行策略性决策和采取策略性行动的科学。（ ）

21. 策略性环境指每个人进行的决策和采取的行动都不会对其他人产生影响。（ ）

22. 策略性决策和策略性行动指每个人都要根据其他人的可能反应来决定自己的决策和行动。（ ）

23. 博弈的三个基本要素为：参与人、参与人的策略及参与人的支付。（ ）

24. 在每个支付组合中，所有支付相加之和等于零则称为零和博弈，否则称为非零和博弈。（ ）

25. 根据参与人拥有策略的数量，博弈可分为有限博弈和无限博弈。（ ）

26. 根据参与人在实施策略上是否有时间的先后，博弈可分为同时博弈和序贯博弈。（ ）

27. 条件策略指在其他参与人选定策略的条件下，参与人的最优策略。与参与人的条件策略相联系的策略组合称为参与人的条件策略组合。（ ）

28. 条件策略或条件策略组合代表了博弈中某个参与人在某个条件下的非均衡状态。（ ）

29. 根据纳什均衡的定义和条件策略组合的定义可得，纳什均衡是所有参与人的条件策略组合的公约数，即纳什均衡是每个参与人的条件策略组合。（ ）

30. 囚徒的两难处境并没有一种均衡。（ ）

31. 如果博弈中两个参与人面临着同样可能的选择，就不存在占优策略均衡。（ ）

32. 两个企业都违约的情况不可能是纳什均衡。（ ）

33. 纳什均衡的精炼方法通常是所谓的逆向归纳法。（ ）

34. 在完全信息静态博弈中，纯策略的纳什均衡一定存在。（ ）

35. 在完全信息静态博弈中，如果纳什均衡存在，它可能是唯一的，也可能不是唯一的。（ ）

36. 在完全信息静态博弈中，如果纳什均衡存在，它是稳定的。（ ）

37. 在完全信息静态博弈中，如果纳什均衡存在，它可能是最优的，也可能不是最优的。（ ）

38. 纯策略的纳什均衡不存在，相应的混合策略纳什均衡也不会存在。（ ）

39. 在每个参与人都只有有限多个纯策略的博弈中，至少存在一个混合策略纳什均衡。（ ）

40. 当博弈有先有后时，纳什均衡是多重的，无法从中确定一个最终的均衡。（ ）

41. 在没有多次进行的博弈时，勾结的双寡头的占优策略均衡是双方都违约。（ ）

42. 经济学家用博弈论分析垄断竞争，因为任何一个企业的行为对其他企业都有举足

轻重的影响。　　　　（　　）

五、简答题

简述博弈论的基本原理及主要均衡策略。

六、计算题

设在一个同时博弈中，包括 A 和 B 两个参与人，且每个参与人都有三个纯策略。A 和 B 的支付矩阵是：

$$A\text{的支付矩阵}=\begin{bmatrix}2 & 3 & 0\\1 & 2 & 3\\2 & 2 & 2\end{bmatrix}\qquad B\text{的支付矩阵}=\begin{bmatrix}2 & 1 & 2\\3 & 2 & 2\\0 & 3 & 2\end{bmatrix}$$

求纯策略纳什均衡。

第三部分　精编习题参考答案

一、名词解释

1. 博弈论：是研究在策略性环境中如何进行策略性决策和采取策略性行动的科学。
2. 策略性环境：指每个人进行的决策和采取的行动都会对其他人产生影响。
3. 策略性决策：指每个人都要根据其他人的可能反应来决定自己的决策。
4. 策略性行动：指每个人都要根据其他人的可能反应来决定自己的行动。
5. 参与人的策略：指的是一项参与人在博弈的每一时点上选择如何行动的规则。
6. 参与人的支付：是指在所有参与人都选择了各自的策略且博弈已经完成之后，参与人获得的效用（或期望效用）。
7. 条件优势策略：在给定其他参与人的策略时，某个参与人的最优策略叫做该参与人的条件优势策略，简称条件策略。
8. 纳什均衡：在某种策略组合上，任何参与人单独改变策略都不会得到好处。或者说在博弈中，如果其他参与人不改变策略，任何一个参与人都不会首先主动改变自己的策略的一种相对静止状态。
9. 混合策略：对参与人的策略赋予的概率向量叫做“混合策略”。
10. 期望支付：是混合策略组合概率与参与人的支付的乘积之和。
11. 条件混合策略：在其他参与人的混合策略确定之后，某个参与人选择的可以使自己的期望支付达到最大的混合策略是该参与人的条件混合策略（其几何表示为条件混合策略曲线）。
12. 静态博弈：是参与人同时进行决策或行动的博弈，即使不是同时的，也不知道彼此的行动信息。

13. 动态博弈：是参与人的决策和行动有先有后的博弈。

14. 囚徒困境：反映从个人角度出发选择的占优策略，从整体来看却是最坏的结局，即个人理性与整体理性出现冲突。

15. 占优策略：无论其他参与人采取什么策略，某参与人的唯一的最优策略就是他的占优策略。

16. 占优策略均衡：由博弈中的所有参与人的占优策略的组合构成的均衡。

17. 博弈均衡：指博弈中所有参与人都不想改变自己策略的一种相对静止的状态。

18. 纳什均衡的精炼：从多个纳什均衡中排除那些不合理的纳什均衡，或者在所有的纳什均衡中找到最有可能实现的纳什均衡。一般采取逆向归纳法进行纳什均衡的精炼。

二、单项选择题

1. B　2. C　3. B　4. D　5. C　6. B　7. D　8. A　9. B　10. C　11. B　12. D

三、多项选择题

1. ABD　2. ABCD　3. ABCD　4. CD

四、判断题

1. (×)，一般地，在一个博弈中有不止一个上策。例如有 2 个策略支付相等的上策。

2. (√)。

3. (×)，一个博弈中可以存在多个纳什均衡。

4. (×)，在动态博弈中先行动者一般是占有优势的，但有时也会由于暴露了自己的策略，使自己处于不利地位。

5. (√)。

6. (×)，博弈中一般是知道信息越多的一方越有利，但有时并非如此。

7. (√)。

8. (√)。

9. (√)。

10. (√)。

11. (√)。

12. (×)，零和博弈指参与博弈各方在严格竞争下，一方的收益等于另一方的损失，博弈各方收益与损失之和恒为零，所以双方的策略以竞争为主，非合作。

13. (√)。

14. (√)。

15. (×)，纳什均衡是上策的集合，指在给定别人策略的情况下，没有人会改变自己的策略而减少自己的收益。

16. (×),在只有两个参与人且每个参与人都只有两个策略可供选择的情况下,纯策略的纳什均衡最多可有4个。

17. (√)。

18. (√)。

19. (×),在一个具体的博弈支付矩阵中,可能不存在纯策略纳什均衡,但肯定存在混合策略纳什均衡。

20. (√)。

21. (×),策略性环境指每一个人进行的决策和采取的行动都会对其他人产生影响。

22. (√)。

23. (√)。

24. (√)。

25. (√)。

26. (√)。

27. (√)。

28. (×),条件策略或条件策略组合代表了博弈中某个参与人在某个条件下的均衡状态。

29. (√)。

30. (×),在囚徒的两难处境中都坦白就是一种均衡。

31. (×),如果博弈中两个参与人面临着同样可能的选择,都具有条件优势策略,则该博弈就可能存在占优策略均衡。

32. (×),两个企业都违约也可能是纳什均衡,如卡特尔瓦解。

33. (√)。

34. (×),在完全信息静态博弈中,纯策略的纳什均衡可能存在,也可能不存在。

35. (√)。

36. (×),在完全信息静态博弈中,如果纳什均衡存在,它可能是稳定的,也可能不是稳定的。

37. (√)。

38. (×),即使纯策略的纳什均衡不存在,相应的混合策略纳什均衡也总会存在。

39. (√)。

40. (×),当博弈有先有后时,即使纳什均衡是多重的,往往也能够从中确定一个最终的均衡。

41. (√)。

42. (×),经济学家用博弈论分析寡头,因为任何一个企业的行为对其他企业都有举足轻重的影响,而垄断竞争企业相互间影响很小。

五、简答题

解答: (1) 博弈论是描述和研究行为主体之间策略的相互依存和相互作用的一种决策

理论。博弈论被应用于政治、外交、军事、经济等研究领域。近 20 年来，博弈论在经济学中得到了更广泛的运用，博弈论的应用是微观经济学的重要发展。

在每个博弈中，都至少有两个参与人，每个参与人都有一组可选择的策略。作为博弈的结局，每个参与人都得到各自的支付。每个参与人的支付都是所有参与人各自所选择的策略共同作用的结果。博弈均衡指博弈中的所有参与人都不想改变自己的策略的这样一种状态。任何参与人单方面改变均衡策略都会降低自己的支付。

（2）博弈论的主要静态均衡策略有：

①占优策略。无论其他参与人采取什么策略，某参与人的唯一最优策略就是他的占优策略。也就是说，如果某个参与人具有占优策略，那么，无论其他参与人选择什么策略，该参与人确信自己所选择的唯一策略都是最优的。一般地说，由博弈中的所有参与人的占优策略的组合构成的均衡就是占优策略均衡。

②纳什均衡策略。纳什均衡指任何一个参与人都不会改变自己的策略，如果其他参与人不改变策略。纳什均衡只要求任何一个参与人在其他参与人的策略选择给定的条件下，其选择的策略是最优的。

③最大最小策略。最大最小策略是指博弈参与人所采取的使自己能够获得的最小收入最大化的策略。所谓最小收入是指采取某一策略所能获得的最小收入。最大最小策略是一种保守的策略而不是利润最大化的策略，博弈参与人往往是在信息不完全的情况下才采取最大最小策略。

④重复博弈下的合作解。如果博弈是无限期重复博弈，则博弈的结果将是合作均衡。在有限期重复博弈中，博弈的均衡解取决于重复次数与博弈参与人的理性程度。如果博弈重复次数很少，博弈参与人具有完全的理性，则博弈只会出现竞争解而不是合作解。如果博弈重复次数很多，且博弈参与人只具有有限的理性，则博弈将产生合作解，因为博弈双方的报复机会都很多，任何一方的不合作行为都会引起对手的报复，给自己造成较大的期望损失。

（3）动态博弈条件下的策略行动。寡头企业在竞争中并不拘泥于和对手进行默契配合，以便均分高额利润，而是往往采取一些其他策略来取得竞争的优势。

①先动优势。先动优势是指在博弈中首先作出策略决定的参与人可以获得较多的利益。一个重要的策略是“承诺”。承诺并不是仅仅口头上宣布做某件事情，而是包含着采取某些实质性的行动。承诺是竞争者诱使竞争对手按照自己的意图作出决策以使自己多获得利益的一种策略行动。

②确实可信的威胁。在博弈中，博弈参与人可以通过对对方实施确实可信的威胁而使自己获得更多的利益。所谓确实可信的威胁是指博弈参与人不是仅仅恐吓对手，而是采取某种切实可行的措施使得这种威胁是可信的。

③塑造形象。竞争者给自己塑造某种合适的形象往往也能给自己带来更多的利益。

④阻止对手进入。一个垄断者可以设置障碍，阻止潜在竞争对手的进入。一个重要的策略性行动是扩大企业规模，形成超额生产能力。一旦竞争对手进入，就利用这些超额生产能力增加产量，压低价格。现行垄断者的这一策略性行动将会改变支付矩阵中自己的盈利数值。

六、计算题

解答：根据条件策略下划线法，在 A 的支付矩阵中每一列的最大值和 B 的支付矩阵中每一行的最大值下画线后得到：

$$A\text{的支付矩阵}=\begin{bmatrix}\underline{2} & \underline{3} & 0\\ 1 & 2 & \underline{3}\\ \underline{2} & 2 & 2\end{bmatrix}\qquad B\text{的支付矩阵}=\begin{bmatrix}\underline{2} & 1 & \underline{2}\\ \underline{3} & 2 & 2\\ 0 & \underline{3} & 2\end{bmatrix}$$

再将 A 和 B 的支付矩阵合并后得到：

$$A\text{和}B\text{的共同支付矩阵}=\begin{bmatrix}\underline{2},\ \underline{2} & \underline{3},\ 1 & 0,\ \underline{2}\\ 1,\underline{3} & 2,\ 2 & \underline{3},\ 2\\ \underline{2},\ 0 & 2,\ \underline{3} & 2,\ 2\end{bmatrix}$$

只有第一行第一列的两个数字之下都有下划线。因此，在该博弈中，与第一行第一列相对应的策略组合是其唯一的纯策略纳什均衡。

第十一章

市场失灵和微观经济政策

第一部分　课后习题详解

一、简答题

1. 垄断是如何造成市场失灵的?

解答: 因为垄断厂商的利润最大化状况并没有达到帕累托最优状态，在利润最大化的产量上，价格高于边际成本，出现了低效率的资源配置状态。可用图分析。在图 11 - 1 中，横轴表示厂商的产量 Q，纵轴表示价格 P，曲线 D 和 MR 分别表示厂商的需求曲线和边际收益曲线，再假定平均成本和边际成本相等且固定不变，由直线 $AC=MC$ 表示。为了使利润最大化，厂商将产量定在 Q_2，价格为 P_2。$P_2>MC$，说明没有达到帕累托最优，因为这时消费者愿意为额外一单位产量支付的数量（价格）超过生产该单位产量所引起的边际成本。显然，要达到帕累托最优，产量应增加到 Q_1，价格应降到 P_1，这时 $P=MC$。然而，垄断决定的产量和价格只能是 Q_2 和 P_2。如果产量和价格是完全竞争条件下的产量 Q_1 和价格 P_1，则消费者剩余是三角形 FP_1H 的面积。而当垄断者把价格提高到

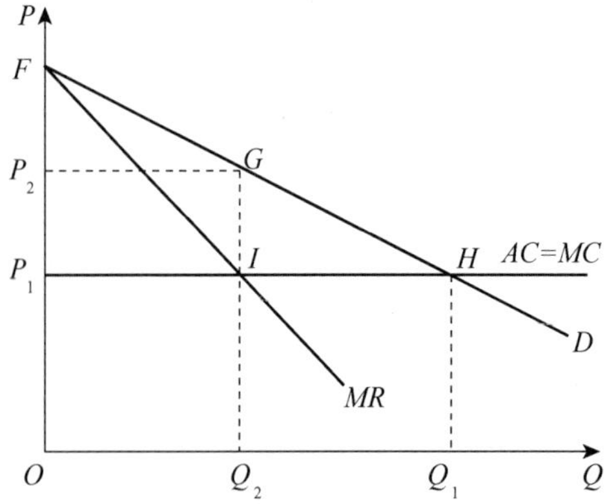

图 11 - 1

P_2 时，消费者剩余只有三角形 FP_2G 的面积，所减少的消费者剩余的一部分转化为垄断者的利润，另一部分（三角形 GIH 的面积）就是由垄断所引起的社会福利的纯损失，它代表由垄断的低效率带来的损失。

另外，为获得并维持垄断地位从而得到垄断利润的寻租活动是一种纯粹的浪费，这进一步加剧了垄断的低效率情况。

2. 外部影响的存在是如何干扰市场对资源的配置的？

解答：微观经济学讲自由竞争的市场机制会使资源配置达到帕累托最优，其实是假定经济活动不存在“外部影响”，即单个经济活动主体的经济行为产生的私人收益和私人成本就是社会收益和社会成本，但在现实生活中，私人收益和社会收益、私人成本和社会成本往往是不一致的。当一项经济活动存在外部经济时，人们从该项活动中得到的私人收益会小于社会收益，造成供给量低于社会均衡量，供给相对不足；而当存在外部不经济时，人们从事该项活动所付出的私人成本又会小于社会成本，造成供给量高于社会均衡量，供给相对过剩。在这两种情况下，资源配置都会偏离帕累托最优。

例如：生产的外部不经济造成的供给量高于社会均衡量，资源配置会偏离帕累托最优。如图 11-2 所示，图中水平直线 $D=MR$ 为某完全竞争厂商的需求曲线和边际收益曲线，MC 为其边际私人成本曲线，企业按照边际私人成本＝边际收益决策，产量为 X^*，边际社会成本为 $MC+ME$；全社会按照边际社会成本＝边际收益决策，产量为 X^{**}，X^{**} 为社会实际需要的、帕累托效率所需要的产量，生产的外部不经济造成供给量高于社会均衡量。

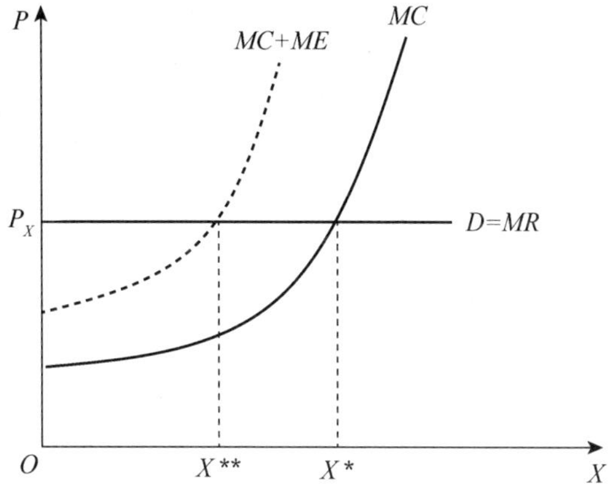

图 11-2

3. 公共物品为什么不能靠市场来提供？

解答：公共物品是指供全体社会成员共同享用的物品，如国防、警务之类。这些公共物品只能由政府以某种形式来提供，这是由其消费的非排他性和非竞用性决定的。非排他性指一物品被某人消费的同时，无法阻止别人也来消费这一物品。非竞用性（也称非竞争性）指公共物品可以同时为许多人所消费，增加一名消费者的边际成本为零，即一个人对这种物品的消费不会减少可供别人消费的量。如果消费者认识到他自己消费的机会成本为0，他就会尽量少支付或者不支付代价给生产者以换取消费公共物品的权利。不付费地消费某种产品或服务被称为“搭便车”。如果所有消费者均“搭便车”，则消费者支付的数量将不足以弥补公共物品的生产成本。结果便是低于最优数量的产出，甚至是零产出。

因此人们对公共物品的消费不能由市场价格来决定，价格机制也无法将社会对公共物品的供求情况如实反映出来，这样，公共物品就只能由政府根据社会成员的共同需要来提供，项目支出来源于税收所得。

4. 什么是公地的悲剧?

解答：公地的悲剧主要针对公共资源。公共资源指具有竞用性但不具有排他性的物品。非排他性指可以免费使用这种物品，这种性质使每个人出于自己利益的考虑，都会尽可能多地去利用这种物品。竞用性说明资源有一定的数量和承载力。过度使用会造成有限资源的枯竭或消失的灾难性后果，这种情况被称为公地的悲剧。

5. 什么是委托—代理问题?

解答：委托人（如雇主、股东等）委托代理人（如雇员、经理等）处理与自己有关的一些事务，并支付给代理人相应的报酬。对委托人来说，一个至关重要的问题就是：如何确保代理人按照自己的要求行事？由于代理人的利益往往与委托人追求的目标不一致，有时甚至可能完全不同，委托人一般追求资产保值增值和利润最大化，代理人追求的是收入或效用最大化，以及由于信息的不完全和不对称，委托人无法获得代理人的思想和决策信息，代理人的行为经常偏离委托人追求的目标。这就是所谓的委托—代理问题。

6. 市场机制能够解决信息不完全和不对称问题吗?

解答：第一，市场机制可以解决一部分信息不完全和不对称问题。例如，为了利润最大化，生产者必须根据消费者的偏好进行生产，否则，生产出来的商品就可能卖不出去，生产者显然很难知道每个消费者的偏好的具体情况，不过，在市场经济中，这一类信息的不完全并不会影响生产者的正确决策，因为他们知道商品的价格。只要知道了商品的价格，就可以由此计算生产该商品的边际收益，从而就能够确定其利润最大化产量。第二，市场的价格机制不能够解决所有的信息不完全和不对称问题，存在“买的没有卖的精”和“卖的没有买的精”的情况。这种情况在商品市场、要素市场都是常见的现象。第三，在市场机制不能解决问题时，就需要政府在信息方面进行调控。信息调控的目的主要是使消费者和生产者最大限度地得到充分的和正确的市场信息，以便他们能够作出正确的选择。

二、计算题

1. 设一产品的市场需求函数为 $Q=500-5P$，成本函数为 $C=20Q$。试问：

（1）若该产品为一垄断厂商所生产，利润最大时的产量、价格和利润各为多少?

（2）要达到帕累托最优，产量和价格应为多少?

（3）社会纯福利在垄断性生产时损失了多少?

解答：（1）该产品为垄断厂商所生产时，市场的需求函数即该厂商的需求函数。于是，由 $Q=500-5P$ 可得 $P=100-0.2Q$，从而收益函数 $TR=PQ=(100-0.2Q)Q=100Q-0.2Q^2$，边际收益函数 $MR=100-0.4Q$。

由成本函数 $C=20Q$ 得 $MC=AC=20$。

利润最大化时有 $MC=MR$，即 $20=100-0.4Q$，得产量 $Q=200$，价格 $P=60$，利润 $\pi=60\times200-20\times200=8\,000$。

（2）要达到帕累托最优，价格必须等于边际成本，即：$P=100-0.2Q=20$。

解得：$Q=400$，$P=100-0.2Q=20$。

（3）当 $Q=200$，$P=60$ 时，消费者剩余为：

$$CS=\int_0^{200}(100-0.2Q)\mathrm{d}Q-P\cdot Q=4\,000$$

当 $Q=400$，$P=20$ 时，消费者剩余为：

$$CS=\int_0^{400}(100-0.2Q)\mathrm{d}Q-P\cdot Q=16\,000$$

社会福利的纯损失为：16 000−4 000−8 000=4 000。这里，16 000−4 000=12 000 是垄断造成的消费者剩余的减少量。其中，8 000 转化为垄断者的利润。因此，社会福利的纯损失为 4 000。如图 11－3 所示，此题中的消费者剩余也可以由对应的三角形的面积表示。

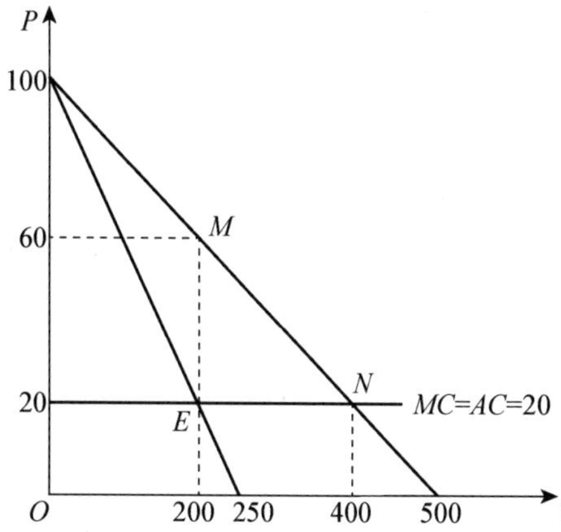

图 11－3

2. 在一个社区内有三个集团。它们对公共电视节目小时数 T 的需求曲线分别为：

$W_1=100-T$

$W_2=150-2T$

$W_3=200-T$

假定公共电视节目是一种纯粹的公共物品，它能以每小时 100 美元的不变边际成本被生产出来。

（1）公共电视节目有效率的小时数是多少？

（2）一个竞争性的私人市场会提供多少公共电视节目小时数？

解答：（1）公共电视节目的需求函数为 $W=W_1+W_2+W_3=100-T+150-2T+200-T=450-4T$。

令 $450-4T=100$，则 $T=87.5$ 小时。即公共电视节目的有效小时数为 87.5 小时。每小时 100 美元的成本由三个集团分担。

（2）在一个竞争性的私人市场中（$P=MC$），每个集团都会提供的公共电视节目小时数为：

由 $100=100-T$ 得 $T=0$，$W_1=100-0=100$；

由 $100=150-2T$ 得 $T=25$，$W_2=150-2\times25=100$；

由 $100=200-T$ 得 $T=100$，$W_3=200-100=100$。

将 W_1、W_2 和 W_3 相加，得 $W=100+100+100=300$，这就是竞争性的私人市场为每小时公共电视节目总量支付的价格总额。竞争性的私人市场提供的电视节目小时数为 125 小时。

若有机会搭便车，支付额小于每小时 100 美元，产品就没有企业提供。

3. 设一个公共牧场的成本是 $C=5x^2+2\,000$，其中，x 是牧场上养的牛的数量。牛的价格为 $P=800$ 元。

（1）求牧场净收益最大时的牛数。

（2）若该牧场有 5 户牧民，牧场成本由他们平均分担。这时牧场上将会有多少牛？这会引起什么问题？

解答：（1）由 $C=5x^2+2\,000$ 得 $MC=10x$，牧场净收益最大的牛数将由 $P=MC$ 决定，即 $800=10x$，解得 $x=80$。

（2）每户牧民分摊的成本是：$(5x^2+2\,000)\div5=x^2+400$。

按照 $P=MC$ 得，$800=2x$，解得 $x=400$，5 户合计养牛 2 000 头，远远超过合理养牛数 80 头，从而引起的问题是牧场因放牧过度，数年后将一片荒芜。这就是“公地的悲剧”。

4. 假设有 10 个人住在一条街上，每个人愿意为增加一盏路灯支付 4 美元，而不管已提供的路灯数量。若提供 x 盏路灯的成本函数为 $C(x)=x^2$，试求最优路灯安装盏数。

解答：路灯属于公共物品。每人愿意为增加每一盏路灯支付 4 美元，10 人共 40 美元，这可看成是对路灯的需求或边际收益，而装灯的边际成本函数为 $MC=2x$。令 $MR=MC$，即 $40=2x$，得 $x=20$，即路灯的最优安装盏数为 20。

5. 假定一个社会由 A 和 B 两个人组成。设生产某公共物品的边际成本为 120，A 和 B 对该公共物品的需求分别为 $q_A=100-P$ 和 $q_B=200-P$。

（1）该公共物品的社会最优产出水平是多少？

（2）若该公共物品由私人生产，其产出水平是多少？

解答：（1）由 $q_A=100-P_A$ 得 $P_A=100-q_A$，由 $q_B=200-P_B$ 得 $P_B=200-q_B$。

整个社会对公共物品的市场需求曲线由 A、B 两人的需求曲线垂直相加而成，因而有：

$$P=P_A+P_B=100-q+200-q=300-2q$$

上式就是整个社会对公共物品的需求曲线。由于生产公共物品的边际成本为 120，故令 $P=300-2q=120$，即可解得社会最优的产出量为 $q=90$。

（2）如果这一公共物品由私人来生产，则 A 和 B 的产量都由价格等于边际成本来决定，由 $100-q_A=120$ 解得 $q_A=-20$，产量不能为负数，最小的 $q_A=0$；由 $200-q_B=120$ 解得 $q_B=80$，从而全部的私人产出水平为 $q_A+q_B=0+80=80$。80 低于帕累托最优水平，即出现公共物品的市场失灵。

6. 假定某个社会有 A、B、C 三个厂商。A 的边际成本为 $MC=4q_A$（q_A 为 A 的产出），其产品的市场价格为 $P=16$ 元。此外，A 每生产一单位产品都将使 B 增加 7 元收益，使 C 增加 3 元成本。

（1）在竞争性市场中，A 的产出应是多少？

（2）社会最优的产出应是多少？

解答：（1）在竞争性市场上，A 的产出应满足 $P=MC$，即 $16=4q_A$，从中解得 A 的产出为 $q_A=4$。

（2）社会最优的产出应使社会（即包括 A、B、C 在内）的边际收益等于边际成本，即 $7+16=4q_A+3$，从中解得 A 的产出为 $q_A=5$。

7. 一农场主的作物缺水。他需决定是否进行灌溉。若他进行灌溉，或者天下雨的话，作物带来的利润是 1 000 元，但若是缺水，利润只有 500 元。灌溉的成本是 100 元。农场主的目标是预期利润达到最大。

（1）如果农场主相信下雨的概率是 50%，他会灌溉吗？

（2）假如天气预报的准确率是 100%，农场主愿意为获得这种准确的天气信息支付多少费用？

解答：（1）如果农场主相信下雨的概率是 50%，不进行灌溉的话，他的预期利润为：

$$E(\pi)=0.5\times 1\,000+0.5\times 500=750(\text{元})$$

如果进行灌溉，则肯定得到的利润为 $1\,000-100=900$（元）。因此，他会进行灌溉。

（2）他不购买天气预报信息时，如上所述，他会进行灌溉，得到利润 900 元。如果他购买天气预报信息并假定支付 x 元费用，则他若确知天下雨，就不灌溉，于是可获利润：

$$\pi_1=1\,000-x$$

若确知天不下雨，就会进行灌溉，于是可获利润：

$$\pi_2=1\,000-100-x=900-x$$

由于他得到的信息无非是下雨和不下雨，因此，在购买信息情况下的预期利润为：

$$E(\pi)=0.5\pi_1+0.5\pi_2=0.5(1\,000-x)+0.5(900-x)=950-x$$

由于不购买天气预报信息时的利润为 900 元，所以购买信息情况下的预期利润最低等于 900 元，则有 $950-x=900$，解出 $x=50$（元），即农场主愿意为获得准确的天气信息最多支付 50 元。

8. 设某个养蜂场的蜂蜜产量为 h，生产成本为 $C_h=h^2/100$，蜂蜜的价格为 2 元。在养蜂场的附近有一个苹果园，其苹果产量为 a，生产成本为 $C_a=a^2/100-h$，苹果的价格为 3 元。试问：

（1）如果苹果园和养蜂场独立经营，它们的产量将各为多少？

（2）如果苹果园和养蜂场合并起来，苹果和蜂蜜的产量将各为多少？

解答：（1）养蜂场的利润函数 $\pi(h)=2h-\dfrac{h^2}{100}$，对利润函数求一阶导数，$\pi'(h)=2-\dfrac{h}{50}=0$，解得 $h=100$。

苹果园的利润函数 $\pi(a)=3a-\dfrac{a^2}{100}+h$，对利润函数求偏导，$\pi'(a)=3-\dfrac{a}{50}=0$，解得 $a=150$。

如果苹果园和养蜂场独立经营，养蜂场的产量为100，苹果园的产量为150。

（2）如果苹果园和养蜂场合并起来，利润函数为：

$$\pi(a,h)=2h-\frac{h^2}{100}+3a-\frac{a^2}{100}+h=-\frac{h^2}{100}+3h+3a-\frac{a^2}{100}$$

利润最大化的一阶条件为：

$$\begin{cases}\dfrac{\partial\pi}{\partial h}=-\dfrac{h}{50}+3=0\\[2mm]\dfrac{\partial\pi}{\partial a}=-\dfrac{a}{50}+3=0\end{cases}$$

解得 $h=150$，$a=150$，合并后蜜蜂产量有所提升。

9. 某小镇有2 000个人，第 i 个人的效用函数为 $u_i=x_i+\sqrt{y}$。这里，x_i 和 y 分别是第 i 个人消费的私人物品和公共物品。已知私人物品的价格是1，公共物品的价格是10。如果小镇上每个人的效用函数均相同、小镇的总效用等于每个人的效用之和，且小镇上所有人的总收入为 m（假定收入全部用于对私人物品和公共物品的消费），试求小镇的最优公共物品数量。

解答：小镇人的总效用函数为 $TU=\sum_{i=1}^{2\,000}u_i=\sum_{i=1}^{2\,000}x_i+2\,000\sqrt{y}=2\,000x_i+2\,000\sqrt{y}$，约束条件为 $m=\sum_{i=1}^{2\,000}x_i+10y=2\,000x_i+10y$。

构建拉格朗日函数：$L=2\,000x_i+2\,000\sqrt{y}+\lambda(2\,000x_i+10y-m)$。

令 x_i、y、λ 的一阶条件等于0得：

$$\begin{cases}\dfrac{\partial L}{\partial x_i}=1+\lambda=0\\[2mm]\dfrac{\partial L}{\partial y}=\dfrac{1\,000}{\sqrt{y}}+10\lambda=0\\[2mm]\dfrac{\partial L}{\partial\lambda}=2\,000x_i+10\lambda-m=0\end{cases}$$

解得：$y=10\,000$。

所以小镇的最优公共物品数量为10 000。

10. 设某企业的成本函数为 $C=Q^2-40Q$。它每生产1单位产品，自己可多得12元，整个社会可再多得4元。试问：

（1）该企业的利润最大化产量是多少？

（2）整个社会的帕累托最优产量是多少？

解答：（1）$MC=C'(Q)=2Q-40$，不考虑社会收益，企业的边际收益 $MR=12$，由利润最大化条件 $MR=MC$ 得：$2Q-40=12$，解得 $Q=26$。该企业的利润最大化产量是26。

（2）整个社会的边际收益 $MR_S=12+4=16$，企业的边际成本不变，由利润最大化条

件 $MR_S = MC$ 得：$2Q - 40 = 16$，解得 $Q = 28$，整个社会的帕累托最优产量是 28。

三、论述题

1. 图 11-4 是某垄断厂商的利润最大化模型。

（1）试求垄断厂商的利润最大化产量和价格。

（2）如果政府进行管制，政府制定的“效率”价格和产量应为多少？

（3）如果政府进行管制，政府制定的“公平”价格和产量应为多少？

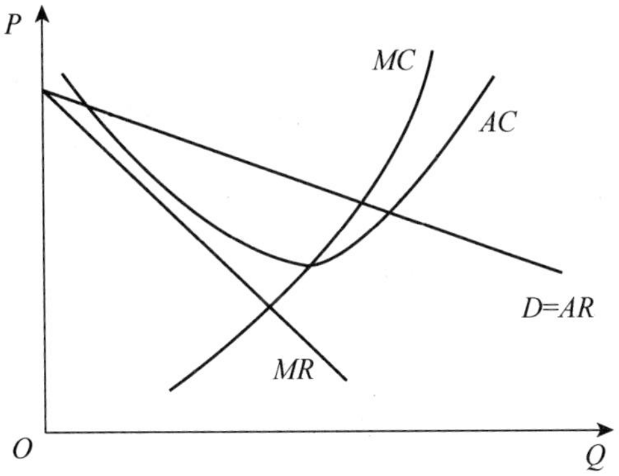

图 11-4

解答：（1）如图 11-5 所示，按照 $MR = MC$ 确定的垄断厂商的利润最大化产量为 Q_e，对应价格是 P_e。

（2）如果政府进行管制，按照 $P = MC$ 确定的“效率”产量为 Q_1，对应价格为 P_1。

（3）如果政府进行管制，按照 $P = AC$ 确定的“公平”产量为 Q_2，对应价格为 P_2。

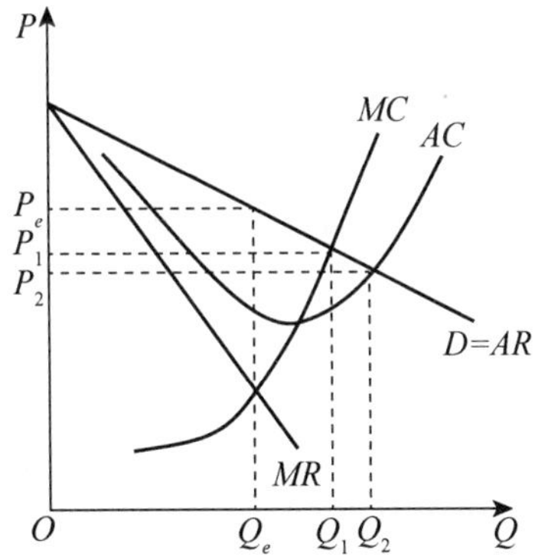

图 11-5

2. 垄断是否也有可能促进经济效率的提高？

解答：垄断有可能促进经济效率的提高。这是因为：

（1）垄断有利于技术进步。一方面，垄断厂商可以利用自己的垄断地位，在长期内保持由于技术进步而带来的更高的利润。另一方面，垄断厂商利用高额利润所形成的雄厚经济实力，有条件进行各种科学研究和重大的技术创新、产品创新和生产过程创新。

（2）规模经济。对于有些行业来说，企业的规模经济需要在生产达到一个很高的产量水平时才能得到充分体现，以至于整个行业的产量只有由一个企业来生产时才有可能达到这样的生产规模，而且只要发挥这个企业在这一生产规模上的生产能力，就可以满足整个市场对该种产品的需求，这就形成了自然垄断。对于这些行业来说，垄断会带来规模经济，降低成本，节省支出，从而可以提高经济效率。

（3）范围经济。垄断企业有条件进行多样化产品的生产，把生产技术上相互关联的产品放在一个企业内生产和经营，使投入的生产要素得到综合利用，对其进行多次使用以生产不同的产品，并共同享用企业声誉、社会资本、营销渠道等，从而降低生产各种产品的平均成本。

3. 设某个人采取某项行动的私人利益和私人成本分别为 V_p 和 C_p，该行动所产生的社会利益和社会成本分别为 V_s 和 C_s。试用这些符号说明：

（1）外部经济的情况。

（2）外部不经济的情况。

（3）帕累托最优状态不能实现的情况。

解答：

（1）存在外部经济时，社会利益大于私人利益，即有 $V_s>V_p$。

（2）存在外部不经济时，私人成本小于社会成本，有 $C_p<C_s$。

（3）存在外部经济时，社会利益大于私人利益，即有 $V_s>V_p$，但若有 $V_p<C_p<V_s$，则此人显然不会进行该活动。这表明资源配置没有达到帕累托最优，因为从上述两个不等式可以得到 $V_s-V_p>C_p-V_p$，这一不等式说明，社会上由此得到的好处 V_s-V_p 大于私人从事这项活动所受的损失 C_p-V_p，可见，如果此人从事这项活动，从社会上其他人所得到的好处中拿出一部分来补偿他所受到的损失以后还会有剩余，即可使其他人境况变好而没有任何人境况变坏。这说明，在存在外部经济的情况下，私人活动的水平常常低于社会所要求的最优水平。

相反，存在外部不经济时，有 $C_p<C_s$，但若有 $C_s>V_p>C_p$，则此人一定会进行此项活动。从上述两个不等式中可以得到 $C_s-C_p>V_p-C_p$，此不等式说明，若此人进行了这项活动，社会上其他人受到的损失会大于此人得到的好处，从整个社会来看是得不偿失的。因此，在存在外部不经济的情况下，私人活动的水平常常高于社会所要求的最优水平。

上述两种情况均导致了资源配置失当。前者是生产不足，后者是生产过剩。

4. 对污染的控制是否越严越好？

解答：对污染的控制并不是越严越好。有人认为零污染是最好的状态，对污染的控制越严越好。然而，这种观点是片面的，这是因为：（1）环境具有一定的净化功能，有些废水、废气、废物的合理有序排放对生态环境的良性循环并没有害处；（2）从经济学的角度思考，既要考虑到控制污染所带来的社会收益，也要相应计算控制污染所产生的社会成本。

为了制定最优的污染控制政策，必须根据整个社会的目标，同时权衡控制污染的社会收益和社会成本，来确定污染控制的最优水平。增加一单位污染控制所带来的社会收益被称为边际社会收益，增加一单位污染控制所产生的社会成本被称为边际社会成本。从社会效率的角度看，如果边际社会收益超过边际社会成本，则增加对污染的控制是有利的；反之，如果边际社会收益小于边际社会成本，则增加对污染的控制是不利的。只有当控制污染的边际社会收益和相应的边际社会成本恰好相等时，对污染的控制才达到了最有效率的水平，也可以说，污染本身达到了最优的水平。

第二部分　精编习题

一、名词解释

1. 科斯定理	2. 公共物品	3. 市场失灵
4. 外部影响	5. 外部经济	6. 外部不经济
7. 寻租	8. 道德风险	9. 逆向选择
10. 排他性	11. 竞用性	12. 公共资源
13. 相互依赖成本	14. 俱乐部物品	

二、单项选择题

1. 市场失灵表现为（　　）。
A. 市场没有达到可能达到的最佳结果
B. 市场没能使社会资源的分配达到最有效率的状态
C. 市场未能达到社会收入的公平分配
D. 以上四种都是
2. 公共物品具有以下哪个特征？（　　）。
A. 外部性　B. 非排他性　C. 非竞用性　D. 以上都是
3. 可用（　　）来描述一个养蜂王与其邻近的经营果园的农场主之间的影响。
A. 外部不经济　B. 外部经济　C. 逆向选择　D. 以上都不是
4. 解决外部不经济可采取以下哪一种方法？（　　）。
A. 征税的办法　B. 界定财产权的方法
C. 将外部性内在化的方法　D. 以上各项都可行
5. 关于科斯定理，正确的表述是（　　）。
A. 科斯定理阐述的是财产权和外部性的关系
B. 科斯定理假设没有政府的干预
C. 科斯定理一般在涉及的交易主体数目较少时才较为有效
D. 以上各项都正确
6. 公共物品的定价方法主要是（　　）。
A. 由市场供求决定　B. 由垄断组织通过竞争决定
C. 用成本—收益分析方法进行评估　D. 由购买者决定
7. 以下现象属于市场失灵的是（　　）。
A. 收入不平等　B. 自然垄断　C. 外部性　D. 以上全是

8. 下列是导致市场失灵的因素的有（　　）。

A. 反垄断立法　B. 资源稀缺　C. 垄断　D. 以上全是

9. 政府进行市场干预的理由是（　　）。

A. 税收　B. 反托拉斯法　C. 外部性　D. 以上全是

10. 当厂商的生产污染了环境而又不负担其成本时，（　　）。

A. 其边际成本变低　B. 其平均可变成本变低

C. 其平均成本变低　D. 以上全对

11. 下列有关社会成本的论述正确的是（　　）。

A. 它不包括私人成本　B. 它包括私人成本

C. 它与私人成本没有关系　D. 以上都不对

12. 不完全竞争市场中出现低效率的资源配置是因为产品价格（　　）边际成本。

A. 大于　B. 小于　C. 等于　D. 可能不等于

13. 由于垄断会使效率下降，因此任何垄断都是要不得的，这一命题（　　）。

A. 一定是正确的　B. 并不正确

C. 可能是正确的　D. 基本上是正确的

14. 为了提高资源配置效率，政府对竞争性行业厂商的垄断行为（　　）。

A. 是限制的　B. 是提倡的

C. 不加管制　D. 有条件地加以支持

15. 为了提高资源配置效率，政府对自然垄断部门的垄断行为是（　　）。

A. 不加管制的　B. 加以管制的

C. 尽量支持的　D. 坚决反对的

16. 某一经济活动存在外部不经济是指该活动的（　　）。

A. 私人成本大于社会成本　B. 私人成本小于社会成本

C. 私人利益大于社会利益　D. 私人利益小于社会利益

17. 某人的吸烟行为属于（　　）。

A. 生产的外部经济　B. 消费的外部经济

C. 生产的外部不经济　D. 消费的外部不经济

18. 如果上游工厂污染了下游居民的饮水，按科斯定理，（　　），问题就可能得到妥善解决。

A. 不管财产权是否明确，只要交易成本为零

B. 只要财产权明确，且交易成本为零

C. 只要财产权明确，不管交易成本有多大

D. 不论财产权是否明确，交易成本是否为零

19. 某项生产活动存在外部不经济时，其产量（　　）帕累托最优产量。

A. 大于　B. 小于　C. 等于　D. 以上都有可能

20. 政府提供的物品（　　）公共物品。

A. 一定是　B. 不都是　C. 都不是　D. 以上都可能

21. 公共物品的市场需求曲线是消费者个人需求曲线的（　　）。

A. 水平相加　B. 垂直相加

C. 算术平均数　　D. 加权平均数

22. 交易双方信息不对称，比方说买方不清楚卖方的一些情况，是由于（　　）。

A. 卖方故意要隐瞒自己的一些情况　B. 买方认识能力有限

C. 完全掌握情况所费成本太高　D. 以上三种情况都有可能

23. 下列不属于公共物品的是（　　）。

A. 国防　B. 道路　C. 住宅　D. 天气预报服务

24. 发生搭便车问题主要是因为公共物品的（　　）。

A. 竞用性　B. 非竞用性　C. 排他性　D. 非排他性

25. 草地被过度放牧，以致沙漠化严重，除了因为草地的非排他性之外，还因为草地的（　　）。

A. 竞用性　B. 非竞用性　C. 排他性　D. 以上都不对

26. 在公共场合吸烟，会让很多人感到不适应，由此产生了（　　）。

A. 正外部性　B. 负外部性　C. 道德规范　D. 外部性的内在化

27. 公海里的鱼具有（　　）。

A. 非竞用性　B. 排他性和非竞用性

C. 竞用性和非排他性　D. 非排他性

28. 某一经济活动存在外部经济是指该活动的（　　）。

A. 私人成本大于社会成本　B. 私人成本小于社会成本

C. 私人利益大于社会利益　D. 私人利益小于社会利益

29. 某一企业经济活动存在生产外部经济时，指企业的产量一般会（　　）社会最优产量。

A. 高于　B. 低于　C. 等于　D. 等于或低于

三、多项选择题

1. 为纠正由外部影响所造成的资源配置失当，可采取的措施有（　　）。

A. 使用税收和津贴　B. 使用企业合并的方法

C. 使用规定财产权的办法　D. 经济奖惩

2. 以下属于造成市场失灵的原因的是（　　）。

A. 垄断　B. 公共物品　C. 外部性　D. 信息不对称

3. 以下属于纯公共物品的是（　　）。

A. 私人汽车　B. 无线广播　C. 住宅　D. 国防

4. 以下属于私人物品的是（　　）。

A. 灯塔　B. 住宅　C. 私人汽车　D. 海洋

5. 经济交易双方对相关信息的了解和掌握不一样多，可能会引起（　　）。

A. 道德风险　B. 逆向选择　C. 垄断　D. 外部性

6. 相对于完全竞争市场，不完全竞争市场的弊端主要表现为（　　）。

A. 不在长期平均成本最低点生产，存在生产效率损失

B. 价高量低，消费者剩余减少

C. 寻租行为造成资源浪费
D. 存在社会净福利损失
7. 政府对垄断的干预方式可能有（　　）。
A. 影响价格和产量　　B. 出台和执行反托拉斯法
C. 任命公司管理者　　D. 限制协议与共谋
8. 科斯定理发挥作用的基本条件包括（　　）。
A. 财产权可以明确　　B. 签订契约的交易成本为零或者很小
C. 资源具有非排他性　　D. 资源具有非竞用性
9. 公共物品的市场需求曲线是个人需求曲线垂直相加的原因包括（　　）。
A. 消费上的非竞用性
B. 每个消费者消费的是同一商品总量
C. 以同一价格消费众多商品
D. 对总消费量支付的价格是所有消费者支付的价格的总和
10. 公共物品的需求曲线不容易确定的原因包括（　　）。
A. 消费者不清楚自己对公共物品消费愿意支付的价格
B. 公共物品的竞用性
C. 消费者即使了解自己对公共物品的偏好，有的人为了搭便车，也不愿意说出实情
D. 公共物品的排他性
11. 下列说法正确的是（　　）。
A. 公地的悲剧针对的是公共资源
B. 公地的悲剧产生的主要原因是资源的非排他性和竞用性
C. 公地的悲剧产生的原因之一是资源产权的不确定性
D. 公地的悲剧属于生产的外部不经济现象
12. 解决公地的悲剧问题的可能思路是（　　）。
A. 集体按照边际收益等于边际成本决定确定资源的最优使用量
B. 由个体按照边际收益等于边际成本决定资源的最优使用量
C. 管理成本太高，放任开发
D. 政府对公共资源的开发加以管制
13. 集体选择的规则包括（　　）。
A. 一致同意规则　　B. 多数规则
C. 加权规则　　D. 否决规则
14. 对于一致同意规则，阐述正确的是（　　）。
A. 同意指赞成或者不反对
B. 每个参与者对集体决策都有否决权
C. 能保证每个参与者的利益
D. 按此规则通过决议成本较大，但通过的决议执行成本小，执行比较容易
15. 对于多数规则，阐述正确的是（　　）。
A. 包括简单多数和比例多数
B. 每个参与者对集体决策都有否决权

C. 能保证每个参与者的利益

D. 不同的投票秩序可能达到不同的结果

16. 公共选择理论认为，解决政府官员制度低效率的主要途径包括（　　）。

A. 提高公共服务的透明度

B. 私人部门承包公共服务的供给

C. 公共部门与私人部门展开竞争

D. 加强政府部门间的竞争

四、判断题

1. 市场失灵指市场机制不能实现资源的有效配置与利用。（　　）

2. 市场失灵指市场没有达到可能达到的最佳结果。（　　）

3. 完全竞争市场一般比垄断市场更能保证生产资源的有效利用。（　　）

4. 垄断对社会造成的损害只在于企业获得了超额利润。（　　）

5. 外部不经济的解决方法之一是对该活动征税。（　　）

6. 在存在外部性的情况下，竞争性市场的结果仍会是帕累托最优的。（　　）

7. 公共物品的一个显著特点是排他性。（　　）

8. 公共物品在一定条件下具有非竞用性。（　　）

9. 公共物品一般在消费时具有外部影响。（　　）

10. 当存在外部不经济时，厂商的私人成本高于社会成本。（　　）

11. 从社会的角度看，私人成本和社会成本差异是导致市场失灵的原因之一。（　　）

12. 由于存在寻租活动，垄断的社会成本小于实际损失。（　　）

13. 由于有寻租活动，垄断者可以确保在长期中获得经济利润。（　　）

14. 在不完全竞争市场上，消费者为增加一单位产量所支付的价格一般超过生产该单位产量所引起的边际成本。（　　）

15. 一般认为，在不完全竞争市场上，当价格大于边际成本时，就是低效率的资源配置状态，存在着帕累托改进。（　　）

16. 价格—质量曲线向右上方倾斜，说明商品质量随价格上升而提高。（　　）

17. 按照信息不完全假设，保险公司的利润随保险价格上升而上升。（　　）

18. 一般交易双方关系不固定时，信誉机制比较容易建立。（　　）

五、简答题

1. 图示分析政府对自然垄断企业进行价格管制的方法（边际成本定价法、平均成本定价法及双重定价法）。

2. 为什么有线电视不能称为纯公共物品？

3. 什么是信息不完全？

4. 解决外部不经济的办法有哪些？

5. 什么是市场失灵？有哪几种情况会导致市场失灵？

6. 如何看科斯定理？它在资本主义社会中适用吗？它在社会主义社会中适用吗？
7. 什么是信息不对称？信息不对称有几种？

六、论述题

1. 试分析寻租的经济作用。
2. 说明私人物品与公共物品的区别。如何决定公共物品的最优数量？

第三部分　精编习题参考答案

一、名词解释

1. 科斯定理：如果财产权是明确的，并且交易成本为零或很小，那么无论在开始的时候将财产权赋予谁，市场机制总会找到最有效率的办法，从而达到帕累托最优状态。

2. 公共物品：一般指消费具备非排他性和非竞用性的物品。

3. 市场失灵：指现实的市场机制在很多场合不能实现资源有效配置的现象。

4. 外部影响：指单个消费者或生产者的经济行为对社会上其他人的福利产生的好的或坏的影响。

5. 外部经济：一市场主体的行为给社会上其他成员带来了好处，自己又不能得到补偿，使其从自己的行为中得到的私人利益小于该行为带来的社会利益，这种外部影响被称为外部经济。

6. 外部不经济：一市场主体的行为给社会上其他成员带来了坏处，其他成员的损失得不到补偿，使其为自己的行为付出的私人成本小于该行为造成的社会成本，这种外部影响被称为外部不经济。

7. 寻租：为获得和维持特权或者通过特权获得收益而进行的一种非生产性的寻利活动，如行贿。

8. 道德风险：指由信息不对称引发的拥有私人信息的一方采取自利的行动，使拥有劣势信息的一方利益受损的情形。

9. 逆向选择：在消费者的信息不完全的条件下，降低商品价格不一定能够刺激对该商品的需求；同样，在生产者的信息不完全的条件下，提高价格不一定能够刺激对该商品的供给。如二手车市场上坏车把好车驱逐出市场。

10. 排他性：只有对商品支付价格的人才能使用该商品。

11. 竞用性：如果某人已经使用了某个商品，则其他人就不能再同时使用该商品。

12. 公共资源：一般不具备排他性但具有竞用性的物品。

13. 相互依赖成本：决策成本和外在成本之和。

14. 俱乐部物品：只有排他性而没有竞用性的物品。

二、单项选择题

1. D　2. D　3. B　4. D　5. D　6. C　7. D　8. C　9. C　10. D　11. B　12. A　13. B　14. A　15. B　16. B　17. D　18. B　19. A　20. B　21. B　22. D　23. C　24. D　25. A　26. B　27. C　28. D　29. B

三、多项选择题

1. ABCD　2. ABCD　3. BD　4. BC　5. AB　6. ABCD　7. ABD　8. AB　9. ABD　10. AC　11. ABCD　12. AD　13. ABCD　14. ABCD　15. AD　16. ABCD

四、判断题

1. (×)，市场失灵指市场机制在有些场合不能实现资源的有效配置与利用，市场不是万能的，需要政府调节，但市场机制还是配置和利用资源的重要手段。

2. (√)。

3. (√)。

4. (×)，垄断对社会造成的损害不仅在于企业获得了超额利润，还包括寻租造成的损失等。

5. (√)。

6. (×)，在存在外部性的情况下，竞争性市场的结果一般不能达到帕累托最优。

7. (×)，公共物品的一个显著特点是非排他性。

8. (√)。

9. (×)，公共物品一般在生产时具有外部影响，而在消费时外部影响不明显。

10. (×)，当存在外部不经济时，厂商的私人成本低于社会成本。

11. (√)。

12. (×)，由于存在寻租活动，垄断的社会成本大于实际损失。

13. (√)，由于有寻租活动，垄断者可以确保在长期中维持垄断地位，从而获得经济利润。

14. (√)。

15. (√)。

16. (√)。

17. (×)，按照信息不完全假设，保险公司的利润随保险价格上升而下降。

18. (×)，一般交易双方关系比较固定时，信誉机制比较容易建立。

五、简答题

1. **解答：**如图 11-6 所示，在无管制的情况下，垄断厂商根据 $MR=MC$ 的原则确定

的价格为 P_m，产量为 Q_m，价格 P 显然高于 MC。

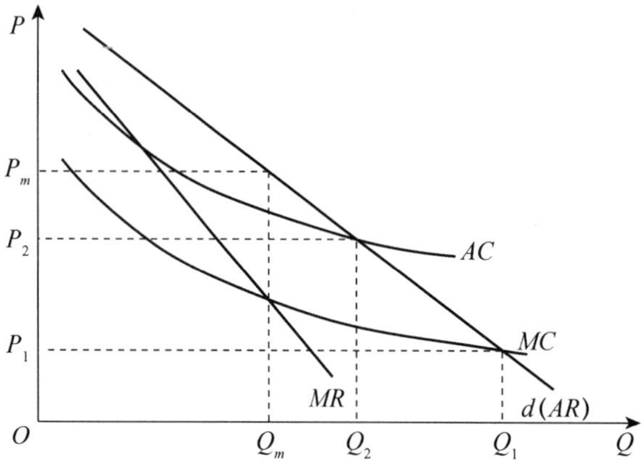

图 11-6

边际成本定价法：在政府管制的情况下，按边际成本定价法即 $P=MC$，厂商的价格下降为 P_1，产量增加为 Q_1。由于自然垄断厂商是在 AC 曲线下降的规模经济段进行生产，所以，MC 曲线必定位于 AC 曲线的下方。也就是说，按边际成本 MC 所决定的价格 P_1 一定小于平均成本 AC。因此，在管制价格下，厂商是亏损的，厂商会退出生产。这样一来，管制机构就陷入了困境，要么放弃边际成本定价法，要么政府资助被管制的企业。

平均成本定价法：平均成本定价法是使价格等于平均成本。根据平均成本定价法即 $P=AC$，管制价格将确定为 P_2，相应的产量为 Q_2。此时，由于 $P_2=AC$，厂商不再亏损，厂商会继续经营，但利润为零。

双重定价法类似于价格歧视的做法。具体地说，允许厂商对一部分购买欲望较强的消费者收取较高的价格，且 $P>AC$，从而厂商获得利润。同时，厂商对一部分购买欲望较弱的消费者仍按边际成本定价法收取较低的价格，由于 $P<AC$，从而厂商是亏损的。此外，双重定价法还要求制订的价格计划应该使得厂商由于收取较高价格所获得的利润能补偿由于收取较低价格所遭受的亏损。这样，尽管从整体上看厂商利润为零，但厂商还是愿意继续经营的。

2. **解答：**纯公共物品必须同时具备消费上的非排他性和非竞用性这两个条件。有线电视虽具有非竞用性，但只有交费才能消费，不具有非排他性，所以是俱乐部物品，或者称为准公共物品。

3. **解答：**信息不完全是指有关市场主体获取的或掌握的信息不足以使市场主体作出理性判断或决策。信息不完全既包括绝对意义上的不完全，即由于认识能力的限制，人们不可能知道在任何时候、任何地方发生的或将要发生的任何情况，又包括相对意义上的不完全，即市场经济本身不能够生产出足够的信息并有效地配置它们。

4. **解答：**对造成外部不经济的企业征税或处以罚款；进行企业合并；明确企业的财产权；出售排污许可证；道义教化；法律惩戒；国有化；等等。

5. **解答：**市场失灵指市场机制在不少场合会导致资源的不适当配置。换句话说，市场失灵是自由的市场均衡背离帕累托最优的一种情况。微观经济学说明，在一系列理想的假定条件下，自由竞争的市场经济可导致资源配置达到帕累托最优状态，但理想的假设条件并不符合现实情况，市场失灵一定会产生。会导致市场失灵的几种情况是不完全竞争、公共物品、外部影响、信息不完全、社会财富两极分化等。

6. **解答：**科斯定理指：只要财产权明确，而且交易成本为零或者很小，那么无论在开始时将财产权赋予谁，市场均衡的最终结果都是有效率的。然而无论在资本主义社会还是社会主义社会中，运用科斯定理虽然可以解决一部分外部性问题，但不一定绝对有效。

第一，科斯定理要求财产权明确。但是，财产权不总是能够明确地加以界定，有的资源，如空气，在历史上就是大家均可以使用的共同财产，很难将其财产权具体分派给谁；有的资源的财产权即使在原则上可以明确，但由于不公平问题、法律程序的成本问题等也变得实际上不可行。

第二，科斯定理要求财产权可以转让。但是，由于信息不充分以及买卖双方不能达成一致意见等，财产权并不一定总能够顺利地转让。

第三，即使财产权是明确的、可转让的，也不一定总能实现资源的最优配置。转让之后资源配置也不一定是最优的。

第四，分配财产权会影响收入分配，而收入分配的变动可以造成社会不公平，引起社会动乱。在社会动乱的情况下，就谈不上解决外部影响的问题了。

7. **解答：**信息不对称是指交易双方的不同经济主体对交易对象掌握的信息多少不一样。例如，“买的没有卖的精”，出售二手车的卖主比买主更了解自己汽车的缺陷；“卖的没有买的精”，出售“风险”的投保人要比保险公司更加了解自己所面临风险的大小。

信息不对称分为两类，第一类是隐蔽行动的信息不对称，即交易的一方能够采取影响对方却不被对方观测到的行为，例如工人在工作的时候偷懒等。第二类是隐藏特征的信息不对称，即一方能够观察到另一方不能观察到的一些商品或服务的特征，例如，潜在的消费者不知道二手车上隐藏的锈斑，但卖主知道得很清楚。两种类型的信息不对称都对市场机制有负面影响。从理论上看，如果交易双方的信息差距足够大，即使交易对于每个人都有利，市场也可能完全关闭。受这种市场失灵影响的人不仅包括有着信息劣势的人，也包括那些拥有额外信息的人。

六、论述题

1. **解答：**所谓寻租，按照经济学的定义，是指为了获得特权（垄断）并通过特权（垄断）获得收益的非生产性寻利活动。寻租行为也会严重地影响市场调节的效率，使之不能实现帕累托最优。企业为了获得消费者剩余、生产者剩余和经济利润便千方百计谋求和维持垄断地位，并为此而花费一定的费用，这就是“寻租”活动。企业为获得和维持垄断地位而支出的费用是一种纯粹的浪费：它不是用于生产，没有创造出任何有益的产出，完全是一种非生产性活动的支出。

如何衡量寻租活动的经济损失呢？就购买垄断权利的单个寻租者而言，其愿意花费在寻租活动上的费用不会超过垄断地位给其带来的经济利润，否则，就不值得进行寻租活动了。但是，寻租活动不会给寻租者带来长久的经济利润。因为进行寻租活动是自由的，寻租类似于完全竞争。如果有经济利润可得，便会有新的寻租者参加进来以取得某些经济利润，寻租者间的竞争会抬高必须对垄断权利支付的价格，结果把垄断权利的价格抬高到只能使寻租者获得正常利润的水平，从而经济利润完全落入最初拥有垄断权利者的腰包。

由于寻租，垄断产生了一个超过净损失的社会成本，这些社会成本等于净损失加上整个垄断的经济利润。这表明，在存在垄断因而进行寻租活动的情况下，造成了社会净成本，寻租使得根本无法实现竞争市场才能实现的经济效率，无法达到帕累托最优状态。

2. **解答：**（1）私人物品与公共物品的含义和特点不同。西方经济学所论述的物品主要是私人物品。如食品、衣服、鞋靴、帽子、电视机、洗衣机、电冰箱、轿车以及火车上的铺位、飞机上的座位等，无一不是私人物品。私人物品有两个显著的特征：一是竞用性，有人消费，其他人就无法同时消费；二是排他性，消费者一旦在市场上购买了私人物品，他便获得了独享该物品的权利，他不会和其他人共享该物品。

与此形成对照的是公共物品。顾名思义，公共物品是许多消费者可以共同消费或享用的物品。一旦把这种物品提供给消费者，便难以防止其他人消费或享用。概括地说，公共物品具有两个显著的特征：一是非排他性，二是非竞用性。非排他性意指不用付费就可以享用，一旦提供了某种公共物品，许多消费者便可以免费享用这种物品；非竞用性意指一旦提供了某种公共物品，许多消费者便可以共同享用这种物品。

西方经济学把诸如国防、道路、公共图书馆、电视广播、公园等归入公共物品范畴。在车辆达到一定数量之前，道路上增加一辆汽车不会影响原有汽车的行驶。在公共图书馆还有空闲座位和有大量图书可供借阅的情况下，增加一个读者或借阅图书的人，不会妨碍其他读者阅读或借阅图书。游园的人可以互不干扰地享受游园的快乐。公共物品根据其非排他的程度，还可以被划分为纯公共物品和准公共物品。所谓纯公共物品是绝对不能排除其他人消费的物品。例如，人们共同享有的国防安全服务，便是典型的纯公共物品。所谓准公共物品是有条件地不能排除其他人消费的物品，即人们需要支付一定费用才能消费的公共物品。例如，收费高速道路、有线电视等需要支付一定费用方可享用，故可被称为准公共物品。

（2）公共物品的最优数量的确定。首先分析私人物品的最优数量决定问题。为使问题简化，假定社会上只有甲和乙两个消费者。如图 11－7（a）所示，其各自对某种商品的需求曲线分别为 D_A 和 D_B。将消费者甲和乙的需求曲线 D_A 和 D_B 水平相加，便得到市场需求曲线 D。市场需求曲线 D 与供给曲线 S 相交于 H 点，决定该私人物品的均衡供求数量为 Q_0，均衡价格为 P_0。在这个产量水平上，消费者甲和乙的边际利益恰好与生产该物品的边际成本相等，如图 11－7（a）所示，生产 Q_0 时的边际成本为 Q_0H，消费者甲和乙的需求量分别为 OC 和 OF，根据其各自的需求曲线 D_A 和 D_B，相应的边际利益分别是 CE 和 FG。这表明 $CE=FG=Q_0H$，所以，均衡数量 Q_0 是该私人产品的最优数量。

而公共物品的最优数量又是如何决定的呢？如图 11－7（b）所示，由于假定经济中仍然只有两个消费者甲和乙，图中的 D_A 和 D_B 仍分别为两个消费者的需求曲线，公共物品的供给曲线为 S。和私人物品市场不同的是，在公共物品市场上从个人需求曲线求得市场需求曲线，不是将个人需求曲线水平相加，而是将它们垂直相加。因为对公共物品的消费具有非竞用性和非排他性的特点，因此，每个消费者都消费一个相同总量的公共物品，而对公共物品支付的价格却是两个消费者各自支付的价格的总和。图 11－7（b）表明，公共物品的供给曲线 S 与由两个消费者的需求曲线垂直相加所形成的市场需求曲线 D 相交，决定了公共物品的最优数量和所支付的价格。

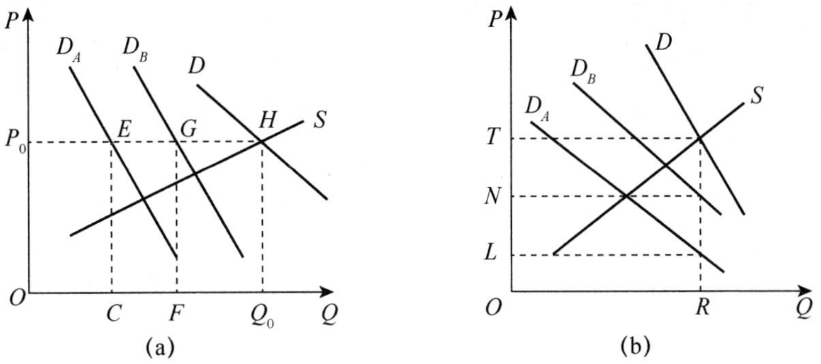

图 11－7　私人物品与公共物品的最优数量

教学支持说明

1. 教辅资源获取方式

为秉承中国人民大学出版社对教材类产品一贯的教学支持，我们将向采纳本书作为教材的教师免费提供丰富的教辅资源。您可直接到中国人民大学出版社官网的教师服务中心注册下载——http://www.crup.com.cn/Teacher。

如遇到注册、搜索等技术问题，可咨询网页右下角在线 QQ 客服，周一到周五工作时间有专人负责处理。

注册成为我社教师会员后，您可长期根据您所属的课程类别申请纸质样书、电子样书和教辅资源，自行完成免费下载。您也可登录我社官网的“教师服务中心”，我们经常举办赠送纸质样书、赠送电子样书、线上直播、资源下载、全国各专业培训及会议信息共享等网上教材进校园活动，期待您的积极参与！

2. 高校教师可加入下述学科教师 QQ 交流群，获取更多教学服务

经济类教师交流群：809471792

财政金融教师交流群：766895628

国际贸易教师交流群：162921240

税收教师交流群：119667851

3. 购书联系方式

网上书店咨询电话：010－82501766

邮购咨询电话：010－62515351

团购咨询电话：010－62513136

中国人民大学出版社经济分社

地址：北京市海淀区中关村大街甲 59 号文化大厦 1506 室　100872

电话：010－62515803　010－62516948

传真：010－62514775

E-mail：jjfs@crup.com.cn